2024

中国有色金属
发展报告

中国有色金属工业协会　编

北 京
冶 金 工 业 出 版 社
2024

图书在版编目（CIP）数据

2024 中国有色金属发展报告／中国有色金属工业协会编 . —北京：冶金工业出版社，2024. 6—ISBN 978-7-5024-9886-3

Ⅰ. F426. 32

中国国家版本馆 CIP 数据核字第 2024Z34753 号

2024 中国有色金属发展报告

出版发行	冶金工业出版社	**电　话**	（010）64027926
地　　址	北京市东城区嵩祝院北巷 39 号	**邮　编**	100009
网　　址	www. mip1953. com	**电子信箱**	service@ mip1953. com

责任编辑　张熙莹　美术编辑　彭子赫　版式设计　郑小利

责任校对　郑　娟　责任印制　禹　蕊

北京捷迅佳彩印刷有限公司印刷

2024 年 6 月第 1 版，2024 年 6 月第 1 次印刷

787mm×1092mm　1/16；27.75 印张；495 千字；434 页

定价 298.00 元

投稿电话　（010）64027932　投稿信箱　tougao@cnmip. com. cn
营销中心电话　（010）64044283
冶金工业出版社天猫旗舰店　yjgycbs. tmall. com
（本书如有印装质量问题，本社营销中心负责退换）

《2024 中国有色金属发展报告》
编 委 会

前　言

2023 年是全面贯彻党的二十大精神的开局之年，是三年新冠疫情防控转段后经济恢复发展的一年。面对异常复杂的国际环境和艰巨繁重的改革发展稳定任务，在以习近平同志为核心的党中央坚强领导下，有色金属行业认真贯彻落实党中央、国务院稳经济增长的决策部署，着力优化产业结构、防范化解风险，保持了稳中向好的发展趋势，交出了一份超出预期的良好答卷。

2023 年有色金属行业发展亮点纷呈。

从产业运行看：十种有色金属产品产量首次突破 7000 万吨，达到 7470 万吨，同比增长 7.1%。固定资产投资比上年增长 17.3%，增幅创十年新高。行业利润总额 3716 亿元，比上年增长 23.2%，连续三年突破 3000 亿元。国际贸易实现质的提升和量的增长，铜板带、箔等中高端产品首次实现净出口。

从保障战略资源供给看：一批中资企业境外资源项目稳步迈进。紫金矿业实现矿山产铜 101 万吨，成为我国目前唯一矿铜破百万吨大关的企业。

从科技赋能产业发展看：有色新材料产业保持快速增长，营业收入已占到行业总收入的 15%，为"新三样"及国防军工材料供应提供了坚强支撑。

从产业结构优化调整看：中国稀土集团高效完成福建、广东等地的中重稀土产业整合；锂、钴、镍等行业进一步加强上下游协同。一些跨行业企业的进入为产业发展注入了新生力量。

从践行绿色低碳发展理念看：行业 4 项技术入选工信部二十大绿色低碳技术；电解铝绿电使用比例提升至 25%；年赤泥利用量超过 1000 万吨。

从行业数智化建设看：14 家企业入选智能制造示范工厂揭榜单位，一批数字化建设项目落地实施，骨干企业联合华为编制发布《金属矿山数字化转型白皮书》。

2024年，行业将聚焦高质量发展这个首要任务，一是在战略资源保障上再下功夫，坚决扛起"资源报国"的使命担当，力争未来有更多企业跨入全球矿业的"第一方阵"；二是在供给侧结构性改革上再下功夫，借鉴电解铝供给侧结构性改革成功的经验，进一步加强行业协调和企业自律；三是在提升传统产业发展新质生产力上再下功夫，锚定高端化、智能化、绿色化目标，将新质生产力发展深度融入行业高质量发展的新格局之中，努力为中国式现代化贡献更多的有色力量！

《中国有色金属发展报告》（以下简称《发展报告》）已经连续编写20年，并从2021年起由内部资料改为正式公开出版，全面记述了上一年度有色金属主要品种及行业运行发展情况，剖析行业发展热点，并对下一年度行业走势进行展望，为政府决策、行业研究、企业发展提供了重要参考，是协会会员企业、相关从业人员、有关部门与机构了解我国有色金属概貌的重要窗口，受到了各方面的欢迎。

2024年的《发展报告》基本延续了过去的框架结构，仍然包括综合篇、专题篇、品种篇和统计篇四个部分。为了更好展现我国赤泥综合利用工作现状和取得的成绩，今年我们还特别在专题篇中加入了《赤泥绿色利用发展报告》。各篇章撰稿人主要来自协会本部有关部门、协会所属各有关单位、相关专业分会等，审稿人为各撰稿人所在部门或单位的主要负责人。数据来源除国家统计部门公布的外，有些数据为有关分会或机构调研分析得出的结果，仅供参考。书中全国性数据暂时不包括台湾及香港、澳门地区资料。

由于有色金属品种多，牵涉面广，加之时间仓促，撰、编、审人员水平所限，不足之处在所难免，敬请读者批评指正！

中国有色金属工业协会会长 葛红林

2024年6月

目　　录

综　合　篇

专　题　篇

品　种　篇

统 计 篇

综合篇
ZONGHE PIAN

2023 年有色金属工业运行情况综述

2023 年是全面贯彻党的二十大精神的开局之年，是三年新冠疫情防控转段后经济恢复发展的一年，有色金属工业在以习近平同志为核心的党中央坚强领导下，围绕行业稳增长的首要任务，积极化解影响产业运行的困难和矛盾。2023 年有色金属工业发展扎实推进，发展质量稳步提升，稳中向好的态势日趋明显。2023 年有色金属工业发展的亮点特点：从量的合理增长看，十种有色金属产品产量首次突破 7000 万吨大关，有色金属工业完成固定资产投资增幅超过 17%，规上有色金属企业实现利润高达 3700 亿元；从质的有效提升看，产业结构持续优化，降本增效成效显著，节能减碳效果明显，高质量发展稳步推进。

一、2023 年有色金属工业稳中向好的态势日趋明显

（一）生产持续增长、消费好于预期，高质量发展稳步推进

1. 工业增加值增幅持续扩大

2023 年，规上有色金属企业工业增加值比上年增长 7.4%，增幅比上年加快 2.2 个百分点，比全国规上企业工业增加值增幅快 2.8 个百分点。其中，有色金属冶炼及压延加工企业工业增加值比上年增长 8.8%，增幅比规上有色金属企业工业增加值增幅快 1.4 个百分点。新冠疫情以来，规上有色金属企业工业增加值呈现出稳定回升的态势，2020 年增长 2.1%、2021 年增长 3.1%、2022 年增长 5.2%、2023 年增长 7.4%（见图 1）。

2. 十种有色金属产品产量首次突破 7000 万吨大关

2023 年，按新口径统计的十种常用有色金属产量为 7469.8 万吨，按可比口径计算比上年增长 7.1%（见图 2）。其中，精炼铜产量为 1298.8 万吨，增长 13.5%（见图 3）；原铝产量为 4159.4 万吨，增长 3.7%（见图 4），原铝产量占十种常用有色金属产量的比重为 55.7%。分季度看，十种常用有色金属产量呈稳中有升的态势，一季度 1809.8 万吨，二季度 1828.5 万吨，三季度 1863.4 万吨，四季度 1968.3 万吨。2023 年，六种精矿金属量 641.5 万吨，比上年下降 0.5%；氧化铝产量 8244.1 万吨，比上年增长 1.4%；铜材产量（尚

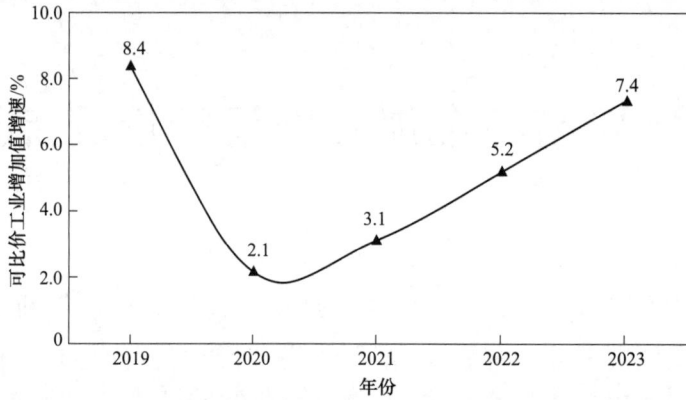

图1 2019—2023 年按可比价格计算的有色金属工业增加值增速

数据来源：国家统计局，中国有色金属工业协会

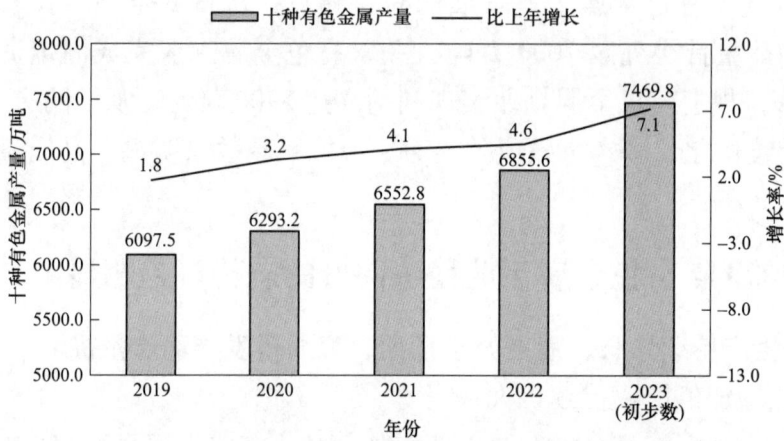

图2 2019—2023 年十种有色金属产量及比上年增长速度图

（图中十种有色金属历史数据已按新口径调整）

数据来源：国家统计局，中国有色金属工业协会

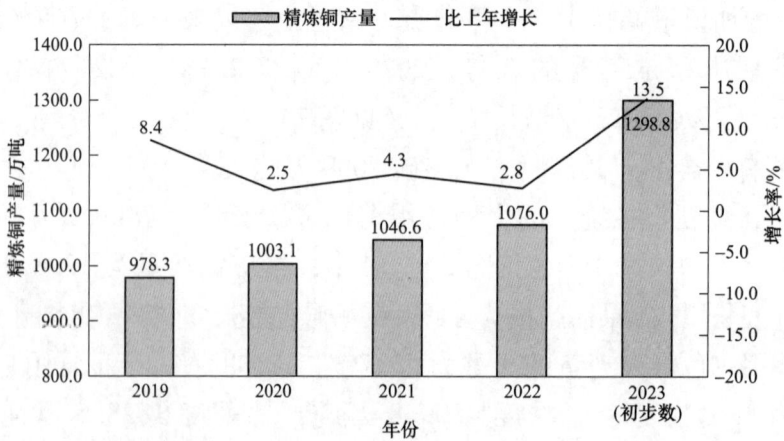

图3 2019—2023 年精炼铜产量及比上年增长速度图

数据来源：国家统计局，中国有色金属工业协会

未扣除企业间重复统计约 170 万吨）2217.0 万吨，比上年增长 5.0%；铝材产量（尚未扣除企业间重复统计约 1400 万吨）6303.7 万吨，由上年下降 1.4% 转为增长 5.7%。

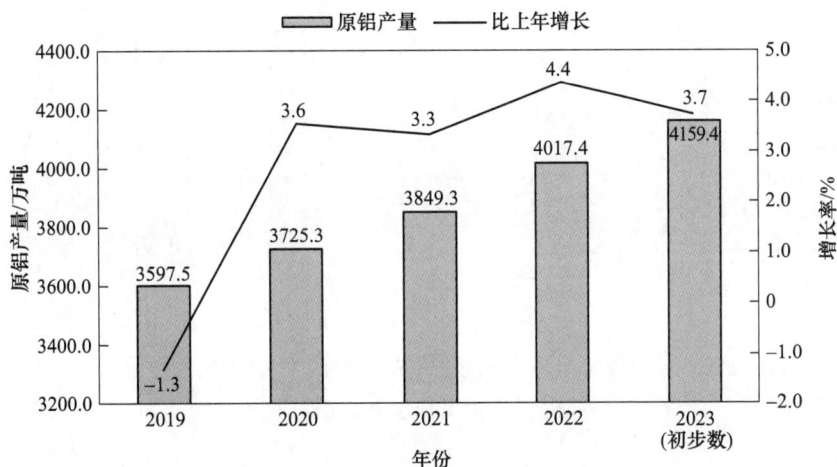

图 4　2019—2023 年原铝产量及比上年增长速度图

数据来源：国家统计局，中国有色金属工业协会

3. 精炼铜、原铝消费好于预期

2023 年，中国精炼铜消费量为 1525 万吨，比上年增长 7.8%（见图 5），两年年均增长 6.3%；原铝消费量为 4300 万吨，比上年增长 7.9%（见图 6），两年年均增长 4.1%。

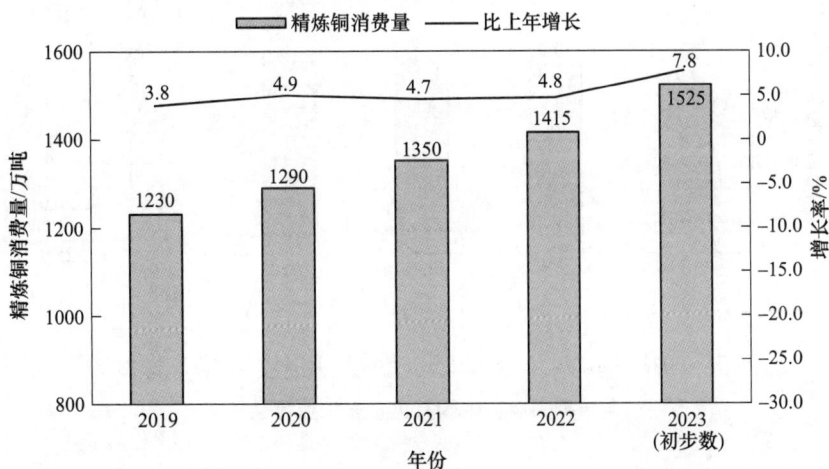

图 5　2019—2023 年精炼铜消费量及比上年增长速度图

数据来源：中国有色金属工业协会

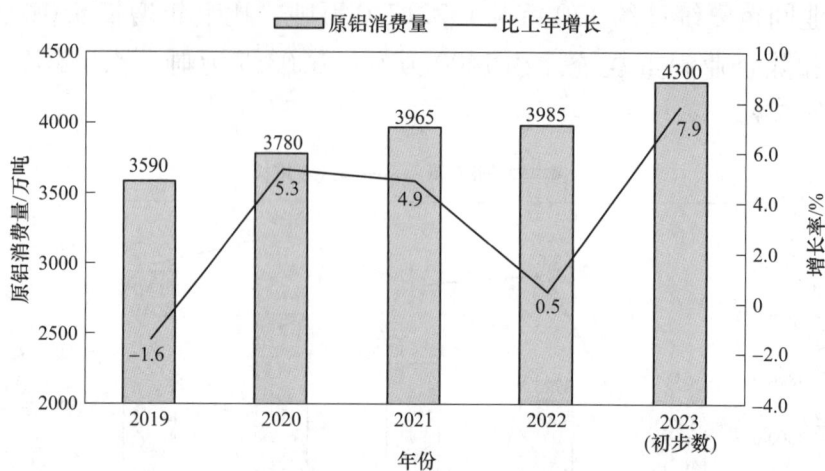

图 6　2019—2023 年原铝消费量及比上年增长速度图

数据来源：中国有色金属工业协会

4. 全铜、全铝人均消费量保持较快增长

2023 年，中国全铜人均年消费量 11.6 千克/人，比上年增长 7.8%（见图
7），两年年均增长 4.9%；全铝人均年消费量 32.9 千克/人，比上年增长
8.9%（见图 8），两年年均增长 4.1%。

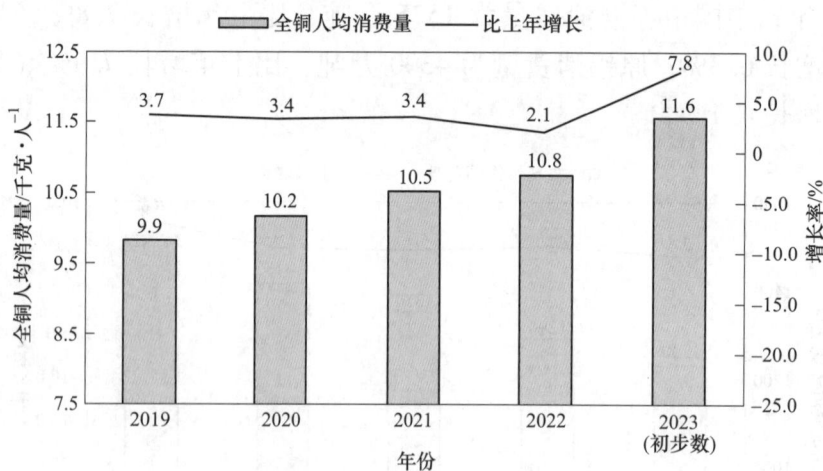

图 7　2019—2023 年全铜人均消费量及比上年增长速度图

数据来源：中国有色金属工业协会

（二）有色金属固定资产投资增幅超过 17%

2023 年，有色金属工业完成固定资产投资比上年增长 17.3%（见图 9），
增速比上年增速加快 2.8 个百分点，比全国工业投资增幅高 8.3 个百分点。其

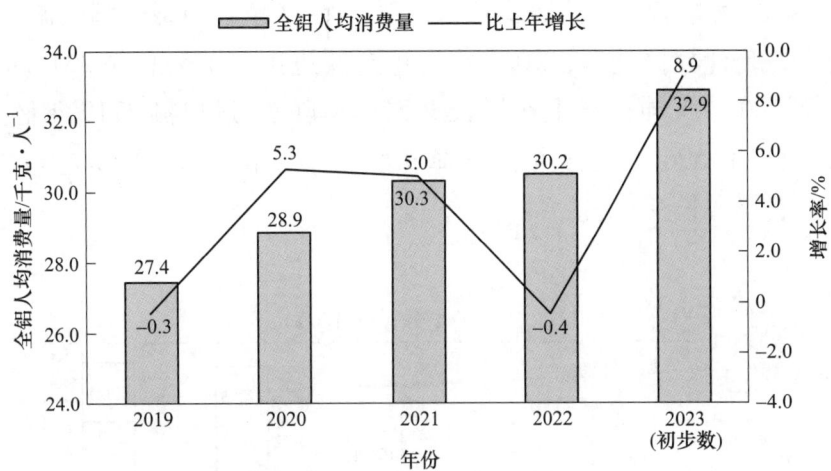

图 8　2019—2023 年全铝人均消费量及比上年增长速度图
数据来源：中国有色金属工业协会

中，一季度增长 11.9%，上半年增长 12.4%，前三个季度增长 14.1%，全年增长 17.3%，增幅呈逐步扩大的态势。2023 年，有色金属矿山采选完成固定资产投资增长 42.7%，有色金属冶炼压延加工完成固定资产投资增长 12.5%。2023 年，民间有色金属固定资产投资增长 7.6%。

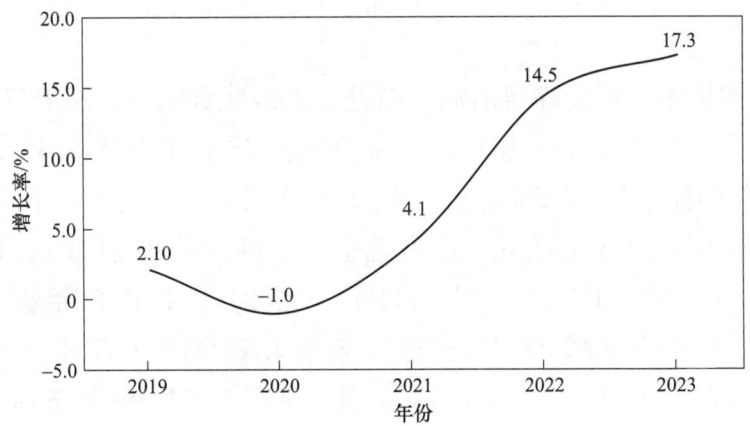

图 9　2019—2023 年有色金属项目投资比上年增长速度图
数据来源：国家统计局

2023 年有色金属工业完成固定资产投资分金属品种看，与光伏、风电、锂电、新能源汽车等相关的高新金属材料投资增加；分生产环节看，有色矿山投资大幅度增加；分所有制看，国有企业投资增幅扩大，民间有色金属固定资产投资有待提升。

（三）铜、铝等矿山原料进口增长，铜、铝材净出口量一增一减

根据海关统计数据整理，2023年有色金属进出口贸易总额3315.4亿美元，按可比口径计算（下同）比上年增长1.5%。其中，进口额2719.4亿美元，增长4.3%；出口额596.1亿美元，下降9.8%（见图10）。贸易逆差为2123.3亿美元，比上年增长9.0%。

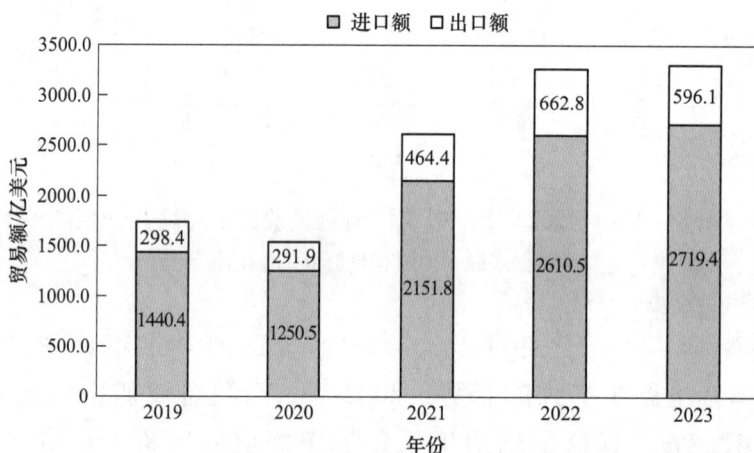

图10 2019—2023年有色金属（含黄金）进出口额增减趋势图

数据来源：海关总署，中国有色金属工业协会

1. 进口铜精矿、铜废碎料增加，净进口未锻轧铜减少，净出口铜材增加

2023年，铜产品进口额为1221.3亿美元，比上年下降1.3%，占有色金属产品进口额的比重为47.5%；出口额为90.5亿美元，比上年下降5.3%。铜产品贸易逆差为1130.8亿美元，占有色金属贸易逆差的53.3%。进口铜精矿实物量2753.6万吨，比上年增长9.1%（见图11）；进口粗铜（阳极铜）100.1万吨，比上年下降14.1%；进口未锻轧铜410.9万吨，比上年下降3.0%（见图12）；进口铜材35.8万吨，比上年下降18.9%；进口铜废碎料实物量198.6万吨，比上年增长12.1%。出口未锻轧铜27.9万吨，比上年增长20.4%；出口铜材67.8万吨，比上年下降0.6%。2023年，净进口未锻轧铜383.0万吨，比上年下降4.4%；净出口铜材32.0万吨，比上年增长31.7%。

2. 进口铝土矿增长，进口原铝大幅增长，出口铝材下降

2023年，铝产品进口额为211.3亿美元，比上年增长9.8%，占有色金属产品进口额的比重为7.8%；出口额为199.8亿美元，比上年下降25.3%，占有色金属产品出口额的比重为33.5%。2023年，进口铝土矿14138.3万吨，比

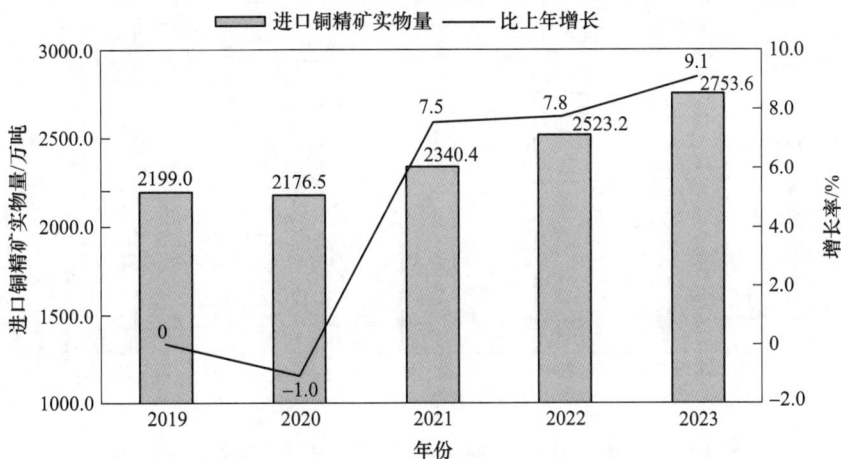

图 11　2019—2023 年进口铜精矿及比上年增长速度图
数据来源：海关总署，中国有色金属工业协会

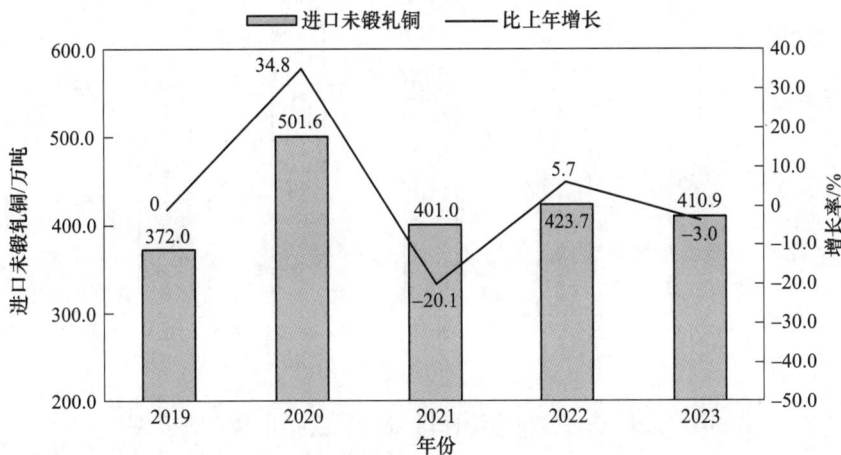

图 12　2019—2023 年进口未锻轧铜及比上年增长速度图
数据来源：海关总署，中国有色金属工业协会

上年增长 12.7%（见图 13）；进口氧化铝 182.7 万吨，比上年下降 8.2%；进口未锻轧铝 267.6 万吨，比上年增长 37.5%，其中进口非合金铝（原铝）154.3 万吨，比上年增长 130.7%；进口铝材 38.4 万吨，比上年下降 13.7%；进口铝废料实物量 175.2 万吨，比上年增长 15.6%。出口氧化铝 125.2 万吨，比上年增长 24.5%；出口未锻轧铝 39.2 万吨，比上年下降 7.0%；出口铝材 528.4 万吨，比上年下降 14.4%（见图 14）。2023 年，净进口未锻轧铝 228.4 万吨，比上年增长 49.8%；净出口铝材 490.0 万吨，比上年下降 14.6%。

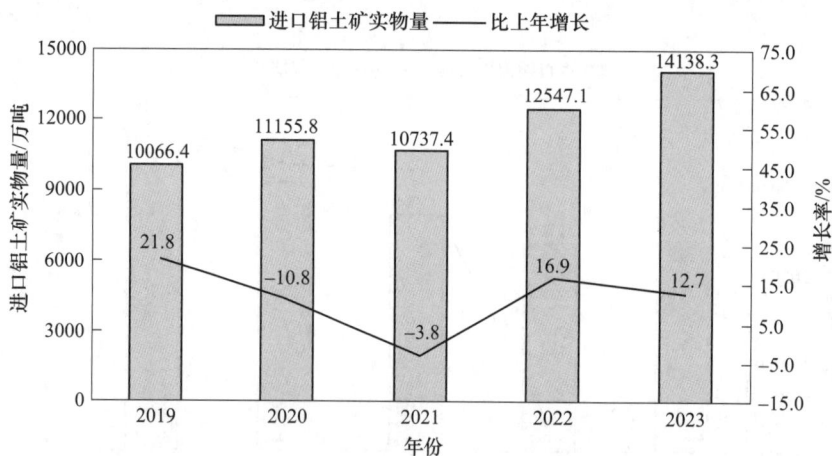

图 13   2019—2023 年进口铝土矿及比上年增长速度图
数据来源：海关总署，中国有色金属工业协会

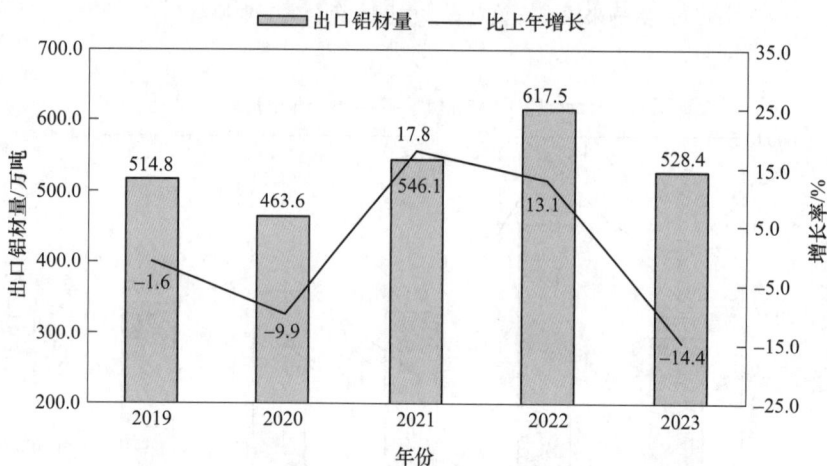

图 14   2019—2023 年出口铝材及比上年增长速度图
数据来源：海关总署，中国有色金属工业协会

3. 进口铅、锌精矿增长，未锻轧铅进口、出口均增长，未锻轧锌进口增长、出口下降。

2023 年，铅产品进口额 17.5 亿美元，比上年增长 13.4%；出口额为 4.6 亿美元，比上年增长 53.3%。进口铅精矿实物量 114.0 万吨，比上年增长 13.8%；进口未锻轧铅 4.9 万吨，比上年增长 24.4%。出口未锻轧铅 20.1 万吨，比上年增长 66.8%。

2023 年，锌产品进口额 51.4 亿美元，比上年下降 2.1%；出口额为 1.0 亿美元，比上年下降 75.7%。进口未锻轧锌 42.9 万吨，比上年增长 201.7%；进口锌精矿实物量471.3万吨，比上年增长14.6%。出口未锻轧锌1.2万吨，比上年下降86.7%。

4. 进口镍矿增长、进口钴矿下降

2023年，镍产品进口额为76.7亿美元，比上年下降26.1%；出口额为15.5亿美元，比上年增长38.4%。进口镍矿实物量4446.6万吨，比上年增长11.1%（见图15）；进口未锻轧镍9.5万吨，比上年下降40.7%；出口未锻轧镍3.7万吨，比上年增长62.9%。

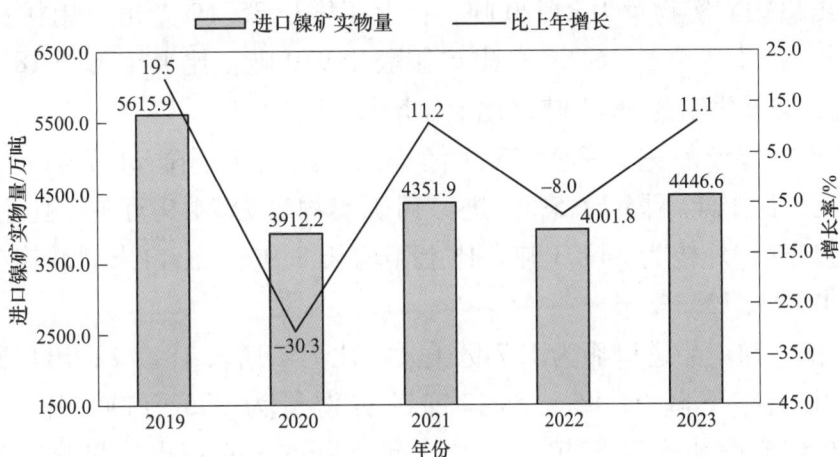

图15 2019—2023年进口镍矿及比上年增长速度图

数据来源：海关总署，中国有色金属工业协会

2023年，钴产品进口额为1.3亿美元，比上年下降44.0%；出口额为1.4亿美元，比上年下降62.6%。进口钴矿实物量为1.7万吨，比上年下降36.0%；进口钴及钴制品为824吨，比上年下降22.9%。出口钴及钴制品为219吨，比上年增长95.2%；出口氧化钴为4306吨，比上年下降29.9%；出口碳酸钴为1220吨，比上年下降40.9%。

5. 未锻轧镁出口下降，钛矿进口及海绵钛出口增长

2023年，镁产品出口额为13.9亿美元，比上年下降49.2%。出口未锻轧镁为31.8万吨，比上年下降22.5%；出口镁粒、粉7.4万吨，比上年增长9.1%；出口镁材及制品为0.7万吨，比上年下降37.2%。

2023年，钛产品进口额为20.9亿美元，比上年增长1.8%；出口额为8.7亿美元，比上年增长6.5%。进口钛矿实物量为425.2万吨，比上年增长22.7%；进口钛材及制品7210吨，比上年下降3.6%。出口海绵钛5838吨，比上年增长204.1%；出口钛材及制品30451吨，比上年增长13.0%。

6. 进口锡锑钼矿增长、进口钨矿下降

2023 年，钨产品进口额为 1.9 亿美元，比上年增长 22.4%；出口额为 7.9 亿美元，比上年下降 26.9%。进口钨矿实物量为 5800 吨，比上年下降 2.3%；出口钨材及钨制品量为 5276 吨，比上年下降 8.2%；出口钨酸盐为 2734 吨，比上年下降 38.8%；出口氧化钨及氢氧化钨为 5054 吨，比上年下降 45.3%。

2023 年，钼产品进口额为 11.7 亿美元，比上年增长 60.5%；出口额为 11.3 亿美元，比上年增长 71.5%。进口钼矿实物量为 50691 吨，比上年增长 23.1%；出口钼矿实物量为 21520 吨，比上年增长 35.1%。出口钼材及钼制品为 6023 吨，比上年增长 36.6%；出口钼酸盐 910 吨，比上年下降 18.1%；出口氧化钼及氢氧化钼为 2871 吨，比上年增长 11.2%。

2023 年，锡产品进口额为 25.0 亿美元，比上年下降 21.7%；出口额为 3.5 亿美元，比上年下降 12.5%。进口锡矿实物量为 24.9 万吨，比上年增长 2.1%；进口未锻轧锡为 34903 吨，比上年增长 8.9%；出口未锻轧锡为 12169 吨，比上年增长 13.3%。

2023 年，锑产品进口额为 1.7 亿美元，比上年增长 18.7%；出口额为 4.5 亿美元，比上年下降 21.8%。进口锑矿实物量为 3.5 万吨，比上年增长 21.0%；出口未锻轧锑为 5240 吨，比上年下降 52.3%；出口氧化锑为 35795 吨，比上年下降 11.1%。

7. 稀土进口额增长，出口额下降

2023 年，稀土产品进口额为 21.9 亿美元，上年比增长 33.2%；出口额为 7.6 亿美元，比上年下降 28.3%。

8. 黄金进口额增长，占有色金属进口额的比重达 33.8%，银产品进口额、出口额均增长

2023 年，黄金进口额为 919.2 亿美元，比上年增加 152.5 亿元，增幅达 19.9%，占有色金属产品进口额的比重为 33.8%，拉动有色金属产品进口额增长 5.9 个百分点；出口额为 38.9 亿美元，比上年增长 18.6%。贸易逆差为 880.3 亿美元，占有色金属贸易逆差的 20.0%。

2023 年，未锻轧银、银首饰及零件进口额为 13.4 亿美元，比上年增长 2.5%；出口额为 38.7 亿美元，比上年增长 2.9%。

9. 金属锂、氢氧化锂进、出口量均增长，碳酸锂进口增长、出口下降

2023 年，锂产品进口额为 65.1 亿美元，比上年下降 4.0%；出口额为 69.5 亿美元，比上年增加 22.0 亿元，增长 45.9%，占有色金属产品出口额的比重为 10.0%，拉动有色金属产品出口额增长 3.3 个百分点。进口金属锂 28

吨，比上年增长 77.3%；进口氢氧化锂 3806 吨，比上年增长 23.3%；进口碳酸锂 15.9 万吨，比上年增长 16.7%。出口金属锂 594 吨，比上年增长 7.6%；出口氢氧化锂 13.0 万吨，比上年增长 39.2%；出口碳酸锂 9593 吨，比上年下降 8.1%。

10. 工业硅、多晶硅进、出口均下降

2023 年，硅产品进口额为 42.2 亿美元，比上年下降 28.1%；出口额为 76.6 亿美元，比上年下降 6.6%，占有色金属产品出口额的比重为 11.0%。进口工业硅 6499 吨，比上年下降 78.4%；进口多晶硅 6.3 万吨，比上年下降 28.5%。出口工业硅 56.4 万吨，比上年下降 6.1%；出口多晶硅 8451 吨，比上年下降 24.7%。

（四）有色金属价格走势分化

1. 国内现货市场铜年均价小幅上涨

2023 年，LME 三月期铜均价为 8520 美元/吨，比上年下跌 3.2%；上期所三月期铜均价为 67721 元/吨，比上年上涨 1.8%；国内现货市场铜均价为 68272 元/吨，比上年上涨 1.2%（见图 16），涨幅比前三季度扩大了 1.0 个百分点。2023 年上半年国内现货市场铜均价比上年同期下跌 5.3%，前三个季度铜均价转为比上年同期微涨 0.2%，全年上涨 1.2%。

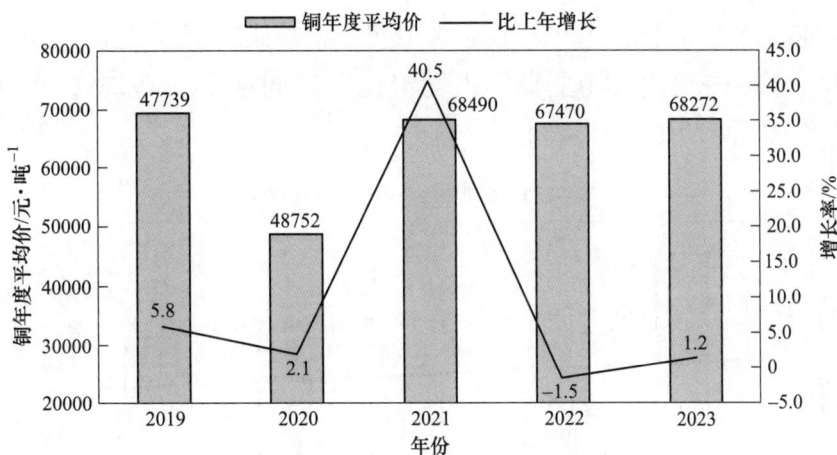

图 16 2019—2023 年国内市场铜现货年均价及比上年涨跌幅度图

数据来源：中国有色金属工业协会

2. 国内现货市场铝价跌幅逐步收窄

2023 年，LME 三月期铝均价为 2285 美元/吨，比上年下跌 15.8%；上期所三月期铝均价为 18479 元/吨，比上年下跌 7.2%；国内现货市场铝均价

18717元/吨，比上年下跌6.4%（见图17），跌幅比前三季度收窄2.4个百分点，比上半年收窄7.2个百分点，比一季度收窄10.3个百分点。

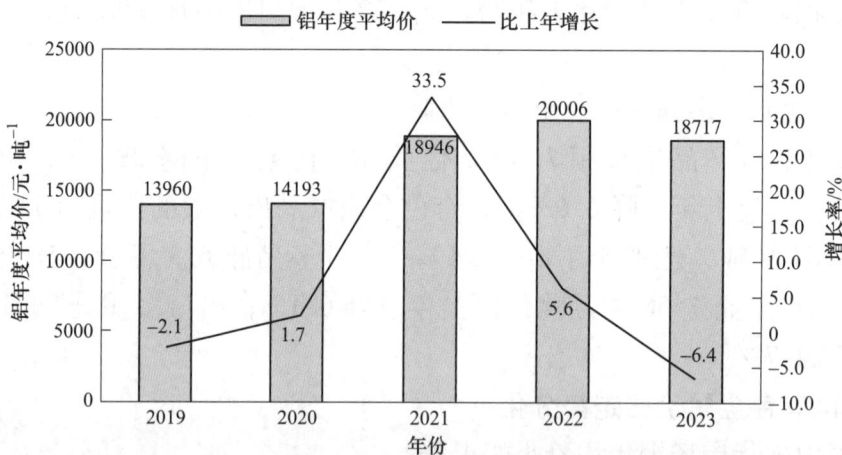

图17 2019—2023年国内市场铝现货年均价及比上年涨跌幅度图

数据来源：中国有色金属工业协会

3. 国内现货市场铅年均价上涨

2023年，LME三月期铅均价2128为美元/吨，比上年下跌1.0%；上期所三月期铅均价为15727元/吨，比上年上涨2.7%；国内现货市场铅均价为15709元/吨，比上年上涨2.9%（见图18），涨幅比前三季度扩大了0.6个百分点。2023年国内现货市场上半年铅均价比上年同期下跌0.2%，前7个月铅均价转为比上年同期微涨0.4%。

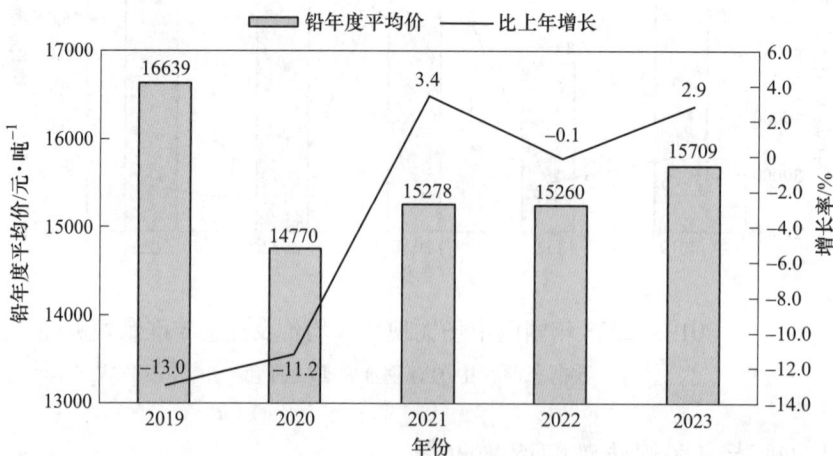

图18 2019—2023年国内市场铅现货年均价及比上年涨跌幅度图

数据来源：中国有色金属工业协会

4. 国内现货市场锌年均价下跌

2023 年，LME 三月期锌均价为 2654 美元/吨，比上年下跌 23.0%；上期所三月期锌均价为 21605 元/吨，比上年下跌 13.9%；国内现货市场锌均价为 21625 元/吨，比上年下跌 14.0%（见图 19），跌幅比前三季度收窄 0.2 个百分点，比上半年收窄 0.1 个百分点。

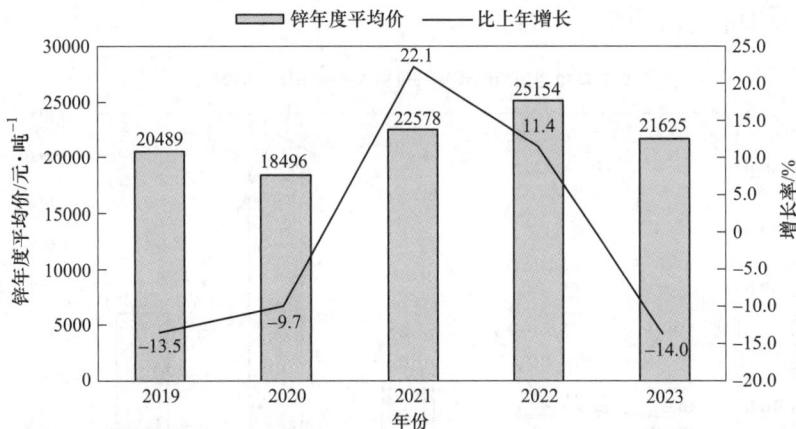

图 19 2019—2023 年国内市场锌现货年均价及比上年涨跌幅度图

数据来源：中国有色金属工业协会

5. 国内现货市场工业硅年均价格下跌，但四季度环比回升

2023 年，国内现货市场工业硅年均价 15605 元/吨，比上年下跌 22.5%（见图 20），跌幅比前三季度扩大了 0.7 个百分点，比上半年扩大了 3.4 个百分点，比一季度扩大了 5.3 个百分点。其中，四季度国内现货市场工业硅均价 15396 元/吨，环比回升 7.8%。

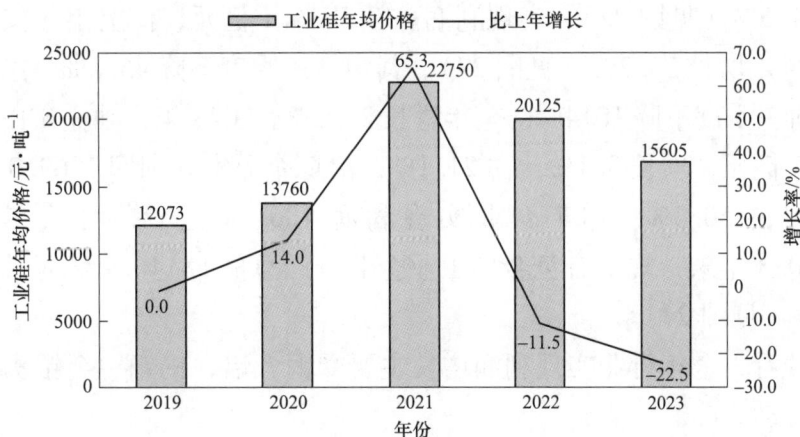

图 20 2019—2023 年国内市场工业硅现货年均价及比上年涨跌幅度图

数据来源：中国有色金属工业协会

6. 国内现货市场电池级碳酸锂价格大幅下跌

2023 年，国内现货市场电池级碳酸锂均价 26.2 万元/吨，比上年下跌 47.2%（见图 21），跌幅比前三季度扩大了 10.9 个百分点，比上半年扩大了 19.1 个百分点，比一季度扩大了 38.6 个百分点。2023 年电池级碳酸锂价格由 2022 年的大幅度上涨转为大幅度下跌，年末价格已接近或跌破部分企业的成本线，但年均价仍为历史第二高。

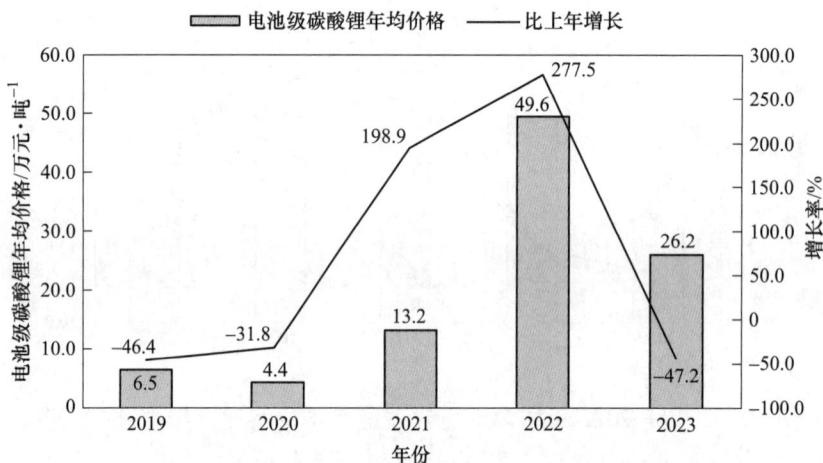

图 21　2019—2023 年国内市场电池级碳酸锂现货年均价及比上年涨跌幅度图

数据来源：中国有色金属工业协会

（五）规上有色金属企业降本增效成效显著

1. 实现利润由降转增，全年盈利超过 3700 亿元

2023 年，10704 家规上有色金属工业企业实现营业收入 79076.6 亿元，比上年增长 4.5%（见图 22）；实现利润总额 3716.1 亿元，比上年（按可比口径计算，下同）增长 23.2%（见图 23）。其中，一季度下降 45.3%，上半年下降 35.1%，前三季度下降 10.4%，全年增长 23.2%。2023 年，独立矿山企业实现利润 785.6 亿元，增长 8.1%，占 21.1%；冶炼企业实现利润 1869.0 亿元，增长 23.1%，占 50.3%；加工企业实现利润 1061.5 亿元，增长 37.6%，占 28.6%。2023 年末，规上有色金属工业企业资产总额 58146.9 亿元，比上年末增长 6.7%（见图 24）。

分品种看，全年行业实现利润增长主要受铜、铝、钨钼、金银贵金属行业利润增长拉动。

2. 亏损企业亏损额下降

2023 年，规上有色金属工业企业中亏损企业为 2644 家，亏损户数比上年

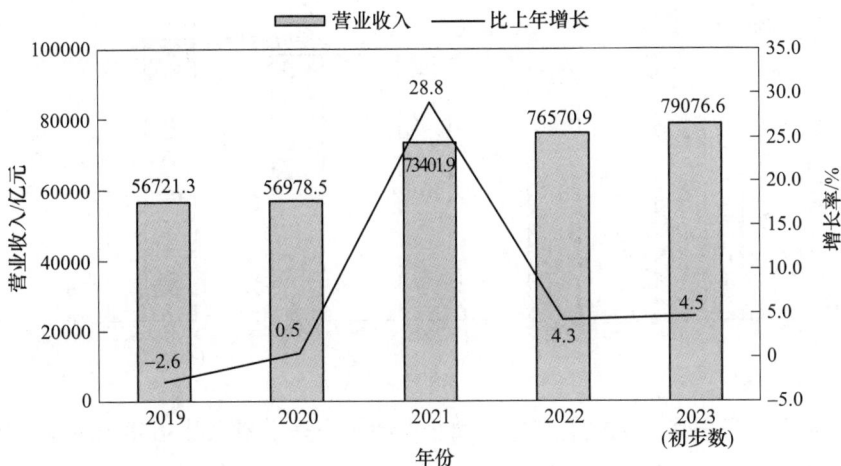

图 22　2019—2023 年规上有色金属企业实现营业收入及比上年增减幅度图
数据来源：国家统计局，中国有色金属工业协会

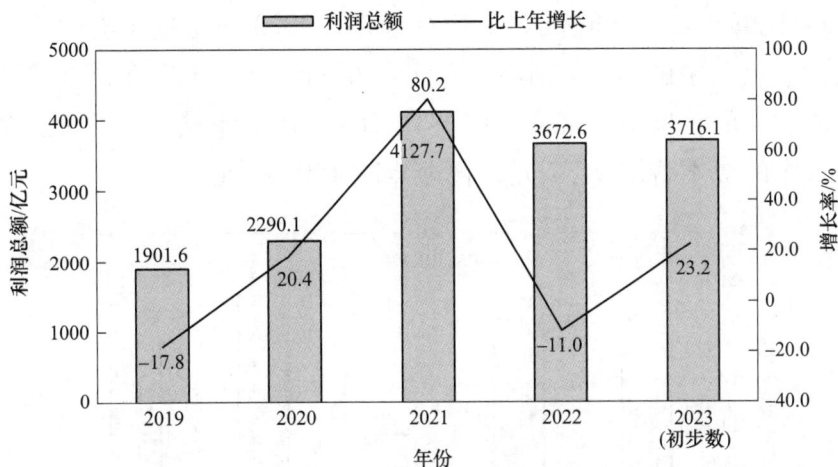

图 23　2019—2023 年规上有色金属企业实现利润及比上年增减幅度图
数据来源：国家统计局，中国有色金属工业协会

增加 100 家；亏损面为 24.7%，比上年扩大 0.9 个百分点。2023 年亏损企业亏损额 390.0 亿元，比上年减亏 89.3 亿元，下降 18.6%。

　　分行业看，仅镁行业受主产区大范围停产改造影响出现亏损。2023 年 6 月，陕西府谷县 23 家镁企业因对兰炭炉进行升级改造而暂停生产，涉及产能约 48.5 万吨。2023 年全年，陕西省镁产量 47.0 万吨，占全国总产量的 57.6%。

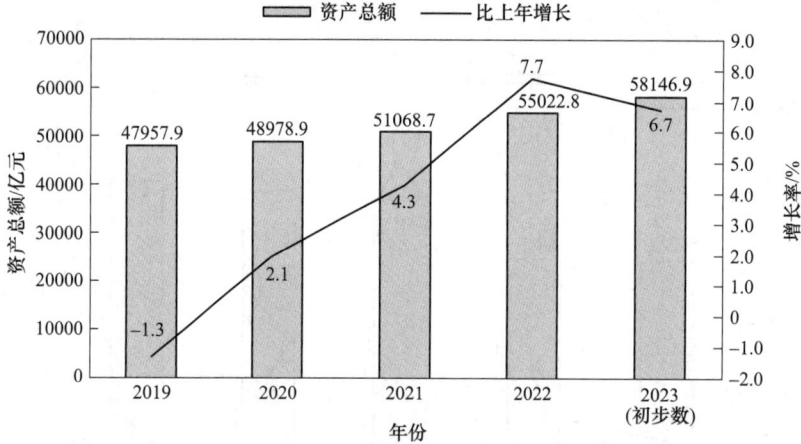

图 24　2019—2023 年规上有色金属企业年末资产总额及比上年增减幅度图

数据来源：国家统计局，中国有色金属工业协会

3. 成本增幅小于收入增幅，百元营业收入成本费用减少

2023 年，规上有色金属工业企业营业成本 72973.2 亿元，比上年增长 4.4%，增幅比营业收入增幅低 0.1 个百分点。2023 年，规上有色金属工业企业每百元营业收入中的营业成本 92.3 元（见图 25），比上年减少 0.1 元；每百元营业收入中的三项费用 2.4 元（见图 26），比上年减少 0.2 元。即，每百元营业收入中的成本费用 94.7 元，比上年减少 0.31 元。

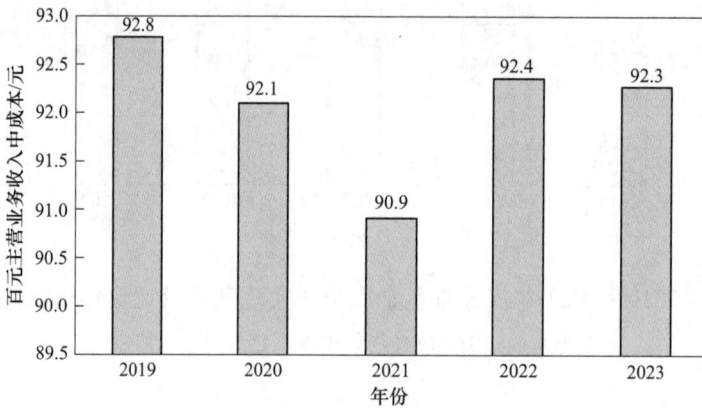

图 25　2019—2023 年规上有色金属企业百元营业收入中营业成本增减变化图

数据来源：国家统计局，中国有色金属工业协会

（六）铜、铝、锌冶炼综合能耗（电耗）下降

2023 年，铜冶炼综合能耗（以标准煤计）为 195.3 千克/吨，比上年减少 6.8 千克/吨，下降 3.4%；原铝（电解铝）综合交流电耗为 13324 千瓦时/吨，

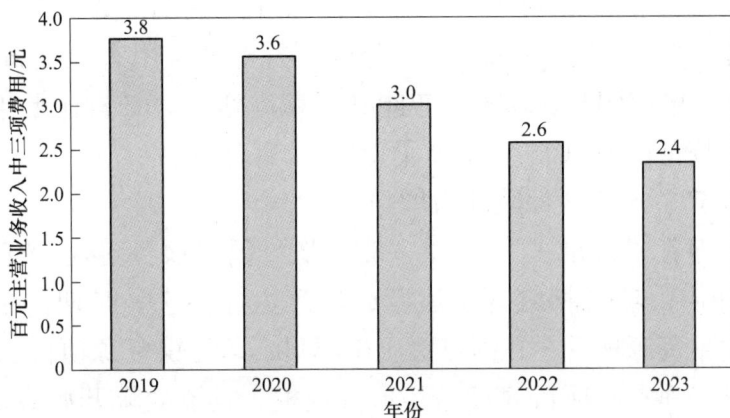

图 26　2019—2023 年规上有色金属企业百元营业收入中三项费用增减变化图

数据来源：国家统计局，中国有色金属工业协会

比上年减少 124 千瓦时/吨，下降 0.9%；铅冶炼综合能耗为 306.1 千克标准煤/吨，比上年增加 7.1 千克标准煤/吨，增长 2.4%；电解锌冶炼综合能耗为 845.2 千克标准煤/吨，比上年减少 51.7 千克标准煤/吨，下降 5.8%。

二、有色金属工业运营特点

（一）高质量发展稳步推进，原料供应结构改善

1. 高质量发展稳步推进

2023 年，有色金属冶炼及加工行业工业增加值增幅为 8.8%，高于十种常用有色金属产量增幅 1.7 个百分点，并分别高于铜、铝材产量增幅 3.8 个百分点、2.7 个百分点。上述数据可反映出，有色金属单位产品新创造价值增加，高附加值高新有色材料产量比重提高，有色金属工业增加值占工业总产值的比重也有所扩大，高质量发展稳步推进。

2. 十种有色金属产量再上新台阶

按新口径统计的十种有色金属产量，2002 年首次超过 1000 万吨大关，达到 1027.5 万吨；2007 年超过 2000 万吨，达到 2478.3 万吨；2010 年超过 3000 万吨，达到 3250.1 万吨；2012 年超过 4000 万吨，达到 4138.5 万吨；2015 年超过 5000 万吨，达到 5351.0 万吨；2019 年超过 6000 万吨，达到 6097.5 万吨；2023 年超过 7000 万吨，达到 7469.8 万吨。

3. 有色金属冶炼及压延加工业尤其是电解铝产能利用率提高

2023 年，有色金属冶炼及压延加工业产能利用率为 79.5%，比上年上升 0.2 个百分点，比全国工业产能利用率高 4.4 个百分点。其中，四季度有色金

属冶炼及压延加工业产能利用率为 79.6%，比上年同期上升 0.2 个百分点，比同期全国工业产能利用率高 3.7 个百分点。占十种常用有色金属产量比重达 55.7% 的原铝（电解铝），2023 年产能利用率高达 92.9%，比上年上升了 1.5 个百分点，比疫情前的 2019 年提高了 10.5 个百分点。

4. 进口矿产资源安全保障能力增强

近年来，随着"走出去"与"一带一路"倡议项目落地，有色金属行业一批重大海外矿山项目相继开工运营，达产达标。这一时期，在刚果（金）和赞比亚的铜钴资源项目、几内亚铝土矿项目、印尼镍资源项目、秘鲁铜资源项目、澳大利亚锂资源项目建设已经形成规模，投资效果开始显现。据了解，2023 年中国企业获取的权益铜精矿金属量为 270 万吨，已超过国内的铜精矿产量，占进口铜精矿金属量的比例接近 40%，占铜精矿需求量的比例超过 30%，当年国产铜精矿占需求量的比例为 20%，两项合计占国内铜精矿需求量的比例在 50% 左右。2023 年中国企业获取的权益铝土矿近 1 亿吨，已超过国内铝土矿产量，占进口铝土矿的比例在 70% 左右，占生产氧化铝所需铝土矿的比例接近 45%，当年国产铝土矿占生产氧化铝所需铝土矿的比例为 36.5%，两项合计占国内生产氧化铝所需铝土矿的比例超过 80%。我国企业投资境外矿山获取的权益矿山原料已成为铜、铝等有色金属冶炼所需原料的重要渠道，增强了我国矿产资源安全保障能力。

5. 国内回收再生资源供应保证度提升

2023 年，我国再生铜、铝、铅、锌量分别为 410 万吨、950 万吨、298 万吨和 95 万吨，比上年分别增长 9.6%、9.8%、4.4% 和 3.6%，占国内供应量的比重分别为 24.2%、18.0%、47.5% 和 13.1%。2023 年生产再生金属所需的原料中，国内回收的再生金属原料数量和比例均明显增加，国内再生资源供应保证度提升。2023 年国内回收的再生铜原料约 265 万吨，比 2013 年增加了 105 万吨，占生产再生铜所需原料的比例达到 64.6%，比 2013 年占比增加了 10.4 个百分点。2023 年国内回收的再生铝原料约 732 万吨，比 2013 年增加了 352 万吨，占生产再生铝所需原料的比例达到 77.1%，比 2013 年占比增加了 9.8 个百分点。2023 年国内回收的再生铅原料生产再生铅 298 万吨，比 2013 年翻了一番。2023 年国内回收的再生锌原料生产再生锌 95 万吨，是 2013 年再生锌的 4.4 倍。

（二）新能源和家电领域铜、铝消费增加抵消了房地产消费减少，铜、铝消费好于预期

在碳达峰、碳中和的大背景下，大力发展光伏、风电、新能源汽车是我国实现碳达峰、碳中和目标的重要举措。2023 年，我国光伏、风电新增发电装机容量占全国当年全部新增发电装机容量的比重超过 70%，我国新能源汽车产量占全国当年全部汽车产量的比重超过 30%。有色金属产业为光伏、风电、新能源汽车、锂电池等产业的快速发展提供了不可或缺的高新有色金属材料。同时，光伏、风电、新能源汽车、锂电池等产业也是有色金属消费增长的主要领域。在大力激励国内消费政策的支持下，2023 年家用电冰箱、冰柜、空调、洗衣机等家用电器产量大幅增长是拉动铜、铝等有色金属消费增长的另一个领域。2023 年房地产市场的深度调整尚未结束，多数房地产指标持续下降，房地产行业对有色金属消费持续下跌，房地产是有色金属消费下跌的主要领域。

1. 光伏、风电、新能源汽车、动力及储能电池成为有色金属消费增长的主要领域

2023 年，我国光伏、风电、新能源汽车、动力及储能电池等产量，国内新能源装机量及上述领域产品出口量均大幅增长，成为拉动铜、铝等有色金属消费增长的主要领域。据测算，2023 年，上述产业消费铜 300 多万吨，占全国铜消费量的比重约为 19%，比上年增加 100 多万吨，增长 52%；上述产业消费铝 900 多万吨，占全国铝消费量的比重约为 20%，比上年增加 300 多万吨，增长 55%。

2. 家用电冰箱、冰柜、空调、洗衣机等家电是拉动铜、铝消费增长的另一个领域

2023 年，家用电冰箱、冰柜、空调、洗衣机等家用电器产量比上年分别增长 14.5%、16.7%、13.5%、19.3%。2023 年家用电器消费有色金属也明显增加。据测算，2023 年家用电器消费铜比上年增加约 20 万吨，增长 9% 左右；2023 年家电消费铝比上年增加约 35 万吨，增长 10% 左右。

3. 房地产行业对铜、铝等有色金属消费持续下跌

房地产市场的深度调整尚未结束，多数房地产指标持续下降。国家统计局发布的数据表明，2023 年所有和房地产相关的数据，只有房屋竣工面积比上年增长 17.0%、商品房待售面积比上年增长 19.0%；但全国房地产开发投资比上年下降 9.6%，房地产开发企业房屋施工面积比上年下降 7.2%，房屋新开工面积比上年下降 20.4%，商品房销售面积比上年下降 8.5%。近 5 年房地产消费铝占全国消费铝的比重缩小了 7 个多百分点。据测算，2023 年房地产消费铜比上年减少约 35 万吨，下降 7% 左右；2023 年房地产消费铝比上年减少约 100 万吨，下降 8% 左右。

（三）有色金属项目固定资产投资创近十年新高

2023年有色金属工业完成固定资产投资比上年增长17.3%，创近十年新高。有色金属工业完成固定资产投资增幅自2014年回落到4.4%后，2015—2017年连续三年下降，降幅分别为3.3%、7.3%、7.4%，2018年和2019年分别增长1.2%和2.1%，2020年下降1.0%，2021年恢复到增长4.1%。2022年增幅为14.5%，2023年增幅高达17.3%，创近十年历史新高，主要受矿山采选投资增长拉动。其中，国有投资增长幅度高于民间投资；冶炼与压延加工投资增幅较上年明显减缓。从有色金属采选、冶炼和加工投资额增长趋势上看，行业产业结构调整工作稳步推进，对矿产资源开发投入的增加将进一步提升中国有色金属工业资源保障能力。

（四）有色金属进出口贸易总额增长、贸易结构改善

1. 有色金属进口额增长，出口额下降

2023年有色金属进出口贸易额变化主要特点：一是有色金属进出口贸易总额保持增长，其中，进口额增长，出口额下降。二是有色金属进口贸易额占比较大的金属品种依次是铜、黄金和铝，这三个金属品种占有色金属进口贸易额的比重达86.5%；拉动有色金属进口贸易额增长的主要是黄金、铝，这两个金属品种进口增加额拉动有色金属进口贸易额增长6.6个百分点。三是有色金属出口贸易额占比大的金属品种依次是铝、铜、硅、锂，这四个金属品种出口额占有色金属出口贸易额的比重达73.2%。

2. 有色金属进出口贸易结构改善

2023年有色金属进出口贸易量变化主要特点：一是2023年铜精矿、铝土矿、铅精矿、锌精矿、镍矿（红土镍矿）、锡矿、锑矿、钼矿、锂矿、钛矿、钽铌矿等有色金属矿山原料进口量均明显增长。二是2023年铝材净出口量下降，铜材净出口量保持增长。三是2023年未锻轧铝进口量增长，尤其是非合金铝（原铝）进口量大幅度增加。四是稀土产品出口呈现出量增额降的态势。五是碳酸锂进口量和氢氧化锂出口量均保持增长。六是我国企业投资境外矿山获取的权益矿山原料已成为进口矿山原料的重要构成。2023年中国企业获取的权益铜精矿金属量达到270万吨，占进口铜精矿金属量的比例接近40%；2023年中国企业获取的权益铝土矿近1亿吨，占进口铝土矿的比例在70%左右。

（五）有色金属品种价格分化，且国内市场好于国际市场、现货好于期货

1. 主要有色金属品种价格涨跌分化

2023年，铜价比上年小幅上涨。2023年国内现货市场铜均价为68272元/

吨，比上年上涨 1.2%，涨幅比前三季度扩大了 1.0 个百分点。铝价跌幅持续收窄。2023 年国内现货市场铝均价 18717 元/吨，比上年下跌 6.4%，但跌幅比前三个季度、上半年、一季度分别收窄 2.4 个百分点、7.2 个百分点、10.3 个百分点。工业硅价格下跌，但年末止跌回稳。2023 年国内现货市场工业硅均价 15605 元/吨，比上年下跌 22.5%，但四季度均价环比回升 7.8%。电池级碳酸锂价格大幅度下跌。2023 年国内现货市场电池级碳酸锂均价 26.2 万元/吨，比上年下跌 47.3%。其中，12 月均价为 11.1 万元/吨，同比下跌 79.1%（见图 27），年末价格已接近或跌破部分企业的成本线。

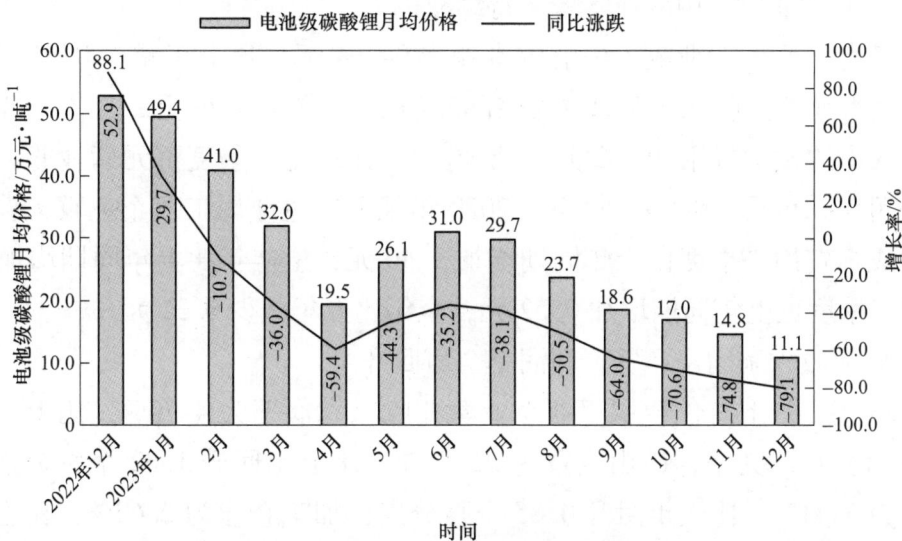

图 27　2022 年 12 月—2023 年 12 月国内市场电池级碳酸锂现货月均价及同比涨跌幅度图

数据来源：中国有色金属工业协会

2. 主要有色金属价格国内市场好于国际市场

2023 年上期所三月期铜均价比上年上涨 1.8%，而 LME 三月期铜均价则比上年下跌 3.2%；上期所 2023 年三月期铝均价比上年跌幅较 LME 低 6.8 个百分点。

3. 主要有色金属现货价格高于期货价格

2023 年国内现货铜均价比上期所三月期铜均价高 1051 元/吨，国内现货铝均价比上期所三月期铝均价高 238 元/吨。

（六）经营效益全面提升，"三率"普遍改善，高质量发展稳步推进

1. 规上有色金属企业实现利润由降转增

2023 年规上有色金属工业企业一季度实现利润总额 542.1 亿元，比上年同期下降 45.3%；上半年实现利润总额 1218.6 亿元，比上年同期下降 35.1%，前三季度实现利润总额 2085.3 亿元，比上年同期下降 10.4%，全年实现利润总额 3716.1 亿元，比上年增长 23.2%。

2. 规上有色金属亏损企业亏损额由增转降

2023 年规上有色金属亏损企业一季度亏损额 152.9 亿元，比上年同期增长 61.1%；上半年亏损企业亏损额 257.2 亿元，比上年同期增长 33.2%，前三季度亏损企业亏损额 321.2 亿元，比上年同期增长 0.2%，全年亏损企业亏损额 390.0 亿元，比上年下降 18.6%。

3. 百元营业收入中的成本费用持续减少

2023 年，百元营业收入中的成本费用 94.64 元，比上年减少 0.31 元；比前三季度百元营业收入中的成本费用 95.43 元，减少 0.79 元；比上半年百元营业收入中的成本费用 96.02 元，减少 1.38 元；比一季度百元营业收入中的成本费用 96.16 元，减少 1.52 元。2023 年规上有色金属工业企业百元营业收入中的成本费用一季度比上年同期增加 2.40 元，上半年比上年同期增加 1.90 元，前三季度比上年同期增加 0.52 元，全年比上年减少 0.31 元。

4. 营业收入利润率、资产利润率全面回升

2023 年，规上有色金属工业企业营业收入利润率为 4.70%，比上年回升 0.71 个百分点。其中，矿山企业为 22.51%，比上年回升 1.02 个百分点；冶炼企业为 5.31%，比上年回升 0.85 个百分点；加工企业为 2.63%，比上年回升 0.61 个百分点。2023 年，规上有色金属工业企业资产利润率为 6.58%，比上年回升 0.58 个百分点。其中，矿山企业为 10.99%，比上年回升 0.02 个百分点；冶炼企业为 6.90%，比上年回升 0.94 个百分点；加工企业为 4.77%，比上年回升 0.92 个百分点。

5. 资产负债率持续下降，已达近 5 年最好水平

2023 年，规上有色金属工业企业资产负债率为 59.59%，按可比口径比上年降低 0.7 个百分点。按正式年报数计算的资产负债率，2019 年为 61.77%，2020 年为 60.04%，2021 年为 59.62%，2022 年为 60.92%，2023 年降为 59.59%，是近 5 年最好水平。

（七）有色金属产业节能减碳效果明显

1. 再生有色金属节能减碳作用进一步显现

2023 年，再生铜供应量为 410 万吨，据测算 410 万吨再生铜比等量矿产精炼铜节能 56.0 万吨标准煤，减排二氧化碳 151.3 万吨。2023 年，再生铝供应

量为 950 万吨，据测算 950 万吨再生铝比等量原铝节能 3646.1 万吨标准煤，减排二氧化碳 9944.5 万吨。2023 年，再生铅供应量为 298 万吨，据测算 298 万吨再生铅比等量矿产精铅节能 63.8 万吨标准煤，减排二氧化碳排 172.3 万吨。2023 年，再生锌供应量 95 万吨，据测算 95 万吨再生锌比等量矿产锌节能 68.3 万吨标准煤，减排二氧化碳 184.3 万吨。以上四种再生金属节能 3734.3 万吨标准煤，减排二氧化碳 10452.4 万吨。

2. 电解铝用电结构调整节能减碳效果明显

近年来，电解铝企业积极落实"双碳"目标，主动把部分使用煤电的电解铝产能等量减量转移到水电较为丰富的云南等省区。转移到云南等省区的电解铝产能已逐步投产达产，2023 年全国绿色能源生产电解铝占比达到 25%，比 2015 年占比 13.4% 扩大了 11.6 个百分点。按 2023 年电解铝综合交流电耗及单位发电量所消耗的标准煤计算，绿色能源生产电解铝占比提升 1 个百分点，相当于电解铝行业节约标准煤 182.6 万吨，减少二氧化碳排放 493.0 万吨左右。

3. 降低产品能耗，是节能减碳的重要措施

初步统计，2023 年原铝综合交流电耗为 13324 千瓦时/吨，比上年下降 124 千瓦时/吨。按当年原铝综合交流电耗及单位发电量所消耗的标准煤计算，2023 年原铝综合能耗为 4043 千克/吨，比上年下降 37.6 千克/吨，比 2013 年的 4404 千克/吨下降 361 千克/吨。按煤电产原铝占 75% 计算，2023 年比上年消耗标准煤减少 117.3 万吨，二氧化碳排放量减少 316.8 万吨左右；比 2013 年消耗标准煤减少 1126.0 万吨，二氧化碳排放量减少 3040.3 万吨左右。2023 年精炼铜综合能源单耗（以标准煤计）为 195.3 千克/吨，比上年下降 6.82 千克/吨，按当年矿产精炼铜产量计算，消耗标准煤减少 6.4 万吨，二氧化碳排放量减少 17.3 万吨左右；综合能源单耗比 2013 年下降 169.2 千克/吨，消耗标准煤减少 158.7 万吨，二氧化碳排放量减少 428.5 万吨左右。2023 年精铅综合能源单耗（以标准煤计）为 306.1 千克/吨，比 2013 年下降 160.0 千克/吨，消耗标准煤减少 52.8 万吨，二氧化碳排放量减少 142.6 万吨左右。2023 年锌综合能源单耗（以标准煤计）845.2 千克/吨，比上年下降 51.74 千克/吨，按当年矿产锌产量计算，消耗标准煤减少 32.1 万吨，二氧化碳排放量减少 86.7 万吨左右；综合能源单耗比 2013 年下降 52.2 千克/吨，消耗标准煤减少 32.2 万吨，二氧化碳排放量减少 87.0 万吨左右。

三、有色金属工业 2024 年主要指标预测及保障措施

（一）2024 年国内外环境变化对有色金属行业的影响

2024 年，中国坚持稳中求进、以进促稳、先立后破，加强宏观政策统筹协调，确保同向发力、形成合力，增强宏观政策有效性，加大宏观调控力度，缓解突出矛盾风险。2023 年出台的一系列稳增长政策将在 2024 年持续显效，以及保障性住房、"平急两用"基础设施建设、城中村改造投资，将激发带动更多民间投资。随着疫情影响消退，企业营收、居民收入逐步恢复，消费意愿持续回升。服务消费潜力继续释放，高技术和制造业将支撑经济较快增长，经济内生增长动力将进一步增强。2024 年，世界经济仍是向好与风险并存，在不均衡复苏中呈现亮点。但 2024 年经济运行仍面临一些内外部挑战。从国际看，外部环境的复杂性、严峻性、不确定性上升，地缘政治冲突加剧，发达经济体本轮加息周期或已结束，但高利率的滞后影响还将持续显现，外溢风险仍可能通过汇率、资本流动、外债等渠道冲击新兴市场经济体。从国内看，经济大循环也存在堵点，消费者信心指数和民间投资增速仍处低位，以及本轮房地产深度调整还在路上，需求不足与产能过剩的矛盾较为突出，社会预期依然偏弱。

（二）对 2024 年有色金属工业主要经济指标预测

根据国内外宏观经济环境，尤其是国内外有色金属产业运行特点，结合中国有色金属工业协会发布的"三位一体"景气指数报告，在不出现"黑天鹅"事件的前提下，对 2024 年有色金属工业主要指标判断如下：2024 年有色金属工业增加值增幅保持在 5.5% 以上，或有望达到 6%。2024 年十种常用有色金属产量增幅保持在 5% 左右。2024 年我国房地产对有色金属消费下滑的态势放缓，光伏、风电、锂电、新能源汽车及交通工具轻量化等仍是有色金属消费的主要领域。2024 年有色金属行业固定资产投资增幅维持在 5%~10%。2024 年我国铝材出口量有望企稳或略有增长，铜精矿、铝土矿进口保持稳定增长。2024 年一季度有色金属价格以震荡为主，下半年铜、铝金属价格有望略有回升，工业硅、碳酸锂价格有望止跌企稳。2024 年规上有色金属企业实现利润同比略有增长。

（三）促进有色金属产业高质量发展的保障措施

2024 年，有色金属行业要坚持以习近平新时代中国特色社会主义思想为指引，认真贯彻落实习近平总书记在中央经济工作会议上的重要讲话精神，深刻把握经济工作的总体要求和政策取向，深入贯彻落实党中央关于经济工作的

决策部署，进一步巩固和增强有色金属工业回升向好态势。认真贯彻落实工信部等七部委联合印发的《有色金属行业稳增长工作方案》要求，确保有色金属行业实现预期发展目标。为实现预期发展目标，持续推动有色金属工业实现质的有效提升和量的合理增长，一是坚持供给侧结构性改革，有效控制过剩产能非理性扩张，进一步优化有色金属供应链、产业链、价值链。二是确保有色金属资源供给可控。要统筹国内外两种资源及原生、再生两种资源，在建设境外矿产资源基地的同时，加快建设再生资源基地，增强防范资源风险的能力。三是重点突破关键材料研发生产，以满足国家重大工程和高端装备等领域重大需求为导向，围绕"卡脖子"材料和技术开展技术攻关，争取全面突破。四是着力扩大有色金属应用，促进国内消费升级。五是进一步降低成本费用增强盈利能力，有效提升资产利润率和营业收入利润率，进一步降低资产负债率。

注释：

1. 本文使用的 2023 年十种有色金属及精炼铜、原铝产量数据为公报数据，其余 2023 年数据均为初步统计数据，比上年增幅按可比口径计算。2022 年及以前年度数据均为正式年报数据。

2. 2023 年有色金属行业经济效益、固定资产投资、进出口贸易额汇总数据均为包括黄金（企业）数据；2023 年十种有色金属产量统计数据按新口径统计，本文涉及的历史数据已按新统计口径进行了调整。

3. 有色金属年度生产、消费数据来自国家统计局、中国有色金属工业协会。

4. 经济效益数据、固定资产投资数据来自国家统计局。

5. 进出口数据来自海关总署，由中国有色金属工业协会整理。

6. 主要有色金属价格数据来自金属交易所。

7. 主要单位产品能耗指标来自中国有色金属工业协会。

8. 营业总成本＝营业成本＋三项费用；三项费用＝销售费用＋管理费用＋财务费用。

9. 本文测算综合能耗及二氧化碳排放量采用的系数分别为：2023 年煤电生产电解铝约占 75%；煤电折标准煤系数按当年单位煤电发电量消耗标准煤计算（2023 年 303.4 克/千瓦时，2013 年 321 克/千瓦时）；二氧化碳排放量按消耗 1 吨标准煤产生 2.7 吨二氧化碳计算；再生铜、再生铝、再生铅、再生锌单位产品能耗分别占矿产精炼铜、原铝、矿产精铅、矿产锌单位产品能耗的 30%、5%、30%、15%。

10. 本文中"三率"是指营业务收入利润率、资产利润率和资产负债率。

11. 部分数据因四舍五入的原因，存在总计与分项合计不等的情况。

撰稿人：马　骏、张淑宁、王华俊

审稿人：陈学森、彭　勃

踔厉奋进，推动产业实现高质量发展
——2024 年行业发展展望

    2024 年是全面贯彻落实党的二十大精神的关键之年，是深入实施"十四五"规划的攻坚之年，也是推动有色金属行业高质量发展的重要之年。当前，有色金属行业发展面临的形势错综复杂，国内大循环存在堵点，外部环境的复杂性、严峻性、不确定性上升。国际政治经济环境不利因素增多，国内周期性和结构性矛盾叠加。世界地缘政治冲突激化，经济发展不平衡、不充分的矛盾进一步加剧，全球有色金属工业发展面临锂、镍、钴、硅等"新兴矿产"市场回归合理，铜、铝等大宗矿产供需不确定性上升的复杂局面。但总体看，我国有色金属行业发展面临的有利条件强于不利因素，行业整体向好的基本趋势没有改变，按照以习近平同志为核心的党中央坚持稳中求进、以进促稳、先立后破的战略部署，聚焦高质量发展，在转方式、调结构、提质量、增效益等方面积极进取，不断巩固稳中向好的基础，是 2024 年我国有色金属工业发展的主要任务。

一、产业发展面临的形势

    在过去几年里，随着新技术革命的推进和世界主要经济体货币政策的演变，全球有色金属工业发展发生了剧烈变化，主要有色金属品种供需形势明显分化，价格大幅度起伏，市场经营风险上升，预计 2024 年依然会延续这种局面。

（一）"新兴矿产"市场回归合理

    在全球新能源和新能源汽车等战略性新兴产业快速发展的拉动下，锂、镍、钴、硅等"新兴矿产"需求出现爆发式增长。从 2015 年到 2023 年，世界锂市场规模由 16 万吨碳酸锂当量增加到 100 万吨级，年均增长约 26%；镍市场规模由 190.5 万吨增加到 300 万吨级，年均增长约 6.1%；钴市场规模由 9.8 万吨增加到 18 万吨级，年均增长约 7.2%；多晶硅市场规模由 35 万吨增加到 150 万吨级，年均增长约 20%。需求的爆发式增长，短时间内突破了供给侧的保障能力，引发了"新兴矿产"价格暴涨，国内市场碳酸锂价格一度上涨到近60万元/吨、LME镍价突破10万美元/吨，均为历史峰值。

价格的暴涨刺激保障能力的扩张，全球"新兴矿产"产能迅速扩张，不仅填补了供应缺口，且呈现产能过剩危机。特别是高镁锂比盐湖提锂、低品位红土镍矿湿法冶炼、铜钴混合矿梯级利用等技术的突破，降低了"新兴矿产"的开发成本，导致价格大幅度回落。截至2024年初，国内市场碳酸锂价格下滑到10万元/吨以下；LME镍价回落到1.62万美元/吨，"新兴矿产"价格的周期性上涨阶段已经结束。

2024年国内外锂、镍、钴、硅等"新兴矿产"市场的供需基本态势是：在供给侧，产能快速扩张带来的供应过剩将导致成本曲线和产业格局不断变化，存在产品价格下行风险和高成本产能出清风险，进一步考验企业的成本支撑能力。在需求侧，消费将继续保持增长，但增长速度明显放缓。在这种背景下，"新兴矿产"开发企业的盈利水平将出现明显下降，一批缺乏核心竞争力的产能将退出市场。"新兴矿产"的暴利时代已经结束，行业发展回归理性，企业将进入比拼成本管控、研发能力、技术水平的新阶段。

（二）大宗矿产供需不确定性上升

受多种因素影响，近年来世界铜、铝等大宗有色金属供需两端均出现复杂情况。在需求端，新能源和新能源汽车等战略性新兴产业的发展为市场注入新动能，纯电动汽车包括充电桩等配套设施在内，单车用铜量超过100千克，是传统动力汽车的近十倍；国内光伏组件边框铝型材的使用量超过200万吨，成为支撑铝消费的重要领域。同时，传统消费领域需求不振，火力发电锅炉铜冷凝管逐步退出市场，铝合金建筑门窗市场出现萎缩，全铝结构乘用车推广不及预期。

在供给端，全球铜、铝等大宗有色金属矿产开发规模持续扩大，特别是非洲在铜、铝等大宗有色金属矿产供给中的地位得到明显提升。2023年，刚果（金）矿产铜产量超过260万吨，大有取代秘鲁成为世界第二大矿产铜生产国之势；几内亚铝土矿产量超过1.3亿吨，正在取代澳大利亚成为世界最大的铝土矿生产国。但同时这些地区干扰矿产开发的事件也频频出现，秘鲁社区的民众堵路，巴拿马铜矿的被迫停产，刚果（金）等资源国政府不断提高的经济诉求，都对供给的稳定造成严重影响，成为供给端的不确定因素。

此外，世界主要经济体为刺激经济发展和抑制通货膨胀，交替采取宽松和紧缩的货币政策，造成美元与其他货币之间的汇率变化，直接影响国内外市场铜、铝等大宗有色金属的价格走势。2020年以来，美联储的宽松货币政策，刺激了国际市场铜、铝价格的上涨；2022 年后的紧缩货币政策，又严重打压国际市场铜、铝价格，这种局面未来还将持续。

展望 2024 年，世界铜、铝等大宗有色金属供需两侧均存在很大不确定性。在供给侧，全球铜矿山开发成本普遍上升明显，矿山原料保障能力下降，导致现货冶炼加工费 TC/RC 出现下滑，已经跌破中国铜冶炼企业成本线；在"双碳"行动的约束下，全球电解铝新增和复产产能不多，中国仍然是世界电解铝的主要生产国，清洁能源保障成为影响国内电解铝生产稳定性的关键。在需求侧，新能源和新能源汽车等战略性新兴产业依然是铜、铝消费增量的主要支撑。但是，在复杂的国际政治经济形势下，中国光伏电池、新能源汽车、锂电池出口"新三样"也面临市场竞争加剧、技术壁垒和贸易保护等挑战，在传统消费领域支撑趋弱的情况下，2024 年铜、铝需求难以重现火爆场面。

（三）"小金属"有作为

钨、钼、锡、锑、钛及稀土等金属的全球市场规模不大，被称为"小金属"。但是，在新技术革命和产业变革浪潮推动下，这些"小金属"对战略性新兴产业发展的支持作用越来越大，被发达经济体视为"关键矿产"或"关键原材料"，战略地位凸显。由于市场刚性较强，受外界干扰因素不多，2024 年国内外"小金属"行业发展的环境整体仍然较好，能够成为我国支撑有色金属工业平稳发展的"亮点"。

2024 年，由于国内外矿山新增产能有限，全球钨、钼、锡、锑等"小金属"矿产原料供给处于"紧平衡"状态。特别是在光伏新能源等战略性新兴产业发展的拉动下，锡、锑需求端的增量超过供给端增量，能够有力地支持价格保持坚挺。钛、稀土等"小金属"应用不断取得新进展，正在成为支撑产业发展的新增长点。

当前发达经济体把保障"小金属"安全供给放在十分重要的地位。2024 年生效的《欧盟关键原材料法案》，将对绿色、数字、国防和太空产业技术特别重要/短缺的铋、铂族金属、磁体用稀土（钕、镨、镝、镝、钆、钐和铈）、镓、锗、钛等"小金属"列入战略原材料清单，要求到 2030 年，每年至少 10% 的关键原材料供应、40% 的关键原材料加工、15% 的关键原材料回收来自欧盟本土。在任何相关加工阶段、任意一种战略性原材料来自单一第三国的供应占欧盟消费的比重不超过 65%。这将对世界"小金属"产业格局产生深远影响。

二、产业发展的主要任务

面对严峻复杂的发展环境，2024年我国有色金属工业的发展思路是：以习近平新时代中国特色社会主义思想为指导，深入贯彻落实党的二十大和二十届二中全会精神，按照中央经济工作会议部署，坚持稳中求进工作总基调，继续围绕转方式、调结构、提质量、增效益等方面积极进取，不断巩固稳中向好的基础，着力推动产业实现高质量发展。产业发展的主要任务集中在以下五个方面。

（一）加强资源保障，夯实产业稳定发展的基础

围绕铜、铝、镍、锂等短缺矿产资源，加大地质勘查投入和找矿力度。积极开展现有矿山深边部找矿，增加探明资源量。优化项目备案、能评、环评、安评等审批流程，加强生产要素保障，加快推进在建项目投产、在产项目扩能、新项目建设，新增一批矿业开采产能。围绕钨、钼、锡、锑、稀土等优势矿产资源产业，坚持用保并重，聚焦进口铝土矿中提镓、钨高效绿色冶炼等，着力构建原创性成套衔接技术，加快新一代采选冶基础前沿技术孵化和产业化推广应用，实现和保持优势技术对国外的代际领先。

（二）坚持需求牵引和材料先行并重，加快产业向高端化跃升

聚焦国防建设、民生短板和制造强国建设重大需求，鼓励实施关键短板材料攻关行动；加强前沿材料前瞻布局，推动新的主干材料体系化发展，强化应用领域的支持和引导；以提高技术、能耗、排放等标准为牵引，推动先进产能比重持续提升。围绕新一代信息技术、数控机床、民用大飞机、新能源和新能源汽车等重点产业，加强稀有金属生产企业和终端应用企业协作衔接，通过构建高纯镓化合物晶体与电子器件、钨硬质合金与高端装备、锂材料与电池等一体化发展格局，打造应用示范链条，扩大应用领域，满足高端化需求，夯实稀有金属在全球产业竞争和博弈的根基。

（三）实施关键技术突破，为产业高质量发展提供支撑

突出战略性、前瞻性需求导向，加快重要有色金属资源找矿预测、深度提纯、材料物相设计、高价值元素回收等基础研究突破，为创新发展提供理论支撑和技术源头供给。实施产业链式攻关，围绕开采、选矿、冶炼、加工、综合利用、检测、装备及软件等全产业链薄弱环节，支持资源绿色高效开发、高品质原料和高端材料制备等"卡点"技术攻关，促进关键核心技术自主可控和产业基础能力提升。整合优化创新资源，支持建设重要有色金属资源制造业创新中心，优化重组重要有色金属资源领域全国重点实验室和工程研究中心，强

化新材料生产应用示范、测试评价等重点平台行业公共服务功能，围绕钨、锂等重点领域布局建设一批重点新材料中试验证平台，推动原始创新、集成创新、开放创新一体设计和实现有效贯通。支持科技型领军企业及高校院所组建创新联盟和上下游协作机制，定期研究发布关键核心技术清单，开展产学研用协同攻关，增强创新体系效能。推进超导材料、液态金属、高熵合金等前沿材料技术创新、应用探索和产业布局，抢占未来产业发展先机。

（四）培育壮大领军企业，积极服务国家重大发展战略

培育优质骨干企业，保障上下游行业平稳增长，是实现中国有色金属行业由大到强转变的重要途径。综合考虑产业规模、集中度、行业特点等因素，针对铜、铝、镍、稀土、钨、钼、锡等品种，整合培育具有资源控制力和产业主导力的企业集团，提升集约化发展水平；针对钛、镁、锑、锂、硅等品种，着力形成产业链"链主"企业，带动上下游大中小企业融通发展，构建耦合发展、互利共赢生态圈。支持新材料企业专注细分市场、深耕专业特长，做精做优做强，培育更多专精特新"小巨人"和单项冠军企业。加快产业集群建设，形成若干布局合理、特色鲜明、产业聚集的有色金属精深加工基地。

（五）优化境外投资结构和布局，坚持全球化方向不动摇

有色金属行业是国际化程度很高的产业，加强国际合作，互通有无，是活跃产业的必由之路。通过拓展国际市场，鼓励进口初级产品，优化进出口贸易，提升行业开放合作水平，是我国有色金属行业实现稳定发展不可或缺的重要环节。以"中亚五国"和俄罗斯、蒙古国、印度尼西亚、老挝等周边国家为重点，进一步强化铜、铝、镍等战略性矿产开发合作；巩固和推动刚果（金）铜钴矿产资源深度开发合作，加大智利、阿根廷、玻利维亚等国盐湖型锂矿和刚果（金）、津巴布韦等国硬岩型锂矿开发合作力度。加强与世界主要资源国矿业政策、标准对接，协助有关国家编制资源开发类规划。积极响应共建"一带一路"倡议，充分发挥亚太经合组织、金砖国家、上海合作组织、中国—东盟等多边机制作用，构建以我国为中心、多方共赢的国际矿产资源共同体。鼓励企业"抱团出海"，支持"矿电水路港"等联合投资经营模式，带动我国装备、技术、产品、标准、服务共同"走出去"。

三、对 2024 年做好产业发展工作的思考

为推动产业实现高质量发展，2024 年我国有色金属行业需要做好以下工作。

（一）努力扩大国内有色金属消费

按照中央扩大内需的战略部署，根据人民生活水平提高和增强国力需求，通过技术、业态、模式创新，不断丰富有色金属材料应用场景，创造和培育市场，拓展和扩大有色金属应用。

一是聚焦人民群众美好生活需要，充分发挥有色金属特有的物理、化学性能，加强食品包装、服饰、家居、轻便交通工具等与人民生活密切相关的、量大面广的产品的开发，加强宣传推广，努力做有色金属消费的创造者和引领者，扩大有色金属消费。

二是聚焦新兴工业消费和深加工，加强与太阳能光伏、新能源汽车、电池和储能、建筑结构和装饰、航空航天、海工船舶、卫生健康等下游合作，强化产业链延伸，坚持向深加工发展，努力扩大有色金属材料的应用。

三是聚焦"平急两用"公共基础设施建设，开发消防、抢险救灾、专用平台车辆等产品，扩大有色金属在公共基础设施领域的应用。

（二）坚持科技自立自强

加快从产能扩张型向科技创新型转变，是我国有色金属工业实现高质量发展的关键所在。

一是要补短板。在集成电路材料、航空铝材、数控机床刀具等领域，我国产品的质量、稳定性和一致性、生产效率等仍有提升空间，要聚焦从矿山开发，到冶炼加工，再到废杂原料保级循环利用的全产业链、全生命周期的弱项和短板，瞄准进口替代，集中攻关迎头赶上，在现有生产技术领域，实现与发达国家全面并行。特别是要通过政策引导，强化"产教研"融合建设，着力攻克一批有色金属新材料、关键生产工艺软件等"卡脖子"技术，通过产业的转型升级和科技赋能助力，不断推动有色金属产业链向高精尖方向发展。

二是要着力加强基础研究和原始创新、颠覆性创新，培育具有国际竞争力的"撒手锏"有色金属新材料，占据未来国际竞争的制高点。深化科研合作，提升创新驱动能力，形成产业发展良性互促、优势互补的发展新局面。

三是要坚持绿色化和智能化发展。持续改善环境质量，扎实做好资源综合利用，推动再生有色金属与有色金属加工融合，不断提高绿色低碳水平。智能制造是降低生产成本、提高产品质量及稳定性和一致性的最佳路径，要从自动化逐步向数字化和智能化迈进。

（三）推进供给侧结构性改革，促进产业转型升级

面对制约产业发展的新困难、新挑战，全面深化供给侧结构性改革，充分

激发各类经营主体的内生动力和创新活力，是克服困难，应对挑战的根本性举措。

一是要不断完善落实"两个毫不动摇"的体制机制，营造各类经营主体公平竞争的良好生态环境，促进有色金属工业国有、民营、外资，大、中、小企业，产业链上下游、左右岸共同发展。加强宏观政策引导，以铜、铝、镍等短缺战略性矿产的增储上产，有色金属冶炼的绿色化、智能化的改造，特色小批量有色金属新材料为重点，激发民间投资活力，保持行业固定资产投资适度增长。

二是要坚持"去产能"不动摇，在继续巩固化解电解铝产能过剩成果的同时，按照国家有关政策，强化铜冶炼、氧化铝等建设项目宏观调控，规范行业发展。同时，加强锂电池铜箔铝箔、多晶硅、镍冶炼等领域的预警，避免出现新的产能过剩风险。

三是继续加大"去杠杆"力度，进一步降低企业资产负债率，避免出现局部系统性风险。有色金属工业是资金密集型产业，维持正常的生产经营活动需要大量资金，而有色金属价格的频繁波动，将直接影响企业资金的流动性。在这种背景下，控制有息债务总量，是保证生产经营不发生重大风险的重要举措。

（四）扩大国际合作，坚持走经济全球化道路

由于全球有色金属矿产资源与消费分布错配，因此有色金属工业是国际化程度很高的产业。尽管当前"逆经济全球化"思潮泛滥，我国有色金属工业的国际化经营面临严峻挑战，但产业国际化的基本特征不会改变。

一是统筹规划、全盘布局我国企业境外电解铝、氧化铝、铜冶炼、铜铝加工材、新能源材料等有色金属冶炼加工项目建设。结合当前新兴经济体和发达经济体各国的实际情况，在国家层面加强对有色金属冶炼境外布局的顶层规划，细化掌控标准，划定投资重点领域、区域，明确投资标的特征，统筹引导国内企业打破行业、所有制、国别等界限，按照分工合作、利益共享原则，共同推进项目建设，防范和化解风险。

二是坚持对外开放，进一步优化外商投资政策，扩大外商在华特色有色金属材料、大宗有色金属矿产原料商贸及生产性服务等方面的投资活动，增强我国有色金属工业发展活力。

三是积极应对贸易摩擦，努力推动国际合作。铝材是我国出口的主要有色金属产品，我国也是目前世界最大的铝材出口国。同时，铝材也是我国贸易摩擦案件最多的有色金属产品。因此，站在稳定国家外贸的高度，做好铝材出口工作是非常重要的。要对贸易摩擦案件积极应诉，充分发挥政府、行业协会、企业和国外用户四方机制作用，逢案必应。要聚焦细分市场，走差异化、特色化出口道路。

撰稿人：柳新悦、宋　超、赵武壮
审稿人：李宇圣

专题篇

ZHUANTI PIAN

2023 年有色金属工业科技进步情况报告

2023 年是全面贯彻党的二十大精神的开局之年，也是"十四五"规划实施的关键之年。有色金属行业以习近平新时代中国特色社会主义思想为指导，坚持科技自立自强，聚焦国家战略导向，围绕行业重大需求，通过产学研用联合攻关，大力推动产业优化升级，加快工艺革新、数字化转型及科技成果转化，取得了一批重大科技成果，行业技术研发和创新能力不断增强，行业重点骨干企业主体生产工艺技术达到国际先进或领先水平。

一、有色金属行业科技项目立项与实施稳步推进

（一）组织推进行业产业化关键技术项目

为加快突破绿色低碳、先进金属材料等领域产业化关键技术，中国有色金属工业协会积极组织项目遴选及推荐工作，到企业现场调研，开展交流对接，辅导企业编写项目方案。2023 年度共计 13 个项目获得立项批复。

协同中国国际工程咨询有限公司，组织开展"新型稳流保温铝电解槽节能技术优化及产业化应用"等 6 个项目年度进展及工作推进会，实地考察项目现场，持续跟踪项目实施推进情况，确保项目顺利实施。

（二）协助组织国家重点研发计划项目过程管理

根据科技部的要求，中国有色金属工业协会积极组织行业相关单位开展项目申报，推荐稀土新材料、战略性矿产资源、先进结构与复合材料等重点专项中的 22 个项目。截至 2023 年底，已有 10 个项目通过立项。

根据《国家重点研发计划管理暂行办法》和《国家重点研发计划项目综合绩效评价工作规范（试行）》等有关规定，中国有色金属工业协会积极协助项目承担单位，组织相关专家开展课题技术指标测评工作，确保各申报单位完成项目目标任务，推动课题顺利完成验收。2023 年完成由东北大学牵头"有色行业含氰/含硫高毒危废安全处置与资源化利用技术及示范"、金川集团股份有限公司"复杂铜基多金属固废绿色协同冶炼技术与成套装备研究"等 20 余项课题技术指标测评及现场核查。

（三）协助工信部开展行业高质量发展工作

在工信部的指导下，中国有色金属工业协会协助梳理凝练稀有稀土产业链、绿色低碳应用示范等技术方向，一批重点项目通过招标、投标方式获得立项支持。

征集《重点新材料首批次应用示范指导目录（2021 年版）》修订意见，报送 54 项修订意见。组织有色金属与稀土材料领域修订意见的专家审核会，审议处理修订意见共计 196 项，为进一步做好重点新材料首批次应用保险补偿工作提供了技术和服务支撑。

围绕短板突破、长板培育、前沿布局方面，组织行业有关企业、专家征集重点任务目标，梳理有色金属材料领域重点品种生产供应情况。提出短板材料 24 项、长板材料 9 项、前沿材料 17 项的任务目标，为相关专项指南编写提供了支撑。积极推进有色金属行业关键小材协同攻关工作，组织有关单位开展供需对接，持续跟踪对接情况。

（四）一批企业技术中心、创新示范企业等通过国家认定

2023 年 7 月，国家发改委印发了第 30 批拟认定国家企业技术中心名单。中铝山西新材料有限公司、安徽鑫科铜业有限公司、中稀（广西）金源稀土新材料有限公司、长沙矿冶研究院有限责任公司、格林美（江苏）钴业股份有限公司、包头天和磁材科技股份有限公司、西安泰金新能科技股份有限公司等 7 家企业技术中心通过认定。

2023 年 11 月，工信部公布了第六批国家级工业设计中心及通过复核的第一批、第二批、第四批国家级工业设计中心。中色科技股份有限公司工业设计中心和金川集团股份有限公司工业设计中心上榜，中信戴卡股份有限公司工程技术研究院通过复核。

2024 年 1 月，工信部公布了 2023 年国家技术创新示范企业名单和国家技术创新示范企业复核评价结果。新疆有色金属工业（集团）有限责任公司、中铝郑州有色金属研究院有限公司、湖南湘投金天科技集团有限责任公司、西安凯立新材料股份有限公司、陕西天成航空材料有限公司等 5 家企业上榜。隆基绿能科技股份有限公司、宁德时代新能源科技股份有限公司、郴州市金贵银业股份有限公司、方大炭素新材料科技股份有限公司等 4 家企业通过复核。

二、有色金属行业一批科技成果获奖

（一）组织开展国家科学技术奖励遴选和提名

2023 年 12 月，时隔 3 年的国家科学技术奖励工作再次启动，中国有色金属工业协会发布《关于开展有色金属行业 2023 年度国家科学技术奖提名工作的通知》，向全行业广泛征集符合提名条件的项目，共计征集项目 60 项。为做好有色金属行业国家科学技术奖提名工作，切实把关好行业提名项目质量，2023 年 12 月 26—27 日，中国有色金属工业协会在京召开 2023 年度国家科学技术奖有色金属行业提名项目遴选会，邀请 10 位行业院士及 11 位知名专家组成了遴选专家组。经行业院士、专家评审和公示后，向国家科学技术奖励工作办公室报送了 15 项提名项目。

（二）组织开展行业科技奖励评审工作

2023 年度中国有色金属工业科学技术奖评审会于 11 月 24—25 日在甘肃天水市召开，此次评审申报项目共 470 项，为历年之最。涉及完成单位 945 家，其中高校 96 家、中央企业及国有企业 404 家、民营企业 228 家。经网络评审和会议评审，共有 208 项成果获奖，项目评审通过率 44.26%。

（三）组织开展行业科技成果评价及成果登记

2023 年，中国有色金属工业协会为相关科研设计院所、高校、企业组织开展科技成果评价共计 242 项，行业一批重大科技成果取得新突破。全年共登记 125 项应用类科技成果，中国有色金属工业协会撰写 2023 年《全国科技成果统计汇总表》和《2023 年中国有色金属工业协会科技成果统计分析报告》上报至科技部国家科技成果网。

（四）组织开展中国专利奖推荐工作

2023 年 7 月，国家知识产权局公布第二十四届中国专利奖授奖决定，有色金属行业共有 36 项获奖。其中有研工程技术研究院有限公司、山东南山铝业股份有限公司的"一种适合于汽车车身板制造的铝合金材料及制备方法（ZL201310138522.3）"和北矿机电科技有限责任公司、北京矿冶科技集团有限公司"一种充气式大型浮选机"等 2 项获中国专利银奖。

三、有色金属行业科技人才竞相涌现

中国工程院发布 2023 年当选中国工程院院士名单，有色金属行业新增 2 名院士，北京科技大学吴爱祥教授和中南大学赵中伟教授当选。截至 2023 年底，有色金属行业拥有 35 位相关专业领域的院士。

党中央、国务院首次开展"国家工程师奖"表彰，湖南科技大学万步炎、紫金矿业集团股份有限公司蒋开喜、赣州金环磁选科技装备股份有限公司熊大和获"国家卓越工程师"殊荣；昆明理工大学"云南省三江成矿系统与评价创新团队"、西部超导材料科技股份有限公司"超导材料制备及应用技术创新团队"被评为"国家卓越工程师团队"。

中华全国总工会和中央广播电视台联合发布2023年"大国工匠年度人物"，中色（宁夏）东方集团有限公司郭从喜、金川集团铜业有限公司潘从明上榜。

第五届"杰出工程师"获奖名单揭晓，有色金属行业5名专家上榜，其中，中国有研科技集团有限公司熊柏青、陕西有色金属控股集团有限责任公司吴群英、中国恩菲工程技术有限公司刘育明、北京科技大学张深根荣获"杰出工程师奖"，有研稀土新材料股份有限公司刘荣辉荣获杰出工程师青年奖。第三届中华国际科学交流基金会"工程科技人才贡献奖"获奖名单揭晓，该奖项每年只评选10家单位，西北有色金属研究院上榜。

四、有色金属行业科技创新成果显著

（一）在战略性矿产资源开发与利用方面

1. 低品位红土镍矿高效开发利用关键技术与大规模应用

中国恩菲工程技术有限公司等单位研发了低品位红土镍矿镍钴钪资源"冶炼—精炼一体化"高效提取与材料制备成套技术及大型装备，实现了高效率、低成本、低碳排利用。独创了低品位红土镍矿高温场域调控强化浸出成套技术及超大型装备、镍钴可控结晶富集—梯级精炼短流程制备三元前驱体成套技术等。项目技术成功应用于中冶金吉、宁波力勤、浙江华友及中冶瑞木新能源等企业。

2. 基于镁盐循环利用的稀土绿色冶炼分离新技术及产业化

有研稀土新材料股份有限公司等单位研发了具有自主知识产权的基于镁盐循环利用的稀土绿色冶炼分离新技术，首次将稀土生产过程产生的氯化镁/硫酸镁废水、CO_2等循环回收制备出碳酸氢镁溶液用于稀土焙烧矿浸取除杂、萃取分离、沉淀结晶制备高纯稀土化合物，构建了高效清洁、物料循环、低碳减排的稀土绿色冶金技术体系，先后在中国稀土、甘肃稀土、厦门钨业等头部企业建成7条生产线，从源头解决了稀土行业的氨氮/高盐废水及废渣处置难题。

3. 战略金属氧化矿高效浮选分离多维度精准调控创新技术及应用

中南大学等单位研发了战略金属氧化矿高效浮选分离多维度精准调控创新技术，创建了胶体捕收剂表层疏水理论和泡沫结构精细调控理论，针对不同资源开发相匹配的胶体捕收剂和泡沫调整剂，实现了复杂金属氧化矿的高效分离富集，保障我国钛、锂、铜、钴战略金属供应链安全。项目技术在国内外 10 家大型矿山企业推广应用。

（二）在新材料产品及工艺方面

1. 高品质镁合金与大型铸件高效集成制备加工及大规模应用

重庆大学等单位突破了金属镁还原传热传质、高性能合金设计、大型复杂铸件高效制造等产业化关键技术，解决了传统横罐能耗高、铸造镁合金强塑性差且与多物性难以兼得、大型复杂铸件缺陷多成品率低等重大技术难题，实现了金属镁大容量竖罐低能耗高效率生产、超高强和高物性铸造镁合金设计制备及大型复杂汽车压铸件和航空航天关重构件的大规模生产应用。在新能源汽车和航空航天龙头企业成功工业化生产与大规模应用。

2. 高性能铁-铜系粉末冶金材料与零部件关键制备技术与应用

昆明理工大学等单位首创了温压综合技术、高分子弹性体与铁-铜系材料复合技术、粉末充填在线检测；发明了选区大变形致密化、高碳材料表面处理、异质材料复合等关键技术，解决了高密度、复杂形状与大尺寸等粉末冶金零部件制备难题，研发的打击块、包胶链轮等零件首次获世界 PM2018 Product Award 大奖。成果应用于比亚迪、华为等国内龙头企业，并出口到美国、德国等发达国家。

3. 高端装备用新型大规格钼材料制品关键制备技术与应用

西安建筑科技大学等单位研发了新型大规格钼材料制品关键制备技术，首次开发出钼粉超纯化与尺寸控制技术、新型 TZM 钼材料及强韧化制备技术；发明了复杂结构钼制品精确塑性成型系列新技术，出口至美国、德国等国家；独创了超大规格钼板材成套制备技术，成功应用于奥地利 Plansee、美国 Honeywell、韩国 Samsung、京东方、航天一院等 50 家国内外龙头企业。

4. 航空航天先进粉末冶金结构件关键制备技术及应用

中国有研科技集团有限公司等单位研发了自主可控的先进制粉和粉末冶金成型关键技术体系，攻克了高流动性增材用钛合金细粉的高效稳定制备；突破了离焦调控变光斑激光控制与大层厚增材制造技术，实现了宽幅面精密构件的高精度、高效率成型；研制的铝基复合材料构件已用于我国直升机旋翼系统关键承力部件。项目成果已在航空发动机上实现批量应用。

5. 新能源战略金属提取与电池材料制备关键技术及应用

中南大学等单位研发了多源镍钴复杂物料深度分离协同提取技术，创建了前驱体湿法可控合成理论与方法，开发了结构与成分调控新技术，实现了高品质前驱体精准合成。攻克了金属资源提取与电池材料制备全链条关键技术及工程实践难题，提升了动力电池尤其是正极材料能量密度、循环次数和稳定性能。项目技术在格林美、广东邦普、厦钨新能源、中伟新材料等企业推广应用。

6. 极端服役环境用高压断路器触头制备技术及产品应用

西安理工大学等单位开展了触头材料研发—应用验证—产品迭代的系统性研究，研发了超强耐烧、超高耐磨、高速冲击、极端耐热等系列触头产品，攻克了特高压输电大容量/高寒高海拔、长寿命/高频次投切、强冲击/高速碰撞及水电（抽水蓄能）、核电超大容量发电机断路器等极端服役环境对高压断路器触头的苛刻需求，项目产品应用在特高压断路器、滤波器断路器、超大容量发电机断路器上，在多个工程实现稳定运行。

7. 高可靠输电线路材料及应用关键技术

中南大学等单位研发了耐损伤铝合金导体材料及短流程大规模稳定制备技术，突破了铝包钢芯线产品及"强度-塑性-膨胀"匹配制备技术，开发了高适配性的耐损伤导地线、金具产品，创建了世界首个覆冰、舞动等工况可调可控的真型试验评估平台及试验-监测-评估体系，研制出了高强度、耐腐蚀、超耐热导线，为高可靠输电提供了技术及产品支撑。项目技术在世界排名前3的电缆企业全面应用，产品出口德国、玻利维亚等13国。

8. 新能源动力电池清洁循环与增值利用关键技术及应用

清华大学等单位开发了新能源汽车动力电池"集成预处理—选择性提取与净化—材料导向制备"成套技术及装备，首创了优先提锂技术与镍钴锰共同萃取技术，解决了锂、钴、镍等战略金属含量远高于原生矿产资源分选难、元素分离提纯难、产品性能不佳等问题，实现了无害化、减量化、高值化利用。在赣锋锂业、中伟新材料等多家上市企业完成了产业转化与技术推广应用。

（三）在高端装备与智能制造方面

1. 地下金属矿智能开采关键技术与装备

矿冶科技集团有限公司等单位针对我国地下金属矿深部开采存在的技术难题，研发出具有自主行驶及智能作业功能的7类智能采矿装备，攻克了高精度定位与导航、多装备集群管控及生产实时调度、高可靠无线通信和数据传输、多采区集群连续智能开采等关键技术难题。项目成果在国内数十家矿山企业进行了广泛应用，为地下金属矿绿色、低碳、智能、安全、高效开采提供技术支撑，极大推动了地下金属矿智能开采技术与装备的科技进步。

2. 有色冶金高效转化精准调控与智能自动化系统

中南大学等单位研发了火法冶金炉窑反应气氛精准控制、湿法冶金多反应器协同调控、全流程高效协同运行等关键核心技术，创建了有色冶金高效转化精准调控技术体系，建成国际首个有色冶金智能模型库和自主可控的有色冶金智能制造系统架构，牵头制定有色冶金自动控制首个国家标准和智能冶炼工厂建设指南，牵头组建了国内首家铜冶炼智能工厂和锌冶炼智能工厂。项目技术应用于江铜贵冶、株冶有色等龙头企业，并出口"一带一路"共建国家。

3. 铝制汽车复杂零部件低碳智造关键技术与成套装备

中信戴卡股份有限公司破解了传统铝合金冶金加工排放高、关键智造技术缺、产业高端化发展慢等瓶颈问题，实现铝合金绿色加工、零部件智能制造核心技术及装备、高端化制造技术体系建设等系列重大创新。自主技术和装备应用在中国、美国、欧洲、摩洛哥等全球各地，产品覆盖红旗、比亚迪、奔驰、宝马、特斯拉、丰田等著名汽车品牌。

4. 节能低碳数智化铝电解关键技术开发及应用

中铝郑州有色金属研究院有限公司等单位首创了稳流保温铝电解节能技术，突破了铝电解工业在生产运行条件变化后难以通过持续降低槽电压实现深度节能的技术瓶颈；解决了铝电解复杂多场-多相耦合作用下的高温电化学冶金过程中的节能降碳难题，攻克了铝冶炼资源劣质化严重影响到铝电解槽运行的重大难题，取得了数智化深度赋能铝电解节能降碳增效的重大突破，项目技术在多个龙头铝企业应用。

五、行业骨干企业科技创新能力显著增强

据 2023 年统计，2022 年全国规模以上有色金属工业企业 10301 家，同比增长 7.68%。营业收入合计 76570.9 亿元，同比增长 4.32%。研发经费支出合计 552.09 亿元，同比增长 7.07%。拥有研发机构企业数 2337 个，同比增长 1.50%；研发人员约 14.33 万人，同比增长 6.96%，其中女性占 15.48%，同比增长 10.30%。2022 年规模以上全国有色金属工业企业申请专利达到 25672 件，同比增长 14.94%，其中申请发明专利 8134 件，同比增长 17.58%，有效发明专利 28644 件，同比增长 4.93%。新产品开发力度持续加大，2022 年新产品开发项目 20939 项，同比增长 16.92%；新产品开发经费支出 763.19 亿元，同比增长 11.46%[1]。

中国铝业集团有限公司成立了"科技深化改革、高端新材料"2 个工作方

向，深度聚焦科研四大底层逻辑，制定"1+2"科技规划，深化"1+8"激励机制，重构集团科技创新体系。依托"红旗工程"，承担了国资委战略性新兴产业和未来产业焕新和启航专项任务 21 项，是承担焕新专项任务最多的央企。推动 29 项重大科技任务、128 项支撑课题、174 项原创性技术攻关。2023 年主导制定国家、行业标准 51 项，团体标准 35 项。获得中国专利奖 4 项、省部级及以上质量奖 11 项。

中国五矿集团有限公司聚焦主责主业优势领域，以原创技术策源地建设为抓手，牵头和参与承担 7 个领域方向未来产业启航行动任务。在研国家重大攻关项目逾百项，集团层面自立项目 30 项，引导支持所属企业突破了绿色低碳冶金、氮化硅粉体制备等一批关键核心技术。2023 年中国五矿首席科学家曾滨当选中国工程院院士，2 人入选国家高层次海外引才计划。新增 1 个国家级科技平台，国家级科技平台总数达 46 个，新增发明专利 2400 余项，主编发布国际标准 3 项。

中国有色矿业集团有限公司持续贯彻落实以科技创新为引领的"1+4"发展战略，从"资源报国"向"当好保障国家战略资源安全和有色金属新材料安全'两个主力军'"拓展，获批国家重点研发计划、国家自然科学基金、军品配套项目 10 项。2023 年共申请发明专利 138 件，新发布国际标准 1 项；出资企业东方钽业通过制造业单项冠军企业复审，中色泵业获评辽宁省专精特新中小企业，中色红透山、铁岭药剂获批国家知识产权优势企业。

江西铜业集团有限公司对接贯彻江西省打造"三大高地"、实施"五大战略"部署和制造业重点产业链现代化建设"1269"行动计划，成功联合组建了 2 个国家级创新平台分部。牵头实施国家重点研发计划项目"金属矿山废石光电分选规模化利用技术与装备"，参与承担 5 项国家级项目和省重大科技研发专项"战略金属浮选超稳泡沫分离及消除关键技术及装备研究"。2023 年度获省部级科技进步奖 12 项，其中一等奖 6 项。

金川集团有限公司 2023 年完成科技投入 49 亿元，科研项目成果转化率超过 82%，承担国家级科研任务 4 项，省级重大科技计划项目 19 项。获甘肃省科技进步奖 4 项、有色金属行业科技进步奖 8 项、甘肃省专利奖 1 项、中国岩石力学与工程学会科学技术奖 1 项，获授权专利 1003 项，制（修）订国家和行业标准 21 项。金川镍钴研究设计院获评国家级工业设计中心，镍盐公司成功入选"国务院国资委认定的创建世界一流专精特新示范企业"。

铜陵有色金属集团控股有限公司 2023 年研发经费投入 44 亿元，同比增长 21.69%，研发投入强度 1.77%，同比增长 0.22%；组织实施科技项目 420 项，其中新增项目 179 项，确定"低硫尾矿源头处置"等 4 个重大技术难题；获得省部级科技奖 10 项，其中一等奖 7 项；获授权、受理发明专利 200 件（其中授权发明 80 件），获授权实用新型专利 176 件。累计获授权专利总数 1963 件，其中发明专利 430 件。

陕西有色金属控股集团有限责任公司聚焦主业、深化改革，积极实施科研项目近 200 项，2023 年研发投入 16.29 亿元，同比增长 34%。宝钛集团有限公司荣获第七届中国工业大奖企业，金钼集团"研发一种新型的铼酸铵浓缩结晶装置"创新型课题获第 48 届国际质量管理小组会议（ICQCC）大会最高奖项金奖。2023 年获得专利授权 87 项，其中发明专利 15 项；参与制定标准 37 项，其中国际标准 2 项、国家标准 19 项。

云南锡业集团（控股）有限责任公司 2023 年实施科技项目 205 项，其中省级科技项目 20 余项，实现研发投入 6.3 亿元，同比增长 27%。实施云南省"锡铟砷全产业链重大专项"，推动创新链与产业链深度融合；积极筹建了云南锡铟实验室，勇担锡铟创新链"链主"，牵头组建了云南省锡铟产业创新联合体；2023 年获省部级科技奖励 5 项，新增授权专利 127 件，制（修）订国家标准 1 件、行业（团体）标准 11 件、企业标准 14 件。

广西华锡集团股份有限公司 2023 年研发投入强度为 1.5%，研发项目成果转化率达 35%。夯实了国内唯一的铟锡资源高效利用国家工程实验室能力建设，建成国家工程实验室中山分中心，获国家 CNAS 实验室 2 个；组织科研项目立项 66 项，同比增长 164%。组织制定标准 10 项、组织申请专利 148 件，其中 PCT 专利 15 件，获授权专利 15 件。获有色金属行业科技奖 6 项，中国创新方法大赛广西赛区三等奖。

紫金矿业集团股份有限公司 2023 年矿产铜在国内首家突破百万吨大关，进入全球前五。召开紫金矿业第七次科技大会，14 位院士齐聚上杭，共襄矿业盛举；组织 161 项科技项目立项，立项金额 9.66 亿元。金、铜、锌、锂矿选矿工艺优化效果明显，有价金属回收率大幅提升。紫金山金铜矿"多装备多工序协同智能化技术研发与应用"项目入选国家矿山安监局数字矿山融合发展提升本质安全水平优秀案例，集团"矿业供应链全球协同工业互联网平台"入选福建省级工业互联网示范平台。

六、科研院所推动行业高质量发展

有色金属行业科研院所通过持续深化改革，创新体制机制，综合实力显著增强。2023 年有色金属行业 21 个原直属科研院所实现综合收入稳步增长，部分科研院所收入连创新高。据不完全统计，4 个院所收入过百亿元，其中云南贵金属新材料控股集团有限公司收入达 450 亿元，同比增长 10.62%，西北有色金属研究院综合收入近 216 亿元，矿冶科技集团有限公司综合收入超 180 亿元，中国有研科技集团有限公司综合收入达 153 亿元。

中国有研科技集团有限公司承担了央企产业焕新行动和未来产业启航行动等 89 项任务，积极打造策源地，推动固态电池技术攻关。新一代稀土绿色高效冶炼分离新技术在北方稀土实施推广。2023 年制（修）订国际标准 3 项、国家标准 66 项，获授权专利 360 项。发表科技论文 278 篇，单篇科技论文最高影响因子达到 27.8。获中国专利奖银奖 1 项、省部级科学技术进步奖 5 项、牵头和参与项目获中国有色金属工业科学技术奖一等奖 11 项。

矿冶科技集团有限公司围绕战略性矿产资源开发利用等关键领域，积极参与重点专项攻关，获批纵向科研项目 83 项，获批全国科学家精神教育基地"矿冶集团研发中心科技展厅（矿冶科学家精神教育基地）"、省部级平台 3 个、省部级机构 4 个。获科技奖励 62 项，其中省部级 3 项、市区级和社会力量设奖 36 项。制（修）订标准共计 37 项，其中国际标准 2 项。获批授权专利 322 项，同比增长 20%，其中国际专利授权 10 项，创历史新高，获准软件著作权登记 69 项。

长沙矿山研究院有限责任公司获纵向项目/任务立项或批复 32 项，承担了国务院国资委未来产业项目 3 项、"十四五"国家重点研发计划课题 3 项。牵头组建了科技部批复的"黄沙坪复杂铅锌矿机械化智能化开采试验基地"。获省部级、行业奖 32 项，"一种深海富钴结壳矿区采矿实验车"荣获湖南省专利一等奖。公司全年申请专利 111 件，其中发明专利 47 件、实用新型专利 64 件。参与制（修）订行标及团标 19 项，发表学术论文 127 篇。

广东省科学院 5 家有色金属行业研究所实现科技新突破。广东省科学院新材料研究所获批科技项目 65 项，获经费支持 4434 万元；在激光增材镁合金、镁基复合材料方面取得重要进展；新发布标准 28 项，获得省部级及社会力量奖 8 项。广东省科学院资源利用与稀土开发研究所申报科技项目 80 项，立项 20 项；发表论文 91 篇，申请专利 69 件，参与制定国家标准 2 项，获省部级奖励 6 项。广东省科学院中乌焊接研究所获批主持及承担国家项目及省、市项目 17 项，获批国家外国专家项目 7 项，在研各类国合项目 18 项，获得各类奖项 3 项，以第一单位发表国际顶刊论文 6 篇，获授权发明专利 36 件。广东省科学院工业分析检测中心 2023 年技术服务收入 4034 万元，同比增长约 20%。全年制（修）订标准 44 项，其中国际标准 1 项、国家标准 18 项、行业标准 20 项、团体标准 5 项，参与制定的 8 项国家、行业及团体标准分别获全国有色金属标准委员会技术标准一、二、三等奖。

中国有色桂林矿产地质研究院有限公司营业收入首次迈上 5 亿台阶，同比增长 16%，利润总额同比增长 25%。公司始终以科技创新为发展核心，2023年在研科技项目 78 项，启动"两实验室、一研究中心、一国际平台"规划建设。获省部级科技奖励 4 项，在 EI 以上期刊发表学术论文 18 篇。发布国家、行业标准 9 项，获国家专利授权 28 件（其中发明专利 17 件）。

云南省贵金属新材料控股集团股份有限公司以服务国家战略需求为导向，持续加大科研投入。2023 年，新获立项项目 44 项，自主立项项目 81 项，获国家自然科学基金项目支持 7 项。贵金属材料专业数据库被科技部评价为"达到国际先进水平"。新增国家级专精特新"小巨人"企业 1 家、高新技术企业 1家，入库国家科技型中小企业、创新型中小企业 1 家。全年荣获省部级一等奖2 项、二等奖 3 项。发表 SCI/EI 收录论文 25 篇，获授权发明专利 26 件，制（修）订国标、行标等 13 项。

中铝郑州有色金属研究院有限公司 2023 年开展国家、省级科研项目 11项，承担其他各类科研项目 51 项。"新型稳流保温铝电解槽节能技术"入选工信部 2023 年"原材料工业二十大低碳技术"，荣获国资委"科改示范企业"。申请中国发明专利 129 件，海外专利 18 件。获批立项国家、行业等标准 33项；荣获省部级科技奖 4 项。

西北有色金属研究院 2023 年实现科技收入 8.01 亿元，同比增长 16%；获批工信部第五批产业技术基础公共服务平台和国家发改委企业技术中心 2 个国家级创新平台；获项目立项 397 项，其中国家和省部级项目 273 项；获省部级以上科技成果奖励 5 项；制（修）订国家标准 8 项；获授权专利 341 件，其中发明专利 277 件。核心期刊发表文章 563 篇，其中 SCI 收录 208 篇。科技成果转化 4 项。

西北稀有金属材料研究院宁夏有限公司坚持科技创新驱动引领，经营效益再创新高，2023 年研发经费投入 5546 万元。成立了省级稀有金属铍及铍合金研发创新团队，形成了以铍及铍合金最新技术研究为主体的创新体系。承担国家相关部委、自治区科技项目 17 项，新申报国家部委、自治区等科技项目 23项。2023 年申请专利 57 件，制定国家、行业、团体标准 9 项，参与制定国军标 1 项。

北京矿产地质研究院有限责任公司聚焦国家重大战略和市场需求，加快业务转型布局，全年实施项目 27 项，其中新增项目 19 项。积极拓展矿山生态修复与遥感监测、土壤与地下水污染监测等项目，大力开拓国际矿业技术咨询市场，咨询服务取得较好成果。顺利获批地质灾害评估和治理工程勘察设计乙级、地质灾害治理工程监理乙级、乙级测绘资质等。出版专著1部，获中国有色金属工业科学技术奖2项。

湖南有色金属研究院有限责任公司着力打造有色产业科技服务和环保治理杰出综合方案提供商、有色新材料卓越生产商、中南地区权威检验检测平台三大品牌，2023年研发投入超过2000万元，"区域采选矿废石/民矿资源化绿色开发与利用关键技术及示范"等科研项目获得立项。2023年获得国家级、省部级行业科技奖2项；获授权专利20项，其中授权发明专利16项。

赣州有色冶金研究所有限公司2023年承担国家和省部级科研项目8项，新增科研项目立项81项，同比增长57%，新增科研经费合同金额首次破亿元，达10460万元，同比增长160%，科研立项和合同金额均创历史新高。获批"国家知识产权优势企业"称号及"江西省新型研发机构"。获省部级及社会力量科技奖励3项，其中获江西省科学技术进步奖三等奖2项。

有色金属技术经济研究院有限责任公司2023年承接咨询课题近百项，受国家相关部委委托，参与多项课题研究，2项国家市场监督管理总局课题顺利结题。"再生金属标准化从源头丰富原材料资源供给""标准助力稀土产业提升"入选国家市场监督管理总局2024年标准化十大标志性项目。完成标准计划审定588项，组织新申报计划484项，发布ISO国际标准6项。新下达有色金属行业计量技术规范计划27项，报批7项。完成知识产权代理约400件，科技查新300余件，完成企业知识产权咨询项目5项。获中国有色金属工业科学技术奖一等奖2项、二等奖3项。

七、行业设计研究单位技术开发能力不断加强

有色金属行业设计研究单位不断深化改革、加快发展，工程设计和技术开发能力持续增强。初步统计，2023年有色金属行业原8个直属设计研究院实现综合收入130亿元。

中国恩菲工程技术有限公司发挥企业创新主体作用，主动融入服务国家创新战略，牵头承担的2项国家重点研发计划项目通过科技部绩效评价，新获批牵头承担国家重点研发项目1项和课题2项。2023年创新成果显著，集成电路用关键硅基材料"卡脖子"技术创新被纳入国家战略性新兴产业计划；数字化建设取得积极进展，一批数字化智能化项目投入运行。荣获多项省部级奖项，完成2项国际标准提案，荣获2022年中国标准创新贡献奖（标准项目奖）

二等奖。主编、参编行业标准 10 项，团标 7 项。

中国瑞林工程技术股份有限公司 2023 年成功申报并获批政府科技计划项目 5 项，新增 4 项横向科研项目。自主研发的"高效低碳固态铜料精炼（NGL）工艺和成套装备技术"成功入选工信部 2023 年"原材料工业二十大低碳技术"，获省部级科技奖一等奖 3 项，获得国家知识产权示范企业称号。2023 年申请受理专利 93 项，登记软件著作权 13 项。新增主编标准 1 项、新增参编标准 2 项。

沈阳铝镁设计研究院有限公司技术研发及自主创新实力不断提高，2023 年通过国家企业技术中心复评和国家知识产权示范企业复核。中铝华云三期电解铝项目成为行业首个全过程数字化交付标杆项目。获得 2023 年全球基础设施数字化光辉大奖，是冶金、有色、电力等行业唯一一家获奖的单位。全年申请专利 91 项，组织参与 6 项国标、4 项行标修订工作。获得中国有色金属建设协会工程设计优秀成果 2 项，设计咨询成果 10 项。

贵阳铝镁设计研究院有限公司全年组织实施科研项目共计 37 项，其中新立项目有 11 项。在研项目中有 10 项获得政府专项资金资助，其中 3 项为新立项目。院企业技术中心通过国家发改委复评。获得省部级科学技术奖一等奖 2 项、二等奖 1 项，集团科技进步奖二等奖 2 项；工程咨询奖 5 项，其中一等奖 4 项；优秀工程设计二等奖 2 项。在编标准 17 项，其中新立标准 9 项，主持编制标准 7 项，参加编制 10 项。

长沙有色冶金设计研究院有限公司全年研发投入 1.1 亿元。新增国家和省级重大科技项目 4 项、企业横向科研项目 6 项。建立了 3 个国家级平台和 5 个省级科研平台，院国家企业技术中心入选长沙市 2023 年度新设研发机构 50 强。获省部级科技进步奖一等奖 5 项、二等奖 2 项、三等奖 2 项，中铝集团科技进步奖二等奖 2 项。申请国家专利 94 件，新增立项国标 2 项、团标 3 项，主编、参编国标 11 项、团标 6 项、行标 1 项。

中色科技股份有限公司 2023 年聚焦有色金属加工新工艺、智能制造、高端装备等方向，全年累计实施科研项目 25 项，研发经费投入 7121 万元，投入强度 5.6%。承担国家及地方政府科研计划项目 4 项，承担中铝国际科技研发项目 7 项，"铜加工生产废水节水零排放处理工艺"入选工信部技术装备供需目录。成功申报中铝集团首个国家级工业设计中心，荣获国家知识产权示范企业，获省部级科技进步奖一等奖 8 项，新申请专利 95 件，组织在编标准 15 项。

昆明有色冶金设计研究院股份公司围绕中铝集团"科技+国际"发展战

略，创新体系整体效能稳步提升，承担科研项目 10 余项。与中国电信股份有限公司云南分公司共建"有色金属行业 5G+联合创新实验室"。全年获得省部级及社会力量奖 31 项。申请有效专利 80 件，年度申报专利 58 件，2023 年共受理和授权专利 28 件。制（修）订国标 11 项、行标 4 项、团标 4 项、地方标准 10 项。

八、行业高校突显人才培养与创新活力

行业高校不断发挥创新活力、人才培养和基础研究的独特优势，为行业不断输送新生力量，在共性技术研发、成果转化和人才培养等方面取得显著成果。

中南大学牵头承担国家重点研发计划项目 12 项，课题 52 项。获得国家自然科学基金各类型项目 580 项（全国高校第 10 位），学校首个国家自然科学基金重大项目"工业过程全流程低碳运行智能监测与协同调控方法及应用"获得立项。新增单项金额过亿元重大科技成果转化 2 项。积极服务战略性新兴产业，深耕新能源领域，对接"双碳"目标和绿色发展，共建长沙新能源创新研究院，举办了首届中南大学新能源科技大会。牵头建设首个国家能源研发创新平台，能源金属资源与新材料重点实验室入选首批国家能源重点实验室，成立先进储能材料国家工程研究中心。获教育部高等学校科学研究优秀成果奖（科学技术）10 项、湖南省科学技术奖 47 项、日内瓦国际发明展金奖 1 项和银奖 2 项、其他各类奖励 100 项。

昆明理工大学以建设特色鲜明研究型高水平大学和创建"双一流"为目标，稳步推进各项工作，取得系列成效。2023 年获批国家自然科学基金项目 175 项、科技部科技计划项目 23 项、云南省基础研究计划项目 192 项、云南省科技厅重大专项课题 24 项。获国家工程师奖"国家卓越工程师团队"1 项、全国创新争先奖 1 项、中国专利优秀奖 1 项。获云南省科学技术奖励 20 项，其中杰出贡献奖 1 项、特等奖 2 项、一等奖 4 项。

江西理工大学牵头获批"十四五"国家重点研发计划项目 2 项，主持课题 3 项；获批国家自然科学基金 70 项；获批工信部项目 3 项；各类纵向科研经费超 1.6 亿元；新增横向项目近 200 项，科研经费达 7000 余万元；成果转化额超 9000 万元。积极牵头申报有色金属材料江西省实验室、稀土及有色金属区域创新中心，"战略性稀有金属矿产资源绿色开发利用"被教育部列为重点实验室培育项目。2023 年获江西省科技奖励 12 项，其中一等奖 4 项、二等奖 8 项，学校科技成果获奖数量连续 5 年位居全省第二。

北京科技大学按照习近平总书记回信精神，为钢铁产业创新发展、绿色低碳发展贡献力量。学校 2023 年牵头承担国家重点研发计划项目 10 项，课题 42 项，获得国家自然科学基金 216 项，连续两年获批国家重大科研仪器研制项目 1 项，成功获批 2 个教育部重点实验室。新增 5000 万元及以上的校地校企产学研合作项目 4 项；积极落实 2020 年专利 1 号文件要求，加快推进专利转化运用，专利实施率达 23.8%。获教育部高等学校科学研究优秀成果奖（科学技术）19 项，北京市科学技术奖 7 项，全国创新争先奖 1 项，其他行业相关各类奖项 100 余项，其中牵头、参与项目获中国有色金属工业科学技术奖 14 项（一等奖 9 项）。

东北大学牵头承担国家重点研发计划项目 4 项、国家自然基金项目 178 项，签订科技成果转化项目 65 项。面向有色金属行业重大需求，有力落实《东北大学服务钢铁和有色金属产业高质量发展行动计划（2023—2025）》，获批了辽宁省清洁智能铝冶金专业技术创新中心。对接中铝集团、江铜集团、中国稀土集团等有色金属行业重点企业，签订新一轮战略协议，与索通发展股份有限公司共建索通东大铝冶金技术创新研究院。有色金属领域取得多项成果，获辽宁省科学技术奖一等奖 1 项，中国有色金属工业协会科学技术奖一等奖 2 项、二等奖 2 项。

桂林理工大学获国家级项目 68 项、国家社会科学基金 6 项，其中国家级 BM 项目 1 项、国家自然科学基金 60 项；广西科技厅项目 62 项。新增省部级科研平台 4 个，成功转建自治区科技厅专业技术领域技术创新中心 1 个。有色金属及材料加工新技术教育部重点实验室顺利通过 2023 年度材料领域教育部重点实验室评估。2023 年获广西科学技术奖 10 项、国家环境保护科学技术奖一等奖 1 项、国家民委社会科学研究成果奖二等奖 1 项。申请专利 479 个，开展专利转让许可 110 项。

嘉兴大学（原嘉兴学院）被誉为中国有色金属行业经济管理人才的"摇篮"，2023 年 11 月经教育部批复，更名为嘉兴大学。多年来，学校深入贯彻习近平总书记重要指示精神，大力弘扬伟大建党精神、红船精神，全面服务国家战略实施与区域经济社会发展，持续推进特色发展、创新发展。全年获中国有色金属工业科学技术奖二等奖 1 项、三等奖 1 项。

重庆科技大学（原重庆科技学院）持续深化"放管服"改革，扎实有序开展各项工作，取得系列成效。2023 年获批国家级项目 23 项，经费达 1317 万元，其中与有色金属相关的国家自然科学基金项目 3 项；获批省部级 164 项，经费达 1539 万元，其中与材料、金属相关的重点项目共计 14 项。横向科研项目合同经费超 2.8 亿元，其中与有色金属行业相关的经费达 4000 万元。获得省部级及以上奖励 14 项：教育部科学技术进步奖二等奖 2 项，重庆市科技进步奖一等奖 3 项，其他等级奖励 9 项，其中与有色金属行业相关的有 5 项。

北方工业大学坚持深化改革、创新发展，在科技项目、科技研发及成果转化、科技奖励等方面取得较好成绩。2023 年学校科研经费到账总额为 1.6 亿元；获批国家重点研发计划 1 项；国家自然科学基金获批 16 项；国家社科基金获批 9 项；获批省部级科研平台 7 个；获省部级科技奖励 34 项，较 2022 年增长 17%。学校共发表论文 891 篇、出版著作 51 部，其中专著 30 部。全年获授权专利 176 件，同比增长 77.8%；软件著作权 164 项，同比增长 29.13%。制（修）订标准共 13 项，其中国家标准 2 项。

湖南科技大学 2023 年获得立项 207 项，主持科技部国家重点研究计划项目 1 项，与自然资源部所属单位联合申报科技部重点研发计划项目，首次获批湖南省科技厅重大科技攻关"揭榜挂帅"项目。新增省部级科技创新平台 4 个。组织湖南省科学技术奖申报工作 35 项、提名光华工程科技奖 1 项、2023 年度中国有色金属工业科学技术奖 1 项、仪器仪表学会科技进步奖 1 项、工信局 2023 数字改造奖励项目 1 项。

撰稿人：赵婧琳、刘　华、王怀国、
　　　　张洪国、薛　瑶
审稿人：贾明星

参 考 文 献

[1] 国家统计局社会科技和文化产业统计司，科学技术部战略规划司 . 中国科技统计年鉴 2023 [M]. 北京：中国统计出版社，2023.

2023 年有色金属国际交流与合作报告

2023 年是全面贯彻党的二十大精神的开局之年，中国有色金属工业协会以习近平新时代中国特色社会主义思想，特别是习近平外交思想为指导，发挥有色金属行业外交窗口作用，聚焦提升行业全球影响力，系统推动国际合作工作有序开展。

一、国际会议扩大行业影响力

新冠疫情防控转段后国际往来逐渐增多，国际会议及活动全面启动。通过国际会议，中国有色金属行业与国际有色金属业界互通有无，拓展新的合作机遇。

（一）第六届中国有色金属报告会在英国召开

2023 年 10 月 10 日由中国有色金属工业协会（以下简称协会）联合中国铝业集团有限公司、五矿有色股份有限公司、中国有色矿业集团有限公司、上海期货交易所、江西铜业集团有限公司和云南锡业集团控股有限公司共同主办的中国有色金属报告会（以下简称报告会）在英国伦敦成功召开。

此次报告会主题是"绿色、低碳、可持续发展"。在全球政治经济复杂多变、经济面临复苏期待的大背景下，作为世界第一大有色金属生产、消费国，中国有色金属行业的发展现状、产业政策、行业热点及未来的供给和需求展望，吸引了全球关注者的目光。全球有色金属相关国际组织、企业、机构及相关行业人士共计 300 余人出席了会议。

协会会长葛红林以《推动有色金属行业绿色低碳可持续发展》为题为大会作主旨报告。报告回应了大家关切的中国有色金属行业运行情况，并从加快结构调整、科技创新、大力发展新兴产业、推动再生金属发展、积极推行 ESG 治理水平及推广绿色低碳技术等六大方面做了深入阐述。

时隔三年，报告会在伦敦成功恢复举办，搭建舞台向世界讲好中国有色故事，打造平台为中外有色金属行业促交流、增互信，为提升中国有色金属行业国际影响力提供有效途径。

（二）第十二届亚洲铜业周活动在上海举办

亚洲铜业周是全球铜行业知名盛事和重要平台，具有很高的国际影响力。第十二届亚洲铜业周由世界铜业大会、CEO 首脑会议及亚洲铜晚宴等重要活动组成，时隔四年重回上海举办，吸引了全球铜行业人士的积极参与。智利矿业部部长威奥罗拉·威廉姆斯女士在访华期间出席了铜业周相关活动。协会会长葛红林出席铜业周，并在世界铜业大会上作《展望未来铜享繁荣》主旨报告，报告介绍了我国铜产业近 10 年的发展及对铜产业未来发展的思考和建议。

（三）系列品牌国际会议在华举行

由协会主办的 2023 年（第二十一届）中国国际铜业论坛、2023 年中国国际铝业大会、2023 年中国国际镍钴工业年会、2023 年中国国际稀散金属年会、2023 年中国（遂宁）国际锂电产业大会、第二十三届再生金属国际论坛、2023 年中国国际白银年会、2023 年中国国际铅锌年会、2023 赤泥绿色利用国际论坛等 9 个国际会议成功召开。经过多年的发展，协会各金属品种国际会议已成为总结行业发展、解读行业政策、交流行业技术、展望行业趋势的品牌活动，成为促进中外有色金属行业人士交流互通、协作洽谈的合作平台。

此外，协会与智利驻华使馆商务处、智利投资促进局合作召开智利锂行业投资推介会，与国际镍协合作召开"新能源电池用镍的绿色、低碳、可持续发展"线上会议，促进行业交流。

二、国际交流促进行业合作

国际交流是一个行业国际化程度的体现，也是向外界展示行业形象的一张重要名片。2023 年，国际有色金属业界也展现出对与中国有色金属业界合作的关注。

（一）广泛开展对外交流

2023 年协会会长葛红林分别与沙特阿拉伯工业和矿产资源部部长班德尔·拉耶夫，智利矿业部部长奥罗拉·威廉姆斯等举行会谈，探讨促进有色金属行业双边合作，共赢发展；与国际铜研究组、国际铅锌研究组、国际镍研究组秘书长保罗·怀特，世界钢铁协会总干事巴松博士，国际铝业协会秘书长迈尔斯·珀瑟，国际铜协会原总裁安东尼·李，俄罗斯铝业协会主席伊琳娜，国际锡协首席执行官海伦·普林斯，国际钴协主席黛娜·麦克劳德等国际组织负责人会谈，交流相关金属产业发展现状，探讨行业组织合作机制，加强合作，推动有色金属行业绿色低碳发展；会见力拓集团首席执行官石道成、托克集团首席执行官卫杰明、艾芬豪集团董事长罗伯特·弗里兰德、俄罗斯铝业公司副总裁、智利国际矿业公司副总裁等全球知名行业企业领导层，就中外企业合作、行业发展趋势进行交流。

2023年，有色金属行业企业积极开展国际交流，部分企业高层重要会谈会见如下。

4月11日，赤峰黄金董事长王建华在老挝首都万象拜会了老挝总理宋赛·西潘敦。

5月18日，中国有色集团总经理张晋军在西安拜会哈萨克斯坦总统托卡耶夫。

5月22日，洛阳钼业总裁孙瑞文在京会见到访的刚果（金）矿业部部长恩桑巴一行。

5月24日，北方矿业有限责任公司总经理马卫国在京会见了来访的刚果（金）矿业部长恩桑巴一行。

6月1日，中国有色集团党委副书记、总经理张晋军在京会见了到访的刚果（金）卢阿拉巴省代省长马苏卡一行。

6月1日，中国五矿总经理、中国-智利企业家委员会中方主席国文清在京会见了智利驻华大使毛里西奥·乌尔塔多一行。

6月25日，北方矿业有限责任公司总经理马卫国在京会见了来访的津巴布韦矿业部长奇坦多一行。

7月4日，赞比亚商业、贸易与工业部部长奇波卡·穆伦加率队到访中国有色集团总部。中国有色集团党委副书记、总经理张晋军会见了奇波卡·穆伦加部长一行。

9月14日，正在中国进行国事访问的赞比亚总统希奇莱马一行到访中国有色集团。

10月15日，智利总统博里奇一行到天齐锂业"L科学馆"参观访问。

11月9日，中铝集团董事、总经理王石磊在集团总部会见苏里南共和国外交、国际商务与国际合作部部长阿尔伯特·拉姆丁一行。

11月21日，天齐锂业创始人、董事长蒋卫平在成都总部会见西澳大利亚州州长罗杰·库克率代表团一行。

（二）积极履行国际组织职责

作为国际铜研究组、国际铅锌研究组成员国代表，协会积极履行国际铜研究组副主席、国际铅锌研究组主席职责，参与审议研究组相关事项、行业展望、信息交流等工作。10月，协会会长葛红林出席国际铅锌研究组第68届年会，并作题为《携手并进共同开创全球铅锌工业美好未来》主旨演讲，在与会代表中引起热烈反响。

协会国际合作部、重金属部相关人员先后于4月和10月参加国际铜研究组会议和国际铅锌研究组会议，并作《中国铜展望》及《中国铅锌工业》等相关主题报告，客观介绍中国行业发展。

（三）推进达成合作机制

2023年，协会与国际铝业协会签署《合作谅解备忘录》，共同促进中国及全球铝工业可持续、环境友好且负责任的生产，支撑中国有色金属工业开展高质量国际合作；与中非发展基金有限公司签署《战略合作备忘录》，建立工作机制，充分发挥各自优势，开展项目对接、行业研究等工作，开发非洲及葡语国家有色金属相关产业投资机会；与俄罗斯铝业协会签署《合作谅解备忘录》，扩大俄罗斯及全球铝应用，深化双方在信息交流、中俄氧化铝及铝加工等方面合作。

三、以联盟工作为抓手，服务企业走出去

中国有色金属国际产能合作企业联盟（以下简称联盟）是协会服务企业"走出去"的平台。联盟与政府相关部门和成员单位保持积极沟通，在加强自身能力建设、当好参谋助手、做好桥梁纽带方面充分做好服务工作。截至2023年，联盟成员已达73家。

（一）组织召开专题座谈会

3月，召开刚果（金）投资企业座谈会，及时了解在刚企业投资发展中遇到的实际问题，交流企业发展经验，研提行业建议。6月召开海外投资行业自律座谈会，了解行业企业在海外投资运营矿产资源项目的情况，对推进行业自律相关工作听取企业意见，旨在进一步推进形成行业自律共识，建立行业自律机制，营造中资企业海外营商环境，树立良好行业形象。

（二）持续做好国别研究

跟踪中资企业在印度尼西亚、塞尔维亚、巴西、智利、赞比亚、刚果（金）、几内亚、吉尔吉斯斯坦、蒙古国等国有色金属行业海外投资进展，持续做好中亚、非洲、南美等有色金属投资集中地区重点国家国别研究。

四、中资有色金属行业企业2023年海外投资项目进展

自"一带一路"倡议提出十年来，有色金属行业企业开展国际合作取得了丰硕成果。据不完全统计，截至目前，中资企业在境外获取的铜、铝、镍、

钴、锂等战略性矿产资源量分别达到 1.8 亿吨、80 亿吨、2200 万吨、800 万吨及 7000 万吨（LCE），均超过国内资源量。2023 年，有色金属企业海外投资和项目建设取得了新进展。

（一）新增项目

1. 印度尼西亚北加里曼丹年产电解铝 150 万吨项目

中国六冶中标印度尼西亚（以下简称印尼）北加里曼丹项目电解铝厂区工程一标段和电解三标段，中标金额 7.22 亿元，计划工期 650 天。中色十二冶西南分公司中标印尼北加项目电解铝厂区电解车间工程（二标段），中标金额 4.1 亿元。该电解铝项目位于印尼北加里曼丹经济特区塔纳库宁工业园，远景规划年产电解铝 150 万~200 万吨。一标段的建设内容包括焙烧车间、煤气站、生石油焦储运等土建部分及工艺设备和系统安装，电解三标段的建设内容包括电解烟气净化、超浓相输送、覆盖料储运等工艺设备、系统安装、电解槽国内制作 122 台。

2. 印尼 MMP 镍冶炼项目及玻利维亚锌冶炼项目

7 月，中国恩菲工程技术有限公司（以下简称中国恩菲）与 PT Mitra Murni Perkasa(MMP) 公司签署了 MMP 镍冶炼项目相关协议。MMP 镍冶炼项目是中国恩菲在印尼的第一个高冰镍承包项目。项目位于印尼加里曼丹岛 Balikpapan，主要产品为高冰镍，采用公司回转窑矿热炉（RKEF）核心专长技术，拟建两条 48 兆伏安圆形电炉生产线及转炉硫化生产线。项目投产后可实现年产镍金属量 2.2 万吨。

10 月，中国恩菲和中铁国际集团有限公司联合体与玻利维亚矿业和冶金部下属宾托冶金公司签署了玻利维亚奥鲁罗锌冶炼工程项目的 EPC 总承包合同。宾托冶金公司计划在奥鲁罗市宾托镇新建一座年处理 15 万吨锌精矿的湿法锌冶炼厂，项目总投资额约 3.5 亿美元，采用氧压直接浸出技术年产 6.5 万吨锌锭。公司承担项目的整体工程设计、设备供货、指导施工安装服务、调试试运行、业主员工培训等相关工作。

3. 韩国精炼及前驱体一体化产业基地及摩洛哥新能源电池材料基地

6 月，中伟集团旗下上市公司中伟股份与浦项集团在韩国首尔正式举行合资公司签约仪式，就镍精炼和前驱体业务签订合资协议（JVA），这也是行业首个在韩国（与美国签订 FTA 国家）规模超 10 万吨的中韩合作精炼及前驱体一体化产业基地。根据协议，双方将在浦项永吉门 4 号工业园区启动建设镍精炼和前驱体项目，项目总投资约 1.5 万亿韩元，将建设生产 5 万吨电池级硫酸镍和 11 万吨前驱体材料，可满足超过 120 万辆电动汽车电池装置需求。据悉，这两个项目预计于 2025 年量产。

9 月，中伟股份与非洲最大私人投资基金之一 Al Mada 在摩洛哥卡萨布兰卡签署合作协议，双方将在摩洛哥成立合资企业，共同建设集三元前驱体、磷酸铁锂及废旧电池回收的一体化产业基地。根据协议，双方将共同高标准建设镍系材料、磷系材料、回收电池材料等产线，项目预计将于 2024 年第四季度开始分批投产，建成后每年可为 100 多万辆电动汽车提供电池材料。该产业基地位于摩洛哥 El Jadida 地区 OCP 集团园区附近的 Jorf Lasfar 园区。

4. 智利锂电池厂项目

10 月，青山集团与智利生产促进局（Corfo）宣布签署协议，投资 2.33 亿美元在智利安托法加斯塔大区梅希约内斯市建设锂绿色生态工业园，每年可生产 12 万吨锂电产品，提供约 668 个就业岗位，计划于 2025 年 5 月由博里奇总统为该项目亲自揭幕。该项目是 Corfo 为落实国家锂业战略，并促成 2024 年在安托法加斯塔大区建成锂技术科研机构而进行招标，首个项目授标给比亚迪，第二个则授标给青山。该锂电项目将由青山集团旗下的永青科技公司负责实施，按规定，永青科技需在智利成立或收购一家子公司，此外从项目投入运营的第二年起，永青科技每年将选派 10 名智方专业人员赴华进行技术培训。

5. 收购澳大利亚铁拓公司项目

10 月，招金矿业发布公告，旗下全资附属公司招金资本将对澳大利亚上市企业铁拓（Tietto Minerals）全部股份进行有条件要约收购。目前，招金矿业及其关联方持有铁拓已发行股本的 7.02%，拟按要约价每股目标公司股份 0.58 澳元的要约价收购目前尚未持有的铁拓所有股份。根据公开资料显示，铁拓的核心资产为阿布贾金矿。该金矿位于西非科特迪瓦，根据其最新矿山排产计划，拥有 136 万盎司金的储量和 383 万盎司金的资源量，黄金品位为 1.15 克/吨。该金矿已于 2023 年 1 月产出首金，7 月达产，矿山服务年限为 9 年（从 2024 年至 2032 年），年平均产金量可达 17 万盎司。此外，阿布贾金矿勘探开发潜力大，后续有望通过外围勘探延长矿山寿命。

6. 博茨瓦纳 Khoemacau 铜矿项目

11 月，五矿资源发布公告，将以 18.75 亿美元收购 CUPROUS S CAPITAL LID，间接全资拥有 Khoemacau 铜矿。该矿山为博茨瓦纳西北部大型、长寿命在产铜矿，位于新与卡拉哈里铜矿带，矿山拥有 4040 平方千米矿权，450 万吨矿产资源量，铜品位 1.4%，银 18 克/吨。预计矿山初始寿命为 27 年，2024—2026 年铜金属产量为 5 万~6.5 万吨/年。

（二）部分现有项目更新

1. 印尼镍资源项目青美邦工程

2023 年 1 月 14 日，印尼青美邦镍资源项目首批 1200 吨金属镍的氢氧化镍钴（MHP）首次装船发货，该项目一期工程设计年产能为 3 万吨金属镍，2023 年实现出货 2.7 万余吨金属镍的 MHP。2024 年 1 月，项目实现产出 3400 吨金属镍的 MHP。该项目位于印尼中苏拉威西省 Morowali 县 IMIP 园区，规划建设总量为年产 12.3 万吨金属镍的湿法冶金产能。

2. 力勤印尼 HPAL 二期项目投产

1 月，力勤印尼 HPAL 湿法二期项目投产。项目是力勤印尼 OBI 镍项目的一部分，位于印尼北马鲁古省 OBI 岛，项目全部投产后将建成 6 条湿法生产线、20 条 RKEF 生产线、镍钴精炼厂、不锈钢厂及各项配套设施，实现近 1000 万吨低品位镍矿、1200 万吨高品位镍矿的年处理量，镍金属产量将超过 35 万吨/年。

3. 苏里南罗斯贝尔金矿项目

2 月，紫金矿业集团股份有限公司完成对苏里南罗斯贝尔金矿项目 95%权益交割。罗斯贝尔金矿为在产露天矿山，露天开采服务年限为 10 年，技改建成达产后将形成黄金 10 吨/年产能。

4. 刚果（金）卡隆威项目

一季度，盛屯矿业集团股份有限公司旗下刚果（金）卡隆威铜钴矿产出第一批铜钴产品。卡隆威矿山设计产能为阴极铜 3 万吨/年，粗制氢氧化钴约 3500 吨/年。

5. 印尼国家铝业电解系列升级改造项目

4 月，由印尼国家铝业电解系列升级改造项目首台电解槽顺利点火启动。该项目由沈阳铝镁院作为 EPC 总承包商，目前，该公司在北苏门答腊拥有两个水电站和一个产能为 27 万吨/年电解铝厂。该电解铝厂现有 3 个电解系列，每个电解系列包括 170 台电解槽。按照发展战略部署，该公司采用沈阳铝镁院铝电解技术对其现有电解槽进行改造，改造后，产能将达到 30 万吨/年以上。该项目属于印尼国家战略项目，为印尼国企部优先发展项目。

6. 津巴布韦萨比星锂矿项目

5 月，盛新锂能集团股份有限公司旗下萨比星锂矿项目试车投产。该项目其中 5 个矿权的主矿种氧化锂资源量为 8.85 万吨，平均品位 1.98%；设计原矿生产规模 90 万吨/年，折合锂精矿约 20 万吨。

7. 阿根廷 Cauchari-Olaroz 盐湖项目

6月，江西赣锋锂业股份有限公司旗下的阿根廷 Cauchari-Olaroz 盐湖项目正式投产，产出首批碳酸锂产品。Cauchari-Olaroz 项目位于阿根廷胡胡伊省，锂资源总量约 2458 万吨碳酸锂当量（LCE）。项目规划一期产能 4 万吨碳酸锂当量，二期不低于 2 万吨碳酸锂当量，本次投产为一期项目产能。

8. 刚果（金）KFM 铜钴矿项目

上半年，洛阳栾川钼业集团股份有限公司旗下的刚果（金）TFM 混合矿中区项目顺利投产，KFM 铜钴矿达到设计产能。TFM 拥有年产 45 万吨铜和 3.7 万吨钴的规模；KFM 拥有年产 9 万吨铜、3 万吨钴以上规模。

9. 津巴布韦 Bikita 锂矿项目改扩建工程项目

7月，中矿资源集团股份有限公司津巴布韦 Bikita 锂矿 200 万吨/年（透锂长石）改扩建工程项目建成并投料试生产。该工程项目位于津巴布韦马斯温戈省，项目达产后，预计年产化学级透锂长石精矿 30 万吨。9月，该矿山首批 1 万吨锂辉石精矿粉开始发运回国。

10. 厄瓜多尔米拉多铜矿扩建项目

据厄瓜多尔能源和矿业部发布消息，铜陵有色金属集团控股有限公司厄瓜多尔米拉多铜矿的扩建许可获得通过。据介绍，铜陵有色将通过其在当地的运营商科里安特公司投资 6.5 亿美元，把米拉多铜矿的日产能从 6 万吨提高到 14 万吨。

撰稿人：曹明玥、刘　睿、刘　斌、
　　　　黄雪娇、尹　然
审稿人：贾明星

2023 年有色金属质量、标准、专利工作发展报告

2023 年有色金属行业以习近平新时代中国特色社会主义思想为指导，全面贯彻党的二十大精神，认真贯彻落实中共中央、国务院《质量强国建设纲要》和《国家标准化发展纲要》精神，以满足国家战略需求、行业企业诉求、市场需求为使命，不断强化质量意识，继续深化标准引领，行业质量、标准、专利工作取得成效，为推动行业高质量发展提供了有力支撑。

一、2023 年有色金属质量工作

（一）行业多家企业获得第七届中国工业大奖

2023 年 3 月，第七届中国工业大奖发布会在京举行。来自国内的 19 家企业、19 个项目获得中国工业大奖，26 家企业、22 个项目获得中国工业大奖表彰奖，17 家企业、20 个项目获得中国工业大奖提名奖。其中，宝钛集团有限公司，以及浙江海亮股份有限公司精密铜管低碳智能制造技术及装备研究项目、山东国瓷功能材料股份有限公司片式多层陶瓷电容器用介质材料关键技术研究开发及产业化应用项目获得中国工业大奖；新疆众和股份有限公司、紫金铜业有限公司，以及阳谷祥光铜业有限公司高端绿色旋浮铜冶炼关键技术及装备与产业化应用项目获得中国工业大奖表彰奖。

2023 年 4 月，第八届中国工业大奖申报工作启动。中国有色金属工业协会（以下简称"有色协会"）推荐广东坚美铝业有限公司等 7 家企业和中国恩菲工程技术有限公司的印尼力勤 OBI 镍钴项目等 2 个项目参与评审。

（二）行业多家企业荣获制造业单项冠军称号

受工信部委托，有色协会组织了第八批制造业单项冠军企业限定性条件论证工作，对 68 家企业的申报材料进行了限定性条件论证。经论证、评审、公示等程序，东北轻合金有限责任公司等 22 家有色金属企业荣获制造业单项冠军称号（见表1）。

表1　第八批制造业单项冠军企业名单（有色金属行业）

序号	企业名称	产品名称
1	自贡硬质合金有限责任公司	硬质合金深井潜油泵零件
2	宝鸡钛业股份有限公司	钛合金
3	崇义章源钨业股份有限公司	钨粉末
4	东北轻合金有限责任公司	高性能5×××铝合金材料
5	格林美（江苏）钴业股份有限公司	四氧化三钴
6	广西国盛稀土新材料有限公司	中重离子型稀土化合物
7	河南省远洋粉体科技股份有限公司	超细球形铝粉
8	湖南邦普循环科技有限公司	再生三元前驱体
9	湖南辰州矿业有限责任公司	锑锭
10	华友新能源科技（衢州）有限公司	三元前驱体
11	江苏富威科技股份有限公司	热水器耐蚀热交换器用铜带
12	山东创新金属科技有限公司	铝镁硅合金
13	威海万丰镁业科技发展有限公司	大排量摩托车轻合金车架系统
14	西安泰金新能科技股份有限公司	电解铜箔成套装备
15	西北稀有金属材料研究院宁夏有限公司	铍及铍合金
16	西部钛业有限责任公司	工业级锆及锆合金加工材
17	厦门厦钨新能源材料股份有限公司	钴酸锂电池材料
18	烟台正海磁性材料股份有限公司	新能源汽车用高性能烧结钕铁硼永磁体
19	银邦金属复合材料股份有限公司	汽车用铝合金复合板材
20	中国北方稀土（集团）高科技股份有限公司	金属镨钕
21	中伟新材料股份有限公司	锂离子电池正极材料三元前驱体
22	株洲科能新材料股份有限公司	高纯铟

（三）组织召开全国有色金属行业质量和标准大会

为进一步提升行业质量管理水平，树立行业质量标杆，2023年11月在云南省昆明市组织召开全国有色金属行业质量和标准大会。会议邀请国家有关部委领导莅临指导，邀请专家对《质量强国建设纲要》《制造业质量管理数字化实施指南》《企业品牌培育指南》等进行解读，分享企业先进质量管理经验，1000余名行业质量、标准化工作者参加会议，体现了有色金属行业重标准、提品质、树品牌、创一流的热情和以优质的质量、标准化工作推动有色金属行业高质量发展的使命担当。

根据工信部要求，有色协会组织开展2023年有色金属行业优秀质量提升和品牌建设案例征集活动，共征集 27 项质量提升案例和品牌建设案例。株洲冶炼集团股份有限公司《数字化赋能"1235"精细化质量管理模式典型案例》入选工信部质量提升典型案例。有色协会编辑的《有色金属行业质量提升和企业品牌建设案例集》，在全国有色金属行业质量和标准大会上发布。

（四）深入开展有色金属行业质量管理小组及质量信得过班组活动

2023 年行业以"数字赋能、激发动能、提升效能"为主题，积极引导行业企业建立健全质量管理小组（以下简称"QC 小组"）与质量信得过班组活动推进机制，激发广大员工参与质量改进与创新活动热情，促进行业 QC 小组活动持续健康发展。

继续加大对 QC 小组活动及质量信得过班组建设培训力度。2023 年举办了行业 QC 小组活动和质量信得过班组评委与骨干研修班，为株冶集团、江西铜业等多家企业开展专项培训，接受培训的行业质量工作者达数千人，他们已成为企业推进质量活动的中坚力量。

2023 年 7 月在西安召开行业 QC 小组成果及质量信得过班组典型经验交流大会，参会人数再创新高，来自中铝、中色、豫光等百余家企业近 600 名代表齐聚一堂；QC 小组及班组申报数量大幅提升，共有 237 个 QC 小组、70 个班组进行申报，其中 220 个小组获得行业优秀质量管理小组（见附表 1），67 个班组获得行业优秀质量信得过班组（见附表 2），48 人荣获行业质量管理小组活动优秀推进者（见附表 3），18 人荣获行业质量信得过班组建设先进个人（见附表 4）；首次为海外中资企业开设线上发表渠道，彰显海外创业风采。据不完全统计，截至 2023 年底，累计登记注册的小组共计 67335 个。

2023 年行业 QC 小组活动成效显著，5 个 QC 小组及 8 个班组分别荣获全国优秀质量管理小组及全国质量信得过班组；行业 QC 小组在国际舞台上再创佳绩，中国铝业股份有限公司广西分公司风帆 QC 小组、开源 QC 小组，云南锡业股份有限公司锡业分公司烟化炉 QC 小组、铜业分公司顶吹炉 QC 小组在第 48 届国际质量管理小组会议中荣获金奖，为行业 QC 小组在国际舞台的历史最好成绩。

（五）持续开展有色金属产品实物质量认定

为不断提升有色金属产品实物质量，推进行业企业技术进步，进一步完善质量管理体系，有色协会组织开展 2022—2023 年度有色金属产品实物质量认定。按照《有色金属产品实物质量认定办法》规定，经初审、第三方用户满意度评价调查、企业质量现场核查、答辩等评审环节，37 家企业的 73 个产品通过有色金属产品实物质量认定，成为行业质量品牌标杆产品。

（六）推进行业市场质量信用等级评价工作

为贯彻落实《进一步提高产品、工程和服务质量行动方案（2022—2025年）》等要求，2023年有色协会继续稳步推进行业市场质量信用体系建设，引导企业开展等级评价工作，推动企业加快以用户需求为导向的产品创新、服务升级和质量改进，提升用户质量获得感和满意度，助力高质量发展。通过开展第三方用户满意度测评，推荐用户满意度综合指数较高的企业、产品及服务到中国质协市场质量信用评价办公室。河南豫光金铅集团有限责任公司荣获2023年"市场质量信用AAA级企业""用户满意四星级企业"等荣誉称号。

（七）稳步推进有色金属行业计量工作

2023年有色金属行业计量技术委员会以计量技术规范研制为抓手，注重人才队伍建设，有序推进行业计量工作。

1. 有序推进行业计量技术规范研制，持续提升计量技术规范质量

有色计量委员会不断完善工作程序，制定《有色金属行业计量技术规范制修订工作流程（草案）》，新增任务落实和预审。严格把关计划立项，组织委员进行论证，强抓实质内容、突出行业特色，从立项源头把控项目质量。对报批稿的审核实行两审两阅，确保报批材料完整、准确、规范。经持续改进，计量技术规范质量提升初见成效。

2023年行业有序推进计量技术规范研制任务，审定完成7项、报批7项、发布12项（见附表5）、下达27项制定计划，涉及温度、力学、腐蚀等多个领域。截至2023年底，有色金属领域计量技术规范项目共有65项，其中已发布23项、在研42项。

2. 换届工作圆满完成，行业计量人才队伍再添新活力

2023年完成第三届有色计量委员会换届，对《有色金属行业计量技术委员会章程》和《有色金属行业计量技术规范管理办法》进行修订。新一届委员会中有13家新单位委派委员加入，委员队伍进一步扩大，组成结构更加优化。

2023年有色计量委员会围绕计量技术规范编写方法、不确定度评定等内容组织召开培训会，提升行业计量人员的专业水平。为进一步提升计量技术规范水平，试行主审专家制度，对规范内容进行审核和质询，为计量人才队伍积蓄力量。

3. 规范行业计量认证评审工作，不断提升行业资质认定评审能力

2023年国家级资质认定（计量认证）有色金属行业评审组共审核完成16

项行业机构复查换证、能力扩项评审及能力取消工作，涉及行业内 11 家检验检测机构；督促完成行业内 2022 年度 13 家机构认可与检验检测服务业数据统计上报；组织有色金属行业国家级资质认定评审员参加继续教育培训，推荐评审员参加市场监管总局组织的检验检测机构师资培训，提升了行业计量人才的专业素养。

二、2023 年有色金属标准化工作（非工程建设类）

（一）扎实推进标准体系优化结论落地，科学分步开展申报工作

2023 年全国有色金属标准化技术委员会（以下简称"有色标委会"）组织对归口管理的全部标准和标准计划项目，包括国家标准、行业标准和中国有色金属工业协会发布的协会标准（T/CNIA）进行标准评估和体系优化。经梳理、评估、审核等环节，形成体系优化报告和"五个一批"清单，经有色标委会全体委员审议和相关专家评审后予以上报。

根据标准体系优化结论落地实施的技术路线图和时间表，2023 年，有色标委会根据"促进产业供给高端化，推动产业结构合理化，加快产业发展绿色化，加速产业转型数字化，保障产业体系安全化"的要求，围绕新材料、质量提升、智能制造等领域，按照制定一批、修订一批、整合一批清单，扎实、科学地分步提出制（修）订标准计划。

（二）有序推进国内标准项目，按时保质完成各项任务

2023 年度共计下达 216 项标准制（修）订计划，其中国家标准计划 6 批 62 项（含 13 项外文版计划）、行业标准计划 3 批 113 项（含 3 项外文版计划）、协会标准计划 3 批 41 项。

2023 年度共计审定完成 351 项标准，其中国家标准 102 项、行业标准 211 项、协会标准 38 项。

2023 年度共计报批 465 项标准，其中国家标准 120 项（含 29 项外文版）、行业标准 289 项（含 4 项外文版）、协会标准 56 项。

2023 年度共计发布 345 项标准，其中国家标准 103 项、行业标准 184 项（含 4 项外文版）、协会标准 58 项。

1. 标准计划下达情况

2023 年度共计下达 216 项标准制（修）订计划，包括《碳排放核算与报告要求　第××部分：工业硅生产企业》《碳排放核算与报告要求　第××部分：铜冶炼企业》《热等静压钛合金件通用技术规范》《富锂铁酸锂》《增材制造用银及银合金粉》等 62 项国家标准计划；下达《赤泥回收硅铝粉》《产品碳足

迹　产品种类规则　铅锭》《高纯钽磁控溅射环》《镍钴锰酸锂》《医疗器械用铂及铂合金丝材》等113项行业标准计划；下达《质量分级及"领跑者"评价要求 冶金级氧化铝》《有色金属行业动态实时优化算法库开发技术规范》《钠离子电池用正极材料　镍铜铁锰酸钠》等41项协会标准计划。

2021—2023年下达标准制（修）订计划数量对比见图1。

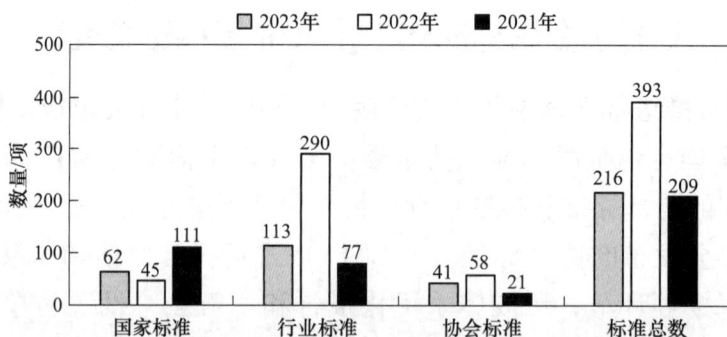

图1　2021—2023年下达标准制（修）订计划数量对比图

2. 标准审查讨论情况

2023年度共计审定完成351项标准，其中国家标准102项，包括《高损伤容限铝合金型材》《电缆用铜带》《钛及钛合金阳极氧化膜》《粉末冶金用再生钴粉》《二氯二氨钯》等；行业标准211项，包括《铝及铝合金晶粒细化用合金线材　第2部分：铝-钛-碳合金线材》《高强高弹铜合金带箔材》《钽-钢复合板》《航空航天热等静压用球形钛及钛合金粉末》《半导体键合用铝丝》等；协会标准38项，包括《低碳产品评价方法与要求　电解铝》《有色金属矿井提升机智能控制系统技术规范》等。

2021—2023年审定完成标准数量对比见图2。

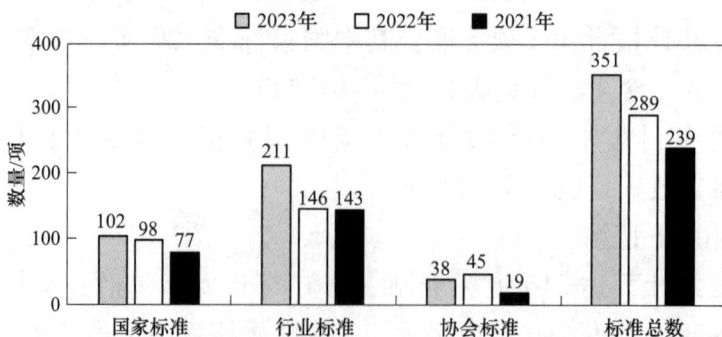

图2　2021—2023年审定标准数量对比图

3. 标准项目报批情况

2023 年度共计报批 465 项标准，其中国家标准 120 项（含 29 项外文版），包括《轨道交通用铝及铝合金板材》《镍及镍合金板》《镓基液态金属热界面材料》《增材制造用镁及镁合金粉》等；行业标准 289 项（含 4 项外文版），包括《铝合金建筑型材行业绿色工厂评价要求》《照相制版用铜板》《磁记录用铬钛合金溅射靶材》《金基厚膜导体浆料》等；协会标准 56 项，包括《电解铝企业碳排放核查技术规范》《有色金属矿山高浓度膏体充填智能系统技术规范》《再生锆原料》等。

2021—2023 年报批标准项目数量对比见图 3。

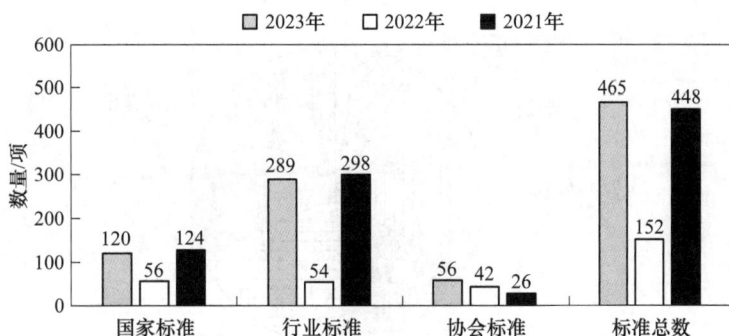

图 3　2021—2023 年报批标准数量对比图

4. 标准批准发布情况

2023 年度共计发布 345 项标准，其中国家标准 103 项，包括《高强耐损伤型 Al-Cu-Mg 系铝合金板、带材》《再生铜合金原料》《宽幅钼板材》《增材制造用钛及钛合金丝材》《金及金合金靶材》等；行业标准 184 项（含 4 项外文版），包括《航空用铝合金铸锭》《氧化铟锌靶材》《锂镁合金锭》《硬质合金精磨圆棒》等，这些标准分布于 7 个领域：重点产业稳链 27 项、新材料 29 项、质量提升 58 项、节能与综合利用 12 项、基础通用 36 项、一般项目 18 项、外文版 4 项；协会标准 58 项，包括《镁冶炼配套制气装置　第 1 部分：半焦炉》《铜及铜合金加工产品制造生命周期评价技术规范（产品种类规则）》《电解铝企业碳排放核查技术规范》等。

2021—2023 年批准发布标准数量对比见图 4，2023 年发布行业标准分布领域见图 5。2023 年度发布的国家标准、行业标准及外文版、协会标准见附表 6 及附表 7。

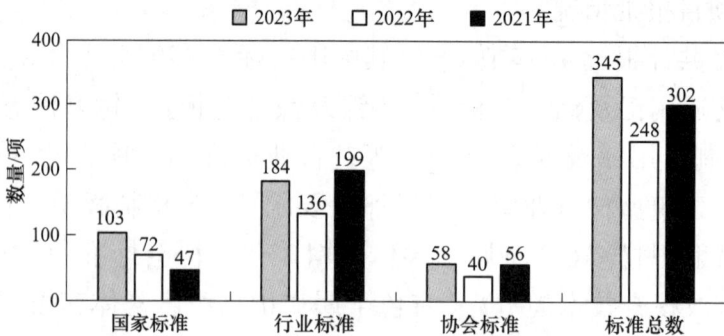

图 4　2021—2023 年发布标准数量对比图

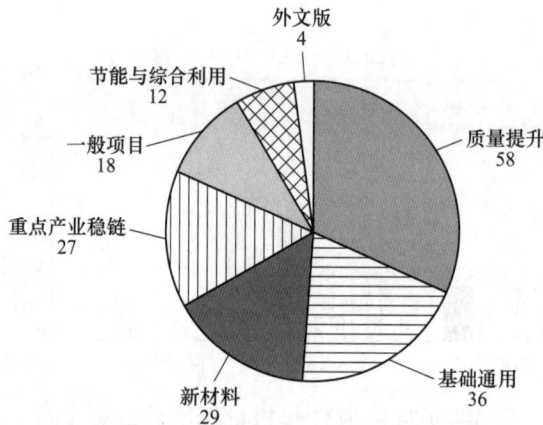

图 5　2023 年发布行业标准分布领域图

（三）健全绿色低碳标准体系，满足行业绿色发展新形势

为全面落实有色金属行业碳达峰实施方案，有色标委会积极发挥低碳标准化工作组的作用，在节能与综合利用标准、绿色评价标准基础上纳入"双碳"标准，形成协调配套的绿色低碳标准体系。

一是围绕碳核算核查、碳足迹等领域，完成《碳排放核算与报告要求　第××部分：其他有色金属冶炼和压延加工企业》《电解铝企业温室气体排放核查技术规范》等标准的研制，开展了铝冶炼、铜冶炼、铅冶炼、锌冶炼的碳排放核算与报告要求标准及电解铝、阴极铜产品碳足迹标准的研究。

二是聚焦二次资源综合回收利用，开展再生资源回收及综合利用标准的研制，促进有色金属资源配置合理化。发布新版《再生铜合金原料》（GB/T 38470—2023）、《再生铜原料》（GB/T 38471—2023）和《再生铸造铝合金原料》（GB/T 38472—2023），以切实解决监管部门快速通关的需求。开展了

《再生锗原料》《再生钨原料》《回收镓原料》《回收锌原料》等一系列标准的制（修）订工作。

三是完成《变形铝及铝合金板、带材行业绿色工厂评价要求》《镁冶炼行业绿色工厂评价要求》等 15 项绿色工厂评价标准研制，实现有色金属领域绿色工厂标准的基本覆盖。

四是推动和落实《有色金属行业绿色低碳标准化三年行动计划（2021—2023）》，全年共计发布 61 项、报批 55 项、审定 7 项、在研 41 项、预研并申报 41 项、未申报 41 项（主要是碳排放、碳足迹、碳限额、碳评价类等标准）、拟撤销 27 项标准，拟新增 35 项标准。实际推进了 246 项标准计划，适应和满足有色金属行业绿色发展新形势。

（四）建立智能制造标准体系，开创产业智能化发展新局面

2023 年 3 月，工信部发布《有色金属行业智能制造标准体系建设指南（2023 版）》，对未来三年有色金属领域智能制造的工作重点进行规划，提出到 2025 年完成 40 项有色金属行业智能制造标准，基本覆盖智能工厂全部细分领域的目标。

2023 年 4 月，有色标委会在南宁举办智能制造标准工作会议，对"标准体系建设指南"进行宣贯和解读。2023 年 10 月，有色标委会在湖北黄石召开有色金属行业智能制造标准工作会议及智能制造贯标活动。邀请多位专家作智能制造相关的主题报告，进一步拓展了有色金属行业在智能制造标准化工作方面的思路。

有色标委会智能制造工作组积极推动现场调研，组织开展对有色金属采选、冶炼企业及有色设计院等单位的实地调研，提出了后续标准研制重点。根据《有色金属行业智能制造标准体系建设实施指南》（2023 版）要求，论证两批共 51 项智能制造标准计划项目。

有色标委会推进已下达计划的审定和报批，发布了《有色金属矿山高浓度膏体充填智能系统技术规范》（T/CNIA 0212—2023）、《有色金属行业精矿智能物流系统技术规范》（T/CNIA 0213—2023）等 7 项有色金属行业首批智能制造标准，开创了有色金属行业智能制造标准化工作新局面。

（五）稳步推动标准国际化战略，努力提升标准外文版水平

1. 有效运行 ISO 国际标准化秘书处工作

有色金属行业承担并组织运行 ISO/TC 26 铜及铜合金、ISO/TC 333 锂、ISO/TC 79/SC5 铸造及变形镁及镁合金、ISO/TC 79/SC12 铝土矿等 4 个国际标准化组织秘书处的相关工作。充分发挥我国承担国际标准化组织秘书处工作的优势，以及多年来积累的国际标准化工作经验，构建了有色金属行业国际标准化人才队伍，增强了我国在相关领域国际标准方面的话语权。

（1）ISO/TC 26 铜及铜合金秘书处工作。2023 年 11 月，国际标准化组织 ISO/TC 26 铜及铜合金第 14 届全体会议及工作组会议在京召开。会议一致通过中国负责的 WG1"分析方法标准修订"工作组报告和成立主席咨询小组（CAG）的决议；法国和日本对中国的《电感耦合等离子体质谱法测定阴极铜中的杂质》新提案表示肯定。本次年会的顺利召开，实现了铜及铜合金国际标准化工作的破冰。

（2）ISO/TC 333 锂秘书处工作。2023 年初，ISO/TC 333 锂秘书处顺利通过国际循环试验的工作导则，各分析方法标准工作组稳步推进在研项目，即将进入国际循环验证阶段。中国牵头的《锂 术语》标准已完成工作组草案。立项方面，由中国牵头的第一项正极材料方法标准《锂复合氧化物化学分析方法 第 3 部分：碳酸锂和氢氧化锂含量的测定》成功立项。2023 年 11 月，ISO/TC 333 第三次全体大会在京召开，来自中国、日本、韩国、美国等 14 个国家的 79 名专家参加会议，中国提出了 4 项新提案，包括碳足迹、锂矿分析方法、正极材料检测方法及六氟磷酸锂分析方法。

（3）ISO/TC 79/SC5 铸造及变形镁及镁合金秘书处工作

2023 年，ISO/TC 79/SC5 铸造及变形镁及镁合金秘书处共推进 3 项国际标准立项投票，其中中国牵头 2 项、日本牵头 1 项。中国牵头提出的《镁及镁合金 镁合金压铸件》《镁及镁合金磷酸盐转化涂层规范》等 2 项标准目前均已通过 NP 投票注册为 AWI 阶段。2023 年 10 月，在法国巴黎召开 ISO/TC 79/SC5 全体大会，会上确定拟由中国牵头提出《变形镁及镁合金 挤压板、带材》《变形镁及镁合金 挤压型材》《变形镁及镁合金 拉制圆线材》《镁及镁合金 砷含量的测定》等项目，拟于 2024 年发起立项投票。

（4）ISO/TC 79/SC12 铝土矿秘书处工作

2023 年 10 月，在法国巴黎召开了 ISO/TC 79/SC12 全体大会，会上提出拟由中国牵头提出《铝土矿 有机碳含量的测定 第 1 部分：滴定法》《铝土矿 有机碳含量的测定 第 2 部分：红外吸收法》等项目，拟于 2024 年发起立项投票。会上还提出重启已废止项目 ISO 6140：1991《铝土矿 样品制备》、ISO 8685：1992《铝土矿 取样程序》和 ISO 9033：1989《铝土矿 块状材料中水分含量的测定》。

2. 实质性参与 ISO 国际标准研制

2023 年，有色金属领域对口 ISO 国际标准化技术委员会共发布 4 项我国牵头的国际标准，包括铜锌精矿领域 1 项、钛及钛合金领域 3 项。具体为 ISO 3483：2023《硫化铜、锌精矿 铊含量的测定 酸消解-电感耦合等离子体质谱法》、ISO 7209：2023《钛及钛合金 板材和带材 技术交货条件》、ISO 7217：2023《钛及钛合金 棒材和丝材 技术交货条件》、ISO 21339：2023《6Al-4V 钛合金 铝和钒含量的测定 电感耦合等离子体原子发射光谱法》。

3. 承办相关国际标准会议

2023 年 9 月中国承办的 ISO/TC155 镍及镍合金第 15 届年会在山西太原召开，来自中国、法国、巴西 3 个国家的 22 名代表参加会议。中国牵头的项目 ISO/WD 4653《镍铁 碳、硫、硅、磷、镍、钴、铬和铜含量的测定 火花源原子发射光谱法》已完成国际循环试验验证，获得与会专家的认可，即将推动至 CD 阶段。

2023 年 11 月，在北京组织承办了 ISO/TC 333 锂和 ISO/TC 26 铜及铜合金年会。

4. 不断提升标准外文版水平

2023 年共完成 30 项标准外文版的翻译工作，翻译人员能力得到有效提升，标准质量得到保证。根据国家市场监督管理总局要求，有色标委会完成"有色金属领域国家标准外文版编译及成效分析"研究工作，对有色金属领域外文版标准体系建设思路、外文版标准选择原则等进行分析研究，提出相关可行性建议，为推动中国标准走出去奠定了良好基础。

（六）创新研制质量分级标准，支撑产品质量升级

2023 年根据国家标准化管理委员会（以下简称"国标委"）和工信部要求，有色标委会积极推进质量分级标准和企业标准领跑者评价标准的研究。开展《质量分级及"领跑者"评价要求 汽车用铝及铝合金板、带材》《质量分级及"领跑者"评价要求 高纯二氧化锗》《质量分级及"领跑者"评价要求 冶金级氧化铝》等 3 项协会标准的研制工作。

（七）编制制造业企业质量管理标准，推动企业实现质量提升

在工信部指导下，由中国电子工业标准化技术协会牵头，联合有色协会等 10 家行业协会共同完成《制造业企业质量管理能力评估规范》团体标准的编制工作，于 2023 年 9 月发布。该标准从质量管理体系有效性、质量管理数字化、持续成功的能力、质量绩效等四个维度提出了 30 个指标要求，将制造业企业质量管理能力从低到高分为经验级、检验级、保证级、预防级、卓越级五个等级。

（八）加强平台建设，有色标委会管理服务水平稳步提升

1. 深入开展调查研究，充分发挥桥梁纽带作用

为更好地研判企业高质量发展对标准化的需求，保障先进适用标准的有效供给，为企业提供更优质的标准化服务，有色标委会秘书处深入开展调查研究，实地走访近200家企业，了解企业发展最新信息，积极建言献策，同时开展座谈交流、政策宣讲和定制化培训，为有色标委会今后工作奠定了良好基础。

2. 狠抓标准实施应用，持续加大标准宣贯力度

通过牵头或组织撰写标准解读文章、录制视频解读、发布一图读懂等多种形式，在《中国有色金属》《标准科学》《电池工业》《资源再生》、中国质量标准出版传媒发表多篇文章，向国标委提供《再生铸造铝合金原料》《再生铜合金原料》《再生铜原料》（一图读懂）等多篇文章和专报，在第二届银粉银浆产业高峰论坛作《太阳能电池浆料用银粉分析检测技术》报告，在"有色标准专利"微信公众号上共计发表120余篇解读文章。

2023年有色标委会召开16次专题宣贯会议，对26项重要标准进行宣贯解读，对新整合修订的8项强制性能耗标准、涉及29个品种进行全方位宣贯，邀请相关领域专家作专题报告。录制"有色重金属冶炼企业单位产品能源消耗限额""电解铝和氧化铝单位产品能源消耗限额"供2023年全国工业节能监察线上培训用的教学课程。

3. 探索科技成果转化标准机制，加速科技成果的产业化应用

2023年10月，有色标委会在京召开有色金属行业科技成果转化为标准研讨会，会议邀请部分企业，围绕各单位近五年科技成果情况、科技成果产业化应用情况、科技成果转化为标准面临问题及现有成果转化为标准的需求等进行研讨；对科技成果转化为标准的路径进行分析，提出了转化思路及方向。经讨论，认为成果转化的核心仍然是复现和优化，需要比对和验证。

三、2023年有色金属标准化工作（工程建设类）

（一）工程建设标准总体情况

1. 现行工程建设标准数量

截至2023年12月31日，现行工程建设国家标准80项，行业标准75项，团体标准5项。各分领域现行工程建设标准数量见表2。

表2　现行工程建设标准数量

序号	专业类别	现行国家标准/项	现行行业标准/项	现行团体标准/项
1	测量与工程勘察	5	27	
2	矿山工程	22	5	2
3	有色金属冶炼与加工工程	28	7	4
4	公用工程	25	36	
	合计	80	75	6

2. 2023年批准发布的工程建设标准

2023年共计发布工程建设标准4项，其中行业标准3项，分别为《有色金属冶炼污染场地稳定化后土壤再利用技术标准》（YS/T 5037—2023）、《赤泥堆场原位生态修复工程技术标准》（YS/T 5038—2023）、《金属矿山深竖井工程技术标准》（YS/T 5039—2023）；团体标准1项，为《自然崩落采矿法技术规程》（T/CNIA 0204—2023）。

3. 2023年报批的工程建设标准

2023年共计报批2项国家标准、4项行业标准和2项团体标准。报批的国家标准为《有色金属冶炼厂自控设计规范》（局部修订）和《尾矿库在线安全监测系统工程技术规范》（中译英）；报批的行业标准为《有色金属冶炼污染场地稳定化后土壤再利用技术标准》《赤泥堆场原位生态修复工程技术标准》《金属矿山深竖井工程技术标准》和《有色金属矿山工程项目可行性研究报告编制标准》；报批的团体标准为《自然崩落采矿法技术规程》和《金属非金属矿山地下水灾害危险性评估标准》。

（二）工程建设标准编制及管理工作有序开展

1. 工程建设标准立项工作

2023年有色金属行业根据住房和城乡建设部标准化改革精神，重点制定工程建设国家规范，以及促进产业结构调整和优化升级的社会公益属性行业标准项目，积极引导制定能够促进技术成果转化的团体标准。

国家标准方面，住房和城乡建设部下达4项有色金属工程建设标准修订计划，分别为《有色金属采矿设计规范》《多晶硅工厂设计规范》《铝电解厂工艺设计规范》《赤泥堆场技术规范》。

行业标准方面，工信部下达2项有色金属工程建设标准制修订计划，分别为《有色金属加工废水处理及回用工程技术规范》（制定）、《有色金属地下开采矿山基建地质规程》（修订）。

团体标准方面，有色协会下达 1 项标准计划，为《电解槽铝母线不停电自蔓延焊接技术标准》。

2. 重点工程建设标准制（修）订工作

截至 2023 年底，在编工程建设标准 46 项。

在编国家标准（不含全文强制规范）14 项，其中 2 项已报批、4 项已通过审查、1 项已完成征求意见、2 项正在征求意见、另有 5 项在初稿编制阶段。重点标准包括：《有色金属工业工程术语标准》《有色金属采矿设计规范》《赤泥堆场技术标准》等。

在编全文强制规范 10 项，其中《金属非金属矿山工程通用规范》和《有色金属矿山工程项目规范》2 项已通过审查、4 项已完成征求意见，另有 4 项在初稿编制阶段。

在编行业标准 13 项，其中 2 项已报批、1 项已通过审查、1 项已完成征求意见，另有 9 项在初稿编制阶段。重点标准包括《金属矿山关闭工程技术规范》《铜冶炼炉渣选矿工程技术规范》等。

在编团体标准 9 项，其中 4 项已完成征求意见。重点标准包括《有色金属工程数字化交付标准》《有色金属智能矿山工程设计标准》《有色金属智能选矿工程设计标准》《重有色金属冶炼智能工厂工程设计标准》等。

3. 工程建设标准复审情况

根据住房和城乡建设部《关于印发〈2023 年工程建设规范标准编制及相关工作计划〉的通知》（建标函〔2023〕42 号）要求，有色金属行业对 2022 年 12 月 31 日以前批准发布的 80 项工程建设国家标准，组织 18 家主编单位进行了逐项复审。审议结论为继续有效 68 项（含正在修订中 15 项），修订 12 项（含局部修订 4 项）。

4. 工程建设标准国际化方面工作

2023 年，有色金属行业组织完成国家标准《尾矿库在线安全监测系统工程技术规范》英文版翻译工作。

中国工程建设标准推广应用方面，有色金属行业结合海外工程承包、重大装备设备出口和对外援建，推广中国标准，以中国标准"走出去"带动我国产品、技术、装备、服务"走出去"。如印尼 OBI 红土镍矿、阿斯马拉多金属矿等多个海外工程项目，除环保、安全和职业健康方面采用项目所在国的标准或国际标准外，在工程整体设计中积极推广采用中国标准，有力推动了中国标准国际化。

四、2023 年有色金属专利工作

（一）有色金属行业专利申请情况

1. 中国专利总量下降，但发明专利申请量继续增长

根据已公开专利数据统计[1]，2023 年有色金属行业公开的专利总量为 153783 件（见图 6），与 2022 年相比减少 22790 件，同比下降 12.9%。其中，发明 73769 件，比 2022 年增加 4919 件，占比从 39.0% 提高到 48.0%；实用新型 69506 件，比 2022 年减少 26627 件，占比从 54.4% 降低到 45.2%；外观设计 10508 件，比 2022 年减少 1082 件，占比从 6.6% 提高到 6.8%。

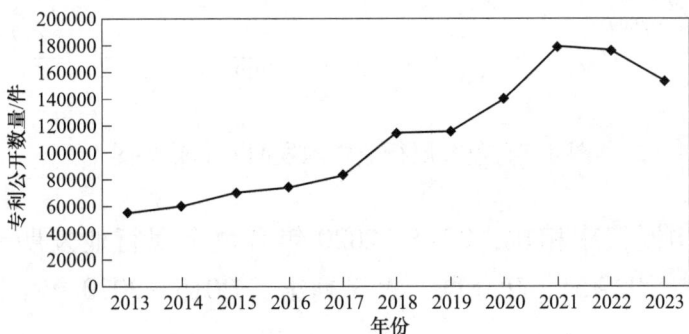

图 6　有色金属行业中国专利申请趋势图

从创新主体来看，有色金属行业的创新主力军仍以企业为主，学校为辅。创新主体占比情况见图 7，其中，企业占比 80.01%，学校占比 12.90%，个人占比 3.58%，科研单位占比 3.18%，机关团体占比 0.27%，其他占比 0.06%。

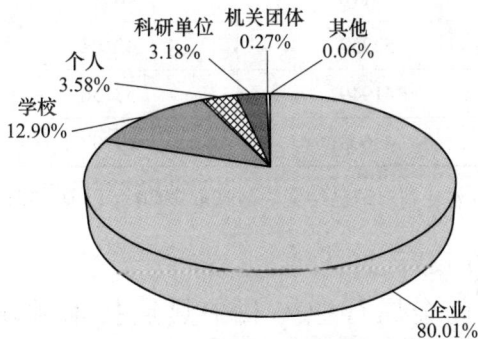

图 7　创新主体占比情况

---

[1] 本报告专利数据统计自 incopat 和万象云数据库，且与时间相关的数据均以公开日进行统计。

2. 发明专利授权量继续增长, 授权率略高于全国平均值

2023 年有色金属行业专利授权总量为 116886 件, 其中, 含金量最高的发明专利授权量为 36872 件, 在之前三年高增长的基础上, 相比 2022 年的 34967 件又增长了 5.4%（见图 8）。

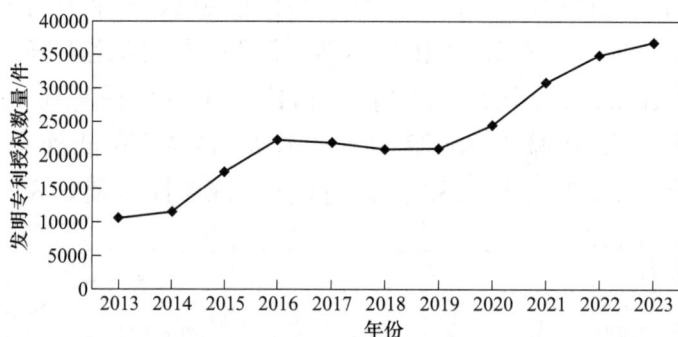

图 8 有色金属行业中国发明专利趋势图

与全国平均授权率相比, 2015—2020 年有色金属行业发明专利授权率高出全国平均授权率 2~5 个百分点。表 3 列出了 2015—2020 年中国发明专利授权率情况。

表 3 2015—2020 年中国发明专利授权率情况

序号	申请年	有色金属行业结案量	有色金属行业授权率/%	全国平均授权率/%
1	2015 年	40874	47.96	44.33
2	2016 年	48701	45.12	42.24
3	2017 年	50116	40.87	38.06
4	2018 年	52257	43.09	42.58
5	2019 年	41949	53.56	44.30
6	2020 年	48603	49.97	47.32

注: 2020 年以前的绝大多数专利申请已结案, 故选取 2020 年以前 6 年的数据进行分析。

3. 技术领域覆盖面较广

2023 年公开的有色金属行业专利中热点技术领域分别是有色金属合金（对应国际分类号 C22C）, 占比 5.89%; 其次为有色金属加工（对应国际分类号 B21D）, 占比 3.95%。此外, 焊接技术、分析检测方法、分离技术、粉末冶金和加工设备等领域也有大量申请。表 4 列出了有色金属行业 2023 年排名前十的专利技术领域。

表4 有色金属行业 2023 年排名前十的专利技术领域

序号	分类号	专利数量	分类号含义
1	C22C	9064	合金（合金的处理入 C21D、C22F）
2	B21D	6068	金属板或管、棒或型材的基本无切削加工或处理；冲压金属（线材的加工或处理入 B21F）
3	G01N	6016	借助于测定材料的化学或物理性质来测试或分析材料（除免疫测定法以外包括酶或微生物的测量或试验入 C12M、C12Q）
4	B01D	5834	分离（用湿法从固体中分离固体入 B03B、B03D，用风力跳汰机或摇床入 B03B，用其他干法入 B07；固体物料从固体物料或流体中的磁或静电分离，利用高压电场的分离入 B03C；离心机、涡旋装置入 B04B；涡旋装置入 B04C；用于从含液物料中挤出液体的压力机本身入 B30B9/02）
5	B23K	5654	钎焊或脱焊；焊接；用钎焊或焊接方法包覆或镀敷；局部加热切割，如火焰切割；用激光束加工（用金属的挤压来制造金属包覆产品入 B21C23/22，用铸造方法制造衬套或包覆层 B22D19/08，用浸入方式的铸造入 B22D23/04，用烧结金属粉末制造复合层入 B22F7/00，机床上的仿形加工或控制装置入 B23Q，不包含在其他类中的包覆金属或金属包覆材料入 C23C，燃烧器入 F23D）
6	C23C	5227	对金属材料的镀覆；用金属材料对材料的镀覆；表面扩散法，化学转化或置换法的金属材料表面处理；真空蒸发法、溅射法、离子注入法或化学气相沉积法的一般镀覆（挤压法制造包覆金属的产品入 B21C23/22；通过将预先存在的薄层连接到制品上的方法用金属进行镀覆处理的见各有关位置，例如 B21D39/00、B23K；玻璃的金属化入 C03C；砂浆、混凝土、人造石、陶瓷或天然石的金属化入 C04B41/00；金属的搪瓷或向金属上镀覆玻璃体层入 C23D；用电解法或电泳法处理金属表面或镀覆金属入 C25D；单晶膜生长入 C30B；纺织品的金属化入 D06M11/83；用局部金属化法装饰纺织品入 D06Q1/04）
7	B08B	5171	一般清洁；一般污垢的防除（刷子入 A46；家庭或类似清洁装置入 A47L；从液体或气体中分离颗粒入 B01D；固体分离入 B03，B07；一般对表面喷射或涂敷液体或其他流体材料入 B05；用于输送机的清洗装置入 B65G45/10；对瓶子同时进行清洗、灌注和封装的入 B67C7/00；一般腐蚀或积垢的防止入 C23；街道、永久性道路、海滨或陆地的清洗入 E01H；专门用于游泳池或仿海滨浴场浅水池或池子的部件、零件或辅助设备清洁的入 E04H4/16；防止或清除静电荷入 H05F）

序号	分类号	专利数量	分类号含义
8	B22F	5123	金属粉末的加工；由金属粉末制造制品；金属粉末的制造（用粉末冶金法制造合金入C22C）；金属粉末的专用装置或设备
9	C22B	5118	金属的生产或精炼（金属粉末或其悬浮物的制取入B22F9/00；电解法或电泳法生产金属入C25）；原材料的预处理
10	B23Q	4991	机床的零件、部件或附件，如仿形装置或控制装置（在车床或镗床上使用的各类刀具入B23B27/00）；以特殊零件或部件的结构为特征的通用机床；不针对某一特殊金属加工用途的金属加工机床的组合或联合

4. 海外专利申请量稳步上升

有色金属企业通过PCT条约向海外申请的专利数量持续上涨，2023年有色金属行业公开的PCT国际专利申请达到1780件，同比增长15.0%。

（二）有色金属行业专利转让、许可情况❶

1. 专利转让量不断攀升

近年来，有色金属行业专利转让件数不断攀升（见图9），2023年专利转让量达到14729件，同比增长13.0%。从专利转让涉及的专利类型占比情况来看，发生转让的发明专利件数最多，占专利转让总量的56.0%，实用新型和外观设计占比分别为40.8%和3.2%。

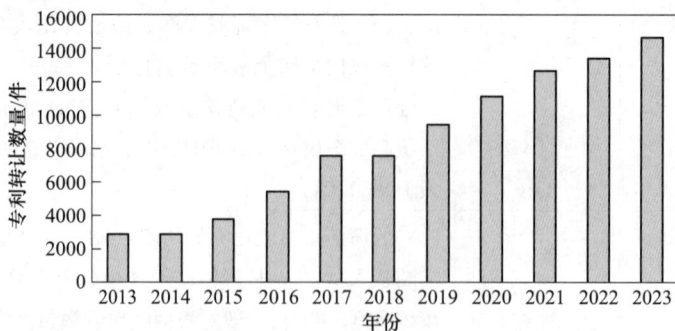

图9　有色金属行业专利转让趋势

---

❶　基于已在国家知识产权局备案的数据，未备案专利转让或许可未统计在内。

从图10可以看出，近三年来发生专利转让最活跃的技术领域主要为有色金属合金、金属粉末加工、金属材料镀覆和表面处理等领域，对应的国际专利分类号分别是C22C、B22F、C23C。

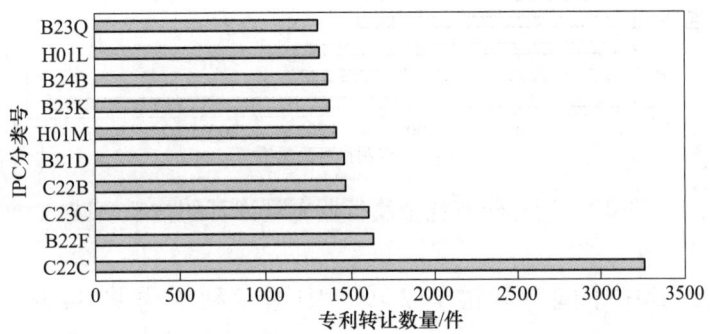

图10　近三年有色金属行业专利转让的技术领域

2. 专利许可量大幅增长

近三年，有色金属行业专利许可数量持续增长。在2022年，有色金属行业专利许可数量719件，超过了之前在2014年达到的顶峰（657件）。2023年，有色金属行业专利许可数量达到了1756件，比2022年增长144.2%，表明有色金属行业专利的运营和成果转化能力在持续提升（见图11）。

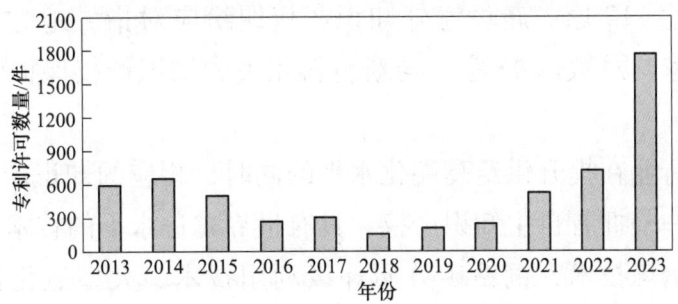

图11　有色金属行业专利许可趋势

近三年来发生许可的专利主要集中在有色金属合金、金属粉末加工、金属材料镀覆和表面处理等领域，对应的国际专利分类号为C22C、B22F、C23C（见图12）。

（三）有色金属行业36项专利获得中国专利奖

2023年有色金属行业共有36项专利获得中国专利奖，相比2022年的25

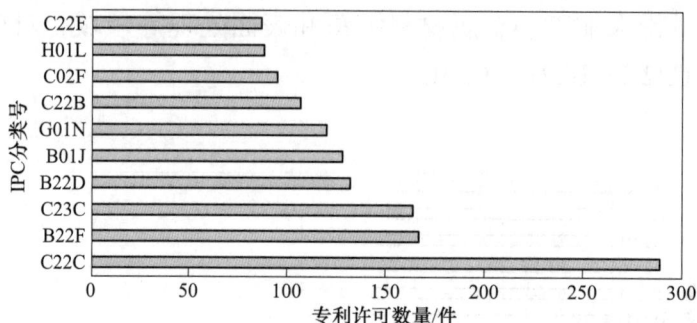

图12　近三年有色金属行业专利许可的技术领域

项有明显增长，其中中国专利银奖 2 项、中国专利优秀奖 34 项（具体名单见附表8）。

获得中国专利银奖的项目分别是：有研工程技术研究院有限公司、山东南山铝业股份有限公司的"一种适合于汽车车身板制造的铝合金材料及制备方法（ZL201310138522.3）"和北矿机电科技有限责任公司、北京矿冶科技集团有限公司的"一种充气式大型浮选机（ZL201821448920.X）"。

（四）不断提升有色金属行业知识产权保护能力

2023 年是知识产权管理体制改革之年。国家知识产权局全年启动建设首批国家知识产权保护示范区 10 家，新建知识产权保护中心 8 家、快速维权中心 7 家，总数达 112 家。新设海外知识产权纠纷应对指导地方分中心 21 家、海外分中心 2 家，总数达 45 家。与新材料相关的知识产权保护中心目前有 16 家（见附表9）。

有色金属行业在提升供给高端化水平的同时，相应的知识产权保护能力也在不断提升。一些拥有自主知识产权、具有世界先进水平的技术（如连续炼铜技术、湿法镍冶炼技术、铜钴矿分质梯级利用技术、大型氧化铝和电解铝技术）已实现成套出口。知识产权保护能力的提升，助力有色金属行业在全球供给链的国际影响力和话语权不断得到增强。

（五）提升有色金属行业专利信息公共服务水平

有色协会 2021 年成为国家知识产权信息公共服务网点，是首批入选该网点的行业协会。协会为行业企业提供了包括知识产权培训、知识产权法律咨询、专利信息分析在内的服务，并提供专利数据公共资源。在过去几年工作的基础上，完善了有色金属行业知识产权公共服务平台（www.youseip.com），该

平台提供有色金属行业专利检索和分析、专利分类导航、专利成果推广等公共
服务。

撰稿人：杨　鹏、赵永善、李　兵、
　　　　李子健、杨　健、张　蕴、
　　　　李　攀、闫雁楠、贾志杰

审稿人：贾明星

附表

附表1 2022—2023年度有色金属行业优秀质量管理小组名单

序号	企业名称	小组名称
特级 QC 小组（19 个）		
1	中铝山东新材料有限公司	原料二区 QC 小组
2	西安菲尔特金属过滤材料股份有限公司	净化山河 QC 小组
3	中铝山西新材料有限公司	焙烧 QC 小组
4	来宾华锡冶炼有限公司	综合分厂回转窑先锋 QC 小组
5	广西华磊新材料有限公司	合力 QC 小组
6	金川集团股份有限公司检测中心	二厂区分析室冶化中控班 QC 小组
7	河南豫光锌业有限公司	锌业五厂锌窗口 QC 小组
8	山西北方铜业有限公司铜矿峪矿	雄鹰 QC 小组
9	宁夏东方钽业股份有限公司	分析检测中心光谱 QC 小组
10	云南驰宏锌锗股份有限公司	新材料厂精益 QC 小组
11	乳源瑶族自治县东阳光高纯新材料有限公司	精益求精 QC 小组
12	铜陵有色金隆铜业有限公司	化验课"踏浪" QC 小组
13	江西铜业股份有限公司德兴铜矿	大山选矿厂磨浮工段 QC 小组
14	西安西部新锆科技股份有限公司	勇往直前 QC 小组
15	大冶有色金属集团控股有限公司	冶炼厂精炼 QC 小组
16	株洲冶炼集团股份有限公司	小蜜蜂 QC 小组
17	云南锡业股份有限公司锡业分公司	炼渣车间制酸 QC 小组
18	易门铜业有限公司	火法厂供料 QC 小组
19	中国铝业股份有限公司广西分公司	绿热源 QC 小组
一级 QC 小组（88 个）		
20	株洲冶炼集团股份有限公司	锌湿冶厂开拓者 QC 小组
21	株洲冶炼集团股份有限公司	株冶新材 QC 小组
22	株洲冶炼集团股份有限公司	匠人匠心 QC 小组
23	安徽铜冠有色金属（池州）有限责任公司	"勇敢的锌" QC 小组
24	中铜东南铜业有限公司	金钥匙 QC 小组
25	中铝中州铝业有限公司	天空蓝 QC 小组
26	中铝碳素青海分公司	生产管控中心生产技术 QC 小组
27	中铝山西铝业有限公司	斤斤计较 QC 小组
28	中铝山东有限公司	氧化铝厂生产中心工艺 QC 小组
29	中铝山东有限公司	氧化铝厂超凡 QC 小组

序号	企业名称	小组名称
30	中铝山东有限公司	功能材料厂吸附 QC 小组
31	中铝山东有限公司	工业服务中心热电事业部电检班 QC 小组
32	中国长城铝业有限公司	星梦 QC 小组
33	中国铝业股份有限公司青海分公司	电解厂设备管理部点检 QC 小组
34	中国铝业股份有限公司贵州分公司	合金化事业部急先锋 QC 小组
35	中国铝业股份有限公司广西分公司	致远 QC 小组
36	中国铝业股份有限公司广西分公司	活源 QC 小组
37	中船黄冈贵金属有限公司	不忘研心 QC 小组
38	云南云铜锌业股份有限公司	朝阳 QC 小组
39	云南永昌铅锌股份有限公司	熔铸 QC 小组
40	云南永昌铅锌股份有限公司	提质降耗 QC 小组
41	云南锡业股份有限公司锡业分公司	动力车间污酸污水 QC 小组
42	云南锡业股份有限公司铜业分公司	贵金属 QC 小组
43	云南锡业股份有限公司铜业分公司	顶吹 QC 小组
44	云南锡业股份有限公司锡业分公司	顶吹炉 QC 小组
45	云南文山铝业有限公司	"金手指" QC 小组
46	云南铜业股份有限公司西南铜业分公司	硫酸厂仪电 QC 小组
47	云南金鼎锌业有限公司	鹰眼 QC 小组
48	云南华联锌铟股份有限公司	浮选工序 QC 小组
49	云南迪庆有色金属有限责任公司	攻坚克难 QC 小组
50	云南驰宏锌锗股份有限公司	会泽矿业分公司选矿厂技术 QC 小组
51	云南驰宏锌锗股份有限公司	会泽冶炼分公司熔化炉 QC 小组
52	云南驰宏锌锗股份有限公司	精益求精 QC 小组
53	伊春鹿鸣矿业有限公司	降低精扫作业尾矿中钼品位 QC 小组
54	伊春鹿鸣矿业有限公司	鹿鸣人 QC 小组
55	西安西部新锆科技股份有限公司	RL 机加先锋队 QC 小组
56	铜陵有色金属集团铜冠建筑安装股份有限公司	"蓝弧" QC 小组
57	铜陵有色金属集团股份有限公司铜冠冶化分公司	球团车间绿色 QC 小组
58	铜陵有色金属集团股份有限公司金威铜业分公司	板带分厂精微 QC 小组

续附表1

序号	企业名称	小组名称
59	山西北方铜业有限公司垣曲冶炼厂	生产技术部 QC 小组
60	山西北方铜业有限公司铜矿峪矿	机械设备部 QC 小组
61	山东南山铝业股份有限公司	梦在铝途 QC 小组
62	乳源瑶族自治县东阳光高纯新材料有限公司	铸就未来 QC 小组
63	青海桥头铝电有限责任公司	电解厂阳极组装车间综合检修二班 QC 小组
64	宁夏东方钽业股份有限公司	钽铌火法冶金分厂精炼提质 QC 小组
65	凉山矿业股份有限公司	动力制造 QC 小组
66	来宾华锡冶炼有限公司	环保车间节能 QC 小组
67	晋能控股山西电力股份有限公司河津发电分公司	燃化运行部燃运五班 QC 小组
68	晋能控股山西电力股份有限公司河津发电分公司	外围检修部输煤班 QC 小组
69	金堆城钼业股份有限公司	冶炼分公司焙烧 QC 小组
70	金川集团镍盐有限公司	原料分厂节能 QC 小组
71	金川集团兰州金川新材料科技股份有限公司	金昌工厂第一 QC 小组
72	金川集团股份有限公司选矿厂	卓越 QC 小组
73	金川集团股份有限公司镍冶炼厂	加压浸出车间第五 QC 小组
74	金川集团股份有限公司二矿区采矿三工区	采矿小分队 QC 小组
75	江西铜业股份有限公司永平铜矿	质检中心孔雀石 QC 小组
76	江西铜业股份有限公司贵溪冶炼厂	倾动炉车间 QC 小组
77	江西铜业股份有限公司贵溪冶炼厂	备料车间 QC 小组
78	江西铜业股份有限公司贵溪冶炼厂	铜信 QC 小组
79	江西铜业股份有限公司德兴铜矿	精尾综合厂工业水处理工段 QC 小组
80	呼伦贝尔驰宏矿业有限公司	凝"锌"聚力 QC 小组
81	河南豫光冶金机械制造有限公司	创新动力 QC 小组
82	河南豫光锌业有限公司	锌业三厂创新 QC 小组
83	河南豫光金铅合金有限公司	扬帆 QC 小组
84	河南豫光金铅股份有限公司	玉川厂开拓者 QC 小组
85	河南豫光金铅股份有限公司	冶炼一厂薪火相传 QC 小组
86	广西华银铝业有限公司	热电动力厂雷雨 QC 小组

续附表 1

序号	企业名称	小组名称
87	广西华锡矿业有限公司铜坑矿业分公司	主选车间设备先锋 QC 小组
88	广西华锡矿业有限公司铜坑矿业分公司	铅锑车间硫砷系统 QC 小组
89	广西华磊新材料有限公司	主旋律 QC 小组
90	广西高峰矿业有限责任公司	坑口技改 QC 小组
91	广西佛子矿业有限公司	选矿技术 QC 小组
92	广西百色广投银海铝业有限责任公司	动力火车 QC 小组
93	广东凤铝铝业有限公司	散热器 QC 小组
94	大冶有色金属集团控股有限公司	冶炼厂澳炉 QC 小组
95	大冶有色金属集团控股有限公司	冶炼厂粗炼 QC 小组
96	大冶有色金属集团控股有限公司	冶炼厂硫酸镍 QC 小组
97	大冶有色金属集团控股有限公司	冶炼厂铂钯 QC 小组
98	大冶有色金属集团控股有限公司	冶炼厂飞跃 QC 小组
99	楚雄滇中有色金属有限责任公司	电仪 QC 小组
100	楚雄滇中有色金属有限责任公司	污水处理 QC 小组
101	楚雄滇中有色金属有限责任公司	指南针 QC 小组
102	崇义章源钨业股份有限公司	二次钨资源高效利用 QC 小组
103	包头铝业有限公司	梦之翼 QC 小组
104	包头铝业有限公司	超越 QC 小组
105	包头铝业有限公司	提质创新 QC 小组
106	白银有色集团股份有限公司铜业公司	化验 QC 小组
107	白银有色集团股份有限公司铜业公司	电解车间阴极铜质量提升 QC 小组
二级 QC 小组（89 个）		
108	自贡硬质合金有限责任公司	大制品事业部烧结 QC 小组
109	自贡长城表面工程技术有限公司	提高铸造碳化钨回收率 QC 小组
110	株洲冶炼集团股份有限公司	挑战者 QC 小组
111	株洲冶炼集团股份有限公司	公辅厂持之以恒 QC 小组
112	株洲冶炼集团股份有限公司	技术中心新材 QC 小组
113	中铜华中铜业有限公司	精整设备质量保障提升 QC 小组
114	中铜华中铜业有限公司	1#双面铣 QC 小组
115	中色科技股份有限公司	智能公司 QC 小组

序号	企业名称	小组名称
116	中色（宁夏）东方集团有限公司特种材料分公司	三车间钒铝合金 QC 小组
117	中铝中州铝业有限公司	配料 QC 小组
118	中铝中州铝业有限公司	步步高 QC 小组
119	中铝中州铝业有限公司	响尾蛇 QC 小组
120	中铝中州铝业有限公司	"工业煤分析" QC 小组
121	中铝山西新材料有限公司	技术科及工区联合 QC 小组
122	中铝山西新材料有限公司	技术研发中心青鸟 QC 小组
123	中铝山西新材料有限公司	电解厂净化 QC 小组
124	中铝山东有限公司	动力厂节能 QC 小组
125	中铝山东有限公司	氧化铝厂溶出车间矿磨工序 QC 小组
126	中铝洛阳铜加工有限公司	"框架炉" QC 小组
127	中铝矿业有限公司	超越自我、极限降本 QC 小组
128	中铝矿业有限公司	降低矿浆固相铝硅比班间差值 QC 小组
129	中铝矿业有限公司	提质增效 QC 小组
130	中铝矿业有限公司	原料 QC 小组
131	中铝（上海）碳素有限公司广西分公司	火神 QC 小组
132	中国铝业股份有限公司青海分公司	电解厂净化生产部第一 QC 小组
133	中国铝业股份有限公司青海分公司	电解厂生产管理部 QC 小组
134	中国铝业股份有限公司贵州分公司	合金化事业部扁锭 345QC 小组
135	中国铝业股份有限公司贵州分公司	猫场铝矿技术攻关 QC 小组
136	中国铝业股份有限公司贵州分公司	配矿中心 QC 小组
137	浙江华友钴业股份有限公司	创新 QC 小组
138	云南云铜锌业股份有限公司	小丑鱼 QC 小组
139	云南云铜锌业股份有限公司	辉煌 QC 小组
140	云南云铝涌鑫铝业有限公司	飓风 QC 小组
141	云南锡业股份有限公司	老厂分公司综合服务车间机电 J—QC 小组
142	云南铜业股份有限公司矿山研究院	KY-扬帆 QC 小组
143	云南铝业股份有限公司	"X098" QC 小组
144	云南金鼎锌业有限公司	"凤凰涅槃" QC 小组

序号	企业名称	小组名称
145	玉溪矿业有限公司	度分秒 QC 小组
146	玉溪矿业有限公司	向阳花 QC 小组
147	易门铜业有限公司	硫酸厂精益战队 QC 小组
148	彝良驰宏矿业有限公司	齐质共赢 QC 小组
149	西北锆管有限责任公司	鲨鱼创客 QC 小组
150	西安汉唐分析检测有限公司	质量 QC 小组
151	梧州华锡环保科技有限公司	粗练车间奋斗者 QC 小组
152	铜陵有色金属集团股份有限公司金冠铜业分公司	精益 QC 小组
153	铜陵有色金属集团股份有限公司安庆铜矿	选矿车间 QC 小组
154	山西中铝华润有限公司	设备先锋号 QC 小组
155	山西华兴铝业有限公司	焙烧 QC 小组
156	山西华兴铝业有限公司	气化 QC 小组
157	山东南山铝业股份有限公司	品牌精创 QC 小组
158	衢州华友资源再生科技有限公司	城市矿山 QC 小组
159	衢州华友钴新材料有限公司	提质建标 QC 小组
160	青海中铝铝板带有限公司	生产部 QC 小组
161	青海桥头铝电有限责任公司	电解厂供料净化车间检修班 QC 小组
162	青海桥头铝电有限责任公司	技术质量中心中心化验室物性班 QC 小组
163	平果铝业有限公司	火焰 QC 小组
164	宁夏中色金辉新能源有限公司	合力 QC 小组
165	兰州有色冶金设计研究院有限公司	工业院冶炼 QC 小组
166	兰州铝业有限公司	团结 QC 小组
167	兰州铝业有限公司	奋进 QC 小组
168	晋能控股山西电力股份有限公司河津发电分公司	设备维护部仪控一班 QC 小组
169	金堆城钼业股份有限公司	板材事业部奋起上进 QC 小组
170	金堆城钼业股份有限公司	冶炼分公司绿水青山 QC 小组
171	金堆城钼业股份有限公司	矿山分公司飞跃 QC 小组
172	金川集团铜业有限公司	提纯工序第一 QC 小组

序号	企业名称	小组名称
173	江西铜业铜材有限公司	铸轧分厂 QC 小组
174	华友新能源科技（衢州）有限公司	9 系高镍产品质量改善 QC 小组
175	广西中铝工业服务有限公司	炉修 QC 小组
176	广西广投柳州铝业股份有限公司	银龙 QC 小组
177	广西华银铝业有限公司	设备维护检修中心启航 QC 小组
178	广西华昇新材料有限公司	磐石 QC 小组
179	广西高峰矿业有限责任公司	巴里选矿厂技术 QC 小组
180	广西高峰矿业有限责任公司	选矿废水深度处理器 QC 小组
181	甘肃蓝野建设监理有限公司	团结奋进监理 QC 小组
182	甘肃厂坝有色金属有限责任公司成州锌冶炼厂	同锌协力 QC 小组
183	东北轻合金有限责任公司	探索 QC 小组
184	大冶有色金属集团控股有限公司	冶炼厂守护蓝天 QC 小组
185	大冶有色金属集团控股有限公司	冶炼厂澳炉 QC 小组
186	崇义章源钨业股份有限公司	模具厂 QC 小组
187	赤峰金通铜业有限公司	硫酸厂第一 QC 小组
188	包头铝业有限公司	精专研发 QC 小组
189	白银有色集团股份有限公司西北铅锌冶炼厂	青出-QC 小组
190	白银有色集团股份有限公司西北铅锌冶炼厂	"百川"质控先锋 QC 小组
191	白银有色集团股份有限公司铜业公司	采样站 QC 小组
192	白银有色集团股份有限公司第三冶炼厂	烧结车间利群 QC 小组
193	八冶建设集团有限公司第一建设公司	大力出奇迹 QC 小组
194	八冶建设集团有限公司第一建设公司	追梦人 QC 小组
195	SAS 卡松波矿业简易股份有限公司	硫化矿工艺优化节能降耗 QC 小组
196	SAS 卡松波矿业简易股份有限公司	22 米浓密机洗涤效率优化提升课题 QC 小组
三级 QC 小组（24 个）		
197	中色科技股份有限公司	环保公司 QC 小组
198	中铝洛阳铜加工有限公司	"降本" QC 小组
199	中国铝业股份有限公司连城分公司	电解三厂 QC 小组
200	新乡市金龙精密铜管制造有限公司	毛毛虫 QC 小组

续附表 1

序号	企业名称	小组名称
201	新乡市金龙精密铜管制造有限公司	啄木鸟 QC 小组
202	新乡龙鑫精密模具制造有限公司	铝圆管模具 QC 小组
203	西部钛业有限责任公司	飞跃 QC 小组
204	西北铝业有限责任公司	扬帆起航 QC 小组
205	西北铝业有限责任公司	"突破" QC 小组
206	山东南山铝业股份有限公司	铝战铝胜 QC 小组
207	青铜峡铝业股份有限公司宁东铝业分公司	电解四车间 QC 小组
208	洛阳有色金属加工设计研究院有限公司	苏州新长光热能技术开发部 QC 小组
209	国家电投集团宁夏能源铝业科技工程有限公司	科技工程公司研发中心 QC 小组
210	国家电投集团宁夏能源铝业青鑫炭素有限公司	青鑫炭素高新技术研发 QC 小组
211	广西南南铝加工有限公司	南南铝加工挤压 QC 小组
212	广东凤铝铝业有限公司	铸造质量提升优化 QC 小组
213	甘肃厂坝有色金属有限责任公司成州锌冶炼厂	电解车间极板修复 QC 小组
214	福建紫金矿冶测试技术有限公司	第二检测室 QC 小组
215	佛山市三水凤铝铝业有限公司	立式氟碳 QC 小组
216	东北轻合金有限责任公司	精益求精 QC 小组
217	赤峰金通铜业有限公司	"铜心筑梦" QC 小组
218	成都巴莫科技有限责任公司	傲翔 QC 小组
219	北矿机电科技有限责任公司	大型浮选机上部轴偏心问题解决 QC 小组
220	北矿磁材科技有限公司	全面质量提升 QC 小组

附表2 2022—2023年度有色金属行业质量信得过班组名单

序号	企业名称	小组名称
特级班组（15个）		
1	宁夏东方钽业股份有限公司	钽粉分厂降氧班
2	河南豫光金铅股份有限公司	再生铅厂ABS塑料造粒班
3	云南锡业锡化工材料有限责任公司	甲基锡锡化工班
4	铜陵有色金隆铜业有限公司	信息技术班
5	山西中条山集团胡家峪矿业有限公司	选矿厂安全生产室选矿班
6	株洲冶炼集团股份有限公司	电力自动化厂运营一班
7	广西中铝工业服务有限公司	检修一车间1班
8	乳源瑶族自治县东阳光高纯新材料有限公司	维修班
9	云南驰宏锌锗股份有限公司	新材料厂金银冶炼火法班
10	中铝山东有限公司	氧化铝厂溶出车间溶出班
11	中铝山西新材料有限公司	电控分公司电讯班
12	广西华锡矿业有限公司铜坑矿业分公司	三车间铅锑班
13	大冶有色金属集团控股有限公司	冶炼厂电解车间大板班
14	晋能控股山西电力股份有限公司河津发电分公司	设备维护部锅炉一班
15	金堆城钼业股份有限公司	矿山分公司生产四区磨浮车间钼精矿生产班
一级班组（14个）		
16	铜陵有色金属集团股份有限公司金冠铜业分公司	双闪硫酸制酸四班
17	宁夏中色金航钛业有限公司	锻造车间快锻班
18	宁夏中色新材料有限公司	铍铜分厂清洗组
19	云南驰宏国际锗业有限公司	二氧化锗班
20	彝良驰宏矿业有限公司	选矿厂磨浮班
21	呼伦贝尔驰宏矿业有限公司	硫酸四班
22	平果铝业有限公司	分析检测中心华磊检测室煤分析班
23	云南云铝涌鑫铝业有限公司	电解二工区八班
24	山东南山铝业股份有限公司	管控中心化学组
25	河南豫光金铅股份有限公司	化验室化验二班
26	中铝山东新材料有限公司	检测中心溶液班
27	浙江华友钴业股份有限公司	301四钴班

序号	企业名称	小组名称
28	株洲冶炼集团股份有限公司	氧化锌厂铟置换电解班
29	株洲冶炼集团股份有限公司	质量检测中心原料分析班
二级班组（31个）		
30	玉溪矿业有限公司	测量组
31	中国铝业股份有限公司青海分公司	电解厂净化生产部生产一班
32	中国铝业股份有限公司青海分公司	质量物资管控中心质检管理部炭素检查班
33	易门铜业有限公司	硫酸厂制酸二班
34	易门铜业有限公司	火法厂底吹炉二班
35	云南铜业股份有限公司西南铜业分公司	电解厂硫酸镍班
36	云南铜业股份有限公司西南铜业分公司	精炼厂筑炉组
37	包头铝业有限公司	光谱分析组
38	包头铝业有限公司	继电保护班
39	云南驰宏锌锗股份有限公司	会泽矿业分公司麒麟坑掘进班
40	云南华联锌铟股份有限公司	质检中心化验室
41	云南锡业股份有限公司老厂分公司	塘子凹坑生产技术股地质班
42	云南锡业股份有限公司大屯锡矿	计质计量车间化验班
43	山东南山铝业股份有限公司	铝创佳绩生产班
44	云南永昌铅锌股份有限公司	提升机运输1班
45	青铜峡铝业股份有限公司宁东铝业分公司	电解二车间运行四班
46	中铝矿业有限公司	技术质量中心化验分析站成品班
47	中铝矿业有限公司	生产管控中心蒸发焙烧工序丙轮班
48	中铝矿业有限公司	生产管控中心热机工序锅炉乙值班
49	广西华银铝业有限公司	生产运行中心原料班
50	金堆城钼业股份有限公司	冶炼分公司钼铁分厂冶炼班
51	金堆城钼业股份有限公司	冶炼分公司焙烧分厂多膛炉工段
52	金堆城钼业股份有限公司	冶炼分公司综合回收班
53	金堆城钼业股份有限公司	化学分公司钼酸铵B线工艺四班
54	金堆城钼业股份有限公司	板材事业部精深加工班
55	中铝中州铝业有限公司	保护试验班
56	陕西有色榆林新材料集团有限责任公司	组装车间1厂房2班
57	陕西有色榆林新材料集团有限责任公司	焙烧车间综合班

续附表2

序号	企业名称	小组名称
58	华友新能源科技（衢州）有限公司	一分厂八车间质量改进组
59	SAS 刚果东方国际矿业简易股份有限公司	CDM 选矿厂机电科
60	中国长城铝业有限公司	环保新材料厂烧成车间中控班
三级班组（7 个）		
61	青海中铝铝板带有限公司	生产部生产一班
62	国核宝钛锆业股份公司	质量管理部检查站
63	云南锡业股份有限公司铜业分公司	熔炼车间阳极炉组
64	云南锡业锡材有限公司	锡丝工段
65	青铜峡铝业股份有限公司青铜峡铝业分公司	质检计控中心炭素物相分析班
66	北矿磁材科技有限公司	烧结铁氧体磁粉生产工段
67	北矿机电科技有限责任公司	轴类加工车工班

附表3　2022—2023 年度有色金属行业质量管理小组活动优秀推进者名单

序号	企业名称	优秀推进者姓名
1	大冶有色金属集团控股有限公司	邵智杰
2	铜陵有色金属集团控股有限公司	吴江敏
3	青海中铝铝板带有限公司	熊增彩
4	晋能控股山西电力股份有限公司河津发电分公司	王 倩
5	崇义章源钨业股份有限公司	何志勇
6	宁夏东方钽业股份有限公司	吴 瑞
7	中铝山西新材料有限公司	尚会明
8	包头铝业有限公司	李福宝
9	西安西部新锆科技股份有限公司	焦永刚
10	中国铝业股份有限公司贵州分公司	郑明丽
11	中国铝业股份有限公司贵州分公司	王顺红
12	呼伦贝尔驰宏矿业有限公司	章怡萌
13	云南驰宏锌锗股份有限公司	张小丽
14	广西中铝工业服务有限公司	雷 智
15	广西南南铝加工有限公司	龚永煜
16	广西百色广投银海铝业有限责任公司	陈健东
17	云南锡业股份有限公司	罗惠斌
18	云南华联锌铟股份有限公司	杨 超
19	山东南山铝业股份有限公司	张 华
20	山东南山铝业股份有限公司	李文超
21	山西华兴铝业有限公司	马新亮
22	山西中铝华润有限公司	刘金梅
23	中铝山东新材料有限公司	陈 莉
24	中铝山东有限公司	徐 丽
25	青铜峡铝业股份有限公司青铜峡铝业分公司	乔 捷
26	青海桥头铝电有限责任公司	卜祥敏
27	中铝山西铝业有限公司	李 旭
28	中铝矿业有限公司	石亚飞
29	中铝洛阳铜加工有限公司	高艳丽
30	广西华银铝业有限公司	李爱龙
31	广西佛子矿业有限公司	刘泽铖

序号	企业名称	优秀推进者姓名
32	广西华锡矿业有限公司铜坑矿业分公司	兰　谁
33	西部金属材料股份有限公司	张小庆
34	云南金鼎锌业有限公司	乞文才
35	自贡硬质合金有限责任公司	凌春福
36	西安菲尔特金属过滤材料股份有限公司	姚宝平
37	广西巴莫科技有限公司	黄　冠
38	衢州华友资源再生科技有限公司	单　慧
39	河南豫光金铅集团有限责任公司	常改竹
40	河南豫光锌业有限公司	车拥霞
41	河南豫光金铅股份有限公司	田江涛
42	株洲冶炼集团股份有限公司	盘贤民
43	山西北方铜业有限公司	李国琴
44	山西北方铜业有限公司铜矿峪矿选矿厂	王子涛
45	山西中条山集团胡家峪矿业有限公司选矿厂	李盼盼
46	山西北方铜业有限公司垣曲冶炼厂	吕　军
47	中国长城铝业有限公司	孙焕青
48	宁夏中色金航钛业有限公司	赵　媛

附表4　2022—2023年度有色金属行业质量信得过班组建设先进个人名单

序号	企业名称	先进个人姓名
1	青海中铝铝板带有限公司	孙旺明
2	西北稀有金属材料研究院宁夏有限公司	徐玉红
3	中铝山西新材料有限公司	裴俊英
4	包头铝业有限公司	李　鑫
5	云南驰宏锌锗股份有限公司	李月梅
6	云南驰宏国际锗业有限公司	何　斌
7	云南锡业股份有限公司	李惠文
8	云南锡业股份有限公司	陆　涛
9	山东南山铝业股份有限公司	王世杰
10	山东南山铝业股份有限公司	徐虎厚
11	中铝山东有限公司	邵　静
12	中铝山西铝业有限公司	杨　娟
13	中铝矿业有限公司	杜晨霞
14	河南豫光金铅股份有限公司	李永杰
15	河南豫光金铅集团有限责任公司	常改竹
16	株洲冶炼集团股份有限公司	雷素函
17	株洲冶炼集团股份有限公司	丁　锋
18	株洲冶炼集团股份有限公司	朱东欢

附表5　2023年有色金属行业计量技术规范发布情况汇总表

序号	规范编号	规范名称
1	JJF（有色金属）0012—2023	腐蚀试验用高压釜校准规范
2	JJF（有色金属）0013—2023	真空退火炉校准规范
3	JJF（有色金属）0014—2023	材料高温力学性能检测用筒式炉校准规范
4	JJF（有色金属）0015—2023	费氏粒度测定仪校准规范
5	JJF（有色金属）0016—2023	管式电阻炉校准规范
6	JJF（有色金属）0017—2023	隔热型材用高温持久试验机校准规范
7	JJF（有色金属）0018—2023	闭路循环法铝及铝合金液态测氢仪校准规范
8	JJF（有色金属）0019—2023	电热恒温水浴锅校准规范
9	JJF（有色金属）0020—2023	电子式温湿度计校准规范
10	JJF（有色金属）0021—2023	有色金属材料用循环腐蚀试验箱校准规范
11	JJF（有色金属）0022—2023	铜合金冲刷腐蚀试验机校准规范
12	JJF（有色金属）0023—2023	非接触式引伸计标定器校准规范

附表6　2023年有色金属国家标准、行业标准发布情况汇总表

序号	标准编号	标准名称
		有色金属国家标准
1	GB/T 469—2023	铅锭
2	GB/T 1196—2023	重熔用铝锭
3	GB/T 2054—2023	镍及镍合金板
4	GB/T 2077—2023	硬质合金可转位刀片　圆角半径
5	GB/T 2881—2023	工业硅
6	GB/T 2882—2023	镍及镍合金管
7	GB/T 2965—2023	钛及钛合金棒材
8	GB/T 3114—2023	铜及铜合金扁线
9	GB/T 3195—2023	铝及铝合金拉（轧）制圆线材
10	GB/T 3251—2023	铝及铝合金产品压缩试验方法
11	GB/T 3260.11—2023	锡化学分析方法　第11部分：铜、铁、铋、铅、锑、砷、铝、锌、镉、银、镍和钴含量的测定　电感耦合等离子体原子发射光谱法
12	GB/T 3310—2023	铜及铜合金棒材超声检测方法
13	GB/T 3499—2023	原生镁锭
14	GB/T 3620.2—2023	钛及钛合金加工产品化学成分允许偏差
15	GB/T 3622—2023	钛及钛合金带、箔材
16	GB/T 3624—2023	钛及钛合金无缝管
17	GB/T 3880.1—2023	一般工业用铝及铝合金板、带材　第1部分：一般要求
18	GB/T 3884.12—2023	铜精矿化学分析方法　第12部分：氟和氯含量的测定　离子色谱法和电位滴定法
19	GB/T 3884.18—2023	铜精矿化学分析方法　第18部分：砷、锑、铋、铅、锌、镍、镉、钴、铬、氧化铝、氧化镁、氧化钙含量的测定　电感耦合等离子体原子发射光谱法
20	GB/T 4324.2—2023	钨化学分析方法　第2部分：铋和砷含量的测定
21	GB/T 4437.1—2023	铝及铝合金热挤压管　第1部分：无缝圆管
22	GB/T 5166—2023	烧结金属材料和硬质合金弹性模量的测定
23	GB/T 5246—2023	电解铜粉
24	GB/T 6150.1—2023	钨精矿化学分析方法　第1部分：三氧化钨含量的测定 钨酸铵灼烧重量法
25	GB/T 6150.3—2023	钨精矿化学分析方法　第3部分：磷含量的测定 磷钼黄分光光度法和电感耦合等离子体原子发射光谱法

序号	标准编号	标准名称
26	GB/T 6150.4—2023	钨精矿化学分析方法 第4部分：硫含量的测定 高频感应红外吸收法和燃烧-碘量法
27	GB/T 6150.6—2023	钨精矿化学分析方法 第6部分：湿存水含量的测定 重量法
28	GB/T 6150.8—2023	钨精矿化学分析方法 第8部分：钼含量的测定 硫氰酸盐分光光度法
29	GB/T 6150.10—2023	钨精矿化学分析方法 第10部分：铅含量的测定 氢化物发生原子荧光光谱法和火焰原子吸收光谱法
30	GB/T 6150.12—2023	钨精矿化学分析方法 第12部分：二氧化硅含量的测定 硅钼蓝分光光度法和重量法
31	GB/T6150.15—2023	钨精矿化学分析方法 第15部分：铋含量的测定 氢化物发生原子荧光光谱法和火焰原子吸收光谱法
32	GB/T 6150.18—2023	钨精矿化学分析方法 第18部分：钡含量的测定 电感耦合等离子体原子发射光谱法
33	GB/T 6609.25—2023	氧化铝化学分析方法和物理性能测定方法 第25部分：松装和振实密度的测定
34	GB/T 6609.27—2023	氧化铝化学分析方法和物理性能测定方法 第27部分：粒度分析 筛分法
35	GB/T 6609.35—2023	氧化铝化学分析方法和物理性能测定方法 第35部分：比表面积的测定 氮吸附法
36	GB/T 6892—2023	一般工业用铝及铝合金挤压型材
37	GB/T 7998—2023	铝合金晶间腐蚀敏感性评价方法
38	GB/T 8151.25—2023	锌精矿化学分析方法 第25部分：铟含量的测定 火焰原子吸收光谱法
39	GB/T 8151.26—2023	锌精矿化学分析方法 第26部分：银含量的测定 酸溶解-火焰原子吸收光谱法
40	GB/T 8152.11—2023	铅精矿化学分析方法 第11部分：汞含量的测定 原子荧光光谱法和固体进样直接法
41	GB/T 8152.17—2023	铅精矿化学分析方法 第17部分：铝、镁、铁、铜、锌、镉、砷、锑、铋、钙含量的测定 电感耦合等离子体原子发射光谱法
42	GB/T 8180—2023	钛及钛合金加工产品的包装、标志、运输和贮存
43	GB/T 11064.2—2023	碳酸锂、单水氢氧化锂、氯化锂化学分析方法 第2部分：氢氧化锂含量的测定 酸碱滴定法
44	GB/T 11064.9—2023	碳酸锂、单水氢氧化锂、氯化锂化学分析方法 第9部分：硫酸根含量的测定 硫酸钡浊度法

续附表6

序号	标准编号	标准名称
45	GB/T 11064.16—2023	碳酸锂、单水氢氧化锂、氯化锂化学分析方法　第16部分：钙、镁、铜、铅、锌、镍、锰、镉、铝、铁、硫酸根含量的测定　电感耦合等离子体原子发射光谱法
46	GB/T 16475—2023	变形铝及铝合金产品状态代号
47	GB/T 16865—2023	变形铝、镁及其合金加工制品拉伸试验用试样及方法
48	GB/T 18034—2023	快速测温热电偶用铂铑细偶丝规范
49	GB/T 20509—2023	电力机车接触材料用铜及铜合金线坯
50	GB/T 22638.11—2023	铝箔试验方法　第11部分：力学性能的测试
51	GB/T 22640—2023	铝合金应力腐蚀敏感性评价试验方法
52	GB/T 22648—2023	铝塑复合软管、电池软包用铝箔
53	GB/T 23271—2023	二硫化钼
54	GB/T 23365—2023	钴酸锂电化学性能测试　首次放电比容量及首次充放电效率测试方法
55	GB/T 23519—2023	三苯基膦氯化铑
56	GB/T 23609—2023	海水淡化装置用铜合金无缝管
57	GB/T 23611—2023	金及金合金靶材
58	GB/T 25951—2023	镍及镍合金　术语和定义
59	GB/T 26029—2023	镍钴锰三元素复合氧化物
60	GB/T 26038—2023	钨基高比重合金板材
61	GB/T 26053—2023	碳化物基热喷涂粉
62	GB/T 26063—2023	铍铝合金
63	GB/T 26494—2023	轨道交通车辆结构用铝合金挤压型材
64	GB/T 26725—2023	超细碳化钨粉
65	GB/T 27671—2023	导电用铜型材
66	GB/T 27683—2023	铜及铜合金切削屑料及其回收规范
67	GB/T 32182　2023	轨道交通用铝及铝合金板材
68	GB/T 33368—2023	高强耐损伤型 Al-Cu-Mg 系铝合金板、带材
69	GB/T 34480—2023	高强高韧型 Al-Zn-Mg-Cu 系铝合金锻件
70	GB/T 34497—2023	端子连接器用铜及铜合金带箔材
71	GB/T 34506—2023	高强高韧型 Al-Zn-Mg-Cu 系铝合金挤压材
72	GB/T 38470—2023	再生铜合金原料

序号	标准编号	标准名称
73	GB/T 38471—2023	再生铜原料
74	GB/T 38472—2023	再生铸造铝合金原料
75	GB/T 42511—2023	硬质合金 钴粉中钙、铜、铁、钾、镁、锰、钠、镍和锌含量的测定 火焰原子吸收光谱法
76	GB/T 42512—2023	铜合金护套无缝盘管
77	GB/T 42513.1—2023	镍合金化学分析方法 第1部分：铬含量的测定 硫酸亚铁铵电位滴定法
78	GB/T 42513.2—2023	镍合金化学分析方法 第2部分：磷含量的测定 钼蓝分光光度法
79	GB/T 42513.3—2023	镍合金化学分析方法 第3部分：铝含量的测定 一氧化二氮-火焰原子吸收光谱法和电感耦合等离子体原子发射光谱法
80	GB/T 42513.4—2023	镍合金化学分析方法 第4部分：硅含量的测定 一氧化二氮-火焰原子吸收光谱法和钼蓝分光光度法
81	GB/T 42513.5—2023	镍合金化学分析方法 第5部分：钒含量测定 一氧化二氮-火焰原子吸收光谱法和电感耦合等离子体原子发射光谱法
82	GB/T 42514—2023	铝及铝合金阳极氧化膜及有机聚合物膜的腐蚀评定 图表法
83	GB/T 42515—2023	金属粉末 铁、铜、锡和青铜粉末中酸不溶物含量的测定
84	GB/T 42516—2023	高温形状记忆合金化学分析方法 铂含量的测定 硫脲络合沉淀法
85	GB/T 42544—2023	铝及铝合金阳极氧化膜及有机聚合物膜的腐蚀评定 栅格法
86	GB/T 42654—2023	铜及铜合金海水冲刷腐蚀试验方法
87	GB/T 42787—2023	增材制造用高熵合金粉
88	GB/T 42914—2023	铝合金产品断裂韧度试验方法
89	GB/T 42915—2023	铜精矿及主要含铜物料鉴别规范
90	GB/T 42916—2023	铝及铝合金产品标识
91	GB/T 43091—2023	粉末抗压强度测试方法
92	GB/T 43092—2023	锂离子电池正极材料电化学性能测试 高温性能测试方法
93	GB/T 43093—2023	镍锰酸锂电化学性能测试 首次放电比容量及首次充放电效率测试方法
94	GB/T 43095—2023	宽幅钼板材
95	GB/T 43096—2023	金属粉末 稳态流动条件下粉末层透过性试验测定外比表面积
96	GB/T 43301—2023	钼及钼合金管靶

序号	标准编号	标准名称
97	GB/T 43302—2023	增材制造用钛及钛合金丝材
98	GB/T 43354—2023	铜合金弹性带材平面弯曲疲劳试验方法
99	GB/T 43360—2023	增材制造用锆及锆合金粉
100	GB/T 43603.1—2023	镍铂靶材合金化学分析方法　第1部分：铂含量的测定　电感耦合等离子体原子发射光谱法
101	GB/T 43604.1—2023	镓基液态金属化学分析方法　第1部分：铅、镉、汞、砷含量的测定　电感耦合等离子体质谱法
102	GB/T 43607—2023	钯锭分析方法　银、铝、金、铋、铬、铜、铁、铱、镁、锰、镍、铅、铂、铑、钌、硅、锡、锌含量测定　火花放电原子发射光谱法
103	GB/T 43611—2023	镓基液态金属热界面材料
有色金属行业标准		
1	YS/T 38.3—2023	高纯镓化学分析方法　第3部分：痕量杂质元素含量的测定　辉光放电质谱法
2	YS/T 63.2—2023	铝用炭素材料检测方法　第2部分：室温电阻率的测定
3	YS/T 63.4—2023	铝用炭素材料检测方法　第4部分：热膨胀系数的测定
4	YS/T 63.8—2023	铝用炭素材料检测方法　第8部分：真密度的测定　比重瓶法
5	YS/T 63.14—2023	铝用炭素材料检测方法　第14部分：抗折强度的测定　三点法
6	YS/T 63.15—2023	铝用炭素材料检测方法　第15部分：耐压强度的测定
7	YS/T 63.20—2023	铝用炭素材料检测方法　第20部分：硫分的测定
8	YS/T 89—2023	煅烧α型氧化铝
9	YS/T 202—2023	贵金属及其合金箔材
10	YS/T 203—2023	贵金属及其合金丝、线、棒材
11	YS/T 245—2023	粉冶钼合金顶头
12	YS/T 254.8—2023	铍精矿、绿柱石化学分析方法　第8部分：氧化铍、三氧化二铁、氧化钙、磷含量的测定　电感耦合等离子体原子发射光谱法
13	YS/T 273.5—2023	冰晶石化学分析方法和物理性能测定方法　第5部分：钠含量的测定　火焰原子吸收光谱法
14	YS/T 273.6—2023	冰晶石化学分析方法和物理性能测定方法　第6部分：二氧化硅含量的测定　钼蓝分光光度法
15	YS/T 273.11—2023	冰晶石化学分析方法和物理性能测定方法　第11部分：元素含量的测定　X射线荧光光谱法

续附表6

序号	标准编号	标准名称
16	YS/T 318—2023	铜精矿
17	YS/T 319—2023	铅精矿
18	YS/T 349.2—2023	钴精矿化学分析方法　第2部分：铜含量的测定　火焰原子吸收光谱法和碘量法
19	YS/T 420—2023	铝合金韦氏硬度试验方法
20	YS/T 436—2023	铝合金建筑型材图样图册
21	YS/T 442—2023	有色金属工业测量设备A、B、C分类管理规范
22	YS/T 429.1—2023	铝幕墙板　第1部分：基材
23	YS/T 447.1—2023	铝及铝合金晶粒细化用合金线材　第1部分：铝-钛-硼合金线材
24	YS/T 456—2023	铝电解槽用干式防渗料
25	YS/T 568.13—2023	氧化锆、氧化铪化学分析方法　第13部分：氧化铪中硼、钠、镁、铝、硅、钙、钛、钒、铬、锰、铁、钴、镍、铜、锌、锆、铌、钼、镉、锡、锑、钽、钨、铅、铋含量的测定　电感耦合等离子体质谱法
26	YS/T 575.7—2023	铝土矿化学分析方法　第7部分：氧化钙含量的测定　火焰原子吸收光谱法
27	YS/T 575.27—2023	铝土矿石化学分析方法　第27部分：元素含量的测定　电感耦合等离子体原子发射光谱法
28	YS/T 575.29—2023	铝土矿石化学分析方法　第29部分：有效氧化铝和可反应硅的测定
29	YS/T 581.8—2023	氟化铝化学分析方法和物理性能测定方法　第8部分：硫酸根含量的测定　硫酸钡重量法
30	YS/T 581.9—2023	氟化铝化学分析方法和物理性能检测方法　第9部分：五氧化二磷含量的测定　钼蓝分光光度法
31	YS/T 581.19—2023	氟化铝化学分析方法和物理性能测定方法　第19部分：元素含量的测定　电感耦合等离子体原子发射光谱法
32	YS/T 582—2023	电池级碳酸锂
33	YS/T 587.15—2023	炭阳极用煅后石油焦检测方法　第15部分：总碳、氢、氮含量的测定
34	YS/T 598—2023	超细二氧化钌粉
35	YS/T 603—2023	烧结型银导体浆料
36	YS/T 604—2023	金基厚膜导体浆料

续附表6

序号	标准编号	标准名称
37	YS/T 606—2023	固化型银导体浆料
38	YS/T 609—2023	铂电极浆料
39	YS/T 611—2023	正温度系数陶瓷用电极浆料
40	YS/T 626—2023	便携式工具用镁合金压铸件
41	YS/T 639—2023	纯三氧化钼
42	YS/T 643—2023	水合三氯化铱
43	YS/T 680—2023	铝产品用粉末涂料
44	YS/T 732—2023	一般工业用铝及铝合金挤压型材截面图册
45	YS/T 739.1—2023	铝电解质化学分析方法 第1部分：元素含量的测定 X射线荧光光谱法
46	YS/T 739.5—2023	铝电解质化学分析方法 第5部分：氟化锂含量的测定 火焰原子吸收光谱法
47	YS/T 745.10—2023	铜阳极泥化学分析方法 第10部分：铱和铑含量的测定 镍锍试金-电感耦合等离子体质谱法
48	YS/T 745.11—2023	铜阳极泥化学分析方法 第11部分：铟含量的测定 火焰原子吸收光谱法
49	YS/T 803—2023	冶金级氧化铝
50	YS/T 862—2023	再生铸造铅黄铜实心型材
51	YS/T 851—2023	铝熔体在线除气过滤装置
52	YS/T 871—2023	纯铝化学分析方法 痕量杂质元素含量的测定 辉光放电质谱法
53	YS/T 872—2023	镓化学分析方法 汞、砷含量的测定 原子荧光光谱法
54	YS/T 1075.14—2023	钒铝、钼铝中间合金化学分析方法 第14部分：痕量杂质元素含量的测定 电感耦合等离子体质谱法
55	YS/T 1091—2023	铅膏
56	YS/T 1125—2023	镍钴铝酸锂
57	YS/T 1177—2023	铝灰渣
58	YS/T 1179.3—2023	铝灰渣化学分析方法 第3部分：碳、氮含量的测定
59	YS/T 1591—2023	热喷涂用氧化铬粉末
60	YS/T 1592—2023	粗氯化锂
61	YS/T 1593.1—2023	粗碳酸锂化学分析方法 第1部分：锂含量的测定 火焰原子吸收光谱法

序号	标准编号	标准名称
62	YS/T 1593.2—2023	粗碳酸锂化学分析方法　第2部分：镍、钴、锰、铜、铝、铁、钙、镁、钠、钾、铅、镉、铬、砷、磷含量的测定　电感耦合等离子体原子发射光谱法
63	YS/T 1593.3—2023	粗碳酸锂化学分析方法　第3部分：氟离子含量的测定　离子选择性电极法
64	YS/T 1593.4—2023	粗碳酸锂化学分析方法　第4部分：阴离子含量的测定　离子色谱法
65	YS/T 1593.5—2023	粗碳酸锂化学分析方法　第5部分：氯离子含量的测定　氯化银比浊法
66	YS/T 1593.6—2023	粗碳酸锂化学分析方法　第6部分：酸不溶物含量的测定　重量法
67	YS/T 1594—2023	锻造钛合金无缝管
68	YS/T 1595—2023	电子封装用钼铜层状复合材料
69	YS/T 1596—2023	水杨羟肟酸
70	YS/T 1597—2023	热电偶用钼管
71	YS/T 1598—2023	包壳管激光标记深度与热影响区测定方法
72	YS/T 1599—2023	高纯锆化学分析方法　痕量杂质元素含量的测定　辉光放电质谱法
73	YS/T 1600—2023	碳化硅单晶中痕量杂质元素含量的测定　辉光放电质谱法
74	YS/T 1601—2023	六氯乙硅烷中杂质含量的测定　电感耦合等离子体质谱法
75	YS/T 1602—2023	钼富集物
76	YS/T 1603.1—2023	钨基高比重合金化学分析方法　第1部分：钨含量的测定　辛克宁重量法
77	YS/T 1603.2—2023	钨基高比重合金化学分析方法　第2部分：铁、镍、铜含量的测定　电感耦合等离子体原子发射光谱法
78	YS/T 1603.3—2023	钨基高比重合金化学分析方法　第3部分：铝、镁、钙含量的测定　电感耦合等离子体质谱法
79	YS/T 1604—2023	钼酸铵化学分析方法　钼含量的测定　钼酸铅重量法
80	YS/T 1605.1—2023	焙烧钼精矿化学分析方法　第1部分：钼含量的测定　钼酸铅重量法
81	YS/T 1605.2—2023	焙烧钼精矿化学分析方法　第2部分：氨不溶钼含量的测定　硫氰酸盐分光光度法
82	YS/T 1605.3—2023	焙烧钼精矿化学分析方法　第3部分：铋含量的测定　火焰原子吸收光谱法和原子荧光光谱法

序号	标准编号	标准名称
83	YS/T 1605.4—2023	焙烧钼精矿化学分析方法　第4部分：锡含量的测定　原子荧光光谱法
84	YS/T 1605.5—2023	焙烧钼精矿化学分析方法　第5部分：锑含量的测定　原子荧光光谱法
85	YS/T 1605.6—2023	焙烧钼精矿化学分析方法　第6部分：铅、铜含量的测定　火焰原子吸收光谱法
86	YS/T 1605.7—2023	焙烧钼精矿化学分析方法　第7部分：钾含量的测定　火焰原子吸收光谱法
87	YS/T 1605.8—2023	焙烧钼精矿化学分析方法　第8部分：钙、镁含量的测定　火焰原子吸收光谱法
88	YS/T 1605.9—2023	焙烧钼精矿化学分析方法　第9部分：磷含量的测定　钼蓝分光光度法
89	YS/T 1605.10—2023	焙烧钼精矿化学分析方法　第10部分：硅含量的测定　钼蓝分光光度法
90	YS/T 1605.11—2023	焙烧钼精矿化学分析方法　第11部分：钨含量的测定　电感耦合等离子体原子发射光谱法
91	YS/T 1605.12—2023	焙烧钼精矿化学分析方法　第12部分：碳、硫含量的测定　高频燃烧红外吸收法
92	YS/T 1606—2023	富铟物料中铟含量的测定　电感耦合等离子体原子发射光谱法
93	YS/T 1607—2023	锂离子电池正极材料前驱体行业绿色工厂评价要求
94	YS/T 1608—2023	硬质合金精磨圆棒
95	YS/T 1609—2023	铝硅合金粉末
96	YS/T 1610—2023	硬质合金锤头齿
97	YS/T 1611—2023	电池级草酸锂
98	YS/T 1612—2023	锂镁合金锭
99	YS/T 1613.1—2023	锂硅合金化学分析方法　第1部分：锂含量的测定　重量法
100	YS/T 1613.2—2023	锂硅合金化学分析方法　第2部分：铁、镍、铬含量的测定　电感耦合等离子体原子发射光谱法
101	YS/T 1614—2023	掺杂包覆型镍钴铝酸锂
102	YS/T 1615—2023	镍钴锰酸锂电化学性能测试　直流内阻测试方法
103	YS/T 1616—2023	氧化铟锌靶材
104	YS/T 1617.1—2023	氧化铟化学分析方法　第1部分：镉、钴、铜、铁、锰、镍、锑、铅、铊含量的测定　电感耦合等离子体原子发射光谱法

续附表6

序号	标准编号	标准名称
105	YS/T 1617.2—2023	氧化铟化学分析方法 第2部分：砷含量的测定 原子荧光光谱法
106	YS/T 1618—2023	汽车锻件用铝合金挤压棒材
107	YS/T 1619—2023	航空用铝合金铸锭
108	YS/T 1620—2023	轨道列车用镁合金挤压型材
109	YS/T 1621—2023	汽车密封条用铝合金带材
110	YS/T 1622—2023	口罩鼻夹用铝及铝合金带材
111	YS/T 1623—2023	铝合金时效析出相的检验 透射电镜法
112	YS/T 1624—2023	铝合金铸锭均匀化效果评价方法
113	YS/T 1625—2023	粗钙
114	YS/T 1626—2023	钙线坯及线材
115	YS/T 1627—2023	镁砂灰皿
116	YS/T 1628—2023	高纯超细球形铝及铝合金粉
117	YS/T 1629.1—2023	航空用铝合金板材 第1部分：7050T7451板材
118	YS/T 1629.2—2023	航空用铝合金板材 第2部分：2024T351、2H24T351、2324T39厚板
119	YS/T 1629.3—2023	航空用铝合金板材 第3部分：2124T851铝合金厚板
120	YS/T 1630.1—2023	航空用铝合金管、棒、型材 第1部分：7050铝合金型材
121	YS/T 1631—2023	航空航天用2014、2219铝合金锻件
122	YS/T 1632—2023	变形铝及铝合金产品荧光渗透检验方法
123	YS/T 1633—2023	变形铝及铝合金产品超声波相控阵检验方法
124	YS/T 1634—2023	铝及铝合金产品残余应力评价方法
125	YS/T 1635—2023	镍铬合金靶材
126	YS/T 1636—2023	电子薄膜用高纯铜环
127	YS/T 1637—2023	精细锡基合金焊粉
128	YS/T 1638—2023	超导铌板
129	YS/T 1639—2023	钛基钛锰合金复合电极
130	YS/T 1640—2023	新能源动力电池用钛板、带材
131	YS/T 1641—2023	造粒钼粉
132	YS/T 1642—2023	铝土矿拜耳法溶出性能评价方法
133	YS/T 1643—2023	电镀专用镍

序号	标准编号	标准名称
134	YS/T 1644—2023	集成电路封装用镍阳极
135	YS/T 1645—2023	锌铅合金粉
136	YS/T 1646—2023	无定形硼粉　总硼含量的测定
137	YS/T 1647—2023	电解钛
138	YS/T 1648—2023	结晶铪
139	YS/T 1649—2023	铝钼铬中间合金
140	YS/T 1650—2023	钨及钨合金板表面碳含量测定方法
141	YS/T 1651—2023	锆合金管材两辊冷轧孔型检测方法
142	YS/T 1652—2023	锆及锆合金中织构的测定　电子背散射衍射法
143	YS/T 1653—2023	氮化镓衬底片
144	YS/T 1654—2023	氮化镓化学分析方法　痕量杂质元素含量的测定　辉光放电质谱法
145	YS/T 1655—2023	化学气相沉积硫化锌晶体
146	YS/T 1656—2023	铜及铜合金管传热系数及阻力特性试验方法
147	YS/T 1657.1—2023	高硫渣化学分析方法　第1部分：硫含量的测定　燃烧-滴定法
148	YS/T 1657.2—2023	高硫渣化学分析方法　第2部分：银含量的测定　火焰原子吸收光谱法和火试金法
149	YS/T 1658.1—2023	粗氢氧化镍钴化学分析方法　第1部分：镍含量的测定　丁二酮肟重量法
150	YS/T 1658.2—2023	粗氢氧化镍钴化学分析方法　第2部分：铬、磷、锰含量的测定　电感耦合等离子体原子发射光谱法
151	YS/T 1658.3—2023	粗氢氧化镍钴化学分析方法　第3部分：氟离子含量的测定　离子选择性电极法
152	YS/T 1658.4—2023	粗氢氧化镍钴化学分析方法　第4部分：铜、铝、锂、锌、镉、铅、砷含量的测定　电感耦合等离子体原子发射光谱法
153	YS/T 1658.5—2023	粗氢氧化镍钴化学分析方法　第5部分：水分含量的测定　重量法
154	YS/T 1658.6—2023	粗氢氧化镍钴化学分析方法　第6部分：盐酸不溶物含量的测定　重量法
155	YS/T 1658.7—2023	粗氢氧化镍钴化学分析方法　第7部分：锰含量的测定　电位滴定法
156	YS/T 1659—2023	舰船用耐蚀黄铜锻制棒材和饼材

续附表6

序号	标准编号	标准名称
157	YS/T 1660—2023	耐高温软化铜合金线材
158	YS/T 1661—2023	铂/氧化铝
159	YS/T 1662—2023	贵金属废催化剂包装规范
160	YS/T 1663—2023	硫酸银
161	YS/T 1664—2023	氧化银
162	YS/T 1665.1—2023	银镍石墨化学分析方法　第1部分：银含量的测定　氯化钠电位滴定法
163	YS/T 1665.2—2023	银镍石墨化学分析方法　第2部分：镍含量的测定　丁二酮肟沉淀分离-Na_2EDTA 络合返滴定法
164	YS/T 1665.3—2023	银镍石墨化学分析方法　第3部分：总碳含量的测定　气体容量法和高频燃烧-红外吸收法
165	YS/T 1666—2023	再生氧化铝原料
166	YS/T 1667—2023	变形铝铸锭行业绿色工厂评价要求
167	YS/T 1668—2023	铝箔行业绿色工厂评价要求
168	YS/T 1669—2023	有色金属矿山企业能源管理中心技术规范
169	YS/T 1670—2023	废旧电力设备中有色金属回收技术规范
170	YS/T 1671—2023	含砷烟灰砷资源综合回收技术规范
171	YS/T 1672—2023	黄铜熔铸副产品铜锌富集物
172	YS/T 1673—2023	铜熔炼渣中铜、铁、硫、二氧化硅、砷、铅、锌、锑、铋、镍、氧化钙和氧化镁含量的测定　波长色散 X 射线荧光光谱法
173	YS/T 1674—2023	碘化银
174	YS/T 1675—2023	蚀刻铜及铜合金带箔材
175	YS/T 1676—2023	铜合金护套带材
176	YS/T 1677—2023	氯化银
177	YS/T 1678—2023	铜及铜合金板带箔材　残余应力检验方法　蚀刻分条法
178	YS/T 1679—2023	锡及锡合金分析方法　光电直读光谱法
179	YS/T 1680—2023	变形铝及铝合金熔体在线渣含量检测方法
180	YS/T 1681—2023	变形铝及铝合金熔体离线渣含量检测方法
181	YS/T 5037—2023	有色金属冶炼污染场地稳定化后土壤再利用技术标准
182	YS/T 5038—2023	赤泥堆场原位生态修复工程技术标准
183	YS/T 5039—2023	金属矿山深竖井工程技术标准

序号	标准编号	标准名称
184	YS/T 943—2013（2017）	Palladium（Ⅱ）sulfate
185	YS/T 958—2014（2021）	Methods for chemical analysis of silver—Determination of copper, bismuth, iron, lead, antimony, palladium, selenium and tellurium contents—Inductively coupled plasma atomic emission spectrometry
186	YS/T 959—2014（2021）	Methods for chemical analysis of silver—Determination of copper, bismuth, iron, lead, antimony, palladium, selenium and tellurium contents-Spark atomic emission spectrometry
187	YS/T 1460-2021	Crude nickel cobalt hydroxide

附表7 2023年中国有色金属工业协会、中国有色金属学会联合发布的
团体标准汇总表

序号	标准编号	标准名称	实施日期
1	T/CNIA 0108.3—2023	废电路板化学分析方法 第3部分：铅、锌、镍和锡含量的测定 电感耦合等离子体原子发射光谱法	2023-08-01
2	T/CNIA 0108.4—2023	废电路板化学分析方法 第4部分：氯和溴含量的测定 氧弹燃烧-离子色谱法	2023-08-01
3	T/CNIA 0161—2023	变形铝及铝合金组织形貌检验方法 扫描电镜法	2023-08-01
4	T/CNIA 0162—2023	航空用铝合金应力腐蚀敏感性评价方法	2023-08-01
5	T/CNIA 0163—2023	轨道交通装备铝合金及其焊接接头慢应变速率应力腐蚀试验方法	2023-08-01
6	T/CNIA 0164—2023	轨道交通装备铝合金及其焊接接头U型试样应力腐蚀试验方法	2023-08-01
7	T/CNIA 0165—2023	铝及铝合金阳极氧化膜及有机聚合物膜的腐蚀形貌图谱	2023-08-01
8	T/CNIA 0176.1—2023	铝合金时效析出相透射电子显微像图谱 第1部分：2×××系铝合金	2023-08-01
9	T/CNIA 0176.2—2023	铝合金时效析出相透射电子显微像图谱 第2部分：7×××系铝合金	2023-08-01
10	T/CNIA 0177—2023	变形铝及铝合金晶粒尺寸和再结晶面积分数的测定 电子背散射衍射法	2023-08-01
11	T/CNIA 0178—2023	铝电解槽用防渗浇筑料	2023-08-01
12	T/CNIA 0179—2023	变形铝合金铸锭显微疏松测定方法	2023-08-01
13	T/CNIA 0180—2023	铝合金产品的剥落腐蚀形貌图谱	2023-08-01
14	T/CNIA 0181—2023	铝电解槽用硬硅钙石绝热板	2023-08-01
15	T/CNIA 0182—2023	氟化铝加料工艺技术规范	2023-08-01
16	T/CNIA 0183—2023	进口锑精矿中有害元素限量规范	2023-08-01
17	T/CNIA 0184—2023	铜及铜合金加工材表面粗糙度触针式测量方法	2023-08-01
18	T/CNIA 0185—2023	铜及铜合金加工产品制造生命周期评价技术规范（产品种类规则）	2023-08-01
19	T/CNIA 0186—2023	绿色设计产品评价技术规范 铜及铜合金热轧板材	2023-08-01
20	T/CNIA 0187—2023	绿色设计产品评价技术规范 铜及铜合金冷轧板带箔材	2023-08-01

续附表7

序号	标准编号	标准名称	实施日期
21	T/CNIA 0188—2023	绿色设计产品评价技术规范　铜及铜合金棒、型、线材	2023-08-01
22	T/CNIA 0189—2023	绿色设计产品评价技术规范　铜及铜合金盘管	2023-08-01
23	T/CNIA 0190—2023	绿色设计产品评价技术规范　铜及铜合金直管材	2023-08-01
24	T/CNIA 0191—2023	铜矿石生物堆浸循环过程控制技术规范	2023-08-01
25	T/CNIA 0192—2023	铅锌冶炼渣矿渣胶凝安全处置技术规范	2023-08-01
26	T/CNIA 0193—2023	多金属矿区钨尾矿综合利用技术规范	2023-08-01
27	T/CNIA 0194—2023	铅锌冶炼污酸渣资源化利用技术规范	2023-08-01
28	T/CNIA 0195—2023	废铅膏制备粗铅（悬浮电解和固相电解工艺）污染控制技术规范	2023-08-01
29	T/CNIA 0196—2023	废铅膏制备精铅（选择性浸出和旋转电积工艺）污染控制技术规范	2023-08-01
30	T/CNIA 0197—2023	废铅膏制备电池级氧化铅（定向络合和转化工艺）污染控制技术规范	2023-08-01
31	T/CNIA 0198—2023	湿法再生电池级氧化铅	2023-08-01
32	T/CNIA 0199—2023	含铜污泥取制样方法	2023-08-01
33	T/CNIA 0200—2023	绿色设计产品评价技术规范　镍钴二元素复合氢氧化物	2023-08-01
34	T/CNIA 0201—2023	铜及铜合金密度测定方法	2023-08-01
35	T/CNIA 0202—2023	燃气采暖热水炉换热器用无缝异形铜管	2023-08-01
36	T/CNIA 0203—2023	氧氯化锆副产品　碱液	2023-08-01
37	T/CNIA 0204—2023	自然崩落采矿法技术规程	2023-06-01
38	T/CNIA 0205—2023	铝表面粉末涂料用原料　铝颜料	2023-11-01
39	T/CNIA 0206—2023	铝表面粉末涂料用原料　羧基聚酯粉末涂料用固化剂	2023-11-01
40	T/CNIA 0207—2023	铝表面粉末涂料用原料　硫酸钡	2023-11-01
41	T/CNIA 0208—2023	铝表面粉末涂料用原料　饱和聚酯树脂	2023-11-01
42	T/CNIA 0209—2023	铝表面粉末涂料用原料　助剂	2023-11-01
43	T/CNIA 0210—2023	硫酸镍钴混合溶液	2023-12-01
44	T/CNIA 0211—2023	绿色设计产品评价技术规范　铟锭	2023-12-01
45	T/CNIA 0212—2023	有色金属矿山高浓度膏体充填智能系统技术规范	2023-12-01
46	T/CNIA 0213—2023	有色金属行业精矿智能物流系统技术规范	2023-12-01
47	T/CNIA 0214—2023	有色金属选矿矿浆 pH 智能控制系统技术规范	2023-12-01

序号	标准编号	标准名称	实施日期
48	T/CNIA 0215—2023	锌冶炼固废综合处置信息化监管技术规范	2023-12-01
49	T/CNIA 0216—2023	有色智慧配电室及监控云平台技术规范	2023-12-01
50	T/CNIA 0217—2023	铜冶炼转炉智能捅风眼机技术规范	2023-12-01
51	T/CNIA 0218—2023	烟气制酸工艺智能控制系统技术规范	2023-12-01
52	T/CNIA 0219—2023	制造业企业质量管理能力评估规范	2023-09-07
53	T/CNIA 0220—2023	电解铝企业碳排放核查技术规范	2024-03-01
54	T/CNIA 0221—2023	铝冶炼企业烟气治理过程二氧化碳排放量计算方法	2024-03-01
55	T/CNIA 0222.1—2023	镁冶炼配套制气装置　第1部分：半焦炉	2024-03-01
56	T/CNIA 0223—2023	铝及铝合金产品残余应力测试方法　层削法	2024-03-01
57	T/CNIA 0224—2023	铝及铝合金搅拌摩擦焊搅拌头	2024-05-01
58	T/CNIA 0225—2023	6063铝合金挤压用圆铸锭单位产品能源消耗限额	2024-05-01
59	T/CNIA 0226—2023	铝及铝合金熔铸废水、废气、废渣控制规范	2024-05-01

附表8 2023年有色金属行业获中国专利奖名单

序号	专利号	专利名称	专利权人	发明人
有色金属行业中国专利奖银奖获奖项目（2项）				
1	ZL201310138522.3	一种适合于汽车车身板制造的铝合金材料及制备方法	有研工程技术研究院有限公司、山东南山铝业股份有限公司	熊柏青、李锡武、张永安、李志辉、刘红伟、王锋
2	ZL201821448920.X	一种充气式大型浮选机	北矿机电科技有限责任公司、北京矿冶科技集团有限公司	史帅星、沈政昌、陈东、卢世杰、韩登峰、赖茂河、张明、樊学赛
有色金属行业中国专利奖优秀奖获奖项目（34项）				
1	ZL200410030990.X	用于二次锂电池的负极活性材料和用途	溧阳天目先导电池材料科技有限公司	李泓、胡进、黄学杰、陈立泉
2	ZL200510060285.9	高饱和磁通密度、低损耗锰锌铁氧体材料制备方法	浙江大学、横店集团东磁有限公司	严密、罗伟
3	ZL200810050526.5	一种复合浸矿菌群及其在生物冶金中的应用	中国黄金集团公司技术中心、长春黄金研究院有限公司	高金昌、金世斌、郝福来、杨凤、韩晓光
4	ZL200810124637.6	一种铝壳锂离子电池	星恒电源股份有限公司	吴晓东、王超、吕伟
5	ZL201010030809.0	一种氰化尾矿浆资源化和无害化处理方法	长春黄金研究院有限公司、中国黄金集团公司技术中心	李哲浩、降向正、朱军章
6	ZL201010299139.2	一种磁控线圈用粉末的掺杂方法	厦门虹鹭钨钼工业有限公司	王竹青、方毅金、梁树荣
7	ZL201210578413.9	一种核动力堆芯用锆合金	中国核动力研究设计院	赵文金、杨忠波、戴训、苗志、易伟、黄照华、邱军、徐春容、廖志海、王朋飞、董琼根
8	ZL201310187909.8	一种在铝合金表面制备铈锰/钼多元复合转化膜的方法	华南理工大学、广东华昌集团有限公司	杜军、凡婷、潘伟深、李文芳、武卫社、穆松林

序号	专利号	专利名称	专利权人	发明人
9	ZL201310243085.1	双炉多枪顶吹连续吹炼炉	赤峰云铜有色金属有限公司、赤峰金峰冶金技术发展有限公司	王国军、韩智
10	ZL201310291574.4	防污染立体复合防渗屏障系统	中国瑞林工程技术股份有限公司	袁永强、曾宪坤
11	ZL201310356852.X	红土镍矿综合回收有价元素的处理方法	中国恩菲工程技术有限公司	王玮玮、吕东、徐月和、覃波、杜国山、周文龙、李少华、邱爽
12	ZL201410758716.8	一种基于惰性气氛的钛合金自耗电极凝壳熔炼铸造工艺	沈阳铸造研究所有限公司	娄延春、赵军、刘时兵、史昆、刘宏宇、刘鸿羽、张有为、陈晓明
13	ZL201510465155.7	碳化钨基硬质合金以及其制备方法	株洲硬质合金集团有限公司	张颢、张忠健、徐涛、张卫兵、孔德方、张东华
14	ZL201510988188.X	一种高熵合金颗粒增强铝基复合材料及其搅拌铸造制备工艺	广东兴发铝业有限公司、华南理工大学	朱德智、丁霞、戚龙飞
15	ZL201710164797.2	一种带余热锅炉烟化炉的全冷料开炉方法	云南驰宏锌锗股份有限公司	贾著红、吴红林、马雁鸿、蒋荣生、俞兵、王勇、马绍斌、刘俊
16	ZL201710300122.6	一种硅片水平生长设备和方法	常州大学	丁建宁、袁宁一、徐嘉伟、沈达鹏、徐晓东、孙涛、王书博
17	ZL201710842416.1	以铝灰为原料的阳极、钢爪保护涂层料及涂层制备方法	云南云铝润鑫铝业有限公司	杨万章、陈本松、杨军龙、耿洪永、江俊、钱云超、周志昌、何绍文、溪清泉
18	ZL201710931051.X	一种铝及铝合金除膜剂及其应用	广州三孚新材料科技股份有限公司	田志斌、包志华、郭艳红、詹益腾

序号	专利号	专利名称	专利权人	发明人
19	ZL201711158500.8	平行流模具	广东和胜工业铝材股份有限公司	丁小理、李建湘、王新华、阮淑愿、周旺、邓汝荣
20	ZL201711322584.4	稀土永磁材料及其制备方法	安泰科技股份有限公司	周磊、刘涛、程星华、喻晓军
21	ZL201810589557.1	一种钛白、铁红、聚合氯化硫酸亚铁的联产工艺	龙佰集团股份有限公司	陈建立、贺高峰、叶新友、李珍珍、马丽阳、闫广英
22	ZL201811109140.7	一种钨合金前驱复合粉体的制备方法、钨合金及制备方法	河南科技大学	魏世忠、潘昆明、王长记、周玉成、陈冲、张程、毛丰、熊美、徐流杰、张国赏、刘伟、李秀青、游龙、汪宙、李洲
23	ZL201811487658.4	一种利用赤泥对烟气脱硫脱硝一体化处理及资源化利用的系统及方法	昆明理工大学、萍乡市华星环保工程技术有限公司	宁平、殷梁淘、张秋林、贾丽娟、殷在飞、李波、李绍明、李斌
24	ZL201811488741.3	一种电子产品外观件用高强度铝合金及其制备方法	广东兴发铝业有限公司	陈文泗、王顺成、罗铭强、聂德键、张小青、林丽荧、陈树钦
25	ZL201811523698.X	一种特殊微纳结构的镍钴锰氢氧化物及其制备方法	华友新能源科技（衢州）有限公司、浙江华友钴业股份有限公司	王娟、高炯信、沈震雷、邱天、梁二倩
26	ZL201811652775.1	一种矿山排土场边坡修复方法	内蒙古蒙草矿山科技有限责任公司、内蒙古蒙草生态环境（集团）股份有限公司	王君芳、刘震、闫志勇、赵瑞、王进、周裕森
27	ZL201910037481.6	一种吸附净化并富集回收烟气氮氧化物的方法及系统	北京科技大学	李子宜、刘应书、杨雄、彭兆丰、邢奕、刘文海、田京雷

序号	专利号	专利名称	专利权人	发明人
28	ZL201910342221.X	一种多晶硅原料的提纯工艺	新疆大全新能源股份有限公司	田先瑞、赵云松
29	ZL201910400428.8	一种铝合金低压铸造及时补给金属元素装置及其补给方法	南通电力设计院有限公司、永固集团股份有限公司	宗强、李龙芳、林继兴、李均、张颖、周世濂、曹少华
30	ZL201910418514.1	一种稀土催化剂的制备方法及其在双烯烃聚合和共聚合中的应用	中国科学院长春应用化学研究所	代全权、白晨曦、崔龙、祁彦龙、董巍
31	ZL201910838105.7	一种用于锆基非晶薄壁件平面度整平方法	东莞市逸昊金属材料科技有限公司	高宽、陈建新
32	ZL201910850689.X	一种用作空间天文卫星主探测器窗口的铍片制备方法	西北稀有金属材料研究院宁夏有限公司	王唯一、王东新、刘兆刚、徐平、陈全礼、司祎
33	ZL201911187252.9	大规格大高径比镁合金铸棒短流程大变形制坯方法	中北大学	张治民、董蓓蓓、孟瑛泽、于建民、王强、孟模
34	ZL202010527438.0	一种溅射用细晶高纯铝硅铜合金靶材坯料的制备方法	新疆众和股份有限公司	马小红、徐亚军、元鹏超、白毅、张博、刘江滨、马青

附表 9 新材料领域知识产权保护中心

序号	中心名称	领域	所在地（详细地址）	联系方式
1	中国（中关村）知识产权保护中心	新材料、生物医药	北京市海淀区成府路 45 号中关村智造大街 A 座	010-83454100 010-83454118
2	中国（天津）知识产权保护中心	新一代信息技术、新材料	天津市滨海新区高新区华苑产业区开华道 22 号普天创新园 2 号楼	022-23768809
3	中国（苏州）知识产权保护中心	新材料、生物制品制造、数字智能制造、电子信息	江苏省苏州市工业园区金鸡湖大道 1355 号国际科技园 3 期 8 楼	0512-88182721 0512-88182722
4	中国（广州）知识产权保护中心	高端装备制造、新材料产业	广州市荔湾区流花路中展里 60 号	020-33971892
5	中国（克拉玛依）知识产权保护中心	石油开采加工、新材料产业	新疆维吾尔自治区克拉玛依市银河路 51 号	0990-6258033
6	中国（成都）知识产权保护中心（筹建中）	生物和新材料产业	成都市温江区光华大道三段 1588 号珠江国际中心 32 楼	028-89139938 028-63907641
7	中国（赣州）知识产权保护中心	新型功能材料和装备制造	赣州市华坚南路 68 号	0797-8388200
8	中国（辽宁）知识产权保护中心	新材料和新一代信息技术	沈阳市和平区十纬路 16 号	024-86916066
9	中国（内蒙古）知识产权保护中心	生物和新材料	内蒙古自治区呼和浩特市回民区文化宫路 49 号	0471-3592014
10	中国（江苏）知识产权保护中心	高端装备、新型功能和结构材料	南京市建邺区汉中门大街 145 号省政务服务中心二期六楼	400-8869-611
11	中国（淄博）知识产权保护中心	新材料	淄博市张店区质检大厦 709 室	0533-3180775
12	中国（德州）知识产权保护中心	新材料和生物医药	德州市经济技术开发区袁桥镇东方红东路 6596 号中元科技创新创业园 A 座	0534-2665197 0534-2665196
13	中国（广州）知识产权保护中心	高端装备制造和新材料产业	广州市天河区天河北路 892 号 12 楼	020-38217376

续附表9

序号	中心名称	领域	所在地（详细地址）	联系方式
14	中国（洛阳）知识产权保护中心	先进装备制造和新材料	洛阳市伊滨区光武大道与吉庆路西南角创新大厦2层	0379-61500094
15	中国（上海）知识产权保护中心	新材料和节能环保	徐汇区漕宝路650号2号楼	021-53394110 021-53394111
16	中国（长沙）知识产权保护中心	智能制造装备和新材料	湖南省长沙市岳麓区咸嘉湖西路麓谷企业广场B8栋广电计量大厦6楼	0731-82275655 0731-82275656

2023 年有色金属工业绿色低碳发展报告

　　2023 年，有色金属行业深入学习贯彻习近平总书记在全国生态环境保护大会上的重要讲话精神，坚持完整、准确、全面贯彻新发展理念，扎实做好行业碳达峰碳中和工作，积极推动行业企业技术改造和转型升级，行业绿色低碳发展取得明显成效。

一、有色金属工业绿色低碳发展取得新进展

（一）冶炼工艺技术装备达到国际一流水平

　　按照《高耗能行业重点领域节能降碳改造升级实施指南（2022 年版）》要求，积极推动行业企业开展技术升级与改造。国内大型骨干铜冶炼企业均采用了大型熔池熔炼、闪速熔炼、奥斯迈特（艾萨）熔炼等国际先进技术，其冶炼产能占总产能的 95% 以上。大型侧顶吹连续炼铜取得重大突破，在多家骨干铜冶炼企业应用，该技术工艺流程短、冶炼渣量少、能耗低、金属回收率高。

　　铝冶炼企业积极采用新型稳流电解槽、电解槽智能化等一批先进绿色低碳技术与装备，铝电解工艺装备技术已引领全球发展，并实现整体出口。中铝郑州有色金属研究院、中南大学共同研发的节能低碳数智化铝电解关键技术取得重大技术突破，对持续降低电解槽槽电压，实现深度节能降碳具有重要意义。

　　铅锌行业技术升级步伐加快，采用清洁环保、节能降耗的先进冶炼工艺替代落后产能，形成了短流程、低能耗、高效率的低碳新工艺及装备。中国恩菲工程技术有限公司与河南豫光金铅集团共同研发的单系列年产粗铅 35 万吨的超大型铅冶炼系统成套技术与装备，突破了铅冶炼单系列产能瓶颈，提高了产业集中度，实现了低碳、清洁生产及资源高效循环利用。安阳岷山环能高科股份有限公司研发的高效低碳一步提取多金属短流程新工艺及装备，创新了电热、电强化工艺，首创了液态渣电强化一步法回收铅、锌、铁新工艺，大幅降低 CO_2 排放。

　　稀土分离提纯技术取得新进展，碳酸氢镁法分离提纯稀土、离子型稀土矿浸萃一体化等新工艺为我国轻、中重稀土资源量身定制了绿色低碳冶金技术。

有研稀土新材料股份有限公司通过采用氯化镁/硫酸镁废水、CO_2等循环回收制备出碳酸氢镁溶液用于制备高纯稀土化合物，构建了高效清洁、物料循环、低碳减排的稀土绿色冶金技术体系，从源头解决了氨氮/高盐废水及废渣处置难题，镁盐废水及CO_2循环利用率大于90%。

（二）主要产品能耗稳中有降

2023年我国十种常用有色金属产量7469.8万吨，同比增长7.1%。2022年有色金属工业能源消耗2.85亿吨，约占全国能源消耗总量的5%；有色金属工业碳排放量6.72亿吨，其中电力消耗产生的间接碳排放占78.7%（按照全国电网平均排放因子每兆瓦时0.5703吨CO_2测算）。

2023年有色金属行业主要产品的能耗指标达到世界领先水平，电解铝综合交流电耗为13323.6千瓦时/吨，同比下降1%；铜冶炼综合能耗（以标准煤计）195.3千克/吨，同比下降4.8%；铅冶炼综合能耗（以标准煤计）达到306.1千克/吨，同比下降1%；电解锌冶炼综合能耗（以标准煤计）845.2千克/吨，同比下降0.1%。2019—2023年主要有色金属产品能耗指标见表1。

表1　2019—2023年主要有色金属产品能耗指标

指标	单位	2019年	2020年	2021年	2022年	2023年
铜冶炼综合能耗	千克/吨	286.4	270.8	267.0	266.9	195.3
氧化铝综合能耗	千克/吨	388.9	370.4	369.4	357.3	311.8
电解铝综合交流电耗	千瓦时/吨	13525	13518	13518	13443	13324
铅冶炼综合能耗	千克/吨	331.7	331	326.7	316.1	306.1
电解锌综合能耗	千克/吨	804.4	818.8	845.2	846.4	845.2
锡冶炼综合能耗	千克/吨	1410	1318.5	1528.9	1448.8	1253.1
铜加工材综合能耗	千克/吨	179.5	179.1	178.0	150.1	—
铝加工材综合能耗	千克/吨	246.8	203.2	207.9	195.1	—

数据来源：中国有色金属工业协会；2023年数据为初步统计数。

2023年有色金属工业主要技术经济指标进一步提升，部分关键指标再创最好水平，铜选矿回收率等技术经济指标已接近或达到世界先进水平，提高了有色金属工业的国际竞争力。2019—2023年有色金属工业主要技术经济指标见表2。

表 2　2019—2023 年有色金属工业主要技术经济指标

技术经济指标		单位	2019 年	2020 年	2021 年	2022 年	2023 年
1. 选矿回收率	铜选矿回收率	%	86.0	86.2	86.7	86.5	86.2
	铅选矿回收率	%	86.1	86.5	86.4	87.0	87.2
	锌选矿回收率	%	91.8	91.0	90.9	89.7	90.7
	镍选矿回收率	%	83.5	83.3	82.7	82.7	83.4
	锡选矿回收率	%	70.0	68.6	69.7	70.5	70.0
	锑选矿回收率	%	86.9	87.1	86.3	87.0	87.6
	钨选矿回收率	%	79.1	80.1	79.5	80.1	79.0
	钼选矿回收率	%	85.2	85.8	87.6	87.0	87.3
2. 铜冶炼回收率		%	98.9	98.6	98.5	98.7	98.8
3. 铝冶炼	氧化铝碱耗	千克/吨	158.9	141.9	136.6	133.1	132.0
	氧化铝总回收率	%	79.4	80.2	79.0	80.5	80.1
	原铝氧化铝单耗	千克/吨	1911.9	1914.1	1914.6	1906.4	1906.3
	原铝消耗炭阳极（毛耗）	千克/吨	476.9	475.2	472.9	470.1	—
	原铝氟化盐单耗	千克/吨	18.4	17.51	17.3	16.7	—
4. 铅冶炼总回收率		%	97.1	97.2	97.3	97.5	97.3
5. 电锌冶炼总回收率		%	96.1	97.0	96.4	96.8	97.0
6. 镍冶炼总回收率		%	94.1	94.4	94.2	94.3	94.2
7. 锡冶炼总回收率		%	97.7	97.6	97.8	98.5	97.4
8. 铜材综合成品率		%	77.2	78.2	80.4	82.8	82.3
9. 铝材综合成品率		%	73.4	75.9	75.5	76.7	67.3

数据来源：中国有色金属工业协会；2023 年数据为初步统计数。

（三）可再生能源消纳比例大幅提升

有色金属行业积极落实工信部等三部委《工业领域碳达峰实施方案》提出的目标要求，积极推动可再生能源开发利用。鼓励电解铝产能向云南、四川、内蒙古等可再生能源富集地区转移，充分利用水电、风电、光伏等可再生能源，特别是光伏发电项目发展态势良好。中铝集团首个轻质柔性组件 3.5 兆瓦分布式光伏项目全容量并网发电，一期、二期项目总容量已达到 9.1 兆瓦，每年可提供绿色电能 995 万千瓦时，节约标煤 3527 吨，减少二氧化碳排放 8685 吨；云南铝业股份有限公司分布式光伏建成投运，装机规模达 215 兆瓦，累计发电超过 2 亿千瓦时，光伏直流接入电解铝生产线示范项目达到国际领先水平；包头铝业股份有限公司自建的达茂旗 1200 兆瓦新能源项目，预计消纳包头市可再生能源示范项目中的 900 兆瓦风电，依托热电厂调峰和电解铝负荷消纳能力，实现新能源深度耦合，每年使用绿电 70 亿千瓦时以上，绿电占比接近 40%。金川集团投资建设的东大滩 300 兆瓦光伏发电项目成功并网，年均发电量 5.8 亿千瓦时。山西中润有限公司、中铝股份青海分公司、豫联工业园区、内蒙古锦联铝材有限公司等企业均建设分布式光伏发电项目。有色金属行业可再生能源消纳比例稳步上升，2023 年电解铝使用可再生能源占比达到 25%，较 2015 年翻一番。

（四）清洁生产和污染物治理水平显著提高

有色金属行业针对汞、铅、镉、砷等重金属污染物产生的关键领域和环节，以冶炼生产过程控制为重点，实施了清洁生产技术改造，从源头消减重金属污染物的产生量，降低了末端治理难度和压力。随着污染防治攻坚战深入推进，骨干企业污染治理设施进一步升级，重点区域大气污染物达到超低排放要求。索通发展股份有限公司等单位研发炭素烟气多污染协同控制与应用技术，优化了煅烧烟气除尘脱硫脱硝系统，实现大气污染物超低排放，为铝用炭素行业污染物治理做出了示范。中国恩菲工程技术有限公司研发出废热回收耦合工业废水深度浓缩、低温蒸发结晶产盐、多级汽水高效分离的核心技术和关键装备，实现了重金属回收和废盐资源化，为有色金属行业废水低碳处理提供了整体解决方案。山东恒邦冶炼股份有限公司研发的有色冶炼废水分类资源化处置关键技术，首创了有色冶炼废水"锑电积贫液酸化制气—草酸选择性脱铜—硫化沉砷—氧化除铁提锌"绿色高效处理新工艺，建成年处理 40 万立方米有色冶炼酸性废水示范生产线，实现了有色冶炼废水分类资源化处置。

（五）危险废物处置处理水平实现突破

2023 年有色金属行业企业积极探索，针对冶炼危险废物集成了一批技术，降低了环境风险。大修渣、铝灰、含砷废物等危险废物资源化利用技术实现突破。云南文山铝业有限公司研发的铝灰两段法污染治理及氧化铝回收技术，实现铝灰无害化处理和氧化铝资源回收；郑州大学研发利用大修渣生产氟化镁和防渗料/石墨粉技术，实现大修渣全组分回收利用，并建成工业示范线；中南大学研发了多源资源危废协同资源化关键技术，以多金属梯度回收及砷高值化为核心，实现多源重金属危废资源化及砷全过程治理在有色金属企业得到推广应用；河南豫光金铅股份有限公司研发了铜冶炼副产高砷物料高效协同脱砷及资源化利用技术，解决了含砷废物的资源化处置难题。

二、有色金属工业绿色低碳工作扎实推进

（一）发布《有色金属行业低碳技术发展路线图》

为贯彻落实《有色金属行业碳达峰实施方案》，中国有色金属工业协会组织编撰了《有色金属行业低碳技术发展路线图》，于 2023 年 3 月正式发布。该路线图明确了我国有色金属行业实现碳达峰的绿色低碳技术路径——工艺技术、流程优化、资源综合利用、通用设备、碳捕集等，梳理出有色金属行业重点推广应用绿色低碳技术、攻关示范共性关键技术及颠覆性前沿技术 3 大类 38 项技术。

（二）积极推动行业绿电铝评价

为进一步推动有色金属行业"双碳"工作，中国有色金属工业协会成立了首个"绿电铝"评价中心，发布了中国有色金属工业协会标准《绿电铝评价及交易导则》（T/CNIA 0168—2022），制定了《绿电铝评价及交易实施导则》；积极推动绿电铝评价平台建设，组织开展绿电铝评价。"绿电铝评价中心"的成立对我国铝工业绿色低碳发展和应对欧盟碳关税及国际贸易壁垒等具有重要意义。

（三）组织推进绿色低碳技术攻关

按照《工业重点领域能耗标杆水平和基准水平（2023 年版）》要求，按照国家发展改革委有关要求，为推动 2023 年度有色金属行业绿色低碳技术产业化攻关项目顺利实施，开展了"新型稳流保温铝电解槽节能技术优化及产业化应用"等一批节能低碳技术攻关示范，严格能效约束，引导企业实施节能降碳技术改造，提升能效水平，有效促进行业绿色低碳转型发展。

（四）组织开展有色碳达峰碳中和公共服务平台建设

中国有色金属工业协会和中国铝业集团牵头，联合行业科研院所和企业开展工信部批复的有色金属行业碳达峰碳中和公共服务平台项目建设。项目建设有色金属行业（包括铝、铜、铅、锌、镁、硅、稀土及其他有色金属专业板块）碳达峰碳中和公共服务平台，包括低碳产品检验检测平台、绿色低碳技术验证平台、绿色低碳大数据中心、绿色低碳标准体系等。设立了"中国有色金属工业协会 EPD 平台办公室"，建设"中国有色金属行业 EPD 平台"，发布行业环境产品声明。

（五）组织开展电解铝纳入全国碳市场的关键问题研究

受生态环境部委托，组织开展有色金属行业纳入全国碳排放权交易市场专项研究工作，开展铝冶炼企业温室气体排放核算技术指南、核查技术指南、配额方案分配等技术文件编制等工作，对电解铝纳入全国碳市场重点关键问题开

展研究。

（六）组织开展《重污染天气重点行业绩效分级及减排措施技术指南 铝工业》编制工作

按照《空气质量持续改善行动计划》文件精神，根据生态环境部要求，完善有色金属行业企业绩效分级指标体系，规范企业绩效分级管理流程，与中国环境科学院共同承担《重污染天气重点行业绩效分级及减排措施技术指南 铝工业》标准编制工作，对氧化铝、电解铝、炭素企业征求意见，积极反映行业企业诉求。

（七）组织修订铜冶炼、铅冶炼清洁生产评价指标体系

为贯彻落实《"十四五"全国清洁生产推行方案》，受国家发改委委托，组织行业企业、科研院所修订铜冶炼、铅冶炼清洁生产评价指标体系，对废水废气重金属管控提出新要求。铜冶炼、铅冶炼清洁生产评价指标体系已由国家发改委公开发布。指标体系的发布实施有利于减少能源资源和污染物排放消耗，提升行业绿色生产水平，促进行业绿色低碳转型。

（八）组织征集节能低碳技术、装备及典型案例

受工信部委托，组织征集节能降碳先进经验和典型案例，共征集 NGL 炉处理废杂铜、侧顶吹双炉连续炼铜等 10 项低碳技术，其中 4 项入选 2023 年二十大绿色低碳技术，并于绿色工业大会上发布。中国有色金属工业协会与新疆工信厅联合开展适用于新疆的重大绿色低碳技术征集，征集到新型稳流保温铝电解槽等绿色低碳技术 20 余项，并于新疆工业绿色发展大会上发布。

（九）配合国家相关部委、机构开展一系列行业"双碳"研究

受工信部委托，组织开展有色金属企业碳达峰"解剖麻雀"项目。结合有色金属行业碳排放特点，聚焦重点难点，选择重点企业开展企业碳达峰"解剖麻雀"项目，为有色金属企业实现碳达峰目标提供参考路径。组织编制《有色金属行业节能诊断服务指南》，分析研究有色金属行业能耗特点与能源利用特性，该指南已由工信部办公厅发布。受国家气候变化战略中心委托，组织开展有色金属行业重点用能设备能源及排放因子调研课题研究，为制定国家温室气体减排清单提供依据。与社科院生态文明研究所等相关单位联合开展科技部重点研发计划"双高"工业集聚区低碳零碳技术比较与应用联合研究项目。受能源基金会委托，组织开展铝工业绿色低碳转型路径项目研究。

三、当前有色金属行业绿色低碳发展面临的问题

虽然有色金属工业在绿色低碳发展方面取得了显著进展，但仍面临一些突

出问题。

一是大宗固体废物综合利用率不高。据统计，有色金属行业年产生一般固体废物量已达 6.4 亿吨（包括尾矿、赤泥、冶炼渣、炉渣、脱硫石膏等），约占全国工业一般固废产生量的 17.6%。其中，赤泥是有色金属行业产生量最大的工业固体废物，每年产生量约 1 亿吨，综合利用率为 5.6%，赤泥大规模低成本综合利用仍然是世界难题。

二是"双碳"目标下，能源价格高，供给不足。国内一些高耗能产业向西南地区加速转移，云南电解铝、工业硅、多晶硅等耗能高的产能扩张迅速。虽然西南水电装机容量不断扩容，但是发电量增速远不及工业电力需求，加上极端天气导致的发电量下降，加剧了供电不足的情况。因电力供需矛盾导致的电解铝企业限电限产情况可能成为阶段性的常态。

三是能效提升遇到瓶颈。我国有色金属矿产资源经过多年开采，原矿和精矿品位普遍下降，加之重点区域大气、水污染物执行特别排放限值等环保要求的不断提高，造成产品单耗指标上升，持续挖掘节能潜力的难度加大，重点有色金属品种单位产品能耗提升遇到瓶颈。

四是绿色低碳技术基础研究仍需加强。有色金属行业品种多，生产工艺差异大，导致不同产品绿色低碳技术参差不齐，如锑、镁等冶炼工艺相对薄弱，需加强关键技术及装备研究开发。另外，颠覆性绿色低碳发展的技术储备不足，如惰性阳极、相对真空连续炼镁、含钛资源短流程制备等前沿颠覆性技术研发和投入有限。

五是绿色制造和智能制造水平不高。我国有色金属资源复杂、多元素资源共生、原料品质波动大，有色金属企业存在资源、能源、环境制约，部分高技术领域用高端产品性能稳定性和一致性有待提高，行业绿色制造、智能制造水平有待进一步提高。随着工业互联网、大数据、云计算、人工智能等前沿技术的发展，绿色制造、智能制造已成为制造业发展的共同主题，是提升制造业核心竞争力的必然途径。

四、有色金属行业绿色低碳发展政策建议

为实现《有色金属行业碳达峰实施方案》中提出的 2030 年实现有色金属行业碳达峰目标，围绕产能控制、能源结构产业结构优化、绿色低碳技术研发、绿色制造体系建立等方面提出以下建议。

一是继续深化供给侧结构性改革。严格控制有色金属冶炼规模，落实电解铝产能置换、项目备案、环境影响评价等相关规定。研究制定铜、镍、铅、锌

等有色金属冶炼产能"天花板"政策，进一步推动产业结构优化调整。

二是推进能源结构进一步优化。紧抓我国全面推进清洁能源发电大规模开发和高质量发展的历史机遇，尽可能将自备电向网电转化，充分利用清洁能源占比逐步提高的新型电力系统，向风光等新能源及水电资源增量的地区转移，对于"煤电铝"一体化产能，鼓励和引导有色金属企业通过厂区建设分布式光伏发电、绿电交易等方式消纳可再生能源。

三是引导再生有色金属有序发展。优化再生有色金属产业布局，引导在废旧金属产量大的地区建设一批二次资源利用示范基地。加快有色金属资源分类回收体系建设，提高保级利用水平。引导再生有色金属生产企业选用绿色原辅料，建立绿色低碳供应链管理体系，促进再生有色金属产业链绿色转型升级。

四是创新发展绿色低碳技术。推广节能低碳数智化电解槽关键技术、连续炼铜等先进适用技术；重点围绕铝电解槽余热回收、惰性阳极、铜铅锌等火法冶炼中低位余热利用等低碳创新技术开展研究，加快建设一批示范项目。

五是推进有色金属行业节能环保改造升级。按照国务院印发的《推动大规模设备更新和消费品以旧换新设备行动方案》要求，以节能降碳和超低排放为主要方向，有序推进有色金属行业设备升级改造，深入挖掘有色金属行业节能降碳潜力，推广一批共性关键节能提效技术装备，加快提升行业能效和环保水平。

六是健全有色金属绿色低碳标准体系，积极争取国际话语权。按照《工业领域碳达峰碳中和标准体系建设指南》要求，加快制定有色金属行业碳排放核算、产品碳足迹、产品限额和低碳评价等标准，全面提升我国在国际碳排放核算、产品碳足迹核算标准话语权。

撰稿人：李　丹、王建雷、刘　华、
　　　　王怀国
审稿人：贾明星

2023 年再生有色金属工业发展报告

2023 年，面对外部环境不确定性上升、全球经济增长动能不足、原料供应紧张、国内有效需求偏弱等影响，我国再生有色金属产业坚决贯彻党中央、国务院决策部署，完整、准确、全面贯彻新发展理念，积极践行扩内需、强实体、防风险，产业规模持续扩大、产品产量稳步增长、原料保障继续增强、科技创新活力迸发、海外布局明显提速，已成为我国资源安全保障的重要力量和实现"双碳"目标的生力军。

一、2023 年中国再生有色金属产业发展现状

（一）产业规模持续扩大，产业投资快速增长

1. 产量多年持续增长，全球大国地位更加巩固

2023 年再生铜、铝、铅、锌总产量达到 1788 万吨，同比增长 8.04%。其中，再生铜产量 410 万吨，同比增长 9.33%，再生铝产量 950 万吨，同比增长 9.83%；再生铅产量 298 万吨，同比增长 4.56%；再生锌产量 130 万吨，同比持平。2014—2023 年我国再生有色金属产量持续增长，见图 1。同时，我国已连续 14 年产量稳居全球第一，约占全球再生有色金属产量的 1/3，是名副其实的再生有色金属产业大国。

2. 产能规模继续扩大，产业结构不断调整

据再生金属分会统计，截至 2023 年底，再生铜产能约 900 万吨，同比增加 100 万吨，50%以上产能集中在江西；再生铝产能达 2000 万吨以上，同比增加 160 万吨，50%以上产能集中在广东、江苏、安徽、浙江等地；废铅蓄电池处理能力达 1300 万吨以上，同比增长 100 万吨，60%产能集中在安徽、河南、江苏、内蒙古、广西；产业链上下游企业加快融合，原生+再生、加工+再生、制造+再生、环保+再生等多种模式已较为成熟，拉长做强了产业链条。

3. 产业仍是关注热点，投资保持较快增长

据再生金属分会统计，2023 年环评批复及在建的再生有色金属项目涉及产能 1580 万吨，拉动投资 325 亿元。其中，再生铜项目产能 300 万吨，主要

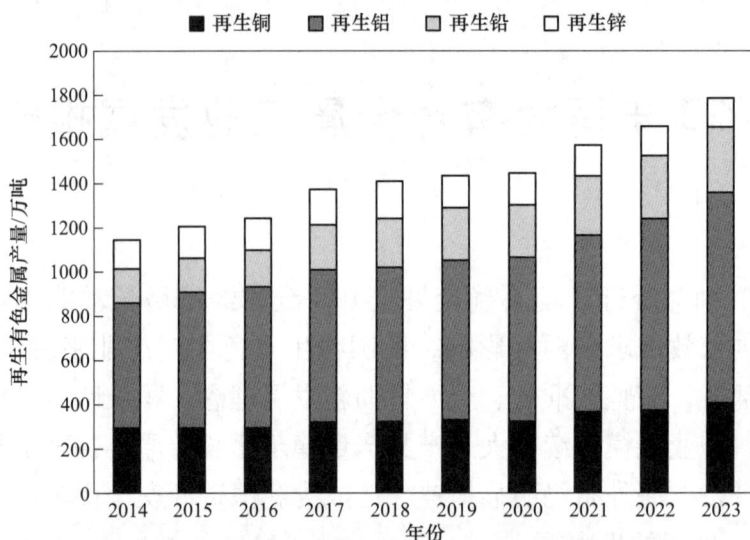

图 1   2014—2023 年中国再生有色金属产量

数据来源：中国有色金属工业协会再生金属分会（以下简称"再生金属分会"）

集中在江西、安徽等地；再生铝项目产能 1040 万吨，主要集中在广西、安徽、河南、四川等地；再生铅项目产能 240 万吨，主要集中在安徽、广西等地。新建项目呈现出从东南沿海地区向中西部地区转移的趋势。再生铝、铝灰资源化利用是投资热点，安徽立中 12 万吨高性能铝合金新材料一期及南山铝业 10 万吨再生铝保级利用项目进入试生产；江西宏成铝灰渣无害化处理综合利用项目投产，广东辉煌铝灰项目按计划推进。

4. 上市企业不断扩容，产业频获资本青睐

目前涉及再生有色金属业务的上市公司已有五十余家，2023 年广东飞南资源成功登陆深交所创业板上市，华劲铝业、帅翼驰、岷山环能高科等正在开展上市准备。天能新材料、杰成新能源、金凯循环、金晟新能源、顺华新能源、西恩科技等已完成融资。

（二）原料保障继续增强，进口原料再创新高

随着中国有色金属社会报废量的稳步增长，以及再生铜、铝原料进口政策的稳步实施，再生有色金属原料保障持续增强。

1. 国内原料稳步增长，有力支撑产业发展

2023 年国内废旧有色金属回收量（金属量）稳步增至 1448 万吨，同比增长 5.3%。其中废铜回收量约 240 万吨（金属量），同比增长 2.13%，占再生铜原料供应的 58.54%；废铝回收量 780 万吨（金属量），同比增长 7.6%，占

国内再生铝原料供应的 82.1%；废铅回收量约 298 万吨（废铅蓄电池回收实物量 496 万吨），同比增长 4.56%；废锌 130 万吨（金属量），同比持平，见图 2。大型废金属交易市场废铜、铝回收量较去年同期回升，山东临沂华东有色金属城废铜、铝交易量约 160 万吨；河南长葛大周废铜、铝交易量约 200 万吨；江西丰城市循环经济园区废铜、铝拆解量约 60 万吨；江西省鹰潭（贵溪）铜产业循环经济基地废铜加工利用量约为 120 万吨。

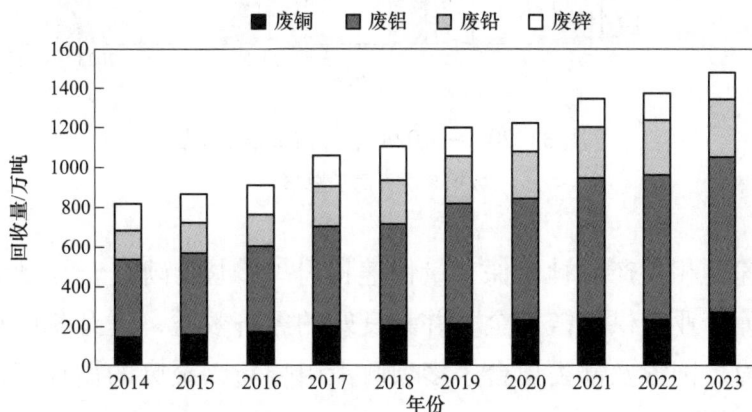

图 2　2014—2023 年国内原料情况

数据来源：再生金属分会

2. 进口原料再创新高，有效补充原料供给

据海关统计数据，2023 年中国进口再生铜、铝原料 373.8 万吨，同比增长 13.72%。其中再生铜和黄铜原料共计 198.6 万吨，同比增长 12.14%；再生铸造铝合金原料 175.2 万吨，同比增长 15.55%；近四年再生铜、铝原料进口量见图 3。美国、东南亚及日韩仍是我国再生铜、铝原料的主要来源地，2023 年从东南亚及日韩进口的再生铜、铝原料分别为 79.22 万吨和 78.21 万吨，占比分别为 39.89% 和 44.65%；从美国直接进口再生铜、铝原料分别为 36.18 万吨和 16.54 万吨，占比分别为 18.22% 和 9.44%；从欧洲直接进口的再生铜、铝原料分别接近 40 万吨和 50 万吨，占比分别约 20% 和 28%；近年来随着马来西亚再生铝加工产能的提升，部分再生铝原料以 ADC12 及复化锭产品形式进口到国内。

（三）新兴报废快速兴起，回收利用初步构建

新能源汽车、动力电池、光伏等新能源产业，以及稀土磁体、高纯靶材等新材料产业作为我国战略性新兴产业，得益于国家政策大力支持和市场需求推

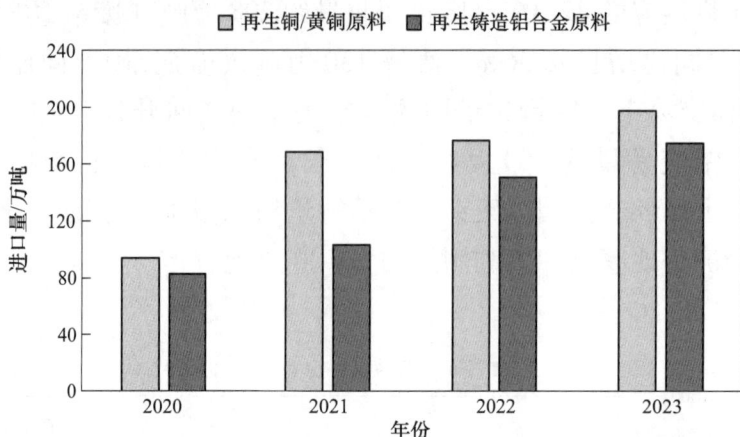

图3 2020—2023年进口原料情况

数据来源：海关总署

动，发展迅速，相关产品社会保有量快速提升，"退役潮"正在到来。回收利用不仅能保障产业链供应链安全，并具良好的经济效益，提升我国在战略领域的核心竞争力。国家及部委出台了多项政策引导新兴报废的循环利用，回收利用体系正逐步构建。

1. 废旧新能源电池回收利用高速发展

截至2023年底，全国新能源电池社会保有量约1200吉瓦时，其中动力电池约1000吉瓦时。据再生金属分会初步测算，我国废旧新能源电池再生利用能力达到300万吨以上，同比增加100万吨，50%产能集中在江西、广东、湖南，回收利用规模及技术水平全球第一；2023年废旧新能源电池及极片约40万吨（不含梯次利用电池），同比增长26%；再生的碳酸锂约6.58万吨，同比增长58.55%；再生钴2.17万吨，同比增长20.56%；产业是市场关注焦点，材料企业、电池企业、主机厂、第三方回收利用企业不断加大或布局回收利用，但原料端竞争激烈。

2. 再生稀土已形成一定规模

再生稀土主要来自报废的钕铁硼磁体毛坯加工废料和拆解的稀土永磁废料，2023年回收量分别约8万吨和3万吨，江西钕铁硼回收厂和回收能力占全国的一半以上。随着风电、新能源汽车、变频空调等领域磁材产品逐步更新，未来拆解的稀土永磁废料有望较快增长。

3. 使用后高纯靶材回收利用逐步开展

高纯靶材（主要包括钽靶、钛靶、铜靶、钼靶、贵金属靶材、氧化铟锡靶材等）是半导体、平板显示、信息存储、太阳能电池战略性新兴产业生产所需的关键核心材料之一，但平面靶材使用率一般低于30%，管靶使用率一般低于70%，回收利用尤其重要。初步预测国内企业销售的高纯靶材年报废量约3000吨（包括国内、国外），预期增速较快；同时江丰电子、有研新材、阿石创、广东先导等龙头企业已攻克高纯靶材循环再利用技术。

4. 废旧铂族金属回收利用仍待提高

废旧铂族金属主要来自失效的催化剂，近年回收利用量为20余吨。国内目前有200多家企业开展贵金属循环利用业务，但普遍规模较小，回收量不足，龙头企业包括贵研铂业、浩通科技等。

（四）技术装备不断提升，转型升级持续推进

1. 先进工艺技术装备明显进步

全自动破碎分选、富氧熔池熔炼、火法精炼铜杆、蓄热式燃烧、烟气二次燃烧等先进工艺技术装备实现国产化并在全行业普遍应用；再生铜直接利用比例超过间接利用，再生变形铝合金比例超过三分之一，精细化分选比例逐渐扩大，用于一体化压铸成型的免热处理再生铝合金取得突破；头部企业铝水直供比例达到50%以上，铝灰实现资源化利用；废旧新能源电池再生利用技术水平全球领先。广东辉煌、帅翼驰、万洋冶炼、华友资源再生、天能新材料等企业获得国家级绿色工厂称号。

2. 多项工艺技术获得肯定

共有6个再生有色金属相关工艺技术获得中国有色金属工业科学技术奖一等奖，包括再生铜过程有价元素高效利用关键技术与应用、再生铅连续富氧侧吹低温熔炼技术、废旧锂离子电池材料短流程高值再生关键技术及应用、二次钒战略资源综合利用关键技术及工程化应用、含锂废料综合高效回收制备高品质锂盐技术及产业化示范、废旧锂离子电池安全带电破碎与高效分选关键技术及成套设备发明；共有7项工艺技术设备入选《国家工业资源综合利用先进适用工艺技术设备目录（2023年版）》，包括"磷酸铁锂电池拆解利用""废旧动力电池全流程高质利用技术与装备"等。

3. 数字化智能化转型持续推进

浙江台州、江西鹰潭通过数字化改造，相继获海关总署批复成为进口再生金属原料转关试点，再生金属原料进口监管智能化、物流便利化迈上新台阶。金田铜业借助物联网、云计算、人工智能、大数据等新一代信息技术革新生产方式，打造智能化工厂；立中集团建设数字化转型平台，打通产销协同体系，实现降本增效；天能控股集团开发上线废铅蓄电池回收综合服务平台——"铅蛋",打造铅蓄电池销售、回收、运输和处置环节的废铅蓄电池一体化物流闭环,赋能循环经济新赛道;格林美实现废旧新能源电池智能识别、机器人运动轨迹自动规划及末端拆解的柔顺控制等。

（五）资源保障贡献突出，节能降碳效果明显

1. 再生有色金属在保障有色金属资源供给发挥了重要作用

2023 年我国再生铜达到精炼铜产量的 31.56%，再生铝达到电解铝产量的 22.84%，再生铅占铅产量的 47.45%，再生锌占锌产量的 18.31%。另外，新兴报废循环利用量快速增长，再生锂占锂盐产量的 8.06%，再生钴占精炼钴产量的 16.3%，再生稀土氧化物占稀土氧化物产量的 16.68%，高纯靶材大部分均要再生利用，有效节约锂、钴、稀土、钽、铟、钼等矿产资源。

2. 再生有色金属产业是有色金属工业实现"双碳"目标的重要方式和重要支撑

与生产等量的原生金属相比，2023 年再生有色金属主要品种实现二氧化碳减排量约 1.5 亿吨，其中再生铜减排 1150 万吨、再生铝减排 12350 万吨、再生铅减排 520 万吨、其他再生金属减排 1000 吨。预计到 2025 年，再生有色金属二氧化碳减排超 1.7 亿吨，成为有色金属工业碳达峰的生力军。同时，越来越多企业参与到碳足迹、碳标签的认证、评价和相关研究，金田铜业已获得再生产品认证，明泰铝业取得了 GRS4.0 全球回收标准认证，广东邦普 9 个工厂通过了 PAS2060 碳中和认证，武汉动力再生等已开展相关产品碳足迹认证等。

3. 企业加大再生利用占比，助力新能源产业节能降碳

金田铜业年再生铜利用量超过 60 万吨，可为产业链下游客户提供一站式的低碳再生铜材绿色解决方案；楚江新材再生铜利用比例达到 60%~70%；立中集团 80% 以上的产品原材料为再生铝；明泰铝业 60% 以上的产品原材料为再生铝和低碳铝；永茂泰再生铝合金比例 60%~70%；天能集团、骆驼股份等再生铅使用量约 50%；广东邦普成功再利用了 1.3 万吨碳酸锂。

（六）海外布局明显提速，双循环成效显现

再生有色金属产业积极践行"一带一路"倡议，海外布局明显提速。立中集团、金田铜业、海亮股份、新春兴、帅翼驰、华友循环、格林美、邦普循环等企业在海外建立的生产基地大部分已经落地，其中泰国、印尼、墨西哥、韩国、匈牙利成为企业出海的投资热点，产业海外布局不仅有效保障了国内原料供给，还提升了产业全球竞争力。金田铜业在泰国设立子公司并投建生产基地，墨西哥立中年产 360 万只超轻量化铝合金车轮项目即将投产运营，浦项华友循环和格林美韩国浦项项目均已投产。

二、2023 年中国再生有色金属产业经济运行状况

（一）总体经营形势分析

2023 年再生有色金属行业总体承压经营。一季度，国内疫情管控全面放开，经济活动有所提振，再生有色金属恢复性增长，叠加有色金属等大宗商品价格走势上扬，产业供需两旺；但新能源电池原料价格急剧下跌，库存较大的企业亏损严重。随后，经济逐步进入常态化发展，经济复苏速度放缓，产业整体出现回落，尤其是受美联储持续加息影响，主要金属价格出现不同程度的下跌，国内有效需求不足，再生有色金属承压经营。下半年我国央行降息、房地产、消费等各项积极政策逐步落地，伴随再生有色金属传统消费旺季，有色金属价格上行，下游消费有一定复苏。但全年再生有色金属新建产能不断释放，国内原料供应持续紧缺，下游消费仍待修复，产业内卷严重，利润整体下滑；2023 年再生铜、铝原料进口增长明显，一定程度上弥补了原料的不足，但无法从根本上缓解原料供应紧张局面。

（二）市场与价格

2023 年，再生有色金属原料价格和金属价格趋势一致，以震荡为主，其中铜价和铝价维持坚挺，铅价震荡上行，锌价跌幅较大，碳酸锂、镍、钴价格急剧下跌。

1. 铜及再生铜原料市场

2023 年再生铜及原料价格呈现先扬后抑再维持震荡的态势（见图 4）。2023 年 1 号铜均价 68293 元/吨，同比微涨 1.85%；再生铜原料价格以佛山地区为例，2023 年光亮铜均价 62576 元/吨，同比上涨 1.98%；2 号废铜均价 58377 元/吨，同比上涨 2.13%；紫杂铜和破碎黄铜均价分别为 49628 元/吨 42190 元/吨，同比分别上涨 2.51% 和 1.48%。大部分原料价格涨幅高于产品价格涨幅。

2. 铝及再生铝原料市场

2023 年再生铝价格及原料价格以震荡为主，均有下降（见图 5）。长江有色网铝 A00 年均价 18700 元/吨，同比下降 6.02%；再生铝原料价格以江苏地区为例，2023 年破碎生铝（91%~93%）均价 15015 元/吨，同比下降 6.43%；破碎熟铝（90%~92%）均价 14518 元/吨，同比下降 3.82%。

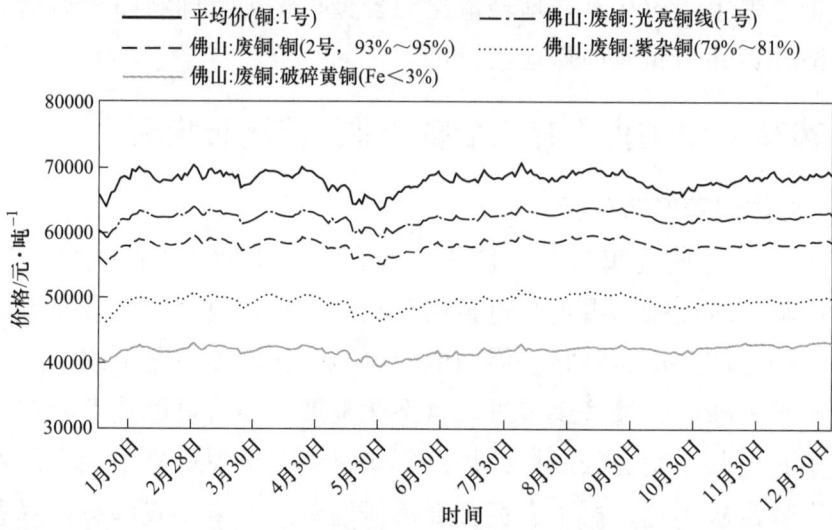

图4　2022年铜及再生铜原料价格

数据来源：万得数据

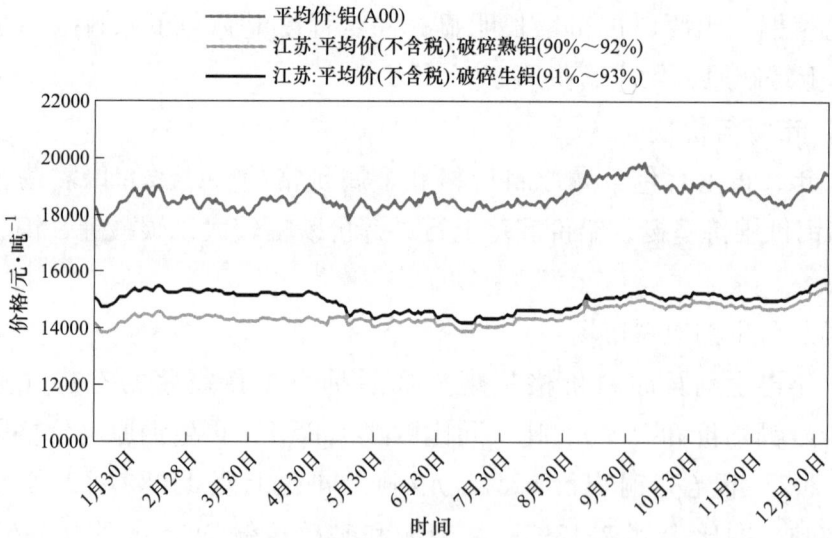

图5　2023年铝及再生铝原料价格

数据来源：万得数据

3. 再生铅及废铅蓄电池市场

2023年再生铅及废铅蓄电池价格呈现缓慢上涨、年末回落态势（见图6）。2023年再生铅均价15304元/吨，同比增长3.42%。但废旧铅蓄电池2023年价格高企，废电动自行车电池均价9359元/吨，同比增长4.56%；废起动型汽车电池白壳和黑壳均价分别为 8684 元/吨、9259 元/吨，分别同比增长 5.25%、6.48%。原料价格涨幅高于产品涨幅，再生铅生产处于亏损状态。

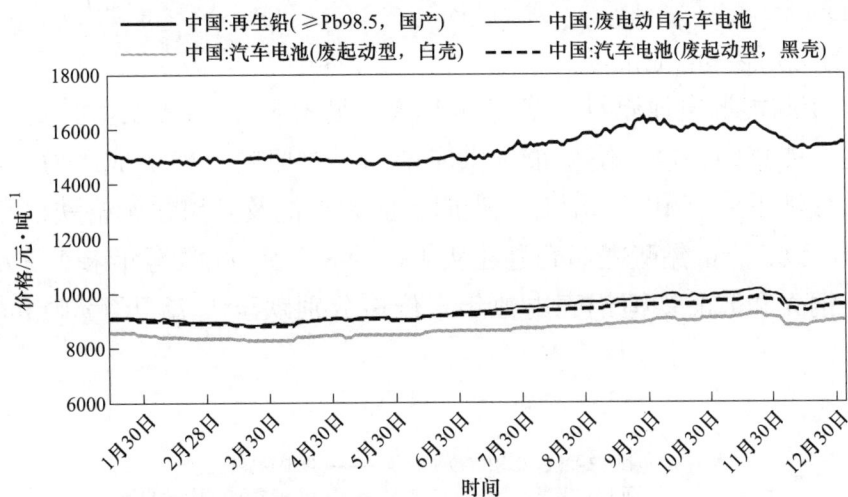

图 6　2023 年铅及废铅蓄电池价格

数据来源：万得数据

4. 锌及再生锌原料市场

2023 年再生锌及原料价格呈现下降然后震荡走势（见图 7）。2023 年 1 号锌均价 21537 元/吨，同比下降 14.3%；再生锌原料价格浙江为例，2023 年 5

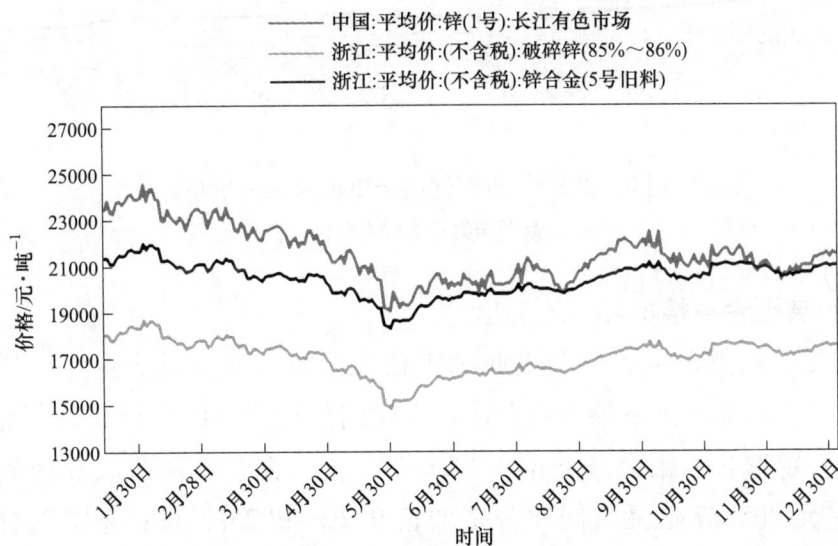

图 7　2023 年锌及再生锌原料价格

数据来源：万得数据

号锌合金的均价为20440元/吨，同比下降9.52%；破碎锌（85%~86%）2023年的均价为17048元/吨，同比下降10.42%。相对于产品价格下降幅度，原料价格更抗跌。

5. 废旧新能源电池市场

2023年新能源电池原料价格持续下降（见图8），主要是上游企业加速扩产和新建产能集中释放，使得市场供应增加，对原料价格形成压力，至年末，电池级碳酸锂下跌至10万元/吨。废旧新能源电池及其黑粉价格跌幅和原材料价格基本一致，废旧钴酸锂铝壳电池从年初的8万元/吨跌至年末4.3万元/吨；废旧三元钢壳和磷酸铁锂铝壳电池年末价格分别跌至1.75万元/吨和0.75万元/吨。

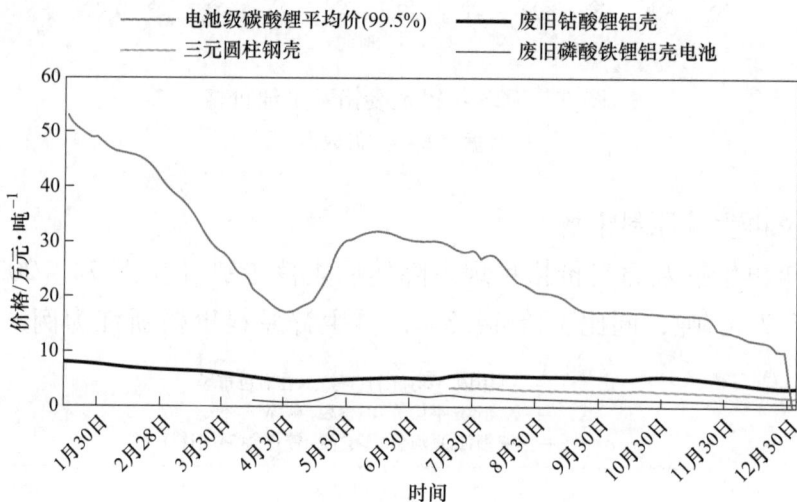

图8　2023年废旧锂离子电池及极片价格

数据来源：上海有色网

（三）典型企业情况

2023年，虽然再生有色金属业承压较大，但大部分龙头企业通过提高资源利用效率、加强与上下游企业合作、强化内部管理和成本控制，营业收入和利润仍有一定增长。据公开数据，2023年，金田铜业营业收入和净利润分别为1105亿元和5.27亿元，同比分别增长9.2%和25.37%；楚江新材营业收入和净利润分别为463.11亿元和5.29亿元，同比分别增长14.08%和295.92%；立中集团营业收入和净利润分别为233.65亿元和6.06亿元，同比分别增长9.33%和22.98%；顺博合金营业收入为119.45亿元，同比增长

7.94%，净利润 1.25 亿元，同比下降 37.45%；豫光金铅铅产品产量和铅板块营业收入分别为 55.38 万吨和 77.9 亿元，同比分别增长 17.84% 和 20.31%；天能动力再生铅板块营业收入 36 亿元，同比下降 5.60%；格林美废旧新能源电池回收量和板块营业收入分别为 2.75 万吨和 11.31 亿元，同比分别增长 57.49% 和 81.98%。

（四）消费情况

2023 年，我国再生有色金属消费继续增长。基建、房地产、电子电器等传统领域消费仍有一定增长，据相关数据，2023 我国电力工程建设投资同比增长 13.3%，空调产量同比增长 13.5%，房屋竣工面积增长 17.0%，汽车产量同比增长 29.2%，带动铜铝消费保持较高水平。特别是随着我国工业转型不断推进，新兴产业竞争力持续增强，新动能产品生产增速较快，尤其是"新三样"（新能源汽车、太阳能电池、汽车用锂离子动力电池）成为经济增长新引擎，新能源汽车产量 958.7 万辆，同比增长 35.8%；太阳能电池（光伏电池）产量 54115.8 万千瓦，同比增长 54%；新能源电池产量 940 吉瓦时，同比增长 25.33%，对铜、铝、镍、钴、锂的需求快速增加。

三、中国再生有色金属产业政策环境

在"双碳"目标引领下，我国加快建立健全绿色低碳循环发展的经济体系，再生有色金属产业进入新旧动能转换的关键时期。2023 年相关产业政策更加具有指导性。

（一）有色金属稳增长政策

《有色金属行业稳增长工作方案》（工信部联原〔2023〕130 号）明确，2023—2024 年，铜、铝等主要产品产量保持平稳增长，10 种有色金属产量年均增长 5% 左右。方案提出四方面工作举措：提升供给能力，保障上下游行业平稳增长；加大技术改造力度，促进行业高端化智能化绿色化发展；引导产品消费升级，培育壮大行业增长新动能；优化进出口贸易，提升行业开放合作水平。稳增长方案的出台，对我国有色金属行业上游战略资源开发利用、中游冶炼水平、下游金属制品的竞争力提升具有重要意义。

（二）规范行业发展的政策

《废铜铝加工利用行业规范条件》（工信部 2023 年第 36 号）明确了废铜、废铝加工配送和再生铜直接利用企业规范化发展的要求，从企业布局与项目选址、规模装备和工艺、资源综合利用及能耗、环境保护、产品质量和职业教育、安全生产、职业健康和社会责任、监督管理等方面提出了具体要求，引导行业企业提高原料精细化处理及直接利用水平，加快实现高质量发展。

（三）实施税收优惠的税收政策

《关于明确增值税小规模纳税人减免增值税等政策的公告》（财政部税务总局公告 2023 年第 1 号）。自 2023 年 1 月 1 日至 2023 年 12 月 31 日，对月销售额 10 万元以下（含本数）的增值税小规模纳税人，免征增值税。自 2023 年 1 月 1 日至 2023 年 12 月 31 日，增值税小规模纳税人适用 3% 征收率的应税销售收入，减按 1% 征收率征收增值税；适用 3% 预征率的预缴增值税项目，减按 1% 预征率预缴增值税。

《关于做好 2023 年降成本重点工作的通知》（发改运行〔2023〕645 号），提出税费优惠、金融支持、制度性交易成本、人工成本、用地原材料成本、物流成本、资金周转、企业内部挖潜 8 个方面 22 项任务。

（四）完善废旧电池管理的相关政策

《关于开展优化废铅蓄电池跨省转移管理试点工作的通知》（环办固体函〔2023〕387 号）决定在全国范围开展优化废铅蓄电池跨省转移管理试点工作。试点至 2025 年 12 月 31 日，在全国范围，选择一批环境管理水平高、技术装备先进、污染防治设施完备、具有一定经营规模的再生铅企业作为优化废铅蓄电池跨省转移管理试点单位。试点期间，向试点单位跨省转移废铅蓄电池，并在全国固体废物管理信息系统运行危险废物电子转移联单的，按照省内危险废物转移管理。试点单位应在危险废物经营许可证有效期和核准经营规模内接受废铅蓄电池。

《新能源汽车动力电池综合利用管理办法（征求意见稿）》优化了回收责任主体，明确汽车生产企业应承担装机的动力电池回收主体责任，电池生产企业承担直接销售至市场（如电池租赁运营机构等）的动力电池回收责任，梯次利用企业承担生产的梯次利用产品回收责任。同时，鼓励电池生产企业优先使用再生原材料，鼓励有条件的地方在政府投资工程、重点工程、市政公用工程中使用获证梯次利用产品。

（五）再生有色金属相关标准

国家标准委等 11 部委联合发布的《碳达峰碳中和标准体系建设指南》（国标委联〔2023〕19 号）提出了 2025 年前完成不少于 1000 项国家标准

和行业标准（包括外文版本），实质性参与不少于 30 项相关国际标准制（修）订的目标。碳减排标准领域的资源循环利用标准包括制（修）订废金属、废旧纺织品、废塑料、废动力电池等再生资源回收利用标准。

新修订的《再生铸造铝合金原料》《再生铜合金原料》《再生铜原料》3 项国家标准已于 2023 年 12 月 1 日实施。《再生铸造铝合金原料》主要增加铝块的成分类型及包装方式，将尺寸规格移入分类章节中，增加压包/块的夹杂要求，更改了外观质量、再生铝锭断口组织、夹杂物含量、挥发物含量、铝及铝合金含量、金属总含量和放射性污染的要求；增加了危险废物限定指标及对应的检验方法，更改了出厂检验规则，将金属回收率、化学成分要求及其试验方法和对应的检验规则移至"入厂检验"中。《再生铜合金原料》增加了青铜、白铜和高铜等其他铜合金原料，全面覆盖所有品类的再生铜合金原料，同时对标准术语和定义、检验等进行了增减和优化。《再生铜原料》对标准术语和定义、检验等进行了增减和优化。三项标准的发布将统一各相关方对标准的认识和理解，明确划分废料与高品质再生原料的界限，对不断促进国内外优质再生资源的有效利用、保障战略金属资源供应链稳定、践行绿色低碳循环发展理念、推动行业高质量可持续发展具有重要意义。

（六）地方鼓励再生有色金属发展的相关政策

《河南省"十四五"再生金属产业发展规划》指出优化再生金属产业布局，支持行业龙头企业建设具有影响力的再生金属交易中心，建设再生金属精深加工产业基地，壮大再生铅、再生锌产业集群，推进废旧动力电池梯级利用和再生利用。《贵州省新能源动力电池及材料研发生产基地建设规划（2022—2030 年）》（黔工信原材料〔2023〕8 号）提出到 2025 年电池回收规模达到 40 万吨。《山西省有色金属行业转型升级 2023 年行动计划》强调鼓励有色金属冶炼和加工企业提高保级回收利用水平，加大再生有色金属的消纳，布局再生有色金属项目，保障原料供应，筑牢发展根基，形成"原生+再生"协同发展格局。《江西省新能源产业链现代化建设行动方案（2023—2026 年）》特别指出，引导回收利用"城市矿山"资源，拓宽资源供给和开发利用渠道，提升锂、镍、钴等电池关键资源保障供应能力。《江西省"两高"项目管理目录（2023 年版）》明确了不包括再生有色资源冶炼，以危险废物为原料的除外。

四、中国再生有色金属产业发展趋势

（一）产业规模继续增长，规范程度显著提升

在政策的支持和市场的关注下，再生有色金属产业 2024 年和 2025 年新建成的产能约 1000 万吨。安徽濉溪引入再生铝项目与下游汽车、光伏等新能源产业配套，江西鹰潭开通国际陆港连通全球再生金属交易，江西丰城和河南长葛加快延伸再生有色金属精深加工，安徽阜阳进一步推进铅蓄电池和动力电池回收利用双循环双驱动，山东东营打造再生铜、原生铜及综合利用绿色循环产业生态。预计到 2025 年我国年废有色金属回收量达 1650 万吨，再生铜、铝原料进口量保持在 350 万吨以上，再生有色金属供应链韧性增强。

随着《废铜铝加工利用行业规范条件》的发布和实施，一批规模化的加工配送企业或基地正逐步建设，促进规模化、集约化经营，实现降本增效。同时随着符合《新能源汽车废旧动力蓄电池综合利用行业规范条件》的企业不断扩容，废旧新能源电池回收利用规范化将明显提升。

（二）低碳发展已成共识，产业迈向高质发展

随着"双碳"目标的持续推进，全球低碳发展已成为共识。欧盟《关键原材料法案》提出 2030 年回收至少 15% 的原材料的目标，《电池与废电池法规》规定了未来电池碳足迹管控和再生材料使用比例。美国《通胀缩减法案》对新能源产业进行税收补贴。我国明确 2030 年前有色金属行业实现碳达峰，并发布了《有色金属行业低碳技术发展路线图》；《中国汽车产业绿色低碳发展路线图 1.0》也明确力争到 2030 年前达到碳排放峰值。铝价值链领军企业和相关组织在第 28 届联合国气候变化迪拜大会倡议，2050 年实现全球铝饮料罐接近 100% 回收的目标。长城汽车、广汽集团、长安汽车、一汽集团、日产汽车、大众汽车、宝马集团、奔驰集团等国内外汽车企业都公布了碳达峰碳中和的时间；苹果宣布到 2025 年，在所有苹果设计的电池、磁体和印刷电路中使用 100% 再生钴、再生稀土、再生锡焊料和再生镀金；可口可乐宣布到 2030 年 100% 使用再生铝生产易拉罐。再生有色金属以其突出的节能降碳特性，赋能汽车、建材、电池等相关产业链"双碳"目标，重要性不断提升，使用比例将不断提高。

再生有色金属产业正处于传统制造向高质量迈进的关键阶段。部分企业开始探索差异化转型发展，金田铜业加大再生铜利用量；顺博合金、新格集团等加大再生变形铝合金利用能力、提高铝水直供比例，立中集团研发和技术创新

上取得进步；更多的废旧新能源电池再生利用企业将再生镍、钴、锂直接生产成电池材料。数字化智能化转型将持续深入推进，金田铜业、海亮股份、格林美等先进企业已经率先开展数字化转型，"5G+工业互联网"融合应用成效显著，未来更多的企业将在再生产品研发设计、生产制造、经营管理、市场服务等环节加快数字化应用，并基于数字技术开展装备及工艺流程优化升级改造，推动企业建设碳排放管控平台和重点产品碳足迹基础数据库，促进减污降碳、节能增效。随着技术创新示范企业、专精特新企业、"小巨人"企业等增多，有力推进产业高质量发展。

（三）科技创新持续推进，产品向高值化延伸

再生有色金属产业紧跟新一轮科技革命和产业变革趋势，面向新能源产业等重大需求，龙头企业牵头组建产学研联合体，贯通研发与应用，将加快新技术新产品产业化进程。海亮股份高端电子铜箔再生铜使用占比超过50%；立中集团、重庆顺博、中国铝业、南通鸿劲、苏州慧金等加大开发免热处理铝合金材料，其中立中集团自主研发的 LDHM-02、AlSi7MnMg、低碳再生 LZ-1 号合金及与清华大学联合研发的 THLZ 合金材料已形成产品系列，逐步向应用推进；废旧新能源电池处理后直接生成电池材料或前驱体。同时，新型科创合作模式也在探索，高诺集团联合中国五矿长沙矿冶院，整合多方力量共同创新打造再生有色金属产业科创中心，以期实现产学研无缝对接、科创孵化、科技成果转化。另外，智能分拣、精细化分选、复杂废料高效熔炼、再生金属保级利用、固危废处置等共性科技研发投入持续增加，有望突破共性关键技术。

《产业结构调整指导目录（2024 年本）》首次将再生有色金属新材料、一体化压铸成型列入鼓励类，为再生有色金属打开更多应用场景。再生有色金属产业逐步从市场需求驱动，转变到需求牵引供给和供给创造需求的双向互动，可以预见未来更多更高附加值的终端和近终端再生产品将被开发。再生有色金属在新能源汽车、光伏等领域的应用将进一步扩大，铅碳电池、锌基电池在储能领域的优势将进一步深化。初步预测 2025 年新能源汽车用铜、铝量将分别超过 120 万吨和 240 万吨；光伏用铜、铝量达到 150 余万吨和 500 万吨；新能源电池用碳酸锂超过 80 万吨、钴超过 10 万吨。

（四）国际合作持续深化，拓展发展广阔空间

再生有色金属产业是典型的国内国际双循环产业，中国是全球再生金属产销第一大国，将充分利用发展循环经济、创建国家城市矿产示范基地等"中国经验""中国模式"，以及再生有色金属装备、技术、人才等比较优势，高水平"走出去"，在"一带一路"共建国家合作共建再生有色金属项目、园区、

产业链配套、环境治理等，把更多规划图转化为实景图，以切实行动融入当地经济建设，拓展发展新空间和海外市场。同时低碳产品标准、认证认可、检验检测的国际交流与合作将逐步推进，构筑低碳产品贸易体系。

再生有色金属与众多产业相互支撑，更与这个新时代共生共荣。在新时代的征程上，再生有色金属产业将坚持"稳中求进、以进促稳、先立后破"，坚持创新引领，坚持开放合作，坚持扩大应用，为中国有色金属工业的绿色低碳高质量发展作出更大贡献。

撰稿人：张　华、乔　晔、刘　龙、
张儒昊

审稿人：王吉位、刘　巍

2023 年赤泥绿色利用发展报告

赤泥是氧化铝工业产生的固体废弃物，因其含碱量高、组分复杂多变，其绿色利用一直是世界性难题。我国的氧化铝总产量大，赤泥产生量居全球首位。加快赤泥综合利用，对于实现氧化铝工业高质量发展和绿色转型具有极其重要的意义。

2021 年 9 月，中国有色金属工业协会成立了赤泥综合利用推进办公室。三年来，通过大量调研走访、座谈研讨等方式，摸清了赤泥绿色利用的情况，连续两年编制并发布了《赤泥绿色利用发展报告》，积极搭建跨行业的国际交流合作平台，承担国家部委重大政策研究咨询，参与国家重点专项攻关，以"揭榜挂帅"方式组织跨行业联合攻关，对重点企业展开咨询服务，初步形成了行业积极推动、产学研用共同参与、跨行业协同联动的发展态势。

2023 年，我国赤泥利用量突破 1000 万吨，利用率 9.8%，打破了 20 多年徘徊局面，引起了党和国家领导人重视。赤泥绿色利用企业积极行动，创新赋能，协同联动，在推广新技术、新成果、新经验等方面卓有成效。

一、2023 年赤泥绿色利用产业发展概况

（一）利用总量稳步增长，选铁领域进展显著

2018 年以来，我国每年赤泥新增量超过 1 亿吨，而在过去数年，赤泥利用率仅为 6%~7%。2023 年，我国赤泥产生量 1.07 亿吨，利用量首次超过 1000 万吨，同比增长 25%，利用率达 9.8%（见图 1）。年利用量超 100 万吨的省区有广西 325 万吨、山东 295 万吨、山西 135 万吨、河南 130 万吨（见表 1）。与过去历年相比，赤泥利用量取得重大突破，尤其在元素提取、胶凝材料、粉体材料等方面进展显著。回收氧化铁粉约 580 万吨，占总利用量的 55%；高钙铝、氧化铝、氧化钠等其他元素提取约 150 万吨；胶凝材料约 210 万吨；粉体材料约 100 万吨；路用材料、建陶材料等也在逐步增长（见表 2）。

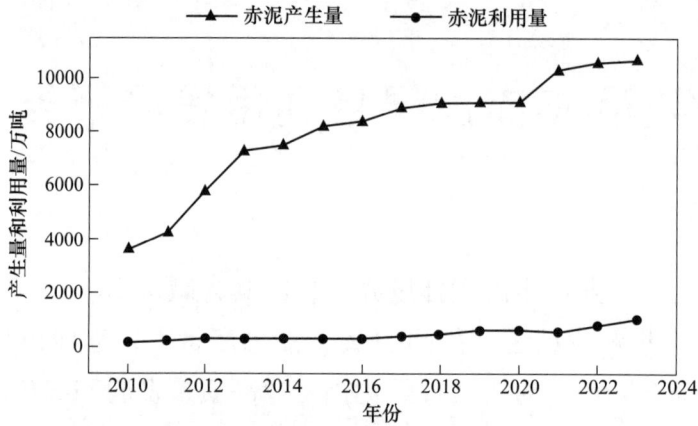

图1　2010—2023年赤泥产生量和利用量

数据来源：根据国家统计局数据和企业调研数据综合分析

表1　2023年各省区赤泥绿色利用情况（按利用量排序）

省区	产生量/万吨	利用量/万吨	利用率/%
广西	2000	325	16.3
山东	2940	295	10.0
山西	2640	135	5.1
河南	1260	130	10.3
云南	240	60	25.0
重庆	410	50	12.2
河北	480	40	8.3
贵州	710	15	2.1
内蒙古	20	0	0.0
总计	10700	1050	9.8

数据来源：赤泥综合利用推进办公室。

表2　2023年各省区赤泥绿色应用领域分布情况

省份	应用领域分布情况
河北	回收氧化铁
山西	回收碱、水泥掺配料、回收氧化铝、回收氧化铁
山东	回收氧化铁、硅铁粉、水泥掺配料、烧结法赤泥、硅铝粉、赤泥基土
河南	硅铁粉、回收碱、水泥掺配料、回收氧化铝、路基材料
广西	回收氧化铁、水泥掺配料、制砖

省份	应用领域分布情况
重庆	水泥掺配料
贵州	硫精矿、水泥掺配料、复合板材
云南	回收氧化铁、水泥掺配料、高钙铝粉、回收碱、制砖

数据来源：赤泥综合利用推进办公室。

（二）科技创新精彩纷呈，专利数量大幅增长

2023年，中南大学牵头的国家重点研发计划"铝土矿拜耳法溶出赤泥源头减量技术及大规模示范"等相关课题全面展开；"赤泥分质降碱工艺技术"和"烧结法配置工艺技术"2项赤泥利用技术入选工信部发布的《国家工业资源综合利用先进适用工艺技术设备目录》；"赤泥等工业固废协同材料化全组分利用研究与实践""氧化铝赤泥深度选铁技术研究及应用""拜耳法赤泥分质调控生产基体复合材料关键技术及规模化应用""赤泥资源化工程利用关键技术及环境影响评价"等关键技术成果获奖，其中行业科技奖一等奖1项、三等奖2项，地方科技奖三等奖1项。截至2023年底，赤泥绿色利用相关授权专利有效共计942件。2023年专利授权数量大幅增长，直接相关授权专利新增共有59件，其中发明专利57件、实用新型专利2件（见图2）。

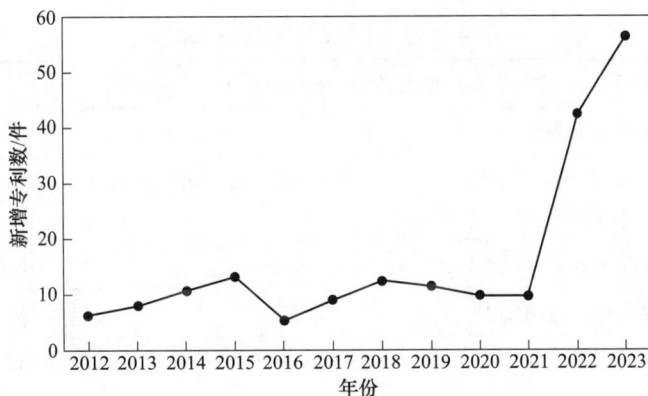

图2　2012—2023年赤泥利用授权专利数

数据来源：国家知识产权局

（三）标准体系基础薄弱，工作正在起步

赤泥综合利用标准工作基础薄弱，正在起步阶段。截至2023年底，已发布行业标准3项（见表3），地方标准3项（见表4）、团体标准6项（见表5）。2023年，《赤泥回收硅铝粉》《赤泥回收硅铁粉》2项行业标准已通过工信部公示被正式立项,《赤泥堆场原位生态修复工程技术标准》《赤泥烧结透水路面砖》2项行业标准已通过论证等待发布实施,《赤泥路用环境污染防控技术规范》地方标准拟立项公示,《赤泥综合利用指标体系及计算方法》地方标准已通过论证拟申请立项。

表3　赤泥综合利用行业标准

序号	标准名称	标准号
1	赤泥硫酸盐水泥标准	建标 36—1961
2	赤泥粉煤灰耐火隔热砖	YS/T 786—2012
3	赤泥中精选高铁砂技术规范	YS/T 787—2012

数据来源:国家标准化管理委员会。

表4　赤泥综合利用地方标准

序号	标准名称	标准号
1	赤泥磁选铁精矿中硅、铝、硫、磷、砷、铜、锌、铅和钛元素含量的测定　电感耦合等离子体发射光谱法	DB45/T 1106—2014
2	赤泥干式堆存安全技术规范	DB41/T 975—2014
3	公路工程赤泥(拜耳法)路基应用技术规程	DB37/T 3559—2019

数据来源:国家标准化管理委员会。

表5　赤泥综合利用团体标准

序号	标准名称	标准号
1	炼钢用赤泥基化渣剂	T/CISA 030—2020
2	赤泥提炼铁精粉中铁、钙、硅、钛、镁、磷、锰、铝元素含量的测定　X射线荧光法	T/GXAS 126—2020
3	拜耳法赤泥路基工程技术标准	T/CNIA 0068—2020
4	赤泥资源化利用通用要求	T/CISA 183—2021
5	公路拜耳法赤泥路基技术规程	T/CECS G:D22-01—2022
6	钢渣-锰渣基和赤泥基复混肥	T/CISA 228—2022

数据来源:国家标准化管理委员会。

(四)重点企业率先行动,示范带动强链延链

氧化铝企业立足"前端减量化、中端无害化、末端资源化",在示范项目建设方面积极落实主体责任,在加大源头减量、分类处置和综合利用力度的同时,引入合作机制,主动为下游企业创造发展条件和环境,强链延链,推动大规模利用示范项目建成投产。到2023年底,全国建成运行项目超过20项,包括选铁项目 13 个、胶凝材料项目 4 个，形成了钢铝协同选铁 850 万吨的产能，40 多条道路已批量使用了赤泥路基材料。其中，中铝股份实施《赤泥综合利用行动方案》并纳入基层单位年度绩效考核，建成运行赤泥粉体材料产能约 60 万吨/年，选铁和高钙铝、碱等元素提取产能约 260 万吨/年，全年赤泥利用量突破 400 万吨，利用率超过 16%，同比增长近 6%，进一步扩大了赤泥绿色利用行业领先优势。魏桥集团合作建成运行 10 万吨/年磁化焙烧还原、5 万吨/年胶凝材料项目及路用材料生产线。锦江集团加大在元素提取、建陶材料、功能材料等领域的示范项目建设，2023 年赤泥利用量达到 180 万吨。

（五）利用企业主动对接，积极参与协同发展

2023 年，中铝环保、宝武环科、陕钢集团、山东高速、云南九州、山东海逸、江苏中创、登电水泥等 36 家赤泥利用相关企业积极与中国有色金属工业协会对接，参与赤泥利用，扩大项目投资，补充利用产业链。其中，山东高速合作建成产能 50 万吨赤泥基多功能胶凝材料生产线。山东海逸开展赤泥利用相关试验 80 余次，累计在国内 30 多个工程项目中合作应用了赤泥路用材料，总消纳赤泥超过 150 万吨。云南九州在云南文山、广西防城港和百色等地区，合作建成了 3 个利用企业，赤泥选铁和回收高钙铝达 250 万吨/年；在山西忻州合作建设年赤泥选铁、水泥铁质校正料 50 万吨的项目即将投产。焦作百奥恒建设的 100 万吨赤泥地聚物胶凝材料生产线建成投产。

（六）国家部委积极引导，地方部门开展行动

党和国家领导人对赤泥绿色利用给予了高度关注，全国人大代表和政协委员对赤泥绿色利用提出了很多建议和议案。国家发改委将赤泥综合利用列入产业结构调整指导鼓励类目录内容；工信部节能司到广西、河南等赤泥产生集中地区现场调研、考察项目、召开座谈会听取建议，组织开展赤泥综合利用政策研究。生态环境部在印发关于水泥等行业的环评通知文件中明确表示，支持赤泥在水泥行业应用，在保证水泥质量的前提下，提高赤泥替代石灰石比重。重点氧化铝企业所在地政府加大赤泥绿色利用推进工作，陆续出台相关政策规划，将赤泥绿色利用列入黄河流域、长江经济带、广西右江等区域绿色高质量发展重要内容。山东省由工信厅牵头、广西壮族自治区由生态厅牵头成立了赤泥综合利用专班；百色市人民政府出台了《百色市赤泥综合利用工作方案》；河南省有色金属行业协会对全省赤泥产生和利用情况全面调研，形成方案与省产业链对接。

（七）行业协会强力推动，积极开展专项研究

中国有色金属工业协会夯实基础研究，从行业发展、核心区域、主要方

向、重点科技、关键技术等方面开展了专题研究。2023年调研或座谈46家单位，首次公开出版发行《2022赤泥绿色利用发展报告》，召开了第二届赤泥绿色利用大会，成功举办了2023赤泥绿色利用国际论坛，完成了《赤泥综合利用政策研究和三年行动方案》研究工作，为行业争取到国家专项资金支持赤泥绿色利用技术研发和示范项目建设，组织启动了首批赤泥绿色利用联合攻关项目，初步建立了中国赤泥综合利用数据信息分析系统，首次发布了赤泥利用重点地区和骨干企业数据，面向重点企业开展咨询服务。中国有色金属工业协会党委书记、会长葛红林和项目专家刘祥民分别发表署名文章《加快化解赤泥综合利用的世界性难题》和《加快赤泥绿色利用的思考》，提出相关要求与建议，在行业内引起积极反响，为赤泥绿色利用提供了系统性指导方法。

（八）新闻媒体营造氛围，提升行业社会认知

首次系统利用媒体工具进行行业宣传策划，积极发表赤泥绿色利用相关署名文章，其中公众号73篇，运行维护"中国赤泥综合利用"公众号并吸引粉丝超过1700多名，单篇新闻点击率超过3200多次。赤泥绿色利用工作得到新华社、经济日报社、中国有色金属报社、中国环境报社、中国工业报社、中国冶金报社、中国建材报社、中国铝业报社、《资源再生》杂志社、《中国有色金属》杂志社等新闻媒体关注、刊发与转载30篇，其中新华社5篇、《经济日报》3篇，营造了社会氛围，提升了行业认知。

二、2023年赤泥绿色利用产业面临的形势

2023年，赤泥绿色利用行业完整、准确、全面贯彻新发展理念，加快构建新发展格局，推动氧化铝行业与产业链相关的钢铁、建材等行业补链延链强链，统筹高质量发展。但由于关键技术储备不足、行业壁垒仍然存在、赤泥产品社会认知需要提升等原因，赤泥绿色利用还处在起步阶段。

（一）关键技术有待突破

目前赤泥绿色利用的应用原理已经清楚、关键技术也在突破，基本形成了大规模低成本应用的元素提取、粉体材料、胶凝材料、路用材料、建陶材料五大重点领域，但多数成果的实际应用还处于起步阶段，各领域都存在技术系统提升的需要，赤泥规模化系列化利用的技术瓶颈还有待突破。

（二）成本竞争优势不强

赤泥绿色利用项目投资回收周期长，对资本吸引力不够。对比传统材料，由于赤泥产品附加值低、产出区域集中，物流成本决定了其应用半径，从整体上看难以形成明显优势，这不排除某个时间段、某个领域或某一区域会有收

益。目前赤泥能批量利用的方向主要是选铁、水泥掺配料、路基材料、粉体材料、建陶材料等。随着碳汇市场的逐渐形成，比较收益可能明显。

（三）政策法规还不健全

推动赤泥绿色利用的政策法规多数是引导性的，未充分考虑赤泥等大宗复杂难用固废的特殊性、针对性，对已有政策的解释和执行不一致，有些政策执行还不到位；税收优惠涵盖产品种类较少、要求高，退税比例较低；相关标准体系不完善、产品命名缺少规范、认证标准缺失，设计施工缺乏相应规程，赤泥绿色利用还需开展一系列政策法规研究制定工作。

（四）需要突破跨界应用壁垒

跨界交流、协作少，公众对赤泥利用产品的安全性仍然存有疑虑，社会认可度不统一；跨行业推广应用存在壁垒，跨领域协同利用应用难度大，面临同质化竞争激烈、应用领域不多或受限、扩大应用受挫多，跨行业及潜在用户认可存在较多障碍，示范工程建设少、产业化推进缓慢、国际合作交流不够密切等问题。

三、2024年赤泥绿色利用产业工作方向

2024年，全行业要以习近平新时代中国特色社会主义思想为指导，全面贯彻落实党的二十大和二十届二中全会精神，紧密围绕创新赋能、协同联动，加强跨界交流合作，发展新质生产力，按照"前端减量化、中端无害化、末端资源化"的要求，围绕大规模低成本消纳赤泥的方向，积极建设产学研用"命运共同体"，着力构建产业体系，多措并举、加快推进赤泥绿色利用工作，力争赤泥综合利用量在2023年基础上实现新的突破。

（一）积极培育产品体系

夯实基础数据统计，从新增赤泥性质、五大重点产品种类等方面，进行赤泥数据统计与分析整理。开展关键技术研究，以钢铁、建材、交通等重点应用行业需求为导向，聚焦关键产品，扩大创新合作，拓宽产品领域。开发更多系列产品，优化工艺设计和设备选型，开发更多具有市场竞争力的系列产品。

（二）着力构建产业体系

通过联合攻关，建设示范项目，打造产业化示范项目。开展编制发展报告，研判产业发展趋势，总结重要研究成果，凝练典型模式经验。在重点领域扩大建设典型示范工程，建立赤泥综合利用产业园，形成产业链，逐步成熟推广。

（三）加快完善服务体系

建立交流沟通机制，在赤泥产出集中地区，组织召开交流会等，深化企业间交流合作。扩大国际交流合作，巩固交流合作内容，促进国际技术交流和成果转化。宣传扩大影响，以微信公众号、新闻媒体等为主，系统利用媒体工具进行行业宣传策划，从重点企业、重点领域进展、重要研究成果、典型模式经验、工艺技术等方面，加大宣传力度。

撰稿人：孟跃辉、张喜刚
审稿人：王吉位、曾庆猛

2023 年铜加工工业发展报告

一、2023 年中国铜加工发展现状

（一）经济运行情况概述

1. 铜加工材及各分品种产量增长情况

2023 年，我国全年实现铜加工材综合产量（包括铜排板、铜带、铜管、铜棒、铜箔、铜线、铸造铜合金、其他）2085 万吨，同比增长 3.0%。图 1 为 2006—2023 年中国铜加工材产量及增幅图，从图中可以看出，2023 年我国铜加工材产量增长率高于 2022 年（1.8%），总体呈现稳中有增的高质量发展趋势。

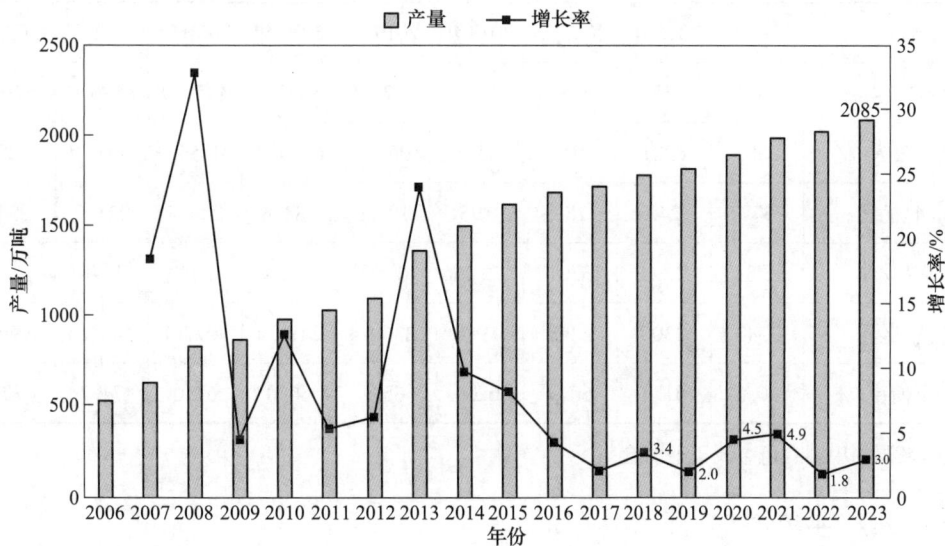

图 1　2006—2023 年中国铜加工材产量

数据来源：中国有色金属工业协会，中国有色金属加工工业协会

表 1 为 2023 年中国铜加工材分品种产量，可以看出，2023 年所有分品种铜加工材产量均有不同程度的增长。其中铜排板 132 万吨，同比增长 1.5%；铜带材 237 万吨，同比增长 3.5%；铜管材 224 万吨，同比增长 5.7%；铜棒材 201 万吨，同比增长 1.5%；铜箔材 89 万吨，同比增长 11.3%；铜线材 1049 万

吨，同比增长2.2%；铸造铜合金82万吨，同比增长2.5%；其他71万吨，同比增长1.4%。

表1 2023年中国铜加工材分品种产量

品种	铜排板	铜带材	铜管材	铜棒材	铜箔材	铜线材	铸造铜合金	其他	合计
产量/万吨	132	237	224	201	89	1049	82	71	2085
增幅/%	1.5	3.5	5.7	1.5	11.3	2.2	2.5	1.4	3.0

数据来源：中国有色金属加工工业协会。

2. 铜加工产业资产、利润情况

据中国有色金属工业协会统计，2023年中国铜加工行业规模以上企业主营业务收入15283.4亿元，实现利润234.2亿元，利润率为1.53%，比2022年的1.48%有略微的增长；固定资产总额5296.8亿元，负债总额3860.6亿元，资产负债率为72.9%，比2022年的降低1.8个百分点，见表2。

表2 2015—2023年中国铜加工规模以上企业资产、利润情况

项目	2015年	2016年	2017年	2018年	2019年	2020年	2021年	2022年	2023年
总资产/亿元	3875	3753	3730	3203	3626.5	3658.6	4459.9	4596.0	5296.8
主营业务收入/亿元	9883	8201	9554	8548	10686.4	10726.8	14456.3	14972.0	15283.4
利润/亿元	377	244	288	193	194.6	188.6	236.4	221.0	234.2
利润率/%	3.81	2.98	3.01	2.26	1.98	1.76	1.64	1.48	1.53
负债/亿元	2343	2306	2248	1986	2360.4	2415.4	3077.1	3432.6	3860.6
资产负债率/%	60.5	61.4	60.3	62.0	65.1	66.0	67.0	74.7	72.9

数据来源：中国有色金属工业协会。

（二）产业结构

中国铜加工材生产仍主要以江西、江苏、浙江、广东、安徽等五个省份为引领，2023年，五大主要铜加工材生产省份产量总和占全国产量的70%以上，是中国铜加工材生产的主要供应基地，未来若干年还将继续主导中国铜加工材的生产格局。除这五个大省外，河南、湖北、甘肃、天津铜加工材产量分别达到80.6万吨、79.4万吨、69.7万吨、69.3万吨，其余省份产量在50万吨以下。图2为2013—2023年五个铜加工材大省产量的变化情况，从图中可以看出，江西省作为全国铜加工材产量第一大省，2023年产量有一定下滑，江苏、浙江、广东产量同比增长，安徽有所下降。

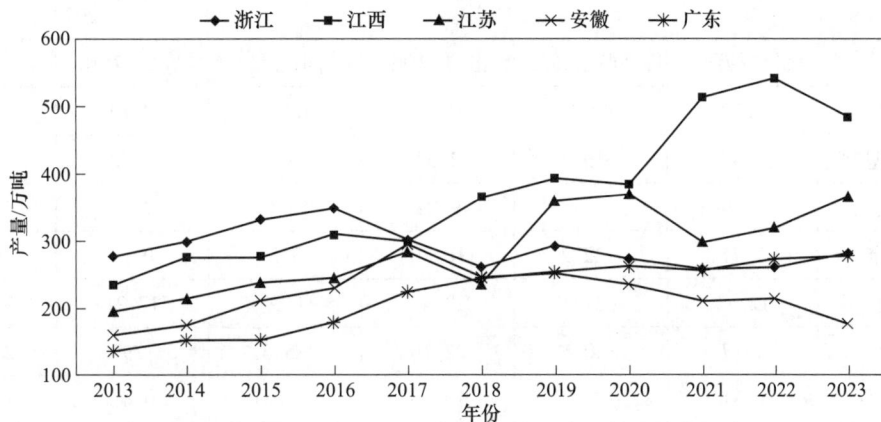

图 2 2013—2023 年中国五个主要铜加工材大省铜材产量对比

数据来源：中国有色金属工业协会，中国有色金属加工工业协会

（三）进出口贸易

图 3 为 2006—2023 年中国铜材进出口情况，表 3 为 2023 年铜加工材各分品种进出口情况。2023 年中国铜材进口 35.77 万吨，同比下降 18.7%，出口 67.81 万吨，同比下降 0.6%，实现净出口 32.04 万吨，创历史新高，实现连续 5 年净出口。其中铜板带净出口 2.53 万吨，铜箔（含覆铜板）净出口 0.93 万吨，均为首次实现净出口。铜粉、铜条杆型材，铜丝净进口量均同比大大减少。

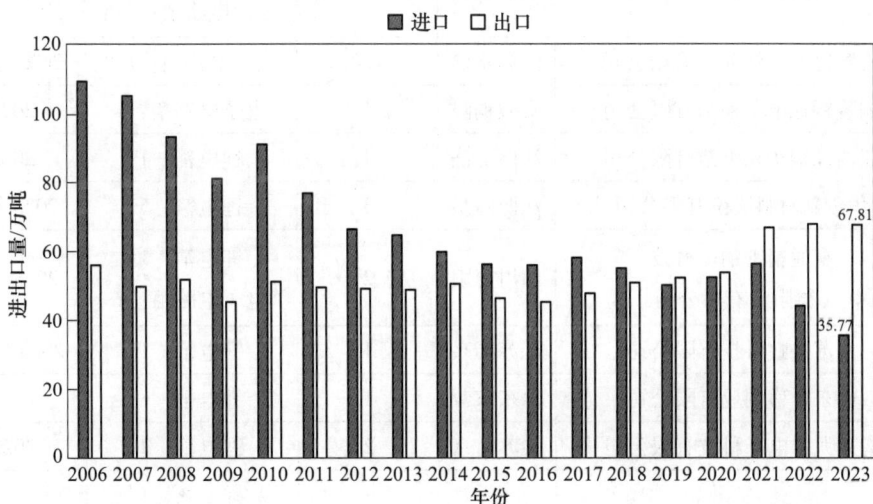

图 3 2006—2023 年中国铜材进出口情况

数据来源：海关总署，中国有色金属加工工业协会

表3　2023年铜加工材各分品种进出口情况

品种	2023 年				2022 年	
	进口/万吨	同比/%	出口/万吨	同比/%	进口/万吨	出口/万吨
铜粉	0.27	42.1	0.22	69.2	0.19	0.13
铜条杆型材	3.47	−19.7	2.34	19.4	4.32	1.96
铜丝	10.24	3.3	9.22	21.0	9.91	7.62
铜板带	7.77	−22.2	10.30	3.5	9.99	9.95
铜箔	12.54	−27.1	13.47	0.2	17.21	13.44
铜管	1.17	−40.6	22.10	−5.3	1.97	23.33
管子附件	0.31	−26.2	10.16	−14.0	0.42	11.82
合计	35.77	−18.7	67.81	−0.6	43.99	68.26

数据来源：海关总署，中国有色金属加工工业协会。

（四）投建项目情况

2023 年，铜箔项目建设热度不减。2023 年行业中部分铜箔项目投扩建情况见表4。

表4　2023年部分铜箔项目签约、开建和投产日期表

序号	投建单位	生产地点	产能/万吨·年$^{-1}$	投产品种分类及其规模/万吨·年$^{-1}$	投产或建设时间
1	湖北诺德新材料集团有限公司	湖北黄石	5	锂电箔：2.5 电子电路箔：2.5	2023 年 7 月
2	长春化工（江苏）有限公司	江苏常熟	1.8	电子电路箔：1.8	2023 年 12 月
3	铜陵铜冠电子铜箔有限公司	安徽铜陵	1	电子电路箔：1	2023 年
4	江西江铜华东铜箔有限公司	江西上饶	1	锂电箔：1	2023 年
5	华创新材料股份有限公司	江西南昌	5	锂电箔：5	2023 年 4 月
6	亨通精密铜箔科技（德阳）有限公司	四川德阳	2	锂电箔：1 电子电路箔：1	2023 年 6 月
7	江苏兴虹科技有限公司	江苏泰兴	1	锂电箔：1	2023 年 11 月
8	山东合盛铜业有限公司	山东东营	1	锂电箔：1	2023 年
9	南京龙鑫电子科技有限公司	江苏南京	2	锂电箔：2	2023 年
10	九江琥珀新材料有限公司	江西九江	2.5	锂电箔：1 电子电路箔：1.5	2023 年 12 月
11	湖北中一科技股份有限公司	湖北云梦	1.3	锂电箔：1.3	2023 年 6 月

续表4

序号	投建单位	生产地点	产能/万吨·年$^{-1}$	投产品种分类及其规模/万吨·年$^{-1}$	投产或建设时间
12	江西鑫铂瑞科技有限公司	江西鹰潭	1	锂电箔：1	2023年
13	广东盈华电子科技有限公司	广东梅州	3.16	锂电箔：2.16 电子电路箔：1	2023年9月
14	江东电子材料有限公司	江苏南通	1.5	锂电箔：0.2 电子电路箔：1.3	2023年6月
15	深圳惠科新材料股份有限公司	广西北海	2	锂电箔：2	2023年
16	广东嘉元科技股份有限公司	广东梅州	1.1	锂电箔：1.1	2023年1月
17	山东嘉元新能源材料有限公司	山东茌平	0.5	锂电箔：0.5	2023年
18	嘉元科技（宁德）有限公司	福建宁德	1.5	锂电箔：1.5	2023年
19	江西嘉元科技有限公司	江西赣州	2	锂电箔：0.5 电子电路箔：1.5	2023年
20	广东嘉元时代新能源材料有限公司	广东梅州	4	锂电箔：4	2023年9月
21	甘肃海亮新能源材料有限公司	甘肃兰州	2.5	锂电箔：1 电子电路箔：1.5	2023年8月
22	甘肃金川鑫洋新材料科技有限公司	甘肃金川	1	锂电箔：0.5 电子电路箔：0.5	2023年
23	江西铜博科技股份有限公司	江西抚州	0.5	电子电路箔：0.5	2023年
24	四川铭丰电子材料科技有限公司	四川宜宾	0.5	锂电箱：0.5	2023年
25	江西杭电铜箔有限公司	江西南昌	1	锂电箔：0.5 电子电路箔：0.5	2023年9月
26	远东铜箔（宜宾）有限公司	四川宜宾	3	锂电箔：3	2023年10月
27	甘肃德福新材料有限公司	甘肃兰州	4	锂电箔：4	2023年
28	山东合盛铜业有限公司	四川泸州	4	锂电箔：4	2023年
29	广西惠铜新材料有限公司	广西北海	2	电子电路箔：2	2023年
30	太原惠科新材料有限公司	山西阳曲	7	电子电路箔：7	2023年

数据来源：中国有色金属加工工业协会，中国电子材料行业协会电子铜箔分会。

2023年，受下游锂电池需求增速放缓、各大电池企业持续去库存影响，今年锂电铜箔呈现了长时间阶段性的供过于求现象。2022年底国内已经形成112.9万吨/年产能，据不完全统计，2023年新增的电解铜箔年产能约70万吨，2023年我国电解铜箔行业产能将达到180万吨左右。国内铜箔产能扩张增速远大于需求增速，行业竞争加剧，内卷严重，导致加工费大幅下滑，相关企业利润均有不同程度的降低，部分企业甚至发生亏损。

面对传统铜板带产品市场行情减弱，高端板带产品尚有空间的现状，一些企业积极扩充高端铜板带产能，部分铜板带行业投扩建项目见表5。铜板带企业主动向高端产品扩产能的举措将进一步优化我国铜板带产品结构，引领行业高质量发展，但同时也存在行业产能过剩的风险。

表5　2023年及以后部分铜板带项目投扩建明细

序号	投建单位	项目明细
1	鑫悦合金	年产5万吨高性能铜基合金板带项目
2	楚江新材	年产5万吨高精度铜合金带箔项目、年产6万吨高精密度铜合金压延带材改扩建项目
3	江西易晟	年产40万吨高精铜板带项目一期10万吨高精铜板带项目已建成投产，二期10万吨项目正在建设中
4	紫金铜业	年产10万吨一期2万吨高精铜板带项目
5	永杰铜业	年产10万吨高精度铜合金板带及5万吨铜带坯生产线项目
6	广铜公司、紫金铜业以及闽西兴杭国投成立的合资公司	年产3.5万吨的冷轧高精铜板带项目
7	国工新材	年产2万吨新能源汽车/电子通信用高强高弹铜合金精密带材生产线建设项目
8	博威合金	年产3万吨特殊合金电子材料带材扩产项目、2万吨特殊合金电子材料线材扩产项目
9	江西鑫科、铜陵鑫科	江西鑫科年产1.8万吨精密电子铜带，铜陵鑫科1万吨镀锡带项目正加紧建设

（五）下游消费市场

中国铜消费方面：

（1）电力行业年均耗铜量占40.7%，是中国最大的铜消费行业。主要用铜产品包括电线电缆、发电设备、电动机、变压器、电工器件等，其中电线电缆用铜占70%~80%。

（2）日用消费品年均耗铜量占15%左右。主要用铜产品包括家用电器（冰箱、空调、洗衣机、彩电、电风扇及小家电等），家用五金（炊具、门锁、水具、文教体育用品、工艺美术品、衡器、小工具等），玩具、家具、自行车及其零配件、服饰装饰。

（3）电子通信年均耗铜量占 15% 左右。包括广播通信、电视、电子计算机、雷达、电子元器件、手机等行业，使用大量精细的铜、铜合金及加工材。

（4）机械制造业年均消耗铜量占全国铜消费量的 10.5%，主要用铜产品包括机械（农业机械、工程机械、石油化工机械、重型矿山机械、民用机械等）、仪器仪表、机床工具、通用基础件、食品及包装机械等，应用形式有常用的铜合金、铸造用铜合金及各种铜加工材。

（5）交通运输业年均耗铜量占全国铜消费量的 8.6%。主要用铜产品包括汽车、摩托车、农用车、船舶、轨道交通、自行车、集装箱及其零配件，尤以汽车工业最为突出。

（6）建筑用水管、装饰材料、结构材料等年均耗铜量占中国铜消费量的 3% 左右，包括建筑用水管、装饰材料、结构材料等。

（7）其他，如航天、兵器、核工业及军需品等领域也有铜材涉及。

1. 电动汽车、光伏产品、锂电池"新三样"成为拉动铜材消费的亮点

当前，以电动载人汽车、锂电池、太阳能电池为代表的"新三样"表现亮眼。2023 年，中国新能源汽车继续保持产销两旺局面，产量为 958.7 万辆，增长 35.8%。其中，新能源乘用车产量为 911.7 万辆，占新能源汽车产量的 95%；国家能源局数据显示，2023 年国内新增光伏装机 216.9 吉瓦，增长 148%，再创历史新高；累计装机容量达 609 吉瓦，超越水电成为国内发电行业第二大电源；光伏组件估计出口 188 吉瓦，增长 21.4%；预计全年光伏组件产量达到 490 吉瓦，比上年增长 69.7%；根据中国汽车动力电池产业创新联盟发布的数据，2023 年，我国动力和其他电池产量合计为 778.1 吉瓦时，增长 42.5%；销量合计为 729.7 吉瓦时，其中，动力电池为 616.3 吉瓦时，增长 32.4%，占比 84.5%；出口合计 152.6 吉瓦时，增长 124%，其中，动力电池 127.4 吉瓦时，增长 87.1%，占比 83.5%。

2023 年，我国出口电动载人汽车、锂离子蓄电池和太阳能蓄电池"新三样"产品合计出口 1.06 万亿元，首次突破万亿元大关，增长 29.9%。"新三样"产品的增长成为拉动铜材消费的亮点。

2. 电力行业继续拉动铜消费需求

表 6 为 2023 年电力行业主要产量或投资情况。从表中可以看出，2023 年全国发电装机容量、电源工程投资建设完成额同比增长 13.9%、30.1%，其中太阳能发电装机增幅达 55.2%，全国电源投资、电网工程投资对铜加工材的需求继续保持增长。

表6　2023年电力行业主要产量或投资情况

指标名称	单位	全年累计	同比增长/%
全国发电装机容量	万千瓦	291965	13.9
其中：水电	万千瓦	42154	1.8
火电	万千瓦	139032	4.1
核电	万千瓦	5691	2.4
风电	万千瓦	44134	20.7
太阳能发电	万千瓦	60949	55.2
电源工程建设投资完成额	亿元	9675	30.1
其中：水电	亿元	991	13.7
火电	亿元	1029	15.0
核电	亿元	949	20.8
电网工程建设投资完成额	亿元	5275	5.4

数据来源：国家能源局，国家统计局。

3. 电子信息制造业生产恢复向好，出口降幅收窄

2023年我国集成电路产量3514亿块，同比增长6.9%；出口2678亿块，同比下降2%，进口4796亿块，下降10.9%。手机产量15.7亿台，同比增长6.9%，手机出口8.02亿台，同比下降2%。微型计算机设备产量3.31亿台，同比下降17.4%，笔记本电脑出口1.4亿台，同比下降15.1%（见表7）。

尽管2023年电子信息制造业较为低迷，对铜材消费影响较大，但随着电子信息制造业整体呈现恢复向好形势，未来对铜加工材特别是高端铜合金板带、电子电路铜箔等领域需求的稳定和增长将起到重要作用。

表7　2023年电子通信行业主要产品产量

类别	产量	同比/%	出口	同比/%
集成电路	3514亿块	6.9	2678亿块	−2
手机	15.7亿台	6.9	8.02亿台	−2
微型计算机设备	3.31亿台	−17.4	1.4亿台（笔记本电脑）	−15.1

数据来源：国家工信部，海关总署。

4. 家电领域表现良好，冰箱、空调、洗衣机产量均保持增长

国家统计数据见表8，2023年，全国冰箱产量0.96亿台，同比增长14.5%；空调产量2.45亿台，同比增长13.5%；洗衣机产量1.04亿台，同比增长19.3%，彩电产量1.93亿台，同比下降1.3%。出口方面，我国主要家用

电器产品出口量实现同比增长。冰箱累计出口量为 6713 万台，同比增长 22.4%；空调累计出口量为 4799 万台，同比增长 4.6%；洗衣机累计出口量为 2879 万台，同比增长 39.8%；液晶电视累计出口量为 9887 万台，同比增长 7.5%。家用电器领域保持增长，出口也有大幅增长，拉动相关铜加工材需求进一步增长。

表8 2023 年家电行业产量和增幅

类别	产量/亿台	同比/%	出口量/万台	同比/%
冰箱	0.96	14.5	6713	22.4
空调	2.45	13.5	4799	4.6
洗衣机	1.04	19.3	2879	39.8
彩电	1.93	-1.3	9887（液晶电视）	7.5

数据来源：国家统计局，海关总署。

5. 机械制造对铜材需求稳中有增

2023 年机械工业增加值同比增长 8.7%，高于全国工业和制造业增速 4.1 个百分点和 3.7 个百分点；实现营业收入 29.8 万亿元，同比增长 6.8%；实现利润总额近 1.8 万亿元，同比增长 4.1%。

2023 年机械工业主要涉及的五个国民经济行业大类增加值全部增长，其中电气机械和汽车起到突出带动作用，增加值增速分别达到 12.9% 和 13%。固定资产投资总体持续高速增长，对拉动工业和制造业投资发挥重要支撑作用，其中，汽车、电气机械投资高速增长，增速分别为 19.4%、32.2%，特别是电气机械连续两年增速始终高于 32%。

对外贸易稳中有升再创新高。数据显示，2023 年机械工业外贸进出口总额达 1.09 万亿美元，同比增长 1.7%，连续第三年超过万亿美元，占全国外贸进出口总额的 18.3%。

综合来看，机械制造业对铜加工材需求总体保持稳中有增的趋势。

6. 交通运输领域保障铜材消费

2023 年，中国汽车产销量分别完成 3016.1 万辆和 3009.4 万辆，同比分别增长 11.6% 和 12%，跨上年产 3000 万辆级的新台阶。大幅带动了相关铜材产量的增长。

2023 年，汽车整车共出口 522.1 万辆，同比增长 57.2%；整车出口金额 1016.1 亿美元，同比增长 68.9%。在汽车主要出口品种中，与上年同期相比，纯电动机动车、客车、轿车和载货车四大类主要出口量保持不同程度增长，其中轿车和纯电动机动车增速更为显著。1—12 月，上述四大类品种共出口 471.7 万辆，占汽车出口总量的 90.3%。

7. 房地产持续低迷，对铜消费影响大

表 9 中 2023 年房地产行业投资和施工、新开面积仍呈现下跌态势，竣工面积同比增长。总体来看，房地产行业整体仍维持低迷态势，对铜材需求也出现了大幅下降，但新增竣工面积同比上涨对家电、装修装饰等领域有拉动作用。

表 9　2023 年中国房地产行业投资和施工、新开和竣工面积

类别	投资		房屋施工面积		房屋新开工面积		房屋竣工面积	
	投资/亿元	同比/%	施工面积/万平方米	同比/%	新开工面积/万平方米	同比/%	竣工面积/万平方米	同比/%
合计	110913	−10	838364	−7.2	95376	−20.4	99831	17
其中：住宅	83820	−9.3	589884	−7.7	69286	−20.9	72433	17.2

数据来源：国家统计局。

二、2023 年中国铜加工工业经济运行情况分析

（一）政策环境分析

1. 中国经济回升向好、长期向好的基本趋势没有改变

近年来，国内外宏观形势均发生了较大变化。从国际看，百年变局加速演进，世界经济增长动能减弱、复苏乏力，逆全球化思潮抬头，不确定、难预料因素增多，世界进入新的动荡变革期；从国内看，经济恢复是一个波浪式发展、曲折式前进的过程，同时，居民增收有限，国内需求不足。但无论是变乱交织还是动荡不安，在全球复杂多变的不确定背后我们更看到了确定性：中国国家安全、政治稳定，经济上顶住了外部压力，克服了内部困难，高质量发展这个新时代的硬道理更加深入人心，全面建设社会主义现代化国家新步伐依然铿锵有力，中国发展面临的有利条件强于不利因素，经济回升向好、长期向好的基本趋势没有改变。

2. 国际发展环境面临挑战

当前，美国将中国视为最大的战略竞争对手，通过科技围堵、滥用制裁、金融遏制、贸易争端等各种手段遏制中国的发展。科技成为美国遏制中国战略的主轴，芯片成为竞争焦点。欧盟采用碳关税，有研究表明，碳关税的征收将使中国对欧贸易总量下降 10%～20%，易引发贸易摩擦。欧盟强调"去风险"，

摆脱对中国经济的严重依赖，但趋势更易走向"脱钩"。这导致出口企业被迫国外建厂，高端产业排挤中国。

3. 促进民营企业发展

2023 年 7 月，国家发展改革委等部门发布关于实施促进民营经济发展近期若干举措的通知（发改体改〔2023〕1054 号），基本原则有：（1）促进公平准入：鼓励参与国家重大项目、科技攻关，提升供应能力，推动平台经济健康发展；（2）强化要素支持：政策支持（所得税扣除、出口退税、贷款支持、支撑评审等）；（3）加强法治保障：清理废除有违平等保护文件、构建亲清政商关系；（4）优化涉企服务：加大拖欠账款清理力度、完善歇业制度配套政策措施；（5）营造良好氛围：畅通涉企投诉渠道，集体和个人奖励表彰，发挥先进标杆的示范引领作用。

4. 有色金属行业稳增长工作方案明确指导发展方向

2023 年 8 月，工信部等七部门联合发布《有色金属行业稳增长工作方案》，主要目标是：有色金属工业增加值 2023 年同比增长 5.5% 左右，2024 年增长 5.5% 以上；十种有色金属产量年均增长 5% 左右；铜、铅等冶炼品单位能耗平均下降 2% 以上。与铜相关的政策有：引导铜、铝、铅锌、镁等行业要素资源向优势企业集聚，培育资源开发和冶炼骨干企业；培育铜、锂、镍、钨、锑等重要有色金属产业链"链主"企业，与世界一流企业对标对表，提升企业综合竞争能力；支持专精特新"小巨人"企业、单项冠军企业发展，支持地区特色精深加工产业集群发展；支持重大项目建设，支持绿色化改造，鼓励智能化改造，加大技术改造力度，促进行业高端化智能化绿色化发展；加强上下游对接、举办大型展会、打造样板工程等方式扩大材料及产品应用领域、规模及层次，将龙头企业打造成世界品牌，扩大影响力。

（二）产业结构调整情况和经营形势分析

1. 产品下游需求分化明显，消费端"黄减紫增"趋势加深

2023 年我国铜加工材下游需求分化明显：建筑家装、水暖卫浴、服辅装饰等铜加工下游产业需求不足；电子信息制造业生产逐步恢复向好；家电领域表现良好；电力、新兴领域如新能源汽车、光伏、风电、储能、机器人等产业快速发展，是拉动铜新兴消费的主要力量。从消费结构看，黄铜类产品如黄铜带、黄铜棒、黄铜管需量继续下滑，紫铜类产品如紫铜带、紫铜线、紫铜箔、紫铜排需求出现增长，"黄减紫增"现象越发明显。

2. 科技创新实现突破

2023 年 11 月，科技部高技术研究发展中心批复文件中，陕西斯瑞新材料股

份有限公司牵头承担的"高强高弹钛青铜合金超薄/宽幅带材研发与应用项目"、宁波兴业盛泰集团有限公司牵头承担的"高端集成电路铜合金材料数字化加工制备关键技术及产业化"项目，分别在"十四五"国家重点研发计划项目"先进结构与复合材料"和"高端功能与智能材料"重点专项中正式立项。

9项铜加工行业项目获2023年度中国有色金属工业科学技术奖。其中一等奖4项，二等奖5项，见表10。

表10　铜加工项目获2023年度中国有色金属工业科学技术奖情况

序号	题目	获奖单位
一等奖4项		
1	高强高导高弹铜及铜合金磁控超纯净熔炼和超细晶连铸技术	上海大学、铜陵有色金属集团有限公司金威铜业分公司、宁波博威合金板带有限公司、浙江力博控股集团有限公司、上海上大众鑫科技发展有限公司
2	高性能铜基丝线材组织和性能调控技术及应用	河南科技大学、河南省科学院、河南理工大学、河南森格材料科技有限公司、兰州理工大学、浙江东尼电子股份有限公司、常州恒丰特导股份有限公司
3	空调制冷精密铜管低碳智能制造装备技术研制及产业化	浙江海亮股份有限公司、清华大学、浙江大学、绍兴文理学院、天津大学浙江国际创新设计与智造研究院
4	海洋装备用铜合金管材测试评价体系建设及工程化应用	国标（北京）检验认证有限公司、国合通用测试评价认证股份公司、北京科技大学、江阴和宏精工科技有限公司、浙江海亮股份有限公司、中色创新研究院（天津）有限公司、中国合格评定国家认可中心、上海交通大学、华北电力大学
二等奖5项		
1	高端电子产品用超低轮廓电解铜箔关键技术研发及应用	常州大学、常州工学院、江苏铭丰电子材料科技有限公司
2	大直径铜合金管材生产工艺创新及优化	金川集团股份有限公司、镍钴共伴生资源开发与综合利用全国重点实验室
3	高性能铜基超硬磨具制备关键技术及应用	东北大学、磐维科技（青岛）有限公司、北京理工大学重庆创新中心、株洲欧科亿数控精密刀具股份有限公司
4	海水养殖用铜合金网衣网箱集成技术开发	中铝科学技术研究院有限公司、中国铜业工程技术研究院（昆明冶金研究院有限公司北京分公司）、中铝材料应用研究院有限公司
5	海基装备用大规格高耐蚀耐磨CuNi系合金研制及产业化	中铝洛阳铜加工有限公司、中南大学

高端产品研发再上新台阶：斯瑞新材液体火箭发动机推力室新一代耐高温铜铬铌合金材料及制品进入量产阶段，光模块基座高导热、低膨胀新型钨铜合金材料及制品批量供货；首都航天机械有限公司火箭用超大尺寸铜合金产品增材制造成功研制；耐高温电磁扁线等高端线材不断满足下游产业需求；国工新材钛铜、铍铜、铜镍锡等已通过应用端验证，实现了高性能铜合金材料的国产化；花园新能源在绿色环保锂电铜箔、高抗拉高延伸锂电铜箔、高精密超厚压延铜箔、高性能超厚电解铜箔、高频高速铜箔、电阻铜箔、载体超薄铜箔等研发上取得阶段性成果；多家铜箔企业突破 HVLP3、RTF2、RTF3 及高频高速电解铜箔等核心技术难题。高端产品的不断突破，对我国解决"卡脖子"问题及开拓新应用领域具有重要意义。

3. 绿色化、智能化、数字化不断取得新成果

7 家铜加工企业获工信部 2023 年国家级绿色工厂称号：天津大无缝铜材有限公司、江铜华北（天津）铜业有限公司、铜陵精迅特种漆包线有限责任公司、江西云泰铜业有限公司、江西保太有色金属集团有限公司、中铜华中铜业有限公司、建滔覆铜板（深圳）有限公司。

智能制造和数字化取得新进展：2023 年，海亮集团 ERP 全球项目战略签约与启动会召开，继续促进管控模式和系统平台的全面升级；海亮股份发布"海亮有色智造行业词典"，打造覆盖智能经营、智能制造、智能物流、智能仓储的全新产业模式；海亮集团通过中国电子信息行业联合会数据管理能力成熟度（简称 DCMM）等级证书"DCMM-稳健级（3 级）"认证；金田铜业荣获 2023 年度浙江省 5G 全连接工厂（车间级）称号，其"铜加工智能制造标准应用试点"项目列入 2023 年度国家智能制造标准应用试点项目；安徽鑫海高导高精铜细线导体智能工厂成功通过安徽省智能工厂认定；斯瑞新材 SAP S/4 HANA 项目启动会召开，标志着公司进入了数字化 2.0 时代；博威合金加大投入建设特殊合金数字化产线，依托数字化技术，围绕产量、质量、交期、能耗、成本等打造智能运营驾驶舱，加速推动合金材料行业"灯塔工厂"落地。

三、当前中国铜加工工业发展中存在的突出问题和对策建议

（一）存在的突出问题

1. 行业内卷严重

首先是产能相对过剩。2023 年铜箔行业产能达 180 万吨以上，铜板带、铜管棒线产能也在新建。其次是下游需求不足，价格竞争激烈。一些领域市场需

求下滑，增长领域新进入者多，电子信息、房地产、水暖卫浴、服辅装饰行业有所下滑，市场需求偏弱。电力、新能源行业需求增长，但很多企业转型，如黄铜转紫铜，造成增长行业供给增多，加剧竞争；低价恶性竞争的土壤犹在，"低价中标"采购的思想根深蒂固，下游大型企业招标中尤其普遍，许多企业在订单大幅减少的情况下微利运营。再次是恶性竞争几乎涵盖所有品种，包括黄铜板带、铜杆、铜箔和铜管等，急需调整和自律。铜箔今年加工费降至盈亏成本线附近，目前产能利用率下降；2023年下游市场需求下滑，企业价格竞争激烈。铜杆产能利用率不到60%，加工费仅数百元；铜棒下游需求增量有限，利润率一直不高。铜管在2018年以前盈利效益尚可，之后产能严重过剩，利润率大幅下降，近两年基本保持稳定的市场格局。

2. 部分高端产品、高端装备依赖进口

在钛铜、铍铜、引线框架用途、连接器用途、C7035以上用途的带材，电子电路铜箔，汽车线束方面与国外先进水平有差距。

国内缺少高端应用场景，某些新产品无用武之地。我们是后进者，在诸多高端制造业领域我国均弱于国外，如数控机床、芯片、光刻机、医疗器械、高端传感器、折叠屏、OLED等。只有我国高端制造业全面赶超，我国铜加工产业才会随同全面赶超，因为即使技术突破，开发了新产品，国内也少有高端应用场景。如斯瑞、金田、中色正锐开发了铜铁合金系列产品，铜铁合金带材在国外应用于韩国、日本OLED屏，丝材在国外用于屏蔽效能，但由于我国OLED、电磁屏蔽领域落后，应用进程缓慢。因此构建高端产业链需要一个过程，只有多一些像华为、比亚迪这样的高端制造业企业，才能全面带动我国铜加工业及其他新型高端材料的发展。

发达国家高端产品供应链难以进入。目前欧美、日韩高端市场的供应链上下游协同机制完整。我们是追赶者、模仿者，加上质量有时候也不稳定，而且发达国家对供应链设置了门槛和壁垒，很难进入其供应链系统。现在，进入高端供应链的部分企业也被要求去国外建厂。

高端装备上如高端精轧设备、成品气垫式退火炉、压延铜箔装备、高端检测装备仍依赖进口。

3. 铜价剧烈波动

2023年5月，沪铜价格大幅下跌，最低跌至62690元/吨，后又升至7万元/吨左右，铜价大幅波动，深刻影响铜加工行业。由于美元升值，以人民币计价铜价增幅大于以美元计价增幅。

4. 以铝代铜值得关注

目前市场上已经出现了以铝代铜的应用有：空调中以铝管代替铜管，美国家用空调采用铝管，并已形成标准，国内空调铝管也在做标准；铝电磁线代替铜电磁线，在风电行业用量大；铜铝复合材料代替部分纯铜，如铜铝复合排。

当然，材料替代和选择是一个长期过程，一方面对铜要坚定信心，另一方面对被替代要积极关注，做好思想准备和技术储备。

我国贫铜富铝，铝矿资源占有量远远高于铜矿；铜价是铝的 3 倍以上，铝在价格方面有明显优势；铜的导电性、散热性、延展性、强度、抗疲劳、稳定性和耐腐蚀性优于铝；铜铝复合材料难回收；铝价也是波动的，而且铜的碳排放远低于铝，在减碳的压力下，铜就成为了更优的材料选择。

（二）对策建议

1. 坚定信心，铜基新材料发展仍前景广阔

以习近平新时代中国特色社会主义思想为指导，完整准确全面贯彻新发展理念，统筹质的有效提升和量的合理增长。经济恢复是一个波浪式发展、曲折式前进的过程；我国经济韧性强、潜力大、活力足，长期向好的基本面没有变。铜消费趋顶是一个过程，到顶后会保持平台期，新能源、光伏、高端电子信息等新兴产业需要大量高端铜材。困难年年有，我们从来都是在攻坚克难中发展壮大的；我们要坚定信心，稳中求进。

2. 加快实现高水平科技自立自强

在高端产品上实现自立自强。聚焦国家需求、国家战略（新基建、新能源汽车、光伏等民用，船舶、兵器、核工业、航空航天等军工产品等），针对性创新（基础理论研究、新牌号研发、政产学研用），坚决做好进口替代，在高端电子通信材料、高精尖国防军工材料上实现自立自强。拓展开发铜材新应用。要坚持需求导向和问题导向，与下游客户共同研发，有效创新，上下游同心，快速突破、及时解决问题，满足需求，实现优质优价，高质量发展。提高产品质量，满足国内外高端客户需求。对标国际先进水平，提高产品成品率、质量一致性和稳定性，以"质"取胜。逐步实现装备及关键零部件国产化（如铜板带精轧设备、控制技术和装备、检测设备等）。

3. 绿色化、智能化、高端化是升级改造的必选项和优选项

国家提出"双碳"目标，铜加工行业绿色化升级改造势在必行。要积极借鉴吸纳目前已开展绿色供应链示范的重点行业或知名企业的优秀经验。明确铜企业在供应链管理中的核心位置，以碳管理为主要抓手，发挥"链主"作

用，实施铜行业的绿色供应链管理，带动整条供应链实现绿色低碳发展。在节能环保、绿色发展等方面苦练内功，加快国家级、省级和市级绿色工厂建设。

智能制造是一项长期、复杂的系统性工程，不是一朝一夕，需要持续用力、久久为功。以提高效率、降本增效为主要目的，聚焦企业重点产业，以智能制造为主攻方向，打造智能工厂，打造智慧供应链。

高端化方面，首先是要实现进口替代，如铜钛合金带箔材、半蚀刻引线框架带材、高频高速电解铜箔、汽车线束等；其次在亮点领域，如新能源、机器人、人工智能、大飞机、工业母机、航天、造船及深海装备、医疗装备、农机装备、盾构机、芯片、超导、各种检测装备等重点领域用铜加工材方面，突破一批标志性的重点产品；再次是融入全球产业链，逐步突破欧美、日本高端市场封锁，成为国际高端市场上的一员。

4. 坚定不移做好铜加工材进口替代和高水平出口

我国铜加工材规模大、品种全、质量优，在世界上有很强的竞争能力，具备了高水平出口和完全替代进口的条件。铜管和管子附件要坚持高水平出口，铜板带要坚持实现高铜合金带、白铜带等产品进口替代；推动紫铜带、无氧铜带、锡青铜带、黄铜带产品高水平出口，铜箔要逐步实现关键电子电路铜箔进口替代，推动锂电铜箔高水平出口，铜粉要积极替代进口（如铜浆用铜粉），铜条杆型材要积极扩大出口，铜丝要扩大出口和实现进口替代。

5. 坚持需求导向，加强行业自律，稳慎推进项目建设

产能扩张一定慎之又慎，包括新赛道（锂电铜箔），要不断适应外部环境，并对市场变化做出积极反应。从新产品的开发到价格的确定乃至经营思路和方法等都要做相应的调整。关注新技术新材料迭代突破带来的不确定性。

加强行业自律，规范市场秩序，促进公平竞争，适度竞争，也不反对价格竞争，但坚决反对低于成本的恶性价格竞争，防止新赛道新领域内卷式无序竞争，巩固拓展我国在全球铜加工产业链的枢纽位置。行业是大家的，好的生态靠大家共同营造和维护；大环境破坏了，个体难独善其身，一定要树立行业命运共同体意识。

立足新发展阶段，坚持高质量发展，朝着品牌化、差异化、精细化、高端化方向迈进。市场足够大，积极沟通交流，加强行业自律，铜板带、铜管、铜箔企业家论坛都取得了很好的效果。

6. 加强人才队伍建设，夯实企业发展根基

人才是企业最大的资源，是企业的核心竞争力和发展驱动力。加强人才队伍建设是保障企业长远发展的根本。民营企业要做好二代接班人的培养是要

务，企业家要有家国情怀；要健全激励和约束机制，更好发挥职业经理人作用，要勤勉尽责，注重职业操守；要注重领军人才的培养，打造高水平专业人才队伍，这是自主创新的关键所在；要弘扬劳模精神、工匠精神，培养好、用好技能人才，这是提升和保障产品质量的核心所在。

7. 坚持底线思维，防控各类风险，行稳致远

首先是坚持现金流至上，确保资金链安全。铜加工业比利润率低更可怕的是负债率过高，降低负债率是要务。加强存货和应收账款管理，拒绝不合理的付款账期。实时优化客户结构，对于存在潜在风险的客户，及时调整。铜价大幅波动或呈常态，利用好期货等金融工具套期保值，是战略性的，原则上不能投机，做好金融风险防控。

其次是企业发展，环保先行。污染物排放必须满足国家标准要求，尤其危险废物必须交有资质单位处理。继续推动环境保护由末端治理向过程控制和源头减量转变。树立持续提升意识，摒弃一次投资就一劳永逸的旧观念，不断提高环保水平。

再次是守住安全生产底线。坚持底线思维，敬畏生命，牢固树立没有安全就没有一切的意识。工艺装备保障方面，优先选用自动化、智能化程度更高，安全更有保障的先进装备；管理保障方面要加强安全培训，完善规章制度，强化监督检查，做到奖罚分明。

撰稿人： 吴　琼、胡　亮、袁　帅
审稿人： 范顺科

2023年铝加工工业发展报告

2023年，中国铝加工工业以习近平新时代中国特色社会主义思想为指导，牢牢坚持高质量发展这个硬道理，抢抓新能源汽车、光伏、锂电池等新兴产业发展机遇，努力扩大国内消费基本盘，推动高水平出口，取得了产量、利润双增长成绩。

一、2023年中国铝加工工业发展现状

（一）产量稳中有增

根据国家统计局初步统计，2023年中国铝材产量为6303万吨，比上年增长5.7%，扭转了2022年铝材产量下滑的势头。从最终统计数来看，近年来，中国铝材产量增速明显放缓，但仍然保持增长态势，2017—2022年中国铝材年均复合增长2.0%，详见图1。

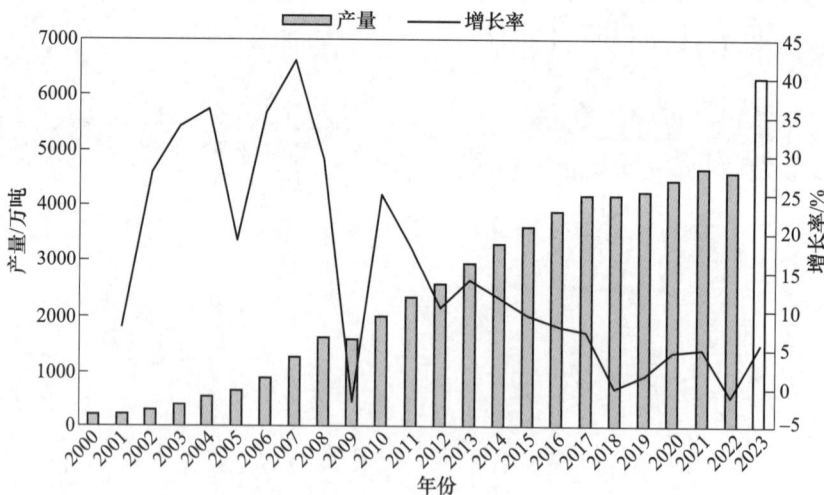

图1 2000—2023年中国铝材产量

数据来源：国家统计局，中国有色金属工业协会

产业分布方面，2023年中国大陆共有29个省（区、市）生产铝材，产量排名前十位的省（区、市）依次是山东、河南、广东、江苏、广西、内蒙古、浙江、江西、四川和重庆，合计产量占全国的77.8%，比上年提高1.7个百分

点。其中，山东与河南铝材产量超过 1000 万吨，详见图 2。

（二）主要经济指标向好

截至 2023 年底，中国铝加工工业规模以上企业数量 3653 家，同比增加 369 家；全年实现营业收入 15227 亿元，比上年增长 2.8%；利润总额 426 亿元，比上年增长 45.3%；销售利润率 2.8%，比上年提高 0.6 个百分点；资产负债率 63.9%，比上年提高 0.5 个百分点。2012 年以来铝加工工业销售利润率和资产负债率情况见图 3。

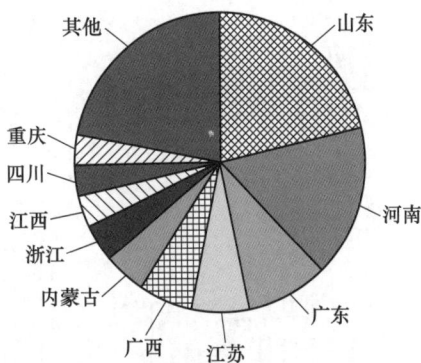

图 2　2023 年中国铝材产量分布
数据来源：国家统计局，
中国有色金属工业协会

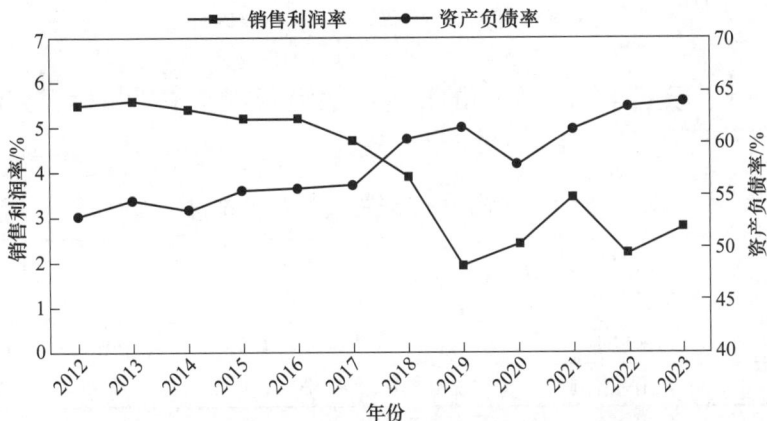

图 3　2012—2023 年中国铝加工业销售利润率和资产负债率
数据来源：国家统计局，中国有色金属工业协会

（三）国内铝材消费回升

据中国有色金属加工工业协会数据，2023 年，剔除铝箔坯料并考虑铝材进出口后的中国国内铝材表观消费量为 3626 万吨，同比增长 7.4%，增速比上年提高 9.7 个百分点。自 2010 年以来，中国铝材表观消费增速呈放缓趋势，其中 2017 年以前，年均复合增速达到 8.4%，2017 年以后的年均复合增速为 3.1%，详见图 4。

从国内重点铝消费行业来看，新能源汽车、光伏和锂电池等"新三样"产业保持快速发展态势，是拉动 2023 年国内铝材消费增长的中坚力量。房地产方面，在积极推进"保交楼"背景下，全国房屋竣工面积完成量比上年增长 17%；其他行业包括电网、汽车、家电、包装和 3C 等领域，除个别产品指标下滑外，多数指标实现增长。传统行业对稳定国内铝材消费基本盘发挥了重要

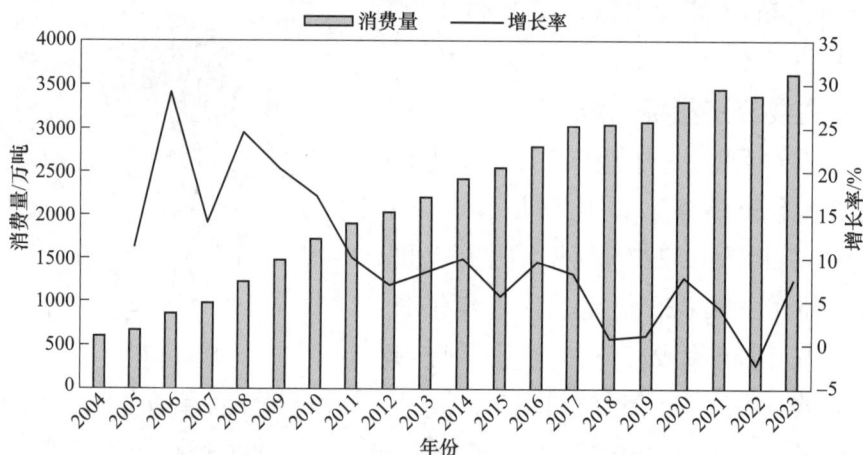

图4　2004—2023年中国铝材表观消费量

数据来源：中国有色金属加工工业协会

作用。2023年"新三样"产品产量和传统铝消费行业主要指标完成情况见表1和表2。

表1　2023年"新三样"产品产量

序号	项目	产量	增长率/%
1	新能源汽车	958.7万辆	35.8
2	锂电池	778.1吉瓦时	42.5
3	太阳能电池	541.2吉瓦时	54

数据来源：国家统计局、中国汽车工业协会、中国汽车动力电池产业创新联盟。

表2　2023年中国传统铝消费行业主要指标完成情况

指标	单位	数值	比上年增长/%
房屋竣工面积	万平方米	99831.1	17.0
电网工程建设投资完成额	亿元	5275	5.4
汽车产量	万辆	3011.3	9.3
空调产量	万台	24487	13.5
洗衣机产量	万台	10458.3	19.3
彩色电视机产量	万台	19339.6	-1.3
冰箱产量	万台	9632.3	14.5
啤酒产量	万千升	3555.5	0.3
饮料产量	万吨	17499.8	4.1
手机产量	万台	156642.2	0.4
微型计算机产量	万台	33056.9	-17.4

数据来源：国家统计局。

（四）铝材进口和出口双下降

1. 进口

2023 年，中国进口铝材 38.4 万吨，比上年下降 13.7%，是 2001 年以来第二低点，相当于中国铝材总产量的 0.8%。其中，进口铝挤压材 3.6 万吨，比上年下降 7.7%，占进口铝材总量的 9.4%；进口铝板带 27.8 万吨，比上年下降 11.7%，占比 72.4%；进口铝箔 6.1 万吨，比上年下降 22.8%，占比 15.9%，中国铝材进口情况见图 5。

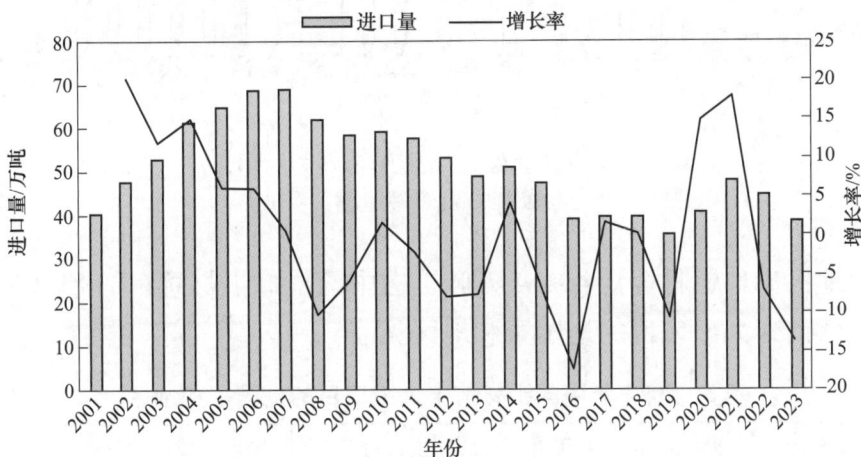

图 5　2001—2023 年中国铝材进口情况

数据来源：海关总署

2023 年，中国铝材进口来源地国家和地区共 85 个，其中韩国和日本是主要进口来源地，合计进口量占中国铝材进口总量的 76.3%。分开来看，自韩国进口 19.4 万吨，比上年下降 7.2%；自日本进口 9.9 万吨，比上年下降 22.0%。

2. 出口

2023 年，中国出口铝材 528.4 万吨，比上年下降 14.5%，仍保持中国年度出口量第三高点，出口量占中国铝材总产量的 11.3%。其中，出口铝挤压材 112.7 万吨，比上年增长 5.3%，占铝材出口总量的 21.3%；出口铝板带 277.2 万吨，比上年下降 22.4%，占比 52.5%；出口铝箔 130.9 万吨，比上年下降 10.6%，占比 24.8%，中国铝材出口情况见图 6。

2023 年，中国铝材出口目的地国家和地区共 217 个，其中墨西哥、韩国、越南、泰国、印度、美国、加拿大、澳大利亚、马来西亚和印度尼西亚是前十大出口目的地，合计出口 272.1 万吨，占中国铝材出口总量的 51.5%。向前 30

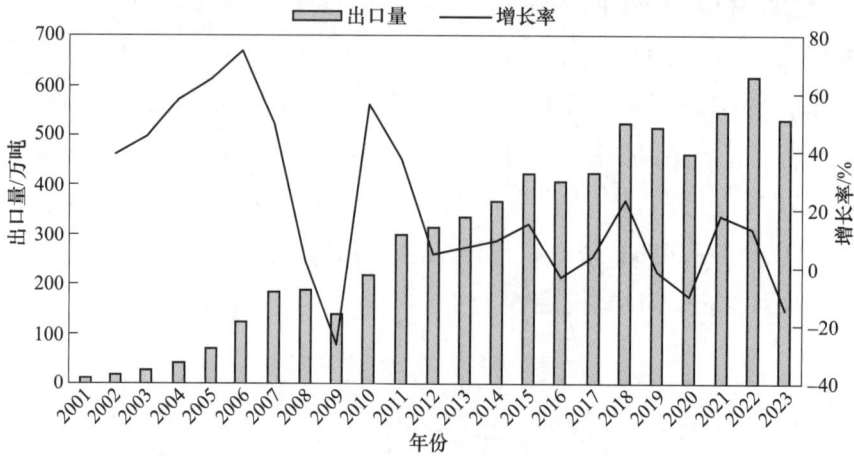

图6　2001—2023年中国铝材出口情况

数据来源：海关总署

个国家和地区出口铝材合计431.4万吨，占中国出口铝材总量的81.6%。2023年中国铝材前十大出口目的地国家和地区见表3。

表3　2023年中国铝材前十大出口目的地国家和地区

排名	国家和地区	2023年出口量/万吨	2022年出口量/万吨	同比增减量/万吨	同比增幅/%
1	墨西哥	50.9	61.6	−10.7	−17.4
2	韩国	33.0	40.8	−7.8	−19.1
3	越南	31.7	35.9	−4.2	−11.7
4	泰国	28.8	37.4	−8.6	−23.0
5	印度	28.0	26.3	1.7	6.5
6	美国	24.2	34.2	−10.0	−29.2
7	加拿大	20.3	21.6	−1.3	−6.0
8	澳大利亚	18.9	20.4	−1.5	−7.4
9	马来西亚	18.3	20.7	−2.4	−11.6
10	印度尼西亚	18.1	20.1	−2.0	−10.0
	其他国家和地区	256.2	299.3	−43.1	−14.4

数据来源：海关总署。

（五）"新三样"铝材投资热度高

2023年，中国铝加工工业投资分化现象突出，与"新三样"相关的铝材投资项目依然火热。铝挤压方面，传统头部企业新开工投资项目减少，但新能源汽车、光伏等工业型材项目保持高投资强度。铝轧制方面，电池铝箔及坯料项目呈现数量多、建设快的特点，汽车用铝板带项目也保持高投入，但传统铝板带箔项目的投资显著放缓。另据不完全统计，2023 年我国在建和建成铝挤压产能超 300 万吨/年，铝板带箔超 450 万吨/年。

（六）科技创新再上新台阶

2023 年，东北轻合金有限责任公司和西南铝业（集团）有限责任公司等单位完成的"高性能铝合金大规格挤压材制造与应用技术"等 5 个铝加工项目荣获中国有色金属工业科学技术奖一等奖，详见表 4。

表 4　2023 年中国有色金属工业科学技术奖一等奖名单（铝加工项目）

序号	项目名称	完成单位	奖项等级
1	高性能铝合金大规格挤压材制造与应用技术	东北轻合金有限责任公司、西南铝业（集团）有限责任公司等	一等奖
2	新能源汽车动力电池包装用铝合金高品质板带箔开发与产业化	西南大学、永杰新材料股份有限公司等	一等奖
3	铝板带冷粗轧智能化轧制关键技术及装备研发	中色科技股份有限公司、中南大学等	一等奖
4	高精铝板带生产全流程质量智能管控技术及应用	北京科技大学、中铝瑞闽股份有限公司等	一等奖
5	变形铝及铝合金牌号及铝合金成分分析方法标准体系研究	东北轻合金有限责任公司、中铝郑州有色金属研究院有限公司等	一等奖

数据来源：中国有色金属工业协会。

2023 年，有研工程技术研究院有限公司和山东南山铝业股份有限公司的"一种适合于汽车车身板制造的铝合金材料及制备方法"专利荣获第二十四届中国专利奖银奖，广东兴发铝业有限公司、华南理工大学、广东华昌集团有限公司、广东和胜工业铝材股份有限公司等单位的共 4 项铝加工专利项目荣获中国专利奖优秀奖。

（七）高质量发展扎实推进

1. 高端化

2023 年，东北轻合金有限责任公司、银邦金属复合材料股份有限公司、山东创新金属科技有限公司和河南省远洋粉体科技股份有限公司 4 家铝加工企业荣获国家级单项冠军示范企业称号，详见表 5。截至目前，全行业共有12 家国家级单项冠军示范企业，成为促进中国铝加工工业迈向中高端的重要力量。

表5　2023年第八批制造业单项冠军企业名单

序号	企业名称	主要产品
1	东北轻合金有限责任公司	高性能5×××铝合金材料
2	银邦金属复合材料股份有限公司	汽车用铝合金复合材料
3	山东创新金属科技有限公司	铝镁硅合金
4	河南省远洋粉体科技股份有限公司	超细球形铝粉

数据来源：工信部，中国工业经济联合会。

2. 绿色化

2023年，山东创新金属科技有限公司、山东华建铝业集团有限公司、上海神火铝箔有限公司、河南万达铝业有限公司、商丘阳光铝材有限公司、中铝河南洛阳铝加工有限公司、华峰铝业有限公司、重庆新美鱼博洋铝业有限公司、云南浩鑫铝箔有限公司、安徽科蓝特铝业股份有限公司、江西华晟铝业有限公司、江西省虹鑫铝业有限公司等18家铝加工企业获得国家绿色工厂称号。截至目前，铝加工行业已成功创建60多家国家绿色工厂，绿色化转型取得显著成效。

3. 智能化

2023年，中国铝加工产业智能化转型再添新成果，福建省闽发铝业股份有限公司成功入选国家级智能制造示范工厂揭榜单位名单。此前，已有中铝萨帕特种铝材（重庆）有限公司、河南明泰铝业股份有限公司和广西南南铝加工有限公司3家铝加工企业通过国家级智能制造示范工厂认定。

二、当前中国铝加工工业发展中需要关注的问题

（一）房地产企业违约风险

2023年8月，国内头部房企碧桂园暴雷，包括但不限于业绩亏损、高额债务和债务违约。根据有关媒体报道，截至目前，房地产行业已有包括恒大、富力、融创、旭辉、绿地、佳兆业、阳光城等一众企业暴雷，并且有愈演愈烈之势，房地产企业违约风险剧增。

由于此前房地产企业常用商业票据支付工程款和材料款，因此包括铝加工企业在内的地产供应商企业收受了大量商业承兑汇票。现在，这些不能兑现的商票给铝加工企业尤其是建筑铝型材企业带来巨额承兑损失，轻则消减经营利润，重则过多占用流动资金，导致资金链断裂而破产。

（二）铝消费下滑风险

一是人均铝消费量有望趋顶。据安泰科数据，2023年中国国内全口径人

均铝消费量为 34.0 千克/人，在全球主要经济体中稳居前列，虽然与 1999 年美国的消费峰值 35.2 千克/人仍有差距，但是已经超过 2020 年欧、美、日、韩等主要发达国家人均消费水平。理论上判断，铝消费增速减缓和趋顶是客观规律，我国人均铝消费量增长空间有限。

二是传统铝消费增长持续性存疑。房地产方面，2023 年，中央政府指出我国房地产市场供求关系已经发生重大变化。实际上自 2019 年以来，我国房地产开发投资增速持续下滑，尤其是 2022—2023 年连续两年同比下滑 10% 左右，调整时间长、下降幅度大，而且目前仍未看到触底迹象，详见图 7。其他行业方面，近 5 年主要指标增速相对 2023 年显著偏低，保持持续较快增长的基础并不牢固，详见表 6。

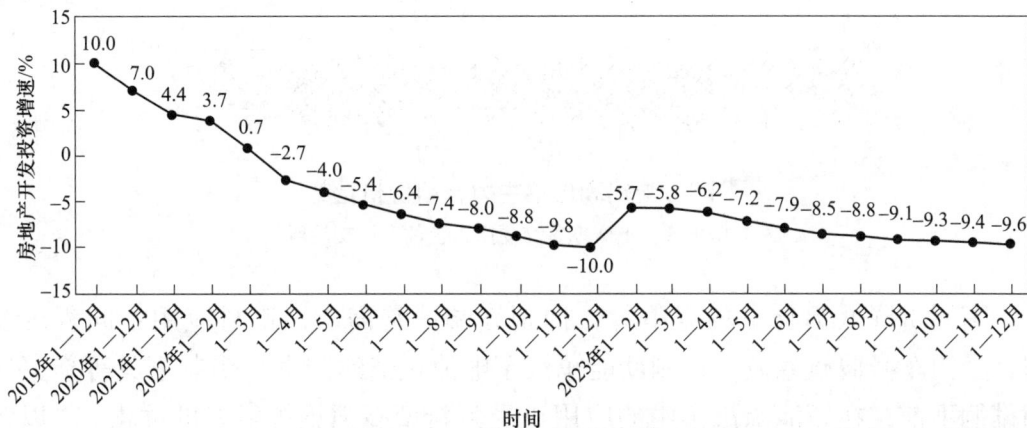

图 7　2019 年以来中国房地产开发投资增速

数据来源：国家统计局

表 6　近 5 年部分传统行业主要指标增长情况

指标	2023 年增长率/%	近 5 年复合增长率/%
电网工程建设投资完成额	5.4	−0.4
汽车产量	9.3	1.6
四类家电合计产量	7.2	2.7
手机产量	0.4	−2.7
啤酒产量	0.3	−1.4
饮料产量	4.1	2.2

数据来源：国家统计局。

（三）铝价高企

2023 年，沪铝主力合约均价 18615 元/吨，最高价 19675 元/吨，最低价

17455 元/吨，振幅 11.9%。沪铝主力合约价格处于 2019 年以来的较高水平，主力均价比 2019 年提高 34.1%。此外，相较于 2020—2022 年，沪铝波动幅度显著减小。伦铝价格走势与沪铝相当，详见图 8。

图 8　沪铝和伦铝主力合约价格走势
数据来源：上海期货交易所，伦敦金属交易所

高铝价降低铝材市场竞争力，抑制终端消费需求，铝材应用不同程度受阻，全铝车身偃旗息鼓，钢制新能源汽车电池包悄然问世，铝制家具等新兴应用徘徊不前，在新能源汽车中的应用正受到新型高强钢等材料的冲击，"以铝代钢""以铝代塑""以铝节木"等面临严重挑战。

（四）国际贸易环境日益严峻

2023 年，我国铝加工业新增 3 起主要贸易救济案件，分别是：10 月 25 日，美国对华铝型材反倾销、反补贴案；11 月 16 日，海合会对华铝合金板、带、卷反倾销案；12 月 14 日，哥伦比亚对华铝挤压材反倾销案，详见表 7。

表 7　2023 年新增贸易救济案件

序号	申诉主体	案件概要	案件状态	原审立案时间
1	美国	对华铝型材反倾销、反补贴案	肯定性初裁	2023-10-25
2	海合会	对华铝合金板、带、卷反倾销案	正在调查	2023-11-16
3	哥伦比亚	对华铝挤压材反倾销案	正在调查	2023-12-14

数据来源：中国贸易救济信息网。

截至目前，我国铝加工业已遭受 50 余起主要贸易救济案件，其中 2019 年以来新增案件约占一半，涉案产品范围从铝型材、铝板带和铝箔等铝加工材产品向铝制品蔓延。此外，欧盟碳边境调节机制、美国涉疆法案等影响我国铝材出口的新变量不断增多。贸易摩擦案件频发，贸易壁垒花样翻新，我国铝材及制品出口压力持续加大。

（五）行业内卷

根据中国有色金属加工工业协会调研统计，全行业产能利用率不足七成。在汽车轻量化型材、光伏型材、电池铝箔等投资火热背景下，全行业实际产能利用率可能要低得多，尤其是中低端产能过剩相当严重。

受产能过剩叠加产品同质化、下游消费品价格下滑、铝材出口萎缩等诸多因素影响，2023 年全行业价格竞争相当激烈，内卷十分严重，主要铝材产品加工费几乎全线下滑，铝型材、铝板带和铝箔产品无一幸免。其中，建筑和光伏型材、普通铝板带卷、包装铝箔等普通产品加工费达到历年来低点；易拉罐料、汽车车身薄板、双零铝箔和电池铝箔等高端产品加工费跌幅全部超过10%，部分达到30%左右，详见图9。

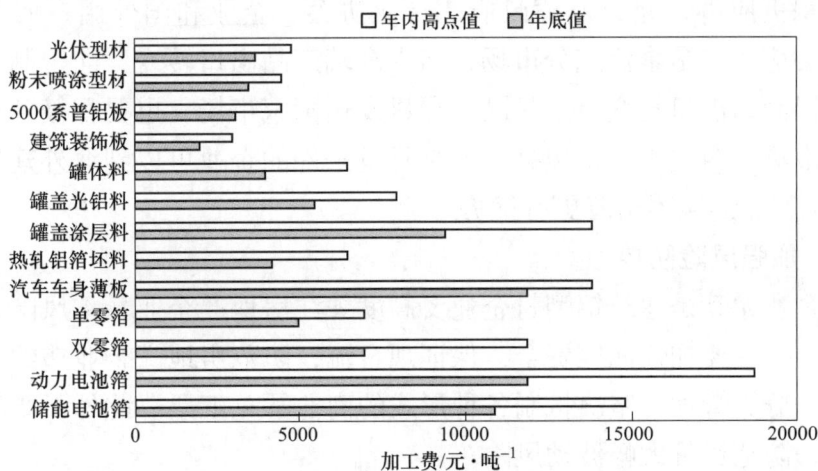

图 9　2023 年部分铝材加工费变化情况

数据来源：中国有色金属加工工业协会

三、对中国铝加工工业发展的建议

（一）坚持科技创新

以科技创新推进高端化、绿色化和智能化转型是铝加工工业高质量发展的重要内容。高端化方面，要重视基础创新，开展新合金牌号、新技术、新产品研究开发，巩固科技自立自强根基；要突破"卡脖子"难题，聚焦核心装备、关键材料，满足国家战略需求；要做专做精做强，打造单项冠军和隐形冠军。

绿色化方面，要开展绿色清洁生产方式，推动原铝、再生铝、绿电铝和铝加工融合发展。智能化方面，要推广智能制造模式，努力提高生产效率、产品质量和本质安全水平。

（二）坚持扩大国内铝消费

扩大消费是中国铝加工业高质量发展的内在要求。一要聚焦人民群众美好生活需要，加强产品开发，加强宣传推广，努力做铝材消费的创造者和引领者。二要聚焦新兴工业消费和深加工，加强与航空航天、"新三样"、包装容器、建筑装饰、机械电气等下游合作开发；加强产业链延伸，坚持向深加工发展，努力扩大铝材应用。三要借鉴国外消费场景，加强国际交流合作，借鉴发达国家在铝材新产品开发、新应用推广方面的成功经验，不断扩大应用场景。

（三）千方百计推动高水平出口

出口是推动中国铝加工工业发展的重要驱动力，有利于缓解行业产能过剩矛盾，有利于倒逼产业链转型升级，要千方百计推动铝材和铝制品高水平出口。一是积极应诉，充分发挥政府、行业协会、企业和国外用户四方机制作用，逢案必应。二是聚焦细分市场，向中高端产品出口转变，向定制产品出口转变，向铝制品出口转变。三是既要深耕发达国家市场，也要积极开拓发展中国家替代市场，西边不亮东边亮。四是具备条件的企业可以到海外建厂，跟随"新三样"产业链抱团出海更有优势。

（四）加强风险防控

广大企业尤其是建筑铝型材企业要高度关注房地产企业暴雷风险，活着比发展更重要。一要加快回笼资金，保证现金流，防范房地产企业违约冲击；二要加强客户分类管理，坚决抵制各种形式的商业承兑汇票。此外，要积极参与套期保值，防范铝价大幅波动风险。

（五）加强行业自律

行业是大家的，好的生态要靠大家共同营造和维护。一要谨慎投资，加强产能合作；二要严守质量、价格、交期底线，坚决反对低于成本的恶性价格竞争；三要树立命运共同体意识，加强交流合作，共同应对行业挑战；四要提高品牌意识，走差异化、特色化发展道路。

撰稿人：卢　建、李谦锋、周　飞、
　　　　张　璐

审稿人：范顺科

品种篇

PINZHONG PIAN

2023 年铜工业发展报告

2023 年以来，面对复杂严峻的国际环境和艰巨繁重的国内改革发展稳定任务，铜行业、企业认真贯彻落实党中央、国务院及有关部委出台的稳增长决策部署，围绕行业稳定增长这一首要任务，积极应对消费放缓、成本上升、价格下跌等因素对产业运行的影响，行业整体保持了稳中有升的运行态势。

一、2023 年世界铜工业发展概述

（一）生产

2023 年世界铜产品生产保持平稳增长。根据国际铜研究组（ICSG）统计，2023 年世界矿产铜（含铜量，下同）产能为 2824.7 万吨，同比增长 4.5%；产量为 2206.3 万吨，同比增长 0.5%，增幅收窄，其中，铜精矿产量 1770.7 万吨，同比增长 0.5%；湿法铜产量 435.7 万吨，同比增长 0.6%；产能利用率为 78.1%。从产量分布来看，智利和秘鲁两国是最主要的铜矿生产国，2023 年合计产量占全球产量的 36.3%；前十国合计产量占全球产量的 82.3%，铜矿生产集中度进一步提高；湿法铜主要集中在刚果（金）、智利和美国，合计产量占比达 86.3%，详见表 1。

表 1   2023 年世界矿产铜分国别产量统计   （万吨）

序号	国家	合计	铜精矿	湿法铜
1	智利	525.1	386.0	139.1
2	秘鲁	275.5	264.5	11.0
3	刚果（金）	240.8	56.3	184.4
4	中国	168.7	162.2	6.5
5	美国	115.2	62.8	52.4
6	印度尼西亚	91.3	90.1	1.3
7	俄罗斯	88.6	88.5	0.1
8	澳大利亚	79.7	78.2	1.5
9	哈萨克斯坦	79.0	74.8	4.2

续表1

序号	国家	合计	铜精矿	湿法铜
10	赞比亚	78.8	65.1	13.7
	前十小计	1816.4	1386.8	429.6
	世界合计	2206.3	1770.7	435.7

数据来源：ICSG。

根据 ICSG 统计，2023 年全球精炼铜产能 3226.3 万吨，同比增长 2.7%；全球精炼铜产量 2692.7 万吨，同比增长 6.0%，增幅扩大，其中矿产精炼铜 2237.5 万吨，同比增长 5.3%，再生精炼铜 455.1 万吨，同比增长 9.6%，再生精炼铜占比 16.9%，较 2022 年略有增长；产能利用率 83.5%，较 2022 年上涨 3 个百分点。从产量分布来看，中国是最大的精炼铜生产国，2023 年产量占全球的 45.7%，较 2022 年提高 3 个百分点。其他精炼铜主要生产国还有智利、刚果（金）、日本、俄罗斯等，其中刚果（金）精炼铜产量增长较快，超过日本跃居全球第三；前十国合计产量占全球产量的 82.0%，集中度进一步提高，详见表2。

表2 2023 年世界精炼铜分国别产量统计 （万吨）

序号	国家	合计	电积铜	电解铜	再生铜
1	中国	1231.4	6.5	945.2	279.7
2	智利	213.2	139.1	74.1	—
3	刚果（金）	188.0	184.4	3.6	—
4	日本	149.4	—	113.4	36.0
5	俄罗斯	101.9	0.1	80.4	21.4
6	美国	89.4	52.4	33.0	3.9
7	韩国	63.6	—	48.3	15.3
8	德国	59.6	—	34.0	25.6
9	波兰	59.2	—	45.2	14.1
10	印度	50.9	—	50.9	0.0
	前十小计	2206.7	382.6	1428.1	396.0
	世界合计	2692.7	435.7	1801.9	455.1

数据来源：ICSG。

（二）消费

2023 年铜产品消费继续保持低速增长。根据 ICSG 统计，2023 年全球精炼铜消费 2701.3 万吨,同比增长 4.6%。中国仍然是铜消费第一大国,2023 年精炼铜消费量为 1581.2 万吨,占比达 58.5%,较 2022 年上升 2 个百分点;美国位居全球铜消费第二,精炼铜消费量 161.1 万吨,其他国家精炼铜消费均不超过百万吨,详见表 3。

表 3 2023 年世界铜消费分国别统计 （万吨）

序号	国家	消费量
1	中国	1581.2
2	美国	161.1
3	德国	94.2
4	日本	81.7
5	韩国	66.0
6	印度	58.2
7	土耳其	52.5
8	意大利	50.0
9	阿拉伯	41.1
10	西班牙	40.5
前十小计		2226.6
世界合计		2701.3

数据来源:ICSG。

二、2023 年中国铜工业发展现状

（一）经济运行情况

1. 产量与经济效益

2023 年中国铜产品产量保持平稳增长,经济效益由降转增。根据中国有色金属工业协会初步统计数据,2023 年中国铜工业规模以上企业实现营业收入同比增长 9.5%,实现利润同比增长 23.3%。从产业链来看,采选环节,2023 年中国铜精矿含铜产量同比下降 3.9%,实现营业收入同比增长 8.1%,实现利润同比增长 8.1%;冶炼环节,2023 年中国精炼铜产量达 1298.8 万吨,同比增长 13.5%,实现营业收入同比增长 11.4%,实现利润同比增长 15.1%;压延加工环节,2023 年中国铜材产量 2217 万吨,同比增长 5%,实现营业收入同比增长 8.3%,实现利润同比增长 58.9%,详见图 1 和图 2。

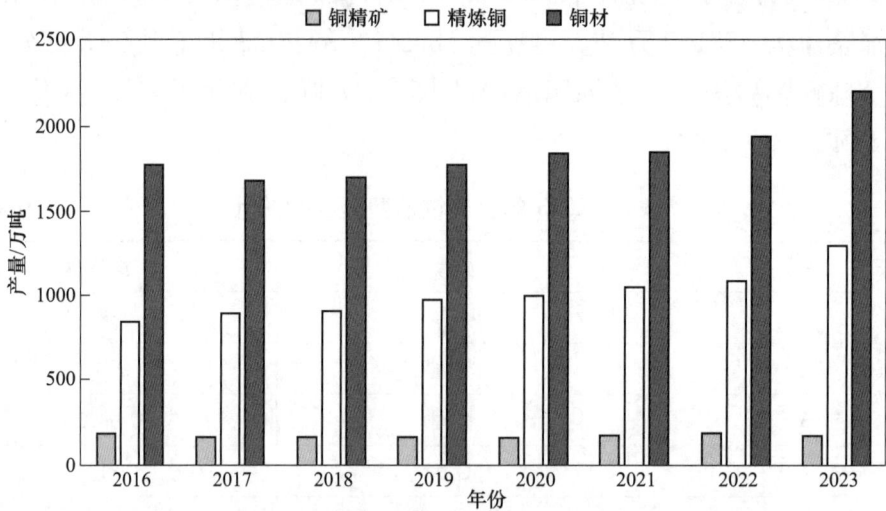

图 1 　2016—2023 年中国铜产品产量变化图

数据来源：中国有色金属工业协会

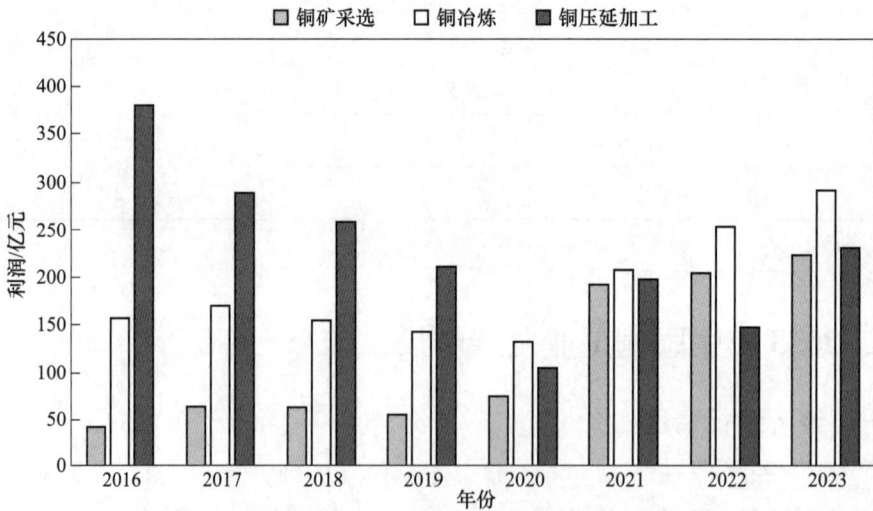

图 2 　2016—2023 年中国铜工业实现利润变化图

数据来源：中国有色金属工业协会

2. 主要技术经济指标

2023 年铜矿出矿品位为 0.59%，较 2022 年有小幅提升。从近八年的数据来看，铜矿品位已下降了 0.2%，优质资源不断减少，可开采的矿石品质下降明显。与此同时，有赖于选矿工艺技术的不断提高，选矿回收率和精矿品位等指标并没有明显下滑，详见表 4。

表4　2016—2023 年中国铜矿采选主要技术指标统计

年份	出矿品位/%	精矿品位/%	选矿回收率/%
2016 年	0.79	21.84	87.02
2017 年	0.74	21.93	86.77
2018 年	0.74	21.88	86.10
2019 年	0.71	22.08	86.22
2020 年	0.67	21.93	86.35
2021 年	0.63	22.05	86.81
2022 年	0.57	22.06	86.97
2023 年	0.59	21.59	86.21

数据来源：中国有色金属工业协会。

在"双碳"目标的背景下，中国各项环保政策不断加码，铜冶炼技术和装备也不断升级，铜冶炼相关技术指标不断提升。2023 年铜冶炼总回收率98.77%、精炼铜回收率 99.58%，与 2022 年基本持平；铜冶炼综合能耗（以标准煤计）195.25 千克/吨，较 2022 年明显下降，详见表5。

表5　2019—2023 年中国铜冶炼主要技术指标统计

年份	铜冶炼总回收率/%	精炼铜回收率/%	粗铜回收率/%	电铜直流电耗/千瓦时·吨$^{-1}$	粗铜电耗/千瓦时·吨$^{-1}$	粗铜煤耗/千克·吨$^{-1}$	铜冶炼综合能耗（以标准煤计）/千克·吨$^{-1}$
2019 年	98.55	99.63	98.98	322.18	723.90	166.63	226.05
2020 年	98.72	99.66	99.09	322.32	715.02	140.89	211.59
2021 年	98.67	98.89	99.10	322.39	712.65	145.48	215.03
2022 年	98.75	99.60	99.25	322.64	698.90	104.69	205.13
2023 年	98.77	99.58	99.20	320.72	711.80	111.08	195.25

数据来源：中国有色金属工业协会。

（二）产业结构

根据中国有色金属工业协会统计，中国铜精矿产量主要集中在西藏、江西、黑龙江、云南、安徽、甘肃、内蒙古、新疆、福建和山西等地，2023 年上述十省区合计产量占全国产量的 90%，生产相对集中。其中西藏产量增长较快，2022 年起跃居全国第一，详见图3。

根据国家统计局初步统计数据，2023 年精炼铜产量排名前十的省份合计

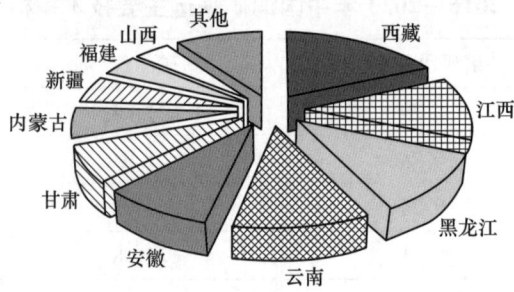

图 3   2023 年中国铜精矿产量分布

数据来源：中国有色金属工业协会

产量为 1076.4 万吨，占总产量的 82.9%，集中度进一步提高。其中江西、山东、安徽、甘肃和广西五个省区的产量超过 100 万吨，且增幅较大，详见表 6。

表 6   2023 年中国精炼铜产量统计

序号	地区名称	精炼铜产量/万吨	同比/%	占比/%
1	江西	198.5	9.2	15.3
2	山东	149.9	32.5	11.5
3	安徽	119.3	7.1	9.2
4	甘肃	115.5	23.7	8.9
5	广西	112.2	13.4	8.6
6	福建	87.2	7.7	6.7
7	内蒙古	80.4	5.2	6.2
8	湖北	76.8	30.5	5.9
9	河南	69.2	3.9	5.3
10	云南	67.5	1.8	5.2
11	其他	222.4		17.1
	合计	1298.8	13.5	100.0

数据来源：国家统计局。

根据国家统计局初步统计数据，2023 年铜加工材产量排名前十的省区合计产量为 1934.1 万吨，占总产量 87.2%，其中江西、江苏、浙江、广东和安徽五个省份产量超过 100 万吨，合计产量占总产量的 71.6%，除广东和安徽产量有小幅下滑外，其他省份产量均恢复增长，详见表 7。

表7　2023年中国铜加工材产量统计

序号	地区名称	铜材产量/万吨	同比/%	占比/%
1	江西	484.5	5.5	21.9
2	江苏	365.8	5.6	16.5
3	浙江	281.6	18.0	12.7
4	广东	279.1	-1.4	12.6
5	安徽	177.3	-6.1	8.0
6	河南	80.6	4.2	3.6
7	湖北	79.4	11.7	3.6
8	甘肃	69.7	2.6	3.1
9	天津	69.3	15.2	3.1
10	四川	46.8	67.1	2.1
11	其他	282.8		12.8
总计		2217.0	5.0	100.0

数据来源：国家统计局。

（三）市场与价格

2023年铜价冲高后震荡回落。全球精铜产量在中国的带动下出现大幅度增长，铜消费尽管得益于新能源行业的高增长拉动，但受传统制造业的拖累，全球精铜供应仍出现过剩，导致铜价在1月冲高后整体呈震荡下跌的走势，LME铜全年最高价为1月中旬的9550美元/吨，最低价为10月下旬的7856美元/吨，年底反弹至8500美元/吨以上，详见图4。

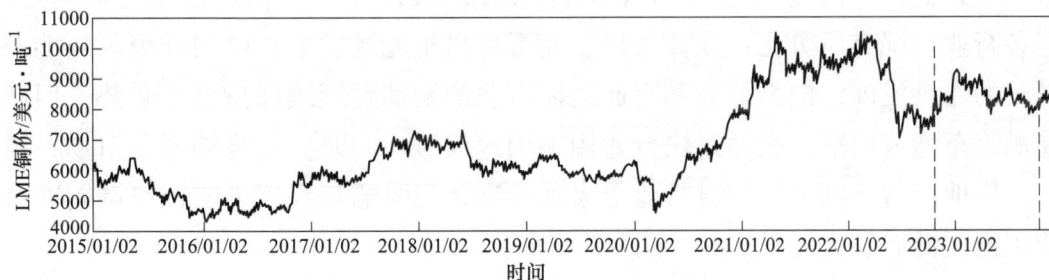

图4　2015—2023年LME铜价走势图

数据来源：LME

2023年LME当月期铜和三个月期铜均价分别为8464美元/吨和8514美元/吨，同比分别下降3.9%和3.3%；SHFE当月期铜和三个月期铜均价分别为67984元/吨和67750元/吨，同比分别上涨1.4%和1.8%，详见表8。

表8 2016—2023年LME、SHFE铜价统计

年份	LME铜价/美元·吨⁻¹		SHFE铜价/元·吨⁻¹	
	当月期铜	三个月期铜	当月期铜	三个月期铜
2016年	4863	4867	38152	38203
2017年	6162	6190	49361	49309
2018年	6525	6544	50531	50760
2019年	6005	6019	47701	47735
2020年	6168	6180	48742	48699
2021年	9314	9290	68442	68512
2022年	8805	8801	67030	66546
2023年	8464	8514	67984	67750

数据来源：LME、SHFE。

（四）市场消费

2023年中国精炼铜消费增速好于预期，表观消费量达到1672.5万吨。从铜消费结构看，电力行业是主要消费领域，2023年1—10月中国电源和电网工程完成投资进度加快，主要发电企业电源工程完成投资6621亿元，同比增长43.7%，电网工程完成投资3731亿元，同比增长6.3%，发电装机容量约28.1亿千瓦时，同比增长12.6%；交通运输行业，2023年1—10月中国乘用车在稳增长、促消费的政策拉动下，实现较快增长，产销达到2401.6万辆和2396.7万辆，同比分别增长48%和9.1%；建筑业，2023年全国房地产开发投资9.5万亿元，同比下降9.3%。总体来看，2023年国内精铜消费整体向好，但各行业情况有所分化：受益于风、光等可再生能源发电、电网升级及新能源汽车的蓬勃发展，电力行业和交通运输行业的铜消费继续保持增长趋势，但新能源汽车增速回落，交通运输行业用铜增速放缓。同时，受终端消费市场不景气，房地产行业和电子信息行业仍表现疲软，但受酷热天气影响，空调制冷行业用铜预计有较大增长。

（五）进出口贸易

2023年，中国铜产品进出口贸易额有小幅下降，进出口贸易总额1311.8亿美元，其中进口贸易额1221.3亿美元，同比下降1.3%；出口贸易额90.5亿美元，同比下降5.3%。贸易逆差1130.8亿美元。

2023年，中国进口铜原料仍呈增长态势，但精炼铜、铜材和粗铜进口均出现下降。根据海关总署统计数据，2023年中国进口精炼铜373.7万吨，同比

下降 3.8%；进口粗铜 100 万吨，同比下降 14.1%；进口铜矿 2753.6 万吨，同比增长 9.1%；进口铜废碎料 198.6 万吨，同比增长 12.1%。根据海关总署统计数据，2023 年精炼铜出口同比增长 20.4%，铜材出口与 2022 年基本持平，详见表 9。

表 9　2023 年中国铜产品进出口数据统计

品种	进口量/吨	同比/%	出口量/吨	同比/%
未锻轧铜	4108600	−3.1	279328	20.4
其中：精炼铜	3737186	−3.8	279272	20.4
铜合金	371415	5.3	56	−26.6
铜材	357673	−18.9	678063	−0.6
其中：铜粉	2701	−11.3	2172	−26.2
铜条杆型材	34693	−19.6	23445	19.7
铜丝	102404	3.4	92211	21.5
铜板带	77671	−22.2	102980	3.5
铜箔	125408	−27.1	134729	0.2
铜管	11662	−40.7	220971	−5.2
铜制管子附件	3135	−24.5	101556	−13.2
粗铜	1000500	−14.1	151	18.3
铜矿	27535532	9.1	5135	801.5
铜废碎料	1985793	12.1	2	−98.4

数据来源：海关总署。

（六）投资情况

2023 年中国有色金属工业固定资产投资同比增长 17.3%，是自 2013 年以后最大增幅。其中，铜工业固定资产投资仅矿山投资有所增长，铜矿采选环节投资增长 7.5%，铜冶炼环节投资下降 3.6%，铜压延加工投资下降 10.9%，详见图 5。

从铜矿采选方面来看，2023 年主要建设的项目有西藏玉龙铜矿改扩建、驱龙铜矿的二期建设和中铜金龙铜矿前期建设三个较大的项目，另外城门山铜矿三期扩建和武山铜矿三期扩建也在进行中；从铜冶炼方面来看，本轮铜冶炼产能增长进入了释放期，2023 年建设的项目有广西南国铜业二期项目、中条山侯马冶炼厂改扩建项目、烟台国兴搬迁改造项目、铜陵有色新建项目等；从铜加工方面来看，在新能源、电子通信等高端产业的带动下，中国铜加工产业投资热情不减，投资方向依然集中在铜板带和铜箔生产线，铜管、铜杆在建项目均较少。

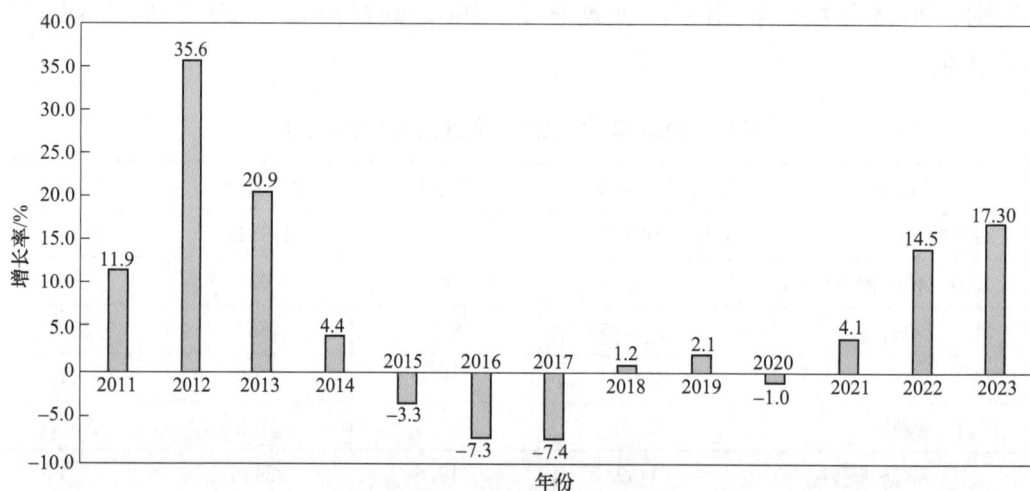

图 5　2011—2023 年中国有色金属工业固定资产投资变化图

数据来源：中国有色金属工业协会

三、2022 年中国铜工业经济运行状况分析

（一）产业结构调整情况分析

1. 原料供应结构

2023 年矿产精炼铜和再生精炼铜占比分别为 68.4% 和 31.6%，再生精炼铜占比较同期有较大涨幅。矿产精炼铜原料来源为国产铜矿、进口铜矿和进口粗铜，2023 年国产铜矿产量出现下滑，海外铜矿生产基本平稳，进口铜矿还是继续保持增长；再生铜原料来源为国产废杂铜和进口废杂铜，近年来，国内再生铜产业稳步发展，再生铜产量持续稳步增长，进口再生铜原料也较为平稳，有效地弥补了国内对铜精矿原料的依赖，详见图 6。

2. 产业布局结构

近年来，中国铜冶炼产业布局在环保和原料的区位优势推动下，发生了较大变化，产能分布更加分散。2023 年已有 5 个省份精炼铜产量超过 100 万吨，其中江西始终处于龙头地位，安徽、广西和甘肃新增产能较快，后来者居上，山东则随着省内核心铜企业逐步走出困境恢复生产，产量快速恢复。近年来，新增铜冶炼产能主要集中在广西、福建、内蒙古和甘肃，2017—2023 年间四个省份精炼铜产量均实现了翻倍，详见图 7。

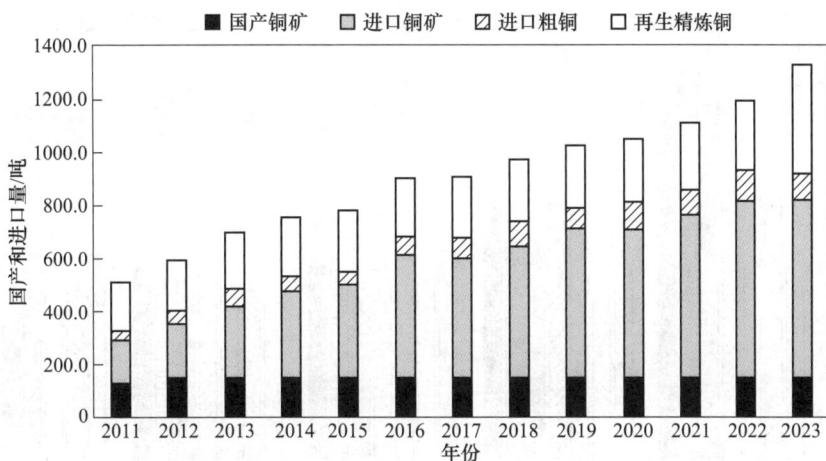

图 6　2011—2023 年中国铜冶炼原料结构图

数据来源：海关总署、中国有色金属工业协会、中国有色金属工业协会铜业分会

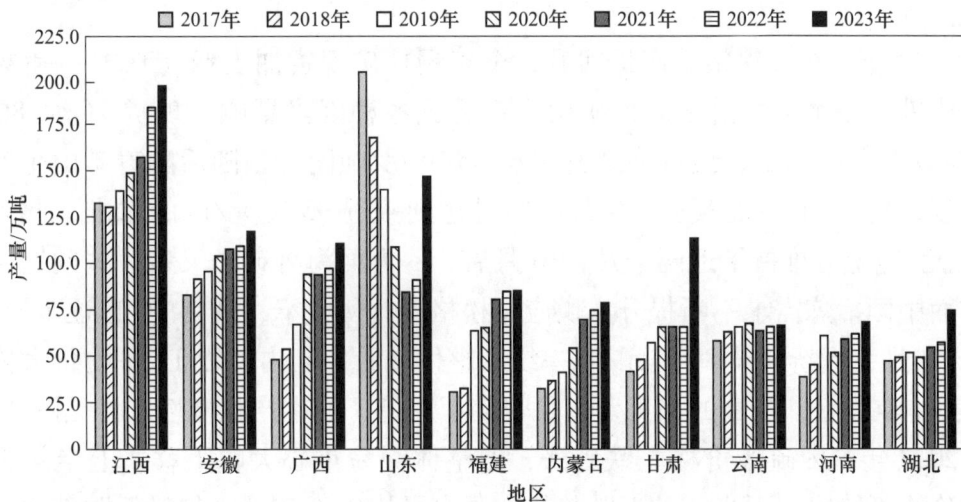

图 7　2017—2023 年中国铜冶炼产量分布图

数据来源：中国有色金属工业协会铜业分会

中国铜加工产业呈现以江西、江苏、浙江、广东和安徽五省为龙头的集群化发展模式，五省产量占比保持在 70% 以上，但从近五年产量来看，仅江西省出现较大的增长，江苏、浙江、广东、安徽四个省份产量均呈下降趋势，且五省产量占比从 2017 年的 75.5% 下降到 2023 年的 71.6%，详见图 8。

（二）经营形势分析

2023 年加工费维持较高水平，硫酸价格也有所回升，铜矿采选和冶炼行业继续保持了良好的经营效益。

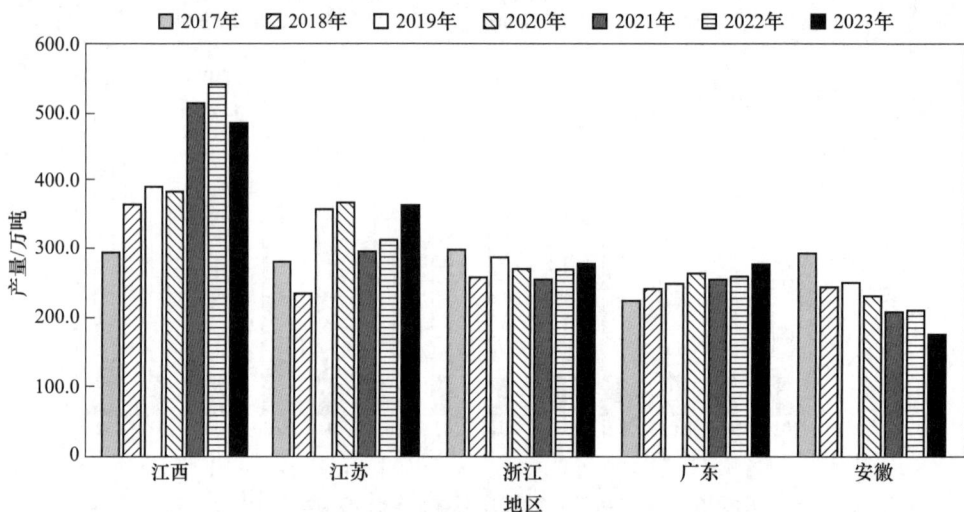

图8　2017—2023年中国铜加工产量分布图

数据来源：中国有色金属工业协会铜业分会

2023 年，全球铜精矿产量回升，全年铜精矿现货加工费（TC）一直处于较高水准。一季度，由于海外矿山生产受到各种因素影响，现货 TC 从 80 美元/吨以上有所回落，最低在 3 月降至 75 美元/吨附近，随后随着矿山生产陆续恢复，现货 TC 一路反弹，8 月最高时达到接近 95 美元/吨的水准，此后在 90 美元/吨上方维持了近两个月，10 月后，一方面海外矿山又有一些问题，另一方面中国冶炼需求不断提升，供应宽松格局有所收窄，现货 TC 也逐步回落，进入 12 月，重新跌破 80 美元/吨一线。整体来看，年内现货 TC 平均价大体在 85 美元/吨以上，较高的加工费还是带动了冶炼厂的生产积极性。详见图9。

2023 年国内硫酸价格先跌后涨，但整体交易重心大幅下移。上半年国内硫酸价格延续去年下半年的下跌趋势，国内平均价于 7 月中旬最低跌破 90 元/吨，此后出现回升，9 月中旬最高接近 300 元/吨，四季度基本位于 220～270 元/吨之间波动。2023 年国内硫酸均价约为 190 元/吨，较 2022 年的 560元/吨大幅下跌 66.1%。

四、当前中国铜工业发展中需要关注的问题

（一）原料供应仍以进口为主，对外依存度不断攀升

从整体来看，铜冶炼原料供应以进口为主的状态很难改变，经测算，2023 年中国进口铜金属含量（精炼铜、铜矿、粗铜和铜废碎料）超过 1300 万吨。矿产资源对外依存度逐年攀升，从 2012 年 60% 到 2023 年的 80%，预计未来几

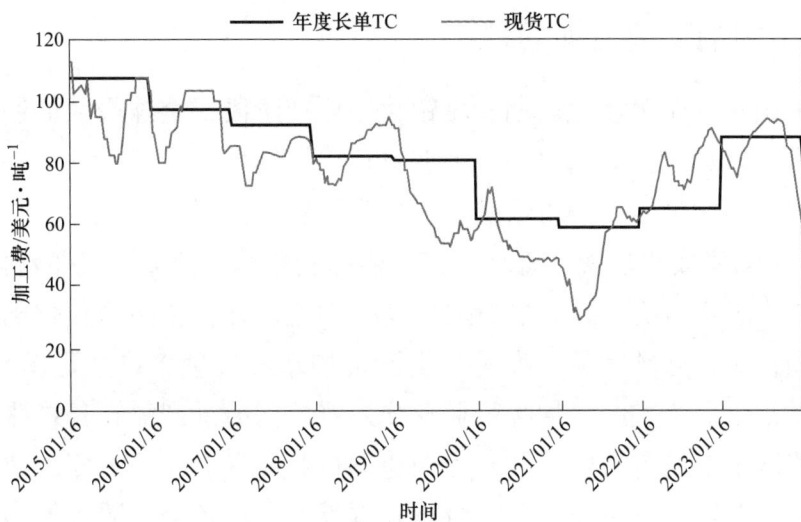

图 9 2015—2023 年中国进口铜精矿加工费变化图

数据来源：中国有色金属工业协会铜业分会

年铜精矿对外依存度还将进一步提升。

（二）产能无序扩张，部分领域投资过热

冶炼产能增长过快、加工产业中低端产能过剩、同质化恶性竞争，一直是铜行业的难点痛点，各省份和企业间相互攀比，部分领域冶炼和加工产能已趋于过剩。目前，国内在建和拟建铜冶炼产能规模远超历次扩产高峰，在建和计划的产能达到了 300 多万吨，因此，资源保障能力与冶炼规模不匹配已经成为困扰铜产业高质量发展的核心问题。冶炼产能迅速扩张的同时，铜精矿加工费走低和下游硫酸市场饱和都将给企业的经营带来重大挑战。另外，电解铜箔的竞相投资问题也十分突出，根据统计数据，2023 年国内在建产能超过百万吨，虽然有效保障了我国在新能源领域的领先地位，但电解铜箔行业的经营环境由此发生了重大转变，产能利用率和加工费已经出现了大幅下滑，部分企业甚至已经出现亏损。不难看出，规模的无节制扩张不一定能带来更丰厚的效益。

（三）缺乏国际化大型矿业公司，未占据铜价值链的核心环节

中国是全球最大的铜冶炼产品和加工产品生产国，铜产业规模高居全球首位，但在国际市场上我国企业布局较晚，资源控制程度有限，与国际矿业公司尚有不小差距。21 世纪以来，铜产业价值链长期集中于铜矿开采环节，下游冶炼和加工利润微薄，而我国铜企业多集中于冶炼和加工环节，未能占据铜价值链核心环节，导致总体盈利能力偏低。

五、中国铜工业发展建议

当前中国正处于工业化后期和城镇化中后期阶段，全球最大的制造业体量和巨大的人口基数使得中国对铜的消费量还将持续处于高位，这对铜工业强国建设和确保材料的稳定安全供给提出了更高要求。

（一）聚焦高质量发展，坚持铜产业供给侧结构性改革主线不动摇

党的二十大报告提出，高质量发展是全面建设社会主义现代化国家的首要任务。中国铜工业必须完整、准确、全面贯彻新发展理念，立足新发展阶段、以推进高质量发展为主题，加强行业自律，严控铜冶炼产能盲目扩张，引导电解铜箔产能匹配下游需求发展，着力构建铜行业新发展格局。要加快推进资产整合，鼓励企业通过产业间、上下游兼并重组、资产整合、混改等多种方式整合，继续提升铜产业集中度，培育产业链链长，增强骨干企业实力和抗风险能力。

（二）不断夯实资源基础，提升产业链供应链韧性和安全水平

党的二十大报告提出，要在关系安全的领域补齐短板，提升战略性资源供应保障能力。铜资源供应的安全与稳定是产业发展基础，要不断加大国内资源勘查和现有矿山深边部找矿力度，以"新一轮找矿突破战略行动"为契机，推动铜矿资源增储上产，提升自给能力；加强再生铜资源综合回收利用，完善回收体系和税收体系，提升循环利用水平；继续"走出去"开发海外铜资源，广泛开展国际合作，优化产业布局，充分利用两个市场两种资源，不断提升铜供应链的韧性和安全保障能力。

（三）强化产业协同耦合，构建区域循环利用绿色生态产业圈

铜行业要深刻领会党的二十大报告提出的加快推动产业结构调整优化，推进各类资源节约集约利用精神，加快原生矿铜与再生铜协调发展、铜与铅锌冶炼渣和烟灰等协同处置、铜冶炼与硫磷化工及建材互补发展，实现跨品种、跨产业耦合，实现资源能源梯级综合利用，构建绿色低碳循环生态产业发展模式。

（四）坚持创新驱动不动摇，形成铜行业高端发展新动能

坚决贯彻落实党的二十大报告提出的加快先进适用技术研发和推广应用要求，围绕碳达峰、资源高效利用、绿色低碳工艺、全产业链降本增效，开展技术创新和科技合作，将铜行业高质量发展推上新台阶。积极以数字化、智能化技术提高生产运营中能源和资源利用效率，整体能效水平明显提升。围绕新能源汽车、可再生能源发电、新一代信息技术、航空航天、节能降碳等领域，加强铜基新材料的科创研发，满足战略性新兴产业对铜材的需求。

撰稿人：张　楠、刘若曦
审稿人：段绍甫

2023年铝工业发展报告

2023年，中国铝工业在习近平新时代中国特色社会主义思想的指引下，坚定不移深化电解铝供给侧结构性改革、强化资源保障、加强自主创新与绿色化智能化发展、坚持不懈扩大铝应用、努力推进铝材及制品高水平出口，铝工业总体呈现了稳中向好发展。

一、2023年全球铝工业发展状况

根据国际铝业协会数据，2023年全球氧化铝产能为16339万吨/年，同比增长1.9%，其中中国占比为63.3%；全球电解铝产能为7848万吨/年，同比增长0.9%，其中中国占比为56.6%。2023年全球氧化铝产量为14190万吨，同比下降0.2%，其中中国占比为58.1%；全球电解铝产量为7059万吨，同比增长2.2%，其中中国占比为58.9%。2019—2023年全球氧化铝和电解铝产能及中国占比见图1和图2。2019—2023年全球氧化铝和电解铝产量及中国占比见图3和图4。

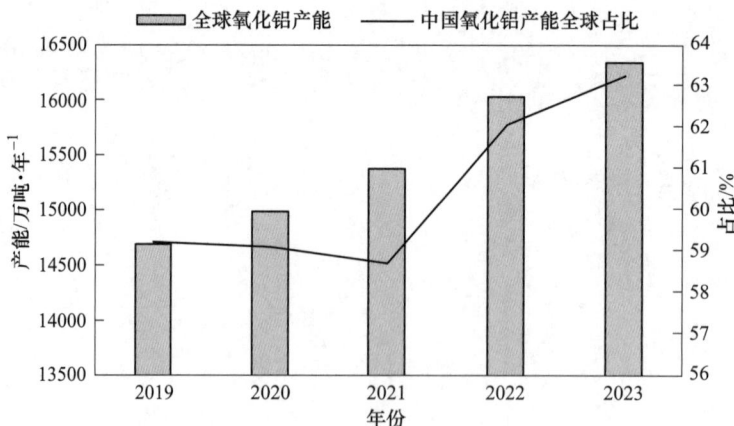

图1　2019—2023年全球氧化铝产能和中国占比

数据来源：国际铝业协会

2023年，全球铝消费量为7014万吨，同比增长0.9%。其中，海外需求疲软加之去库存等因素影响，铝消费下降了3.9%至2730万吨；中国仍是全球铝消费的重要市场，占全球铝消费量比重超过60%。

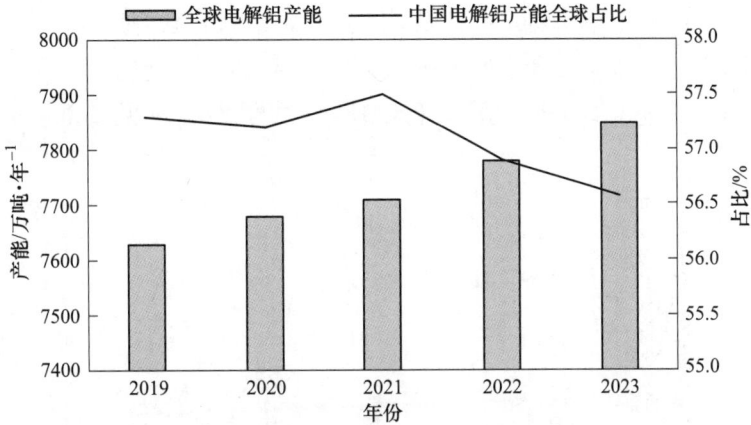

图 2　2019—2023 年全球电解铝产能和中国占比

数据来源：国际铝业协会

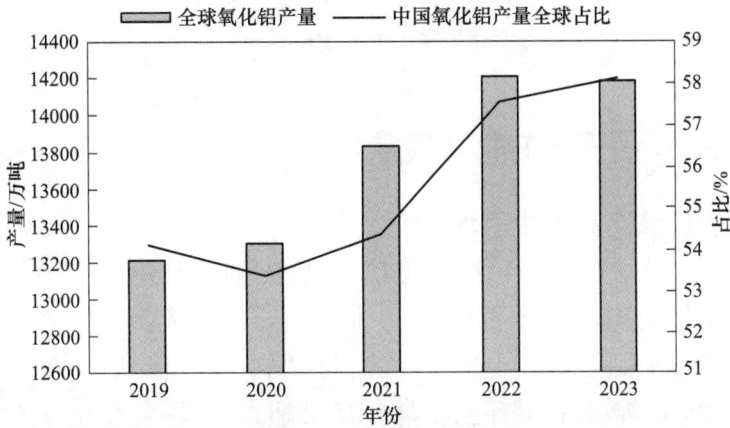

图 3　2019—2023 年全球氧化铝产量和中国占比

数据来源：国际铝业协会

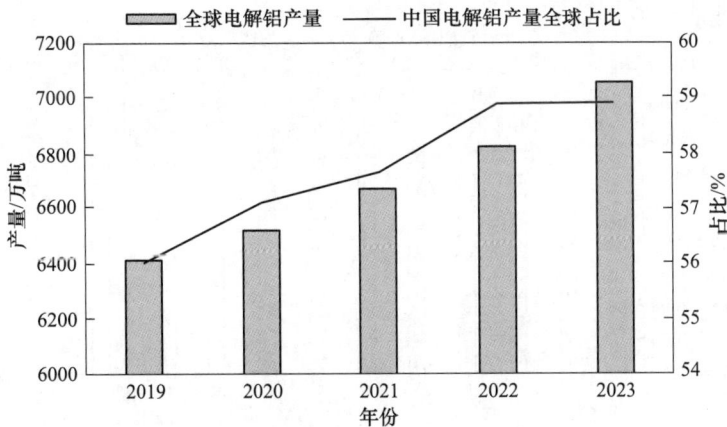

图 4　2019—2023 年全球电解铝产量和中国占比

数据来源：国际铝业协会

受欧洲能源危机、美联储加息及市场供需等因素影响，2023 年 LME 三月期铝均价为 2285 美元/吨，同比下降 15.8%，年内最高价为 2679 美元/吨，最低价为 2134 美元/吨。2019—2023 年 LME 三月期铝均价见图 5。

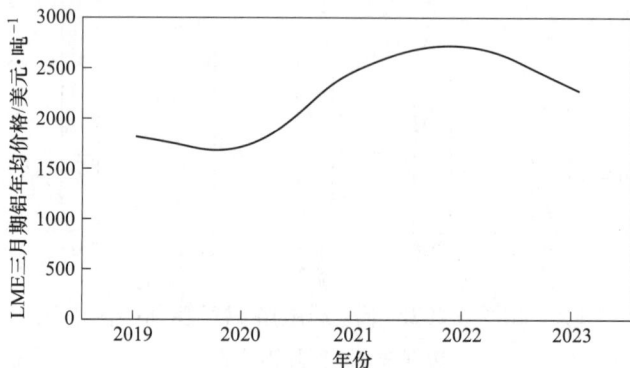

图 5　2019—2023 年 LME 三月期铝均价

数据来源：伦敦金属交易所

二、2023 年中国铝工业发展状况

（一）主要产品产量稳中有增

截至 2023 年底，中国氧化铝建成产能达到 10335 万吨/年，同比增长 3.8%；电解铝建成产能 4443 万吨/年，同比增长 0.3%。

2023 年，中国氧化铝、电解铝、铝材及再生铝产量分别为 8244 万吨、4159 万吨、6303 万吨（中国有色金属加工工业协会联合北京安泰科信息股份有限公司发布产量 4695 万吨，同比增长 3.9%）和 950 万吨，同比分别增长了 1.4%、3.7%、5.7%和 9.8%。2013—2023 年中国氧化铝、电解铝、铝材及再生铝产量分别见图 6~图 9。

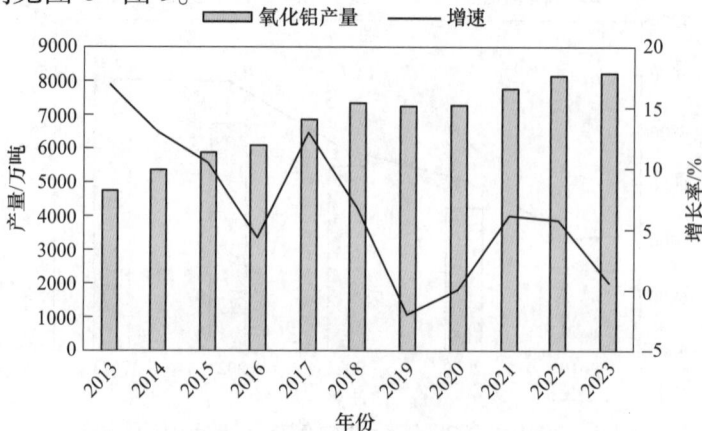

图 6　2013—2023 年中国氧化铝产量

数据来源：国家统计局

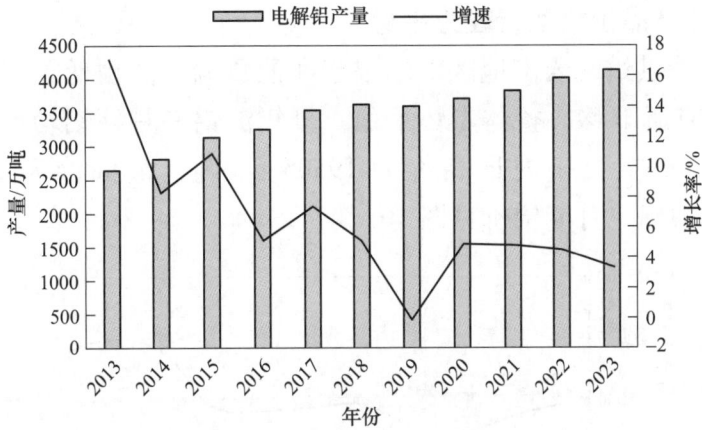

图 7   2013—2023 年中国电解铝产量

数据来源：国家统计局

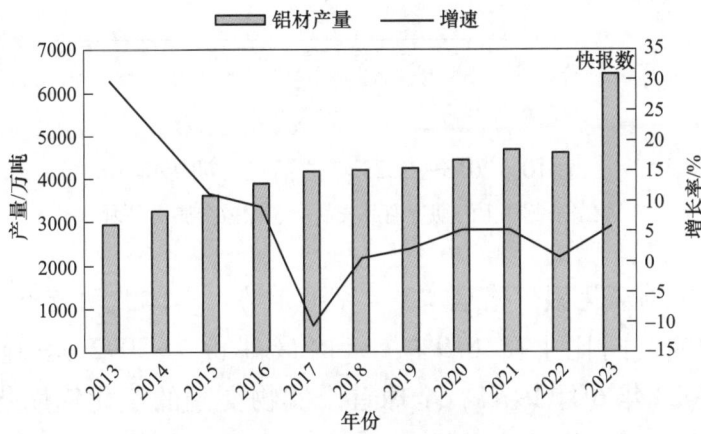

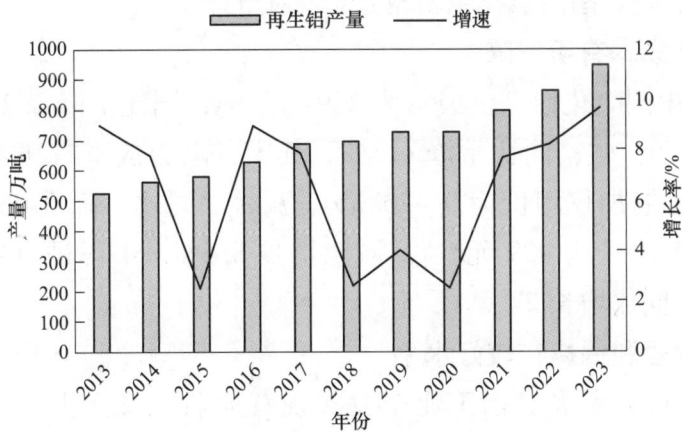

图 8   2013—2023 年中国铝材产量

数据来源：国家统计局

图 9   2013—2023 年中国再生铝产量

数据来源：中国有色金属工业协会

（二）主要产品价格运行较为平稳

2023 年，受供给端云南地区限电限产和消费端不及预期等多重因素影响，国内铝价重心有所下移，整体走势平稳。全年沪铝三月期铝均价为 18473 元/吨，同比下降 6.9%，年内最高价为 19505 元/吨，最低价为 17455 元/吨。2013—2023 年沪铝三月期铝价见图 10。

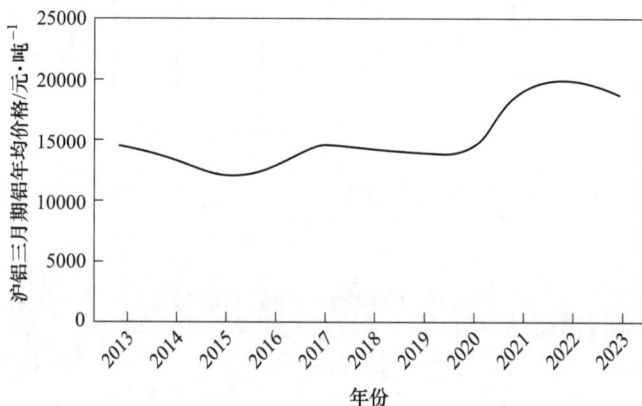

图 10　2013—2023 年沪铝三月期铝价
数据来源：上海期货商品交易所、伦敦金属交易所

2023 年，中国氧化铝价格呈"V"字形走势，总体波动较小。全年现货均价为 2916 元/吨，同比下降 0.9%，年内最高价为 3092 元/吨，最低价为 2813 元/吨。2023 年 6 月 19 日，全球首个实物交割的氧化铝期货在上海期货交易所正式挂牌交易，氧化铝期货上市以来市场运行总体平稳，规模稳步提升，市场功能逐步发挥，全年期货均价 2960 元/吨，年内最高价 3838 元/吨，最低价 2665 元/吨。国内氧化铝价格走势见图 11。

（三）生产成本有所下降

2023 年，中国氧化铝完全成本为 2694 元/吨，同比下降 2.2%；电解铝完全成本为 16478 元/吨，同比下降 6.8%。其中，电力成本有所下降，2023 年电解铝行业自备电加权均价为 0.426 元/千瓦时，同比下降 0.061 元/千瓦时；中国国产铝土矿均价为 429 元/吨，同比增长 8.6%，中国进口铝土矿均价为 60.7 美元/吨，同比增长 27.3%。

（四）行业盈利保持在较好水平

2023 年，4031 家规上铝工业企业实现营业收入 2.5 万亿元，同比下降 0.9%，其中铝矿采选企业同比下降 13.5%、铝冶炼企业同比下降 1.9%、铝加工企业同比增长 2.8%；共实现利润 1118 亿元，同比增长 23.9%，其中铝矿采

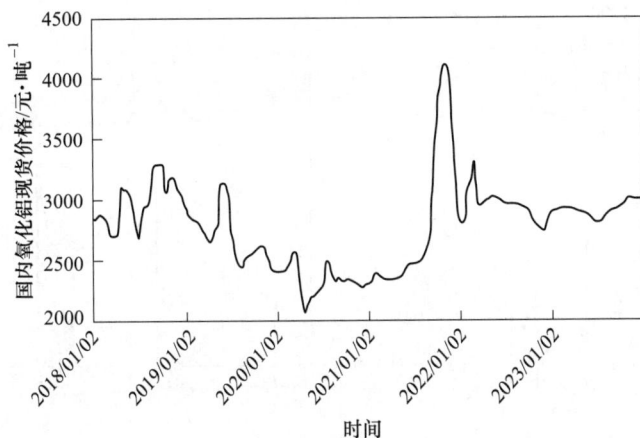

图 11　国内氧化铝价格走势

数据来源：北京安泰科信息股份有限公司

选企业同比下降 150.3%，铝冶炼企业同比增长 14.8%，铝加工企业同比增长
45.3%；铝行业平均销售利润率为 8.0%，同比增长 4.2 个百分点；资产负债
率为 58.8%，同比下降 2.2 个百分点。2019—2023 年中国铝矿采选、冶炼和加
工行业盈利情况见图 12~图 14。

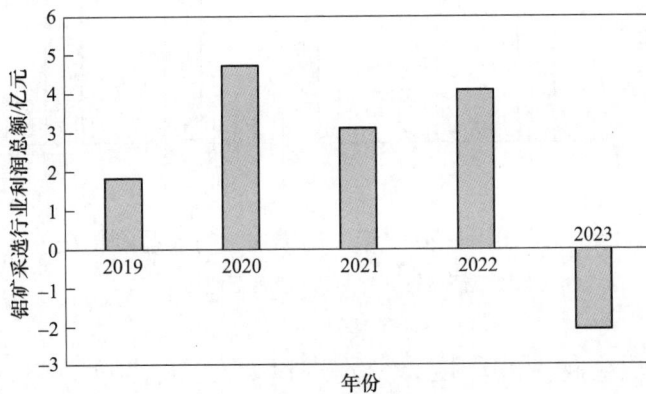

图 12　2019—2023 年中国铝矿采选行业盈利情况

数据来源：中国有色金属工业协会

（五）铝土矿进口创新高，铝材出口有所下降

2023 年中国累计进口铝土矿 14138 万吨，同比增长 12.9%，创历史新高。
其中，自几内亚进口 9913 万吨，同比增长 40.9%；自澳大利亚进口 3456 万
吨，同比增长 1.4%。

2023 年中国累计进口氧化铝 182 万吨，同比下降 8.5%。主要进口来源国

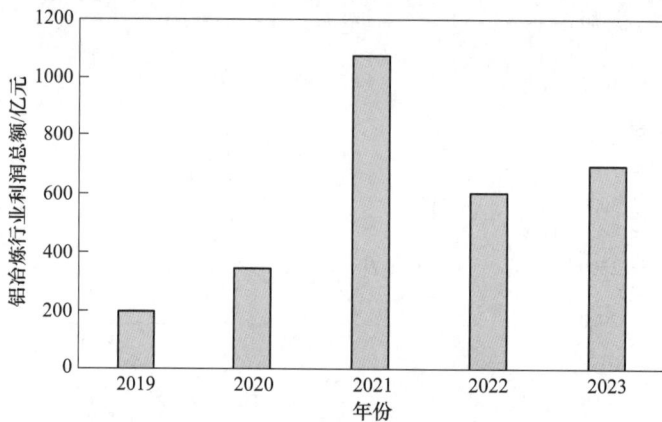

图13　2019—2023年中国铝冶炼行业盈利情况

数据来源：中国有色金属工业协会

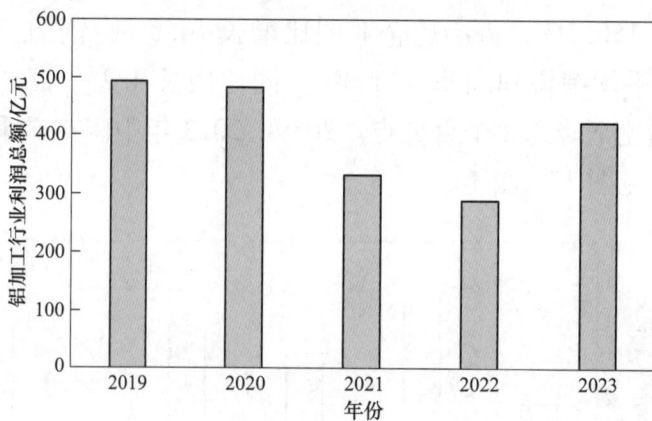

图14　2019—2023年中国铝加工行业盈利情况

数据来源：中国有色金属工业协会

为澳大利亚、印尼、越南和印度，分别进口84万吨、60万吨、22万吨、6万吨，合计占比94.5%。累计出口氧化铝125万吨，同比增长24.0%，其中，向俄罗斯出口110万吨，同比增长30.9%，占比87.4%。

2023年中国累计进口电解铝154万吨，同比增长130.7%，接近2021年158万吨的历史最高水平；全年净进口139.3万吨，较上年增长195.1%。主要进口来源国家为俄罗斯，占比为76.2%。累计出口电解铝15万吨，同比下降23.4%，出口主要流向韩国、马来西亚和日本，以上三国出口量合计占比89.8%。

2023年中国累计出口铝合金24万吨，同比增长7.3%；累计进口铝合金

113 万吨，同比下降 11.3%，其中大部分为再生复化锭。

2023 年中国累计出口铝材 528 万吨，同比下降 14.5%。其中，铝板带材、铝箔、铝挤压材分别出口 277 万吨、131 万吨、113 万吨，占比分别为 52.8%、24.9%、21.5%，累计出口 217 个国家和地区。累计出口铝制品 281 万吨，同比增长 6.4%。铝材及制品合计出口 809 万吨，同比下降 8.3%，仍处于历史较高水平。

2023 年中国累计进口铝材 38 万吨，同比下降 13.7%。其中，大部分为铝板带材，进口量为 28 万吨，占比 72.7%。累计进口铝制品 2.7 万吨，同比下降 44.8%。

2023 年中国主要铝产品进出口情况见表 1。

表 1 2023 年中国主要铝产品进出口情况

产品	进口量/万吨	进口量增幅/%	出口量/万吨	出口量增幅/%
铝土矿	14138	12.9	2.6	−45.1
铝碎废料	175	15.9	0.07	0
氧化铝	182	−8.5	125	24.0
电解铝	154	130.7	15	−23.4
铝合金	113	−11.3	24	7.3
铝材	38	−13.7	528	−14.5
铝制品	2.7	−44.8	281	6.4

数据来源：海关总署。

（六）新兴消费成为拉动铝消费的主要动力

随着中国铝消费结构的不断变化，房地产领域相对疲软，新能源汽车、储能、光伏"新三样"有效拉动了铝消费，为铝加工行业高质量发展注入了新的活力。2023 年，中国细分行业铝材产量有增有减。中国有色金属加工工业协会数据显示，2023 年建筑铝型材产量为 1230 万吨，同比下降 0.8%；光伏铝型材产量为 340 万吨，同比增长 30.8%；新能源汽车型材产量为 98 万吨，同比增长 30.7%；电池箔产量为 36 万吨，同比增长 28.6%。总体来看，2023 年中国铝消费量为 4787 万吨，同比增长 7.6%，国内人均铝消费量达到 34.0 千克/（人·年），处于世界前列。

（七）能耗进一步降低

2023 年，全国平均氧化铝综合能耗（以标准煤计）为 312 千克/吨，较 2022 年下降了 10 千克/吨；全国平均电解铝综合交流电耗为 13324 千瓦时/吨，较 2022 年 13448 千瓦时/吨下降了 124 千瓦时/吨。2019—2023 年铝冶炼产品能耗指标变化见图 15。

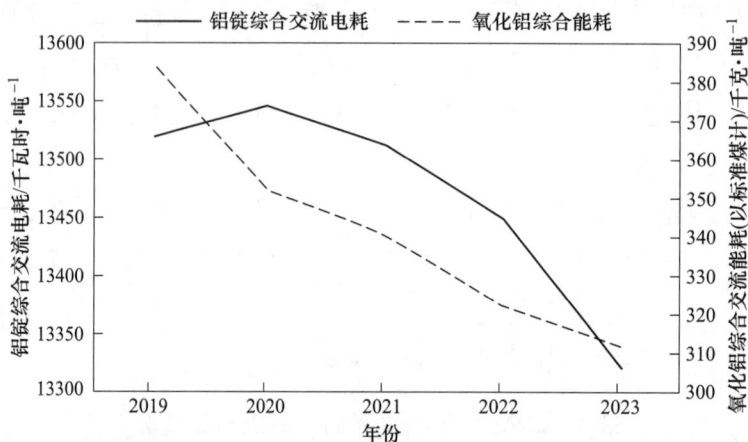

图 15　2019—2023 年铝冶炼产品能耗指标变化

数据来源：中国有色金属工业协会

三、2023 年中国铝工业经济运行情况分析

（一）政策环境分析

从现有政策执行方面，行业继续坚定不移推进落实电解铝供给侧结构性改革，严守产能天花板不动摇；积极落实国家关于促进氧化铝产业有序发展的相关政策，稳慎推进氧化铝新建、扩建产能项目；全产业主动实施节能降碳行动，严格能效约束，行业技术经济指标上新台阶；加强绿色化智能化升级改造，截至 2023 年已基本完成国家对于 2025 年电解铝使用可再生能源比例达到 25%的目标。

2023 年，国家又针对铝行业产业结构调整、能源消耗等方面出台了系列政策，主要包括：国家发改委发布的《产业结构调整指导目录（2024 年本）》，其中新建、扩建以一水硬铝石为原料的氧化铝项目被列入限制类，防范氧化铝产能盲目扩张；国家市场监督管理总局、国家标准化管理委员会发布的《电解铝和氧化铝单位产品能源消耗限额》（GB 21346—2022）于 2024 年起实施，规定铝液综合交流电耗一级指标为不高于 13250 千瓦时/吨，二级指标为不高于 13350 千瓦时/吨，三级指标为不高于 13700 千瓦时/吨。在政策出台后，行业及时宣贯，企业积极落实。

（二）产业结构调整情况分析

氧化铝产业布局继续向国内沿海和海外转移。截至 2023 年底，国内利用进口矿生产氧化铝的产能为 6201 万吨/年，占比为 60%。截至 2023 年底，氧化铝前五大省份产能分别为山东 3190 万吨/年、山西 2580 万吨/年、广西 1515 万吨/年、河南 1240 万吨/年、贵州 550 万吨/年，占比分别为 30.9%、25.0%、14.7%、11.9%、5.3%。中资企业已累计在海外布局氧化铝产能 565 万吨/年，分别为酒钢牙买加 Alpart 氧化铝厂 165 万吨/年、南山印尼宾坦氧化铝公司 200 万吨/年和印尼宏发韦立氧化铝公司 200 万吨/年。此外，中资企业还正在几内亚、沙特、印尼等国家探索推进氧化铝项目建设。

电解铝产能继续向低成本、清洁能源丰富地区转移。据统计，2023 年国内电解铝产能置换指标约 140 万吨，分别来自山东南山铝业股份有限公司、伊电控股集团有限公司、中国铝业集团有限公司。在这个过程中，电解铝企业实现了技术装备升级和低碳发展，主要表现为：一是 400 千安及以上的电解槽产能占比 75%，新建槽型以 500 千安及以上的电解槽为主。2023 年中国电解铝槽型占比见表 2。二是利用清洁能源生产电解铝的建成产能占全国总产能比例已达到 24.4%；完成"绿电铝"评价的产品已达到 266 万吨，分别来自 33 家企业。

表 2　2023 年中国电解铝槽型占比

槽型	占比/%
200~300 千安	11
300~400 千安	13
400~500 千安	30
500~600 千安	36
600 千安及以上	9

铝加工与再生铝融合发展趋势进一步加强。变形再生铝合金应用不断提升，闭环回收体系不断完善。其中，河南明泰铝业股份有限公司利用废铝原料占比超过 40%，山东创新金属科技有限公司、西南铝业（集团）有限责任公司及河南中孚实业股份有限公司等企业都在积极建立闭环回收体系。此外，铝加工材产业继续呈现短流程和集群化的发展特点。2023 年，铝加工材产业短流程比例约为 60%。

四、当前行业发展需要关注的问题

（一）铝土矿资源问题

铝土矿资源保供存在一定风险。一方面，国内铝土矿资源保障程度较低，储量相对匮乏且资源禀赋不佳，储采比不到7，平均铝硅比也呈下降趋势，目前仅为5左右，难以支撑铝工业可持续发展。另一方面，进口铝土矿已连续五年超过1亿吨，对外依存度已升至60.7%，且进口过度集中于几内亚。

（二）氧化铝产能问题

截至2023年底，氧化铝建成产能达到10335万吨/年，同比增长3.8%，其中2023年新增产能为380万吨/年，存在产能过剩压力。主要体现在：一方面，上游铝土矿资源难以支撑氧化铝的大规模建设和生产；另一方面，下游电解铝天花板已经形成，且产能在不断趋近天花板，消费也已进入峰值平台期。

（三）低碳发展问题

电解铝碳足迹大。中国电解铝生产用电以自备电为主，自备电厂几乎全部为煤炭火力发电，碳排放较高。国内外"双碳"要求和压力不断增多：一方面来自国内能效水平、清洁能源消纳的要求；另一方面来自欧盟、英国、美国等国家及地区，甚至终端制造商对于碳排放和碳足迹的要求。

（四）稳外贸问题

铝材及制品出口一直是中国铝消费的重要组成部分。2023年因国外去库存加之经济复苏乏力、贸易摩擦等因素影响，中国铝材及制品出口出现一定回落，我们预计2024年出口情况会有所好转。但国际贸易环境复杂多变的形势已呈常态。近几年，美国、欧盟和一些新兴经济体通过采取反倾销与反补贴、技术壁垒和保障措施等手段，使得中国出口贸易环境日益严峻。同时，还有美国涉疆法案、欧盟碳关税等贸易新壁垒层出不穷，需要多方面联动，多措并举应对挑战。

五、中国铝工业下一步发展重点

2024年，中国铝工业要以习近平新时代中国特色社会主义思想为指导，坚持稳中求进、以进促稳、先立后破，完整、准确、全面贯彻新发展理念，加快构建新发展格局，着力推动铝行业高质量发展。重点包括以下几方面。

一是重视国内资源开发，夯实产业基础。为保障我国铝产业链供应链安全，在保障进口铝土矿的同时，高度重视国内铝土矿资源勘探力度，加大煤下铝、高铝粉煤灰等战略资源储备技术突破。

二是坚定不移深化供给侧结构性改革。电解铝严控产能天花板，实施市场化、法治化产能置换；高度重视氧化铝投资过热问题，稳慎推进氧化铝项目投资建设。

三是坚持自主创新，提升产业竞争力。创新是引领发展的第一动力，是建设现代化铝工业体系的战略支撑，加强产学研用合作，加大原创技术投入，强化基础研究，全面打造铝生产工艺、技术装备科技创新策源地，切实解决一批产业技术短板弱项，进一步提升产业竞争力。

四是加快绿色发展，提高资源综合利用水平。聚焦绿色发展，提高清洁能源消纳，进一步节能降耗；加大废铝保级回收，坚持再生铝、电解铝、铝加工融合发展；鼓励加大赤泥综合利用，推进电解铝大修渣等危废资源化利用。

五是聚焦消费迭代升级，坚持扩大铝应用。要充分把握当前全球铝消费迭代升级发展机遇，主动适应新能源、轻量化带来的消费结构新变化，稳住建筑结构等重点铝应用领域，培育壮大支撑"新三样"等消费亮点，坚持轻量化应用不动摇，充分挖掘家具、家居、包装等内需潜力。

六是坚持铝材及制品高水平出口。全力应对贸易摩擦，主动提高产品附加值，向深加工产品延伸，进一步提升国际竞争力，积极开拓出口市场，通过多元化产品流向，分散风险，继续巩固并提高国际市场份额。

撰稿人：王　浩、莫欣达、魏　力
审稿人：李德峰、孟　杰

2023 年铅锌工业发展报告

2023 年，宏观外部环境的复杂性和不确定性不断上升，在我国稳增长、调结构等一系列政策的支持下，中国铅锌行业运行总体呈现稳中有进的态势，产业结构布局优化和绿色低碳转型取得较好进展。

一、2023 年世界铅锌工业发展概述

（一）生产

2023 年，极端天气、能源供应紧张等影响因素有所弱化，在欧洲、亚洲等地区带动下，全球铅锌生产总体呈恢复性增长态势。

根据国际铅锌研究组（ILZSG）统计，2023 年世界铅精矿产量为 449.9 万吨，同比增长 1.1%（见表 1）。前十大生产国铅精矿产量为 386.2 万吨，占全球的 85.8%，其中产量最高的中国占比为 43.6%。近几年全球铅精矿产能增长有限，主要矿业公司产量总体呈下降趋势。从海外产量分布来看，美国、墨西哥、俄罗斯等主产国均呈下降趋势，澳大利亚、秘鲁、印度、玻利维亚等国家有所增长。

表 1   2023 年世界主要国家和地区铅精矿产量

国家和地区	产量/万吨		同比/%
	2022 年	2023 年	
中国	194.6	196.0	0.7
澳大利亚	41.7	45.8	9.9
秘鲁	25.5	27.3	6.9
美国	27.2	26.1	−4.1
墨西哥	27.3	24.1	−11.8
印度	22.0	22.7	3.2
俄罗斯	21.0	20.0	−4.8
玻利维亚	9.0	10.2	12.9
瑞典	7.5	7.3	−3.2

续表 1

国家和地区	产量/万吨		同比/%
	2022 年	2023 年	
土耳其	6.7	6.7	0.5
其他国家和地区	62.3	63.7	2.3
世界合计	444.8	449.9	1.1

数据来源：ILZSG。

根据 ILZSG 统计，2023 年世界锌精矿产量为 1225.8 万吨，同比下降 1.4%（见表 2）。前十大生产国锌精矿产量为 1026.2 万吨，占全球的 83.7%，其中产量最高的中国占比为 33.1%。除中国外，海外国家锌精矿产量为 819.8 万吨，同比下降 2.2%。从海外产量分布来看，因部分矿山资源枯竭、品位下滑、劳动力紧缺、罢工等原因关闭或暂停生产，澳大利亚、美国、墨西哥、玻利维亚和瑞典等国均有不同程度的下降，秘鲁、印度、哈萨克斯坦和俄罗斯等国产量呈恢复性增长。

表 2　2023 年世界主要国家和地区锌精矿产量

国家和地区	产量/万吨		同比/%
	2022 年	2023 年	
中国	404.1	406.0	0.5
秘鲁	137.0	146.8	7.2
澳大利亚	123.8	109.7	-11.4
印度	83.6	85.4	2.2
美国	76.1	74.8	-1.7
墨西哥	74.4	67.3	-9.5
玻利维亚	51.8	49.3	-4.9
哈萨克斯坦	31.5	34.2	8.4
俄罗斯	29.3	30.2	3.1
瑞典	23.8	22.5	-5.6
其他国家和地区	207.4	199.6	-3.7
世界合计	1242.7	1225.8	-1.4

数据来源：ILZSG。

根据 ILZSG 统计，2023 年世界精炼铅产量为 1285.3 万吨，同比增长 2.8%（见表 3）。其中，原生铅产量 437.5 万吨，同比增长 4.0%；再生铅产量847.8万吨,同比增长2.1%,再生铅占比达到66%。前十大生产国精炼铅产量为1021.6万吨,占全球的79.5%,其中产量最高的中国占比为44.2%。从海外生产情况来看,德国冶炼厂生产恢复带动欧洲地区产量增长,印度产能释放也贡献了增量;美国、韩国、日本等国家因生产计划调整、生产系统事故等因素,产量均呈现不同程度的下降。

表3 2023年世界主要国家和地区精炼铅产量

国家和地区	产量/万吨		同比/%
	2022年	2023年	
中国	547.1	568.7	3.9
印度	96.6	102.2	5.8
美国	96.0	95.4	-0.6
韩国	76.0	74.4	-2.1
墨西哥	41.9	43.1	2.9
德国	22.7	33.6	48.0
巴西	27.8	28.6	2.9
英国	31.2	28.5	-8.6
日本	29.5	27.8	-5.5
西班牙	19.2	19.2	0.0
加拿大	18.2	19.1	4.7
其他国家和地区	271.6	261.6	0.1
世界合计	1250.6	1285.3	2.8

数据来源:ILZSG。

根据ILZSG统计,2023年世界精炼锌产量为1386.3万吨,同比增长3.8%(见表4)。其中,原生锌产量1213.5万吨,同比增长3.8%;再生锌产量172.8万吨,同比增长3.8%,再生锌占比为12.5%。前十大生产国精炼锌产量为1151.4万吨,占全球的83%,其中产量最高的中国占比为49.4%。从海外生产情况来看,欧洲延续减产态势,产量同比下降2.2%;墨西哥增产带动美洲地区产量小幅增长1.5%;中国仍然是亚洲地区增量的最主要贡献者;澳大利亚的产能恢复增长了15.2%,但仍未恢复至满产水平。

表4　2023年世界主要国家和地区精炼锌产量

国家和地区	产量/万吨		同比/%
	2022年	2023年	
中国	635.8	685.0	7.7
韩国	86.8	87.8	1.2
印度	83.8	83.6	-0.2
西班牙	50.5	51.8	2.6
加拿大	48.5	50.2	3.5
日本	51.7	48.5	-6.2
澳大利亚	38.5	44.3	15.2
墨西哥	34.7	36.2	4.3
秘鲁	34.9	34.6	-1.0
芬兰	29.4	29.4	0.1
其他国家和地区	240.7	234.9	-2.4
世界合计	1335.3	1386.3	3.8

数据来源：ILZSG。

（二）消费

2023年，全球铅锌消费增长乏力的趋势并未根本性改变，中国消费恢复性增长是全球消费保持韧性的主要支撑。

根据ILZSG统计，2023年世界精炼铅消费量为1276.1万吨，同比增长1.0%（见表5）。前十大消费国精炼铅消费量为1027.8万吨，占全球的80.5%。中国仍是铅消费第一大国，2023年精炼铅消费量为546.1万吨，占比达到42.8%；美国位居世界铅消费第二位，精炼铅消费量为146.5万吨，占比为11.5%，比重进一步下降；其他国家和地区精炼铅消费量均不超过百万吨。分地区来看，印度、德国、墨西哥精炼铅消费量增幅较大，同比分别增长3.2%、13.3%和9.1%。

表5　2023年世界主要国家和地区精炼铅消费量

国家和地区	消费量/万吨		同比/%
	2022年	2023年	
中国	535.1	546.1	2.0
美国	158.6	146.5	-7.6
印度	90.8	93.7	3.2

国家和地区	消费量/万吨		同比/%
	2022 年	2023 年	
韩国	60.8	54.7	−9.9
德国	34.9	39.5	13.3
巴西	34.0	34.5	1.3
墨西哥	30.9	33.7	9.1
日本	30.5	30.0	−1.5
西班牙	26.2	26.5	1.3
土耳其	25.4	22.6	−11.1
其他国家和地区	236.9	248.3	4.8
世界合计	1264.0	1276.1	1.0

数据来源：ILZSG。

根据 ILZSG 统计，2023 年世界精炼锌消费量为 1365.9 万吨，同比增长 1.7%（见表 6）。前十大消费国精炼锌消费量为 1080.4 万吨，占全球的 79.1%。中国作为锌消费第一大国，2023 年精炼锌消费量为 697 万吨，占比达到 51%，首次超过全球的一半。美国位居世界锌消费第二位，精炼锌消费量为 90.9 万吨，占比为 6.7%。主要的消费地区中，美国和欧洲延续下滑，消费量同比分别减少了 3.5% 和 4.4%；亚洲地区同比增长 4.4%，除中国外，印度作为拉动锌消费的新兴动力，同比增长 15.7%。

表6 2023 年世界主要国家和地区精炼锌消费量

国家和地区	消费量/万吨		同比/%
	2022 年	2023 年	
中国	651.5	697.0	7.0
美国	95.0	90.9	−4.3
印度	64.4	74.5	15.7
韩国	41.6	40.7	−2.1
日本	36.7	34.2	−6.9
德国	37.8	33.7	−10.8
比利时	32.3	32.8	1.5
土耳其	31.9	25.9	−18.7
意大利	24.7	25.7	3.8

国家和地区	消费量/万吨		同比/%
	2022 年	2023 年	
墨西哥	24.5	25.0	2.0
其他国家和地区	302.1	285.5	−5.5
世界合计	1342.6	1365.9	1.7

数据来源：ILZSG。

从全球供需格局来看，前两年因疫情、能源危机等因素导致的铅锌供应受限，在 2023 年基本得到缓解，但消费增长乏力的问题仍然突出，2023 年全球铅锌供需重新回归过剩局面（见图1）。

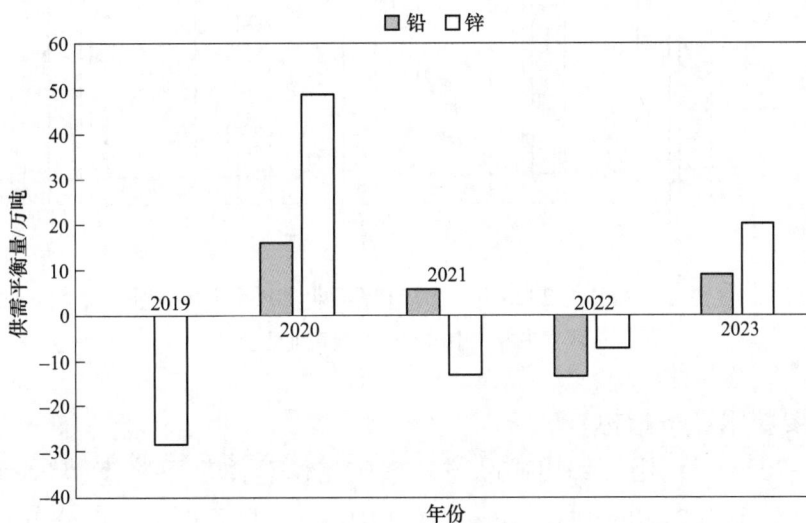

图 1　2019—2023 年世界精炼铅锌供需平衡变化图

数据来源：ILZSG

二、2023 年中国铅锌工业发展现状

（一）经济运行情况

1. 产量与经济效益

2023 年，中国铅锌产品产量总体保持增长。根据中国有色金属工业协会统计数据，2023 年铅精矿含铅产量同比增长7.1%，锌精矿含锌产量同比下降2.4%。根据国家统计局数据，2023 年精炼铅产量达 756.4 万吨（含重复统计），同比增长 11.2%；精炼锌产量 715.2 万吨，同比增长 7.1%。经调整，精炼铅产量为 628 万吨，同比增长 5.5%。

因锌价运行重心下移，铅锌企业效益有所下滑，但下半年实现利润降幅持续收窄。根据中国有色金属工业协会统计，2023年铅锌行业实现营业收入4293.3亿元，同比增长1.7%，占有色金属总营收的5.4%；实现利润240.8亿元，同比下降10.5%，占有色金属利润总额的6.5%（见图2）。

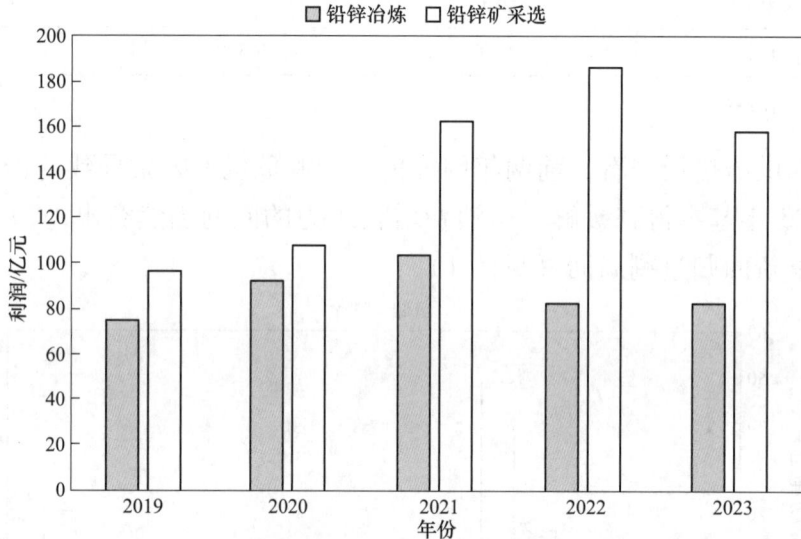

图2　2019—2023年中国铅锌工业实现利润变化图

数据来源：中国有色金属工业协会

2. 主要技术经济指标

2019—2023年，铅、锌出矿品位、精矿品位总体呈下降态势。2023年铅、锌出矿品位分别为2.20%和4.34%，比2019年下滑了0.4个百分点和0.75个百分点；精矿品位分别为59.52%和49.50%，比2019年下滑了1.84个百分点和0.59个百分点；在产矿山资源贫化的趋势未能得到扭转。但得益于选矿工艺技术水平的持续进步，铅、锌选矿回收率稳中有升，2023年铅、锌选矿回收率达到87.23%和90.67%（见表7）。

表7　2019—2023年中国铅锌矿采选主要技术经济指标　　　　　　（%）

指标名称	品种	2019年	2020年	2021年	2022年	2023年
出矿品位	铅	2.60	2.30	2.27	2.24	2.20
	锌	5.09	4.81	4.35	4.51	4.34
精矿品位	铅	61.36	60.48	59.54	58.40	59.52
	锌	50.09	50.18	49.56	48.94	49.50
选矿回收率	铅	86.36	86.57	85.60	86.06	87.23
	锌	91.28	91.02	90.85	89.63	90.67

数据来源：中国有色金属工业协会。

近年来，中国铅锌工业企业不断提升技术装备水平和环保红线意识，全行业资源综合利用能力大幅提升，能源消耗总体呈下降态势。2023 年，铅冶炼和电锌冶炼总回收率分别达到 97.32% 和 96.97%，较 2019 年分别提升 0.23 个百分点和 0.93 个百分点（见表 8）。2023 年，铅冶炼综合能耗 298.92 千克/吨（以标准煤计，下同），较 2019 年下降了 32.83 千克/吨，电锌综合能耗为 845.22 千克/吨，较 2022 年下降了 51.74 千克/吨。

表 8　2019—2023 年中国铅锌冶炼主要技术经济指标　　　　（%）

指标名称	2019 年	2020 年	2021 年	2022 年	2023 年
铅冶炼总回收率	97.09	97.22	97.26	97.29	97.32
电锌冶炼总回收率	96.04	96.39	96.11	96.68	96.97

数据来源：中国有色金属工业协会。

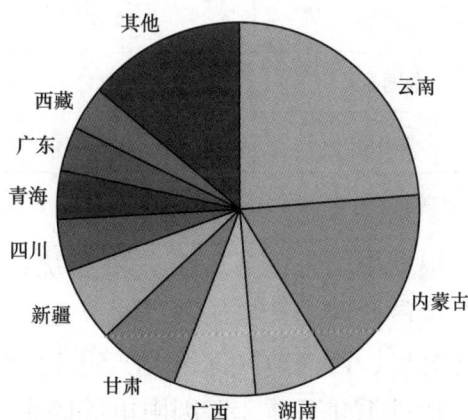

（二）产业结构

由于新增接续资源较少，在产矿山品位日益贫化，开采深度越来越深，矿山开发难度上升，近年来，中国铅、锌精矿产量增长有限，区域分布总体保持稳定。根据中国有色金属工业协会统计，铅精矿产量主要集中在湖南、云南、内蒙古、广西、四川、江西、西藏、广东、河南、甘肃等地，上述十省区合计产量占全国总产量的 86.3%（见图 3）。锌精矿生产主要集中在云南、内蒙古、湖南、广西、甘肃、新疆、四川、青海、广东、西藏等地，上述十省区合计产量占全国总产量的 85.8%（见图 4）。

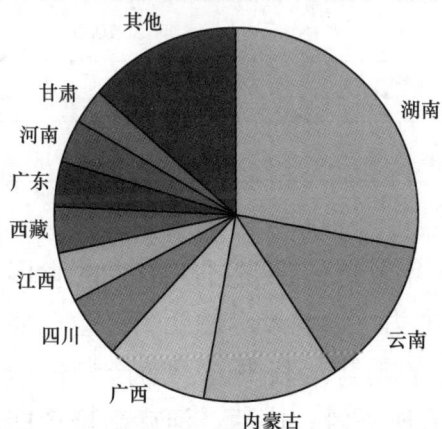

图 3　2023 年中国铅精矿产量分布图

数据来源：中国有色金属工业协会

图 4　2023 年中国锌精矿产量分布图

数据来源：中国有色金属工业协会

根据中国有色金属工业协会统计，2023 年精炼铅产量排名前十的省区合计产量占全国总产量的 89.5%，铅冶炼区域产业布局变化不大，其中，河南、安徽和湖南位居前三位，产量在 100 万吨左右（见表 9）。从产品原料结构来看，2023 年再生铅产量为 298 万吨（经调整初步统计数），同比增长 4.6%，占比为 47.5%，安徽、江苏、湖北等再生铅大省产量均有较大幅度增长，同比分别增长 18.1%、8.9% 和 4.3%。

表 9　2023 年中国精炼铅产量分布

地区名称	产量/万吨	同比/%	占比/%
河南	173.1	19.8	22.9
安徽	136.6	23.0	18.1
湖南	99.2	−11.8	13.1
江苏	67.0	13.9	8.9
广西	39.4	23.4	5.2
云南	37.7	−6.7	5.0
内蒙古	37.1	3.4	4.9
江西	34.7	0.5	4.6
湖北	32.9	−13.4	4.3
山东	19.1	−10.8	2.5
其他	79.6		10.5
全国合计	756.4	11.2	
修正值	628	5.5	

数据来源：中国有色金属工业协会。

根据中国有色金属工业协会统计，2023 年精炼锌产量排名前十的省区合计产量占全国总产量的 90.2%，近年来，因电力、原料及运输距离等生产要素优势突出，西南地区锌冶炼产量比重有提升的趋势。其中，云南产量位居第一，超过 100 万吨，但因限电等因素，产量有所下滑；广西、河南新增产能落地，产量同比分别增长 11.2% 和 59%，陕西、内蒙古、四川等地开工率提升，产量同比分别增长 3.8%、6.4% 和 21.4%（见表 10）。从产品原料结构来看，2023 年再生锌产量为 95 万吨（经调整初步统计数），同比增长 3.3%，占比为 13.3%。

表 10 2023 年中国精炼锌产量分布

地区名称	产量/万吨	同比/%	占比/%
云南	144.4	−9.3	20.2
湖南	75.7	−6.5	10.6
广西	70.0	11.2	9.8
陕西	61.8	3.8	8.6
内蒙古	61.6	6.4	8.6
四川	52.3	21.4	7.3
河南	51.5	59.0	7.2
甘肃	44.5	0.3	6.2
广东	31.6	7.3	4.4
辽宁	28.3	−1.8	4.0
其他	93.5		13.1
全国合计	715.2	7.1	

数据来源：中国有色金属工业协会。

（三）市场价格

2023 年以来，全球经济衰退的担忧继续升温，叠加铅锌供需过剩的预期，在宏观及基本面带动下，铅锌价格均经历了大幅回落之后的弱反弹走势。其中，铅价格表现相对坚挺，锌均价显著回落（见图5）。2023 年 LME 三个月期铅和期锌均价分别为 2128 美元/吨和 2651 美元/吨，同比分别下跌 0.8% 和 23%。SHFE 主力合约期铅和期锌均价分别为 15773 元/吨和 21489 元/吨，同比分别上涨 3.1% 和下跌 13.8%（见表11）。

表 11 2019—2023 年 LME 和 SHFE 铅锌价格统计

年份	LME 价格/美元·吨⁻¹		SHFE 价格/元·吨⁻¹	
	三个月期铅	三个月期锌	主力合约期铅	主力合约期锌
2019 年	2004	2506	16557	19951
2020 年	1836	2280	14672	18189
2021 年	2190	3007	15288	22360
2022 年	2145	3442	15303	24924
2023 年	2128	2651	15773	21489
2023 年同比/%	−0.8	−23.0	3.1	−13.8

数据来源：LME、SHFE。

图 5　上海期货交易所铅锌主力合约月均价变化图

数据来源：SHFE

（四）市场消费

2023 年，中国铅锌消费总体呈恢复性增长。据北京安泰科信息股份有限公司预测数据，2023 年铅、锌实际消费量分别为 546 万吨和 715 万吨，同比分别增长 2.1% 和 7%。从消费结构来看，内外需表现有所分化。出口需求给铅锌消费提供了较强的韧性，铅酸蓄电池、镀锌板、轮胎等终端产品出口均保持了一定增速；尽管在风、光等可再生能源发电、储能等新赛道继续拉动消费，但国内制造业疲软导致铅锌传统内需仍表现疲弱。

（五）进出口贸易

2023 年，随着人民币汇率和国内外比价的变化，中国铅锌产品贸易中，原料和初级产品进口大量增长，"一带一路"拉动下的终端产品出口增加明显。

从原料端看，2023 年中国进口铅精矿 114 万吨实物量，同比增长 12.5%，银精矿（高铅）进口 160 万吨，同比增加 11.8%，对铅原料供应形成重要补充；同期进口锌精矿 471.3 万吨实物量，同比增加 14.2%（见表 12）。

从冶炼产品贸易看，2023 年精铅进口 5.2 万吨，同比增加 25.3%，精铅出口 20.1 万吨，同比增加 66.8%，精铅净出口 14.9 万吨；精锌进口 42.9 万吨，同比增加 201.7%；同期，精锌出口量 1.2 万吨，同比减少 85.7%，随着锌内外比价的修复，精锌再度转为净进口，全年净进口为 41 万吨（见表 12）。

从下游产品贸易看，2023 年铅蓄电池出口量为 2.4 亿只，同比增长

11.7%，镀锌板累计出口同比增加 27.4%（见表 12）。

表 12　2023 年中国铅锌产品进出口情况表

商品名称	进口量/吨	同比/%	出口量/吨	同比/%
铅精矿	1139841	12.5	16	41112.8
锌精矿	4713400	14.2	171	74066.2
未锻轧铅	51691	25.3	201052	66.8
其中：精炼铅	2275	50.2	188207	61.6
铅合金	49416	24.4	12845	216.1
未锻轧锌	429465	201.7	11910	−85.7
其中：精炼锌	380240	380.2	8444	−89.6
锌合金	49225	−22.1	3466	51.2
铅材	185	−56.3	5274	33.9
其中：铅片、带及厚度（衬背除外）不大于 0.2 毫米的箔	9	−30.0	145	−5.0
铅板	74	1.5	5029	40.3
铅粉及片状粉末	102	−69.8	100	−49.7
铅条、杆、型材及异型材或丝	134	−71.4	1064	−11.7
其他铅制品	653	1.5	3112	27.7
锌材	9399	−73.6	22101	430.5
其中：锌末	3147	−2.4	100	1037.5
锌粉及片状粉末	1068	−79.8	2166	99.9
锌条、杆、型材及异型材或丝	709	−76.5	3199	33.5
锌板、片、带、箔	2829	−16.8	814	20.1
锌制管及管子附件	46	−99.1	5023	−4.5
电池壳体坯料	—		955	71.3
其他锌制品	1600	−89.6	9844	−13.8
铅蓄电池/万只	286	−19.9	24161	11.7
镀锌板	1099821	−21.7	10743289	27.4

数据来源：海关总署。

（六）投资情况

根据国家统计局统计，2023 年，有色金属工业完成固定资产投资比去年同期增长 17.3%，比 2022 年同期增速加快 2.8 个百分点。其中，有色金属矿山采选完成固定资产投资增长 44.5%，铅锌矿采选环节投资增长 5.3%；有色金属冶炼和压延加工完成固定资产投资增长 12.5%，铅锌冶炼环节投资增长 23.1%。铅锌冶炼投资增速远高于采选环节。

根据中国有色金属工业协会铅锌分会掌握的情况看，未来国内计划新扩建的大型矿山项目主要是新疆火烧云和贵州猪拱塘，此外，西藏地区矿山开采活动有所加速，鑫湖矿业、蒙亚啊、柯月等新增产能有望陆续投产，预计随着新一轮找矿突破成果陆续落地，国内铅锌采选能力有望在 2025 年后有一轮集中释放。

铅锌冶炼的投资热度不减，2023 年金利金锌 15 万吨和南方有色 30 万吨氧压浸出项目陆续达产，其中，南方有色在多个方面实现了新的突破，建成了世界首条规模最大的 198 平方米沸腾炉，并配套目前全球最大的一套 30 万吨氧压浸出冶炼系统，采用侧吹+烟化炉工业建成 70 万吨/年规模的锌冶炼渣处理线。未来 3~5 年，国内仍有一些大型冶炼项目建设和投产，如金利金锌二期 15 万吨锌冶炼项目、云铜锌业 15 万吨搬迁项目、广西誉升二期 15 万吨扩建项目，以及更远期的火烧云矿山配套冶炼项目。此外，锌冶炼渣处置也将是未来 3~5 年冶炼行业重点投入的方面，同时将带动配套产出的精炼铅产量保持协同增长态势。

三、2023 年中国铅锌工业运行状况分析

（一）政策环境分析

当前全球能源结构调整不断深化，新一轮科技革命和产业变革深入发展，产业向绿色、低碳、清洁、高效、智能、多元方向转型已成为可持续发展的必经之路。

2023 年 8 月 21 日，工信部、国家发改委、财政部等七部门联合印发《有色金属行业稳增长工作方案》，旨在以优供给、促投资、拓消费、稳外贸为着力点，培育有色金属行业增长的内生动力，提升供给结构对有效需求的适配性和可靠性。2023—2024 年，有色金属行业稳增长的主要目标是：十种有色金属产量年均增长 5%左右，营业收入保持增长，固定资产投资持续增长，贸易结构持续优化，绿色化智能化改造升级加快，铜、铅等冶炼品单位能耗年均下降 2%以上等。其中：在提升供给能力方面，提出了要开展铜、铝、铅锌、镁等重点行业规范公告管理，引导要素资源向优势企业集聚，培育资源开发和冶炼骨干企业；支持新型锌合金等高端材料研发及产业化。在加大技术改造升级方面，提出了要引导铜、铝、铅、锌、镁、工业硅等企业开展节能降碳工艺升级改造。在优化进出口贸易方面，提出要支持冶炼企业与国外矿企签订长期采购协议；完善再生原料标准体系，扩大优质再生原料进口范围和规模。完善矿产品及再生资源产品进口检验标准，支持快速检测能力建设，提高产品进口通关效率。

作为"双碳"系列的配套指导方案，按照《关于严格能效约束推动重点领域节能降碳的若干意见》，国家发改委等五部委联合发布《高耗能行业重点领域节能降碳改造升级实施指南（2023 年版)》，为推动各有关方面科学做好重点领域节能降碳改造升级提供指导意见。其中，在配套政策中特别提到了，要充分利用已有政策工具，通过中长期贷款、绿色信贷、绿色债券、气候投融资、阶梯电价、工业节能监察、环保监督执法等手段，加大节能降碳市场调节和督促落实力度。

2023 年 12 月 27 日，国家发改委发布第 7 号令《产业结构调整指导目录（2024 年本）》。新一版指导目录的政策导向是推动制造业高端化、智能化、绿色化，巩固优势产业领先地位，在关系安全发展的领域加快补齐短板，构建优质高效的服务业新体系。其中，有色金属的鼓励类中，矿山鼓励有色金属现有矿山接替资源勘探开发，紧缺资源的深部、难采及低品位矿床开采，矿山尾矿充填采矿工艺、技术及装备；冶炼鼓励高效、低耗、低污染、新型冶炼技术开发及应用；综合利用鼓励高效、节能、低污染、规模化再生资源回收与综合利用，其中包括锌湿法冶炼浸出渣资源化利用和无害化处置。

（二）产业结构调整情况分析

1. 产业集中度

近年来，通过产业间、上下游兼并重组和资产整合等多种方式，国内逐步形成了一批具有全球影响力的铅锌企业。其中，2023 年，中国铜业、紫金矿业铅锌矿山生产规模已跻身全球前五（见图 6），豫光金铅、中国铜业等企业

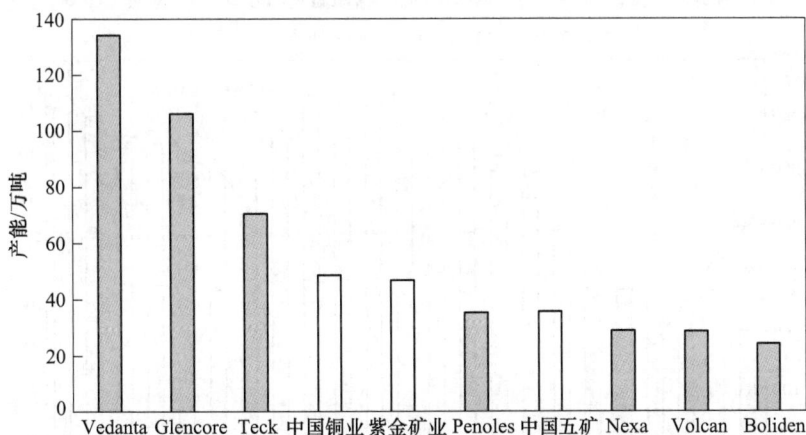

图 6　全球主要铅锌矿山生产企业排名

（以 2023 年铅+锌精矿金属量计）

数据来源：企业公告、中国有色金属工业协会铅锌分会、北京安泰科信息股份有限公司

铅锌冶炼产能已达到90万吨体量,随着南方有色冶炼产能的逐步落地,三家中国企业将稳居铅锌冶炼第二梯队(见图7)。

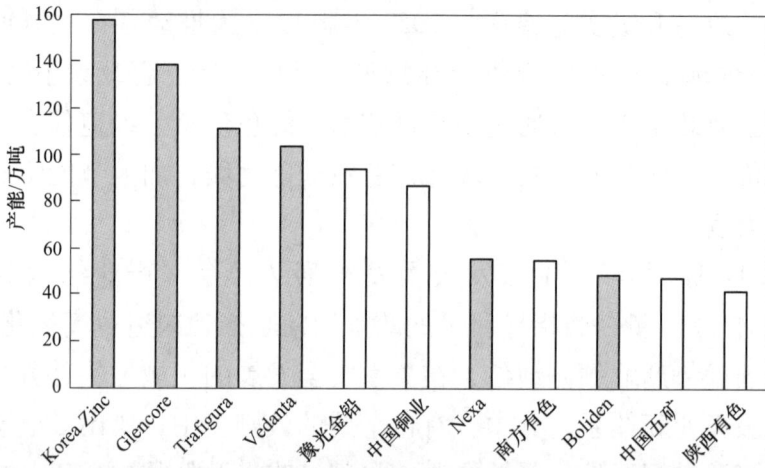

图7　全球主要铅锌冶炼生产企业排名

(以2023年铅+锌产量计)

数据来源:企业公告、中国有色金属工业协会铅锌分会、北京安泰科信息股份有限公司

2. 原料供应结构

不同于新能源战略金属的投资热潮,近年来,全球铅锌资源的勘探投入和开采热度有所下降,全球资源储量及矿山生产量都进入了一个平台期。而国内在产铅锌矿山资源日益贫化,开采深度越来越深,矿山开发难度上升,周边部资源接续能力不足,环保、税收负担加重等,限制了铅锌采选能力的提升,随着冶炼产能的不断扩张,2023年锌原料外采比达到37%(见图8)。

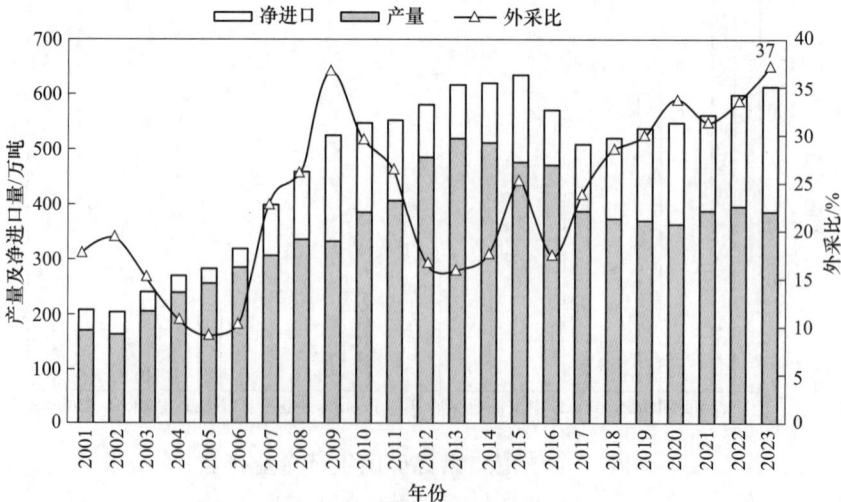

图8　中国锌精矿外采比

数据来源:海关总署,中国有色金属工业协会

3. 产品结构

2023 年，铅锌行业企业积极探索产业新模式、新业态，打造新的利润增长极。为满足下游多元化需求，锌冶炼企业不断丰富锌合金等产品种类，大型骨干企业锌合金产量占比已超过 50%，锌合金品种更加丰富，基本满足了国内主要应用领域需求。应用于海洋防腐、红外探测等领域的高端锌粉和高纯锌实现了产业化。

依托于铅锌冶炼载体综合回收能力强的优势，骨干企业投入大量的科研成本用于提高副产品的综合回收水平，有价元素全产品化、高端化利用比例不断提升，应用于红外、光伏、新能源等领域的高纯锗、砷化镓、碲化镉等产品种类更加丰富，产业链得到延伸的同时，还出口满足了全球使用需求。2023 年，中金岭南韶关冶炼厂稀贵金属绿色回收与提取实验室半导体衬底材料中试团队利用自有技术成功生产出第一根砷化镓单晶棒，达到国内同行业领先水平。

（三）经营形势分析

2023 年，受诸多不利因素的影响，铅锌行业总体利润水平有所下滑。据中国有色金属工业协会统计，从铅锌行业利润分布看，铅锌矿采选利润同比下降 15.3%，铅锌冶炼利润同比增长仅 0.21%。从销售利润率看，铅锌矿山效益达 20.1%，铅锌冶炼为 2.4%，低于有色金属冶炼平均水平。

从冶炼加工费来看，国内冶炼产能利用率提升，原料供应持紧，铅锌加工费呈下滑态势。2023 年，国内铅精矿加工费均价为 1016 元/吨，同比下跌 9.8%，进口铅精矿加工费均价为 51 美元/干吨，同比下跌 30.7%（见图 9）；锌精矿基准加工费均价为 5102 元/吨，同比上涨 28.8%，结算加工费均价为 6427 元/吨，同比上涨 7.1%，进口铅精矿加工费均价为 168 美元/干吨，同比下跌 16.8%（见图 10）。

四、当前中国铅锌工业发展中需要关注的问题

（一）原料保障风险抬升

铅锌资源承担着锑、铟、锗等战略稀散金属载体身份，铅锌的战略地位也在不断提升。近两年，加拿大、美国、澳大利亚等国先后将锌金属列入关键矿产或战略矿物清单，表明各国关注到美、欧、澳等部分铅锌矿产区资源贫化的趋势，且未来全球接续资源及新建矿山产能有限。由于全球铅锌资源分布不均，我国铅锌原料进口来源国相对集中，前三大国家供应量占比超过 50%。近年来主要海外开发资源国在矿业税和产业链延伸发展等方面提出了更高要求，海外原料出口受到越来越多的限制。

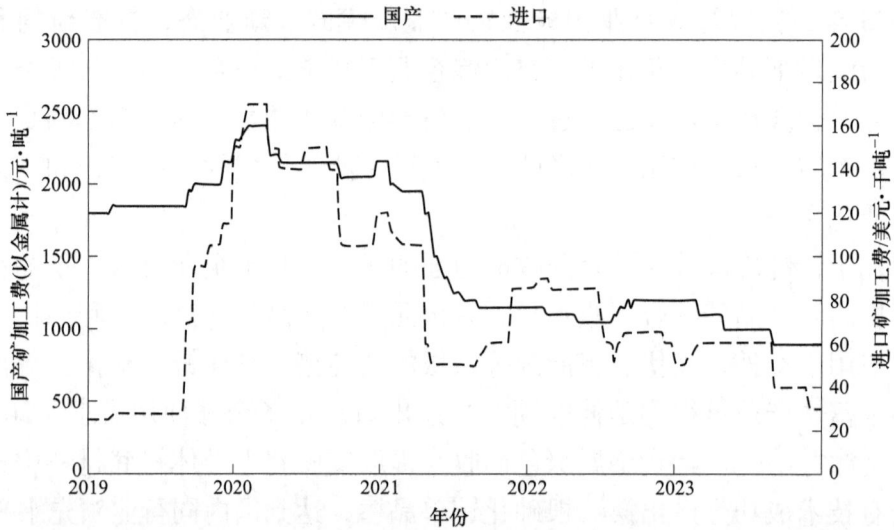

图 9　铅精矿加工费变化图

数据来源：中国有色金属工业协会、北京安泰科信息股份有限公司

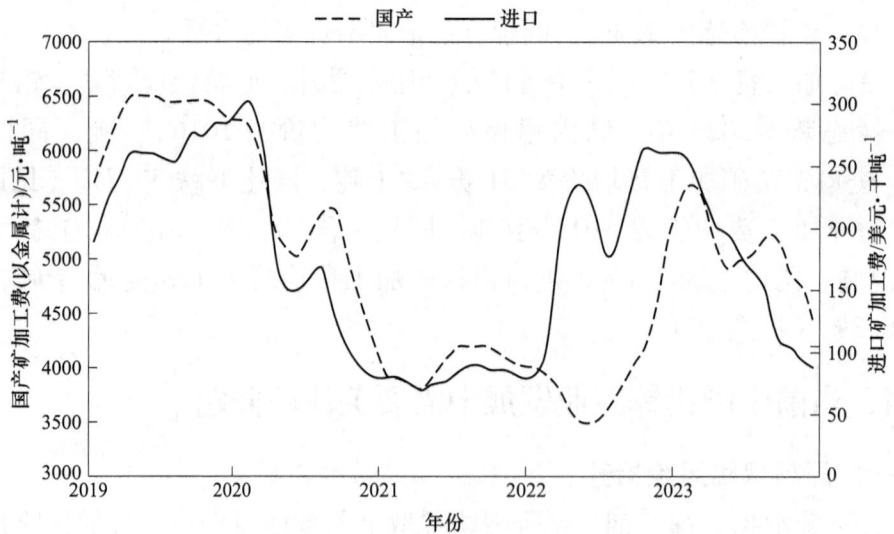

图 10　锌精矿加工费变化图

数据来源：中国有色金属工业协会、北京安泰科信息股份有限公司

（二）消费增长乏力

我国铅锌消费增速在近几年已明显放缓。国内锌消费 85% 左右以镀锌钢材和合金形式用于建筑、汽车和交通、日用品、农业等领域；90% 以上的铅用于

铅酸蓄电池制造。近年来，铅锌消费进入低速增长阶段，新能源等对铅锌消费尤其是铅的消费带动极其有限，铅锌新产品开发不足，部分领域铅蓄电池、锌压铸件已分别被锂、铝取代，钢铁消费达峰对锌消费增速的抑制已显现，低成本、高效储能用铅、锌材料开发进展缓慢。铅锌行业对储能电池、新材料等技术路线发展的关注度与参与度较低。

（三）冶炼投资热度不减

铅锌行业产能利用率偏低，原生铅产能利用率不足70%，再生铅开工率仅为40%左右，锌冶炼产能也呈现过剩势头。初步统计，未来3~5年，国内仍将有近百万吨铅、锌冶炼产能投建，在国内消费即将触顶的背景下，冶炼端投资热度不减，也为铅锌工业结构优化和提升盈利能力带来巨大挑战。

五、中国铅锌工业发展建议

2024年是全面贯彻落实党的二十大精神的关键之年，是深入实施"十四五"规划的攻坚之年，在稳中求进、以进促稳、先立后破的总基调中，铅锌行业企业要抓住产业结构转换的关键时期，预判风险，积极破局，着力推动高质量发展。

一是提升铅锌资源战略地位，夯实产业稳定发展基础。重视铅锌资源的战略金属载体特征，与国际接轨将铅锌资源纳入关键战略矿产管理。在新一轮找矿突破行动中，特别关注新疆、西藏等地区资源，并重视分散伴生于铜、铁、银等其他矿种资源中的铅锌资源集中利用；积极参与国际矿业开发和深度合作，共同应对气候变化、品位下降、开采成本上升、贸易壁垒等全球性的挑战，打造更加稳定可靠的铅锌产业双循环格局。

二是抓住储能产业高速发展机遇，挖潜行业发展新动能。不遗余力扩大新应用，充分满足新能源汽车、可再生能源、新一代信息技术、航空航天、节能降碳等新质生产力对铅锌的需求。抓住储能产业高速发展机遇，适应绿色储能产品需求，研发满足高能量密度和高循环次数的低成本铅锌储能材料，让铅锌材料在全社会实现"双碳"目标中发挥更重要的作用。

三是加快实现铅锌行业绿色低碳转型升级。加强二次资源综合回收利用，完善回收体系，提升循环利用水平，支持国内冶炼工艺、技术、装备"走出去"，探索建设境外再生物料处置基地；加快推广先进的锌冶炼浸出渣资源化技术，尽快实现固废全部资源化；积极发挥铅锌冶炼原料适应性强、可同时回收稀贵金属的载体功能，处置各种含稀贵金属矿产原料及城市矿产资源，将铅锌冶炼打造成服务国家战略和处理城市矿产不可或缺的重要产业载体。

撰稿人：夏　丛
审稿人：段绍甫、周遵波

2023 年镁工业发展报告

2023 年，全球地缘政治冲突加剧、国际局势复杂多变，全球经济在高通胀、高利率压力下呈现弱增长态势。面对复杂严峻的国际环境，我国经济不断回升向好，稳中有进，呈现较强的经济韧性，GDP 实现 5.2% 的增长。

我国镁产业也呈现良好的发展前景，产业结构不断优化升级，以低碳环保为目标的供给侧结构性改革持续推进，应用领域关键技术得到不断突破，加工企业创新成果获得肯定，为镁产业高质量发展打下坚实基础。

一、2023 年世界镁工业发展概述

美国地质勘探局（USGS）统计数据显示，目前，除中国外生产原镁的国家有 7 个，分别是美国、俄罗斯、以色列、哈萨克斯坦、伊朗、巴西、土耳其。

综合来看，预计 2023 年全球原镁产能为 163 万吨，产量为 100 万吨，同比减少 9.9%，产量缩减主要来自中国原镁产量减少；2023 年全球镁消费量 105 万吨左右，同比减少 8.7%。

二、2023 年中国镁工业发展现状

2023 年中国镁工业发展现状主要从镁工业经济运行情况、产业结构、市场价格、市场消费、进出口贸易及投融资情况等六个方面进行概述。

（一）经济运行情况

1. 2023 年原镁产量同比下降 11.9%

据中国有色金属工业协会镁业分会（以下简称"镁业分会"）初步统计数据，2023 年我国原镁产能 136.11 万吨，近几年基本稳定；原镁产量 82.24 万吨，同比缩减 11.9%；镁合金产量 34.52 万吨，同比缩减 3.5%；镁粉产量 11.94 万吨，同比增长 15%。

从上述统计数据可以看出，2023 年国内原镁和镁合金产量同比均有所缩减，镁粉产量有较大增幅（见表1）。

表1 2022年和2023年中国原镁、镁合金、镁粉产能产量统计情况

（万吨）

年份	原镁产能	原镁产量	镁合金产量	镁粒（粉）产量
2022年	136.46	93.33	35.78	10.38
2023年	136.11	82.24	34.52	11.94
同比/%	-0.3	-11.9	-3.5	15

数据来源：中国镁产能、产量相关数据均为镁业分会初步统计数据。

2.2023年规模以上镁冶炼企业经济效益缩减

据国家统计局初步统计数据，67家规模以上镁冶炼企业的产品销售收入为178.34亿元，同比缩减32.1%；利润总额-6.72亿元，同比减少152.6%。

3.主要生产技术经济指标基本稳定

2023年皮江法镁冶炼生产技术经济指标为：还原周期为8~12小时，料镁比6.0~7.0，劳动生产率为35~50吨/（人·年）。

（二）产业结构分析

2023年，中国镁产业以镁冶炼产品为主，加工产品为辅。国内镁冶炼保持以陕西、山西地区为主，内蒙古、安徽、新疆、宁夏等地区为辅的发展格局。镁深加工以山西、广东、重庆、江苏、安徽和上海为主要生产地区，加工产品应用以交通、3C等领域为主。

2023年，陕西地区原镁产量继续保持国内首位，受环保改造等因素影响该地区产量比2022年再现缩减，且幅度较大，产量占比由2022年的59.39%下调至57.1%；山西地区产量占比由2022年的22.1%上调至24.7%；内蒙古地区和新疆地区产量占比相对稳定（见表2）。

表2 2023年部分省区镁冶炼产能产量分布统计情况

地区	企业个数	生产能力		产量	
		合计/万吨	全国占比/%	合计/万吨	全国占比/%
陕西	34	73.61	54.1	46.97	57.1
山西	8	32	23.5	20.35	24.7
内蒙古	2	6	4.4	4.31	5.2
新疆	3	5	3.7	3.78	4.6

数据来源：镁业分会。

据镁业分会初步统计，国内镁冶炼企业前十名产量合计为39.56万吨，较2022年的40.63万吨减少2.6%（见表3）。前十位企业产量占总产量的近

50%，显示产业集中度较高。

表3　2023年中国镁冶炼企业原镁产量前十名（按会员单位）排序

名次	企业名称	产能/万吨	产量/万吨	产量同比/%
1	宝武镁业科技股份有限公司	10	9.18	8.4
2	物产中大柴鑫合金材料有限公司	8	6.8	−0.2
3	府谷京府煤化有限责任公司	4	4.05	79.2
4	陕西三忻集团实业有限责任公司	4	3.29	50.2
5	山西八达镁业有限公司	4.5	3.03	−7
6	垣曲县五龙镁业有限责任公司	6	3	4.5
7	山西银光华盛镁业股份有限公司	6.5	2.65	−4.7
8	山西瑞格金属新材料有限公司	5	2.56	−13.2
9	山西水发振鑫镁业有限公司	3	2.5	16.3
10	榆林市天龙镁业有限责任公司	3	2.5	0
	合　　计	54	39.56	9.2

数据来源：镁业分会。

　　产量在1万吨（含1万吨）以上的镁冶炼企业有34家，产量合计为76.1万吨，较2022年缩减11.6%；年产3万吨（含3万吨）以上企业是6家，产量合计为29.35万吨，同比减少8.4%。

　　2023年，国内镁合金产量34.52万吨，同比缩减3.5%，前五名镁合金生产企业产量合计为32.3万吨，同比缩减2.3%。前五名产量占比高达93.6%，产业集中度非常高（见表4）。

表4　2023年中国镁合金产量前五名企业（按会员单位）排序

名次	企业名称	产能/万吨	产量/万吨	产量同比/%
1	宝武镁业科技股份有限公司	25	18.74	1.7
2	山西瑞格金属新材料有限公司	10	8.75	2.9
3	山西水发振鑫镁业有限公司	6	2.35	−3.9
4	山西八达镁业有限公司	4	1.46	−33.3
5	西安海镁特镁业有限公司	5	1	0
	合　　计	50	32.3	−0.8

数据来源：镁业分会。

（三）市场价格

1. 原镁价格持续走低

2023年国内原镁年均价22132.3元/吨，同比下跌28.1%。全年日均价波动范围在20000~30000元/吨，年最高价为5月的30000元/吨，最低价为6月的20000元/吨。

2023年镁市场整体呈下行走势。2023年前三个月市场持续走低，价格由年初的22000元/吨持续走低跌至20200元/吨，4—5月价格反弹，由20200元/吨反弹至30000元/吨，随后震荡回落，至年底20500元/吨，全年跌幅为6.8%。2023年我国镁产品出口量减少18%以上，出口大幅减少是镁价下跌的直接原因。截至年底，部分厂商、贸易商报价基本在20200~20600元/吨（见图1）。

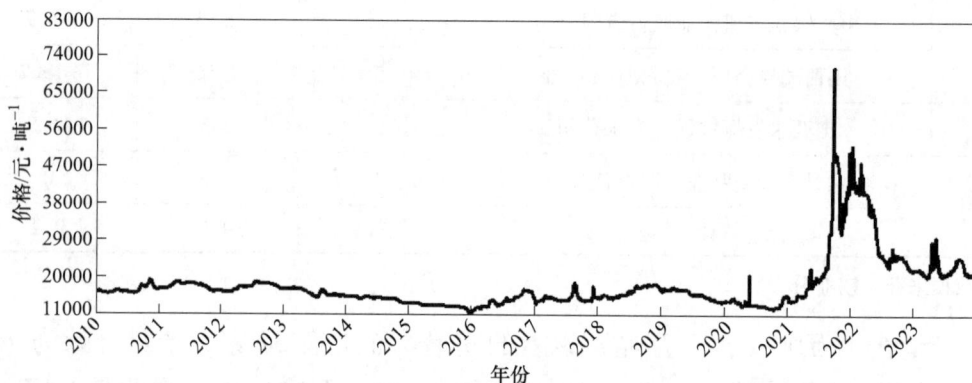

图1　2010—2023年中国原镁现货价格走势图

数据来源：镁业分会

2. 镁产品出口价格大幅走低

2023年FOB镁年均价3313美元/吨，同比下跌31.9%，价格较上年有较大幅度的回调。全年日均价波动区间2990~4530美元/吨，年最高点在5月的4530美元/吨，最低点在7月的2990美元/吨。2023年FOB镁价下跌幅度大于国内镁价跌幅，主要是人民币对美元汇率波动加剧及海运费上涨，运输周期延长导致海外订单大幅减少。截至年底，部分厂商、贸易商出口报价在FOB 3040~3070美元/吨（见图2）。

（四）市场消费

2023年，我国镁消费量48.56万吨，同比下降11.3%。其中用于冶金领域28.05万吨，约占国内消费总量的57.8%；用于加工领域19.21万吨，占国内消费总量的39.6%（见表5）。

2023年镁消费量在冶金领域的比重有所下降，主要是金属添加及金属还

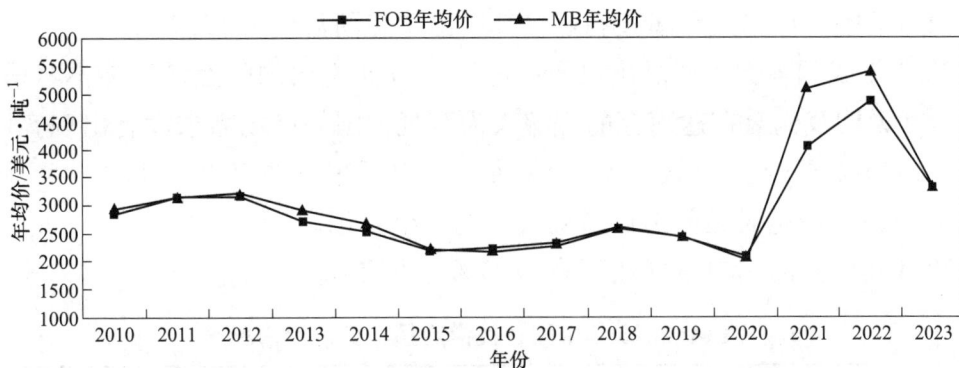

图 2　2010—2023 年中国原镁 FOB 年均价与 MB 年均价对比图

数据来源：MB、镁业分会

原领域需求减少。在消费增长前景最为看好的加工应用领域（铸件、压铸、型材等）用量有所增加，主要是受汽车市场向好发展影响。2023 年国内乘用车产销分别完成 2612.4 万辆和 2606.3 万辆，同比分别增长 9.6% 和 10.6%，增速高于行业总体，汽车产销量的增加进一步拉动镁消费。

表 5　2022—2023 年国内镁消费情况统计表　　　　　　　　（万吨）

| 年份 | 冶金 | | | | | 加工 | 其他 | 合计 | 同比 /% |
	铝合金添加	炼钢脱硫	球墨铸铁球化剂	金属还原	稀土镁合金	铸件、压铸件、型材			
2022 年	12.80	5.18	3.06	14.25	1.10	17.08	1.30	54.77	13.0
2023 年	11.70	5.10	3.25	7.00	1.00	19.21	1.30	48.56	−11.3

数据来源：镁业分会。

（五）进出口贸易

2023 年我国各类镁产品出口量下降明显。据海关统计数据，2023 年我国共出口各类镁产品 40.47 万吨，同比减少 18.7%，累计金额约 13.89 亿美元，同比减少 49.2%。从占比看，目前我国镁产品出口仍以低端粗加工输出为主，镁制品等加工产品输出较少。原镁、镁合金和镁粉仍是主要出口产品，三个品种占出口总量 96.7%，其中原镁出口占到 52.8%。从出口金额看，2023 年我国镁出口金额同比大幅回落，主要受镁价下跌影响。

2023 年中国镁产品出口近百个国家和地区。其中，原镁主要出口地为荷兰、印度、加拿大、日本和韩国；镁合金主要出口地区为荷兰、加拿大、墨西哥、韩国和罗马尼亚；镁粉主要出口地区为加拿大、荷兰、土耳其、印度及斯洛伐克。加工方面，锻轧镁主要出口美国、日本、俄罗斯和中国台湾；镁制品主要出口美国、加拿大和澳大利亚，其中出口美国数量占53.9%。

2023年我国各类镁产品出口量缩减，一方面说明国际经济局势不容乐观，另一方面说明我们对在途库存的理解较为客观，国外市场需求没有出现实质性增长，2020年至今出口数据几次波动，平均下来基本年出口量在45万吨，2023年出口缩减是对之前出口增幅过大的一个修正。

2023年镁产品出口量同比下降18.7%，见表6。

表6 2023年中国各类镁产品出口统计情况

名称	累计数量/万吨	累计同比/%	累计金额/万美元	累计同比/%
镁锭	21.38	−21.6	69886	−53
镁合金	10.4	−24.2	37739	−51.2
镁废碎料	0.63	−30.0	2165	−39.8
镁粉等	7.37	9.0	24897	−29.8
锻轧镁	0.32	−20.0	2146	−32.2
镁制品	0.37	−47.9	2056	−59.5
总值	40.47	−18.7	138889	−49.2

数据来源：海关总署。

2023年镁产品进口同比缩减28.9%，见表7。

表7 2023年中国各类镁产品进口统计情况

名称	累计数量/吨	累计同比/%	累计金额/万美元	累计同比/%
原镁	24.21	−95	17.11	−94.2
镁合金	424.1	987.4	88.83	372.5
镁粉等	0.57	−43.0	2.76	−76.6
锻轧镁	2.82	−92.6	41.50	−54.7
镁制品	130.90	−49.9	521.47	−14.1
合计	582.6	−28.9	671.67	−34.4

数据来源：海关总署。

（六）投融资情况

镁冶炼是限制类项目，投融资项目暂无实施。2023年国内诸多涉镁投资项目主要集中在生产原料、建筑模板、汽车等镁加工应用领域，具体以宝武镁业科技股份有限公司为龙头，宁波星源卓镁技术股份有限公司、乔治费歇尔等典型企业为主，显示投资方看好镁加工应用发展前景，助力进一步优化产业结构布局。

1. 宝武镁业完成多项投资和收购

2023 年，宝武镁业继续深入布局镁业蓝图，完成从保产保供的矿石、硅铁等原料到镁建筑模板等加工应用多个项目的投资，稳步实现五台、青阳等地镁产业链的延伸和拓展。

（1）宝武镁业子公司五台云海镁业有限公司（以下简称"五台云海"）为保证原镁及镁合金生产原材料的稳定供应，以 116793 万元竞拍获得山西省忻州市五台县东冶镇大朴村白云岩矿采矿权，该矿采矿权面积为 2.79 平方千米，资源储量为冶镁用白云岩 34517 万吨。

（2）五台云海总投资 32.38 亿元的 10 万吨的二期项目高性能镁基轻合金及压延深加工项目在五台顺利开工；同时，为满足五台云海发展的资金需求，宝武镁业拟向五台云海增资 2 亿元，拟向全资子公司南京云海轻金属精密制造有限公司增资 2 亿元。

（3）为进一步扩展镁合金模板的应用，宝武镁业购买南京领航云筑新材料科技有限公司持有的安徽镁铝建筑模板科技有限公司 37.5% 的股权，转让总价为人民币 1583 万元。本次交易完成后，公司将持有安徽镁铝 100% 的股权。

（4）为保证公司原镁生产所需硅铁的稳定供应，进一步降低成本，宝武镁业与甘肃腾达西铁资源控股集团有限公司合作建设年产 30 万吨高品质硅铁合金项目，项目位于连海经济开发区永登县河桥镇南关村，投资总额为人民币 173867.44 万元。项目全部达产后，可实现年均销售收入 209918.80 万元，年均净利润 25052.93 万元。

2. 乔治费歇尔成型方案北方（沈阳）压铸工厂开业

乔治费歇尔成型方案沈阳工厂是一所世界级的轻合金高压压铸生产基地，项目总建筑面积约 4.8 万平方米，总投资人民币近 3.2 亿元，是其在华的第三个生产基地。

3. 星源卓镁 300 万套汽车用高强度大型镁合金精密成型件项目落户奉化

星源卓镁与宁波奉化经济开发区管理委员会签署投资协议，在奉化经济开发区投资 10.1 亿元建设年产 300 万套汽车用高强度大型镁合金精密成型件项目生产基地，主要用于开展轻量化镁合金、铝合金精密压铸产品及配套压铸模具的研发、生产和销售业务。项目分为二期，其中首期投资为 7 亿元。

三、2023年中国镁工业经济运行状况分析

（一）政策环境分析

2023年，多项涉镁政策陆续出台，鼓励和指引我国镁产业持续健康发展。

1. 三部门组织开展2023年重点新材料首批次应用保险补偿机制试点工作

2023年1月13日，工信部、财政部、银保监会印发通知，组织开展2023年重点新材料首批次应用保险补偿机制试点工作。明确生产《重点新材料首批次应用示范指导目录（2021年版）》内新材料产品，且于2022年1月1日至2022年12月31日期间投保重点新材料首批次应用综合保险的企业，符合首批次保险补偿工作相关要求的镁合金轮毂、高性能镁合金挤压材企业，可提出保费补贴申请，原则上单个品种的保险金额不低于5000万元。

2. 工信部印发《有色金属行业智能制造标准体系建设指南（2023版）》

2023年3月1日，工信部办公厅印发《有色金属行业智能制造标准体系建设指南（2023版）》，目标到2025年，基本形成有色金属行业智能制造标准体系，累计研制40项以上有色金属行业智能制造领域标准。基本覆盖镁智能制造标准体系结构、生产智能设备设施标准、智能生产标准、大宗有色金属产品原料采购、运输、销售等供应链管理标准等在行业示范应用，促进镁行业数字化转型和智能化升级。

3. 两家企业上榜"2022年度绿色制造名单"

2023年3月23日，工信部公布2022年度绿色制造名单，山西东义煤电铝集团煤化工有限公司、广东伊之密精密注压科技有限公司上榜绿色工厂名单和绿色供应链管理企业名单。

4. 工信部组织编制《建材工业鼓励推广应用的技术和产品目录（2023年本）》

2023年4月24日，工信部组织编制了《建材工业鼓励推广应用的技术和产品目录（2023年本）》，镁渣被列入绿色化水泥窑协同处置技术。

5. 七部门联合印发《有色金属行业稳增长工作方案》

2023年8月28日，工信部、国家发改委、财政部、自然资源部、商务部、海关总署、国家粮食和储备局等七部门联合印发《有色金属行业稳增长工作方案》。《方案》鼓励有条件地区开展盐湖高效提锂提镁关键技术攻关及工业化试验，支持大规格轻合金研发应用，开展铜、铝、铅、锌、镁等重点行业规范公告管理和培育骨干企业，引导镁等企业开展节能降碳工艺升级改造，鼓励开发镁合金建筑模板、加快开发并推广一体化压铸成型车身、镁合金轮毂，鼓励

镁制品等深加工产品出口，扩大镁等消费规模较大且具有增长潜力的材料及产品应用领域、规模和层次，为镁行业稳增长提供了明确路径。

6. 2023 年度重点用能行业能效"领跑者"企业遴选工作启动

2023 年 12 月 7 日，为突出能效标准引领作用，创建一批能效标杆企业，推动工业节能降碳，工信部、国家发改委、市场监管总局等三部门联合印发通知，组织开展 2023 年度重点行业能效"领跑者"企业推荐工作。实施范围包括镁冶炼等 37 个细分行业。

7. 两家企业被评为 2023 年度有色金属行业企业信用等级评价 AAA

2023 年 12 月 14 日，全国有色金属行业企业信用等级评价工作办公室公布 2023 年度有色金属行业企业信用等级评价结果，府谷京府煤化有限责任公司和神木市东风金属镁有限公司榜上有名。

8. 工信部发布《重点新材料首批次应用示范指导目录（2024 年版）》

2023 年 12 月 18 日，工信部发布《重点新材料首批次应用示范指导目录（2024 年版）》，自 2024 年 1 月 1 日起施行。大型薄壁复杂结构轻质合金熔模精密铸件的铸造镁合金、高性能镁合金复杂型材、高性能阻燃镁合金挤压材料入选。

9. 国家发改委发布《产业结构调整指导目录（2024 年本）》

2023 年 12 月 29 日，国家发改委发布《产业结构调整指导目录（2024 年本）》。《目录》中将一体化压铸成型，轻量化镁合金材料，高效、低耗、低污染、新型冶炼技术开发，冶炼废渣综合利用，再生有色金属新材料等列入鼓励类；在钢铁类限制项目中有关涉镁配套半焦炉项目增加"单炉生产能力不小于 5 万吨/年且使用低阶煤高温热解工艺的镁冶炼配气装置除外"的描述；在淘汰类"单炉产能 7.5 万吨/年以下半焦（兰炭）生产装置"项目中增加"单炉产能不小于 5 万吨/年且使用低阶煤高温热解工艺的镁冶炼配气装置除外"的描述。

（二）产业结构调整情况分析

2023 年国内镁产业结构调整不断优化升级，汽车、储氢、医疗等领域关键技术获得突破，加工企业科研创新成果获得多方肯定，大型央企国企的进入助推镁产业高质量发展。

1. 应用领域关键技术获突破，大规模应用指日可待

（1）全球首批镁基固态储运氢车完成交付。4 月 13 日，全球首批镁基固态储运氢车（MH-100T）在上海汽车会展中心亮相。这辆镁基固态储运氢车长 13.3 米，最大储氢量可达 1 吨，车内装载了 12 个储氢容器，每个容器里面都

装填了镁基固态储氢材料，从运输气体变成运输固体，可实现氢气的长距离、常温常压安全储运，并具备大容量、高密度、可长期循环储放氢的能力。10月18日，全球首批镁基固态储运氢车交付完成，该产品已获得中国船级社罐式集装箱检验认证。

全球先进吨级镁基固态储运氢车的正式交付标志着氢能产业链布局迈上新征程。

（2）超大型镁合金汽车压铸件在重庆试制成功。由重庆美利信科技股份有限公司、重庆大学国家镁中心、重庆博奥镁铝金属制造有限公司等单位联合开发，成功试制出镁合金超大型汽车压铸结构件。此次试制包含一体化车身铸件和电池箱盖两类超大型新能源汽车结构件，两个产品的投影面积均大于2.2平方米，是目前世界上最大的镁合金汽车压铸结构件。两个铸件相比原来铝合金铸件减重32%，展现出巨大的轻量化应用前景。

本次超大型镁合金结构件的成功试制，有力推动了镁合金在大型复杂结构领域的进一步大规模应用，对镁合金在汽车、建筑、航空航天等行业的超大部件的应用具有重要战略意义。

（3）全球首款可降解纯镁骨钉完成临床试验病例入组。宜安科技宣布全球首款可降解纯镁骨钉完成了临床试验病例入组。宜安科技用高纯镁材料加工而成的可降解镁骨内固定螺钉为世界首例，于2020年率先获得了CE认证。

随着临床入组（184例）工作的完成，意味着可降解金属镁植入材料成功在人体上实现批量临床使用，标志着生物可降解金属植入物产业化步入新阶段，具有里程碑意义。

（4）中铝轻研成功铸造大规格镁合金锻件。中铝郑州轻研合金科技有限公司成功锻造出规格为 $\phi2550$ 毫米×120毫米的镁合金大锻板。该锻板采用半连续铸造的方式，制备出 $\phi700$ 毫米×3000毫米大尺寸铸锭，铸锭断口无夹杂且恒温恒湿效果良好；内部组织均匀且细小；超声探伤可达A级要求。

本次大规格变形镁合金锻件是专为航空航天领域中减重需求迫切的大型结构部件而开发，为航空航天和国防军工的部件开发和新型号的推进提供了有力支持。

（5）首批镁合金轻量化挂车完成严酷环境下煤炭运输实地营运测试。由西安交通大学陕西省镁基新材料工程研究中心与陕汽集团德创未来汽车科技有限公司等合作研发的全国首辆镁合金轻量化挂车实现交付。单车镁合金用量超过800千克，占比超过10%，最大单体镁合金制件尺寸为13米，相比原钢制方案综合减重近1吨。目前已完成低温下煤炭运输实地营运测试。

2. 加工企业技术成果获肯定，推动镁应用高质量发展

2023 年度中国有色金属工业科学技术奖，镁行业获得 4 项一等奖和 1 项二等奖。

青海盐湖特立镁有限公司等单位合作研发的运载装备轻量化用铝、镁合金高效设计制造关键技术与产业化应用、上海交通大学等单位合作研发的镁基固态储运氢材料与技术（发明）、山西神舟航天科技有限公司等合作研发的薄壁镁合金复杂构件高精度制备技术及应用、中北大学等合作研发的镁合金挤压铸造材料—工艺—装备全流程宏微观集成设计系统及应用（发明）获得一等奖；中国科学院金属研究所、东莞宜安科技股份有限公司、山西瑞格金属新材料有限公司合作研发的高性能镁合金复杂薄壁压铸成形技术获得二等奖。

2023 年，宝武镁业深耕研发，共获授权 5 项发明专利，青海盐湖股份有限公司和青海盐湖特立镁公司获授权 1 项发明专利。发明专利体现一个企业技术实力，是专业知识和行业经验的结晶，有助于提升企业的软实力和市场竞争力。

3. 央企国企跨界布局，为镁行业发展注入新动能

（1）云海金属正式加入宝武集团"大家庭"。9 月 20 日，云海金属正式加入宝武集团"大家庭"，并更名为"宝武镁业科技股份有限公司"，英文名称"Baowu Magnesium Technology Co.，Ltd"，证券简称为"宝武镁业"，实际控股人变为国务院国资委。

（2）物产中大集团收购柒鑫合金控股权。9 月 28 日，物产中大集团股份有限公司发布《关于全资子公司收购浙江柒鑫合金材料有限公司控股权的进展公告》。公司子公司物产中大（浙江）产业投资有限公司已经通过协议转让和公开竞拍方式收购浙江柒鑫合金材料有限公司 82.3% 的股权，浙江柒鑫合金材料有限公司更名为"物产中大柒鑫合金材料有限公司"。

（3）鹤壁市与中铝签订镁基新材料综合利用新技术工业试验项目。12 月 1 日，在北京召开的中铝集团先进有色金属材料现代产业链融通发展共链行动大会上，鹤壁市政府与中铝郑州有色金属研究院签订白云石综合利用工业试验合作框架协议，共同开展镁基新材料综合利用新技术工业试验项目。

（4）中天时代镁业与中建八局签订战略合作协议。12 月 1 日，在长三角精细化工和镁铝材料产业推介会上，中天时代镁业有限公司与中国建筑第八工程局有限公司签订了镁合金建筑模板战略合作协议。双方合作不但能提升该公司在建筑模板市场上的竞争力，也对镁建筑模板的应用拓展具有深远的意义。

（三）经营形势分析

2023年国内原镁生产基本平稳，陕西府谷地区部分企业因环保改造产量同比缩减，其他地区生产有序进行，全年国内冶炼行业产能利用率60%左右。

受出口缩减影响，2023年原镁价格基本围绕企业成本线波动，整体盈利空间有限，部分企业亏损经营，冶炼行业营收和利润均大幅下调。具体国内供求情况见表8。

表8　2019—2023年国内镁市场供求情况表　　　　　（万吨）

年份	2019年	2020年	2021年	2022年	2023年
产量	96.85	96.10	94.88	93.33	82.24
出口量	45.16	39.38	47.72	49.77	40.47
进口量	0.04	0.04	0.04	0.08	0.01
国内消费量	48.58	54.13	48.45	54.77	48.56

数据来源：海关总署、中国有色金属工业协会、镁业分会。

四、当前中国镁工业发展中需要关注的问题

（一）供应不稳定，行业缺乏信心

2021年，受能耗双控政策影响，府谷地区大规模限产，直接推高镁价至71200元/吨，创历史新高，国内外市场随之大幅震荡。同年年底，中央生态环境保护督察组进驻陕西开展环保督察工作，发现当地淘汰兰炭落后产能不力，要求整改，随后当地陆续开始整改措施。2023年5月，府谷地区镁企业配气工段提标升级改造进入关键时期，近50%企业全面停产进行升级改造，及至12月陆续开始试生产。2022年当地原镁产量由2021年的50万吨下降至43万吨，2023年下降至36万吨，减幅近30%。

陕西是我国乃至全球原镁最大供应基地，其产量大幅度的缩减直接引发国内外市场波动，同时在一定程度上造成镁应用一起来镁价就进入快速上涨的假象，对镁应用造成极大打击，阻碍行业持续健康发展。

（二）需求不振，消费下降

2023年我国出口和消费均呈现不同程度下降，显示国际国内市场需求不足。一方面，全球经济低迷，国际消费市场上汽车、电子等终端产品需求不振，加剧镁应用缩减；另一方面，国内应用尚未大规模铺开，汽车等交通领域的应用，尤其是大型部件的应用处于拓展阶段，尚未进入规模应用，镁合金建筑模板虽已小批量应用，但仍处于市场开拓阶段。结构性材料应用增长缓慢是

目前国内镁工业发展面临的主要问题。

五、中国镁工业下一步发展重点

（一）增加用镁信心，增强供应保障能力

2023 年，国家发改委发布《产业结构调整指导目录（2024 年本）》在钢铁类限制项目中增加"单炉生产能力不小于 5 万吨/年且使用低阶煤高温热解工艺的镁冶炼配气装置除外"，在淘汰类项目中增加"单炉产能不小于 5 万吨/年且使用低阶煤高温热解工艺的镁冶炼配气装置除外"。产业政策明确破除原镁供应不稳定的风险因素，原镁供应基地的生产将进入正常化。同时随着宝武镁业原镁产能布局的逐步推进，以及运城地区的稳定供应，将形成我国原镁供应多元化格局，为原镁稳定供应提供保障，利于增强市场用镁信心。

对镁产业链来说，镁冶炼作为上游供应链，供应的稳定及链主企业的稳定发展对市场供应、价格和产业链的稳定性都至关重要。镁业分会将继续联合会员企业共同提高上游供应链韧性，通过进一步加强行业内部沟通交流和相关行业信息披露、加强国内外市场监测等方式，提高行业预警能力和突发情况的应对能力，更好地保障镁产业的稳定发展。

（二）提升技术，完善标准，推动镁产业高质量发展

1. 通过不断创新提升冶炼水平、扩大内需

自主创新是行业的生命，是企业爬坡过坎、高质量发展的根本，只有把关键核心技术牢牢掌握在手中，实现高水平科技自立自强，才能在竞争和发展中赢得主动权。

镁行业在继续推广大直径竖罐双蓄热底出渣镁冶炼技术等技术的基础上，继续加大冶炼工序节能降碳技术研发及冶炼工艺技术革命性创新力度，提升还原工序的自动化、智能化水平。镁业分会将积极搭建产、学、研、用沟通交流平台，推动冶炼工艺创新技术实质性的突破，加快绿色低碳关键技术研发推广。

建立以汽车用镁为主导的多领域应用共同发展的格局，包括推进镁合金模板在建筑领域的应用、推动镁合金在储氢和生物医疗领域的应用、积极开展镁电池应用研究及提升国内高端镁合金材料研发进程等，同时推动多领域专精特新企业标杆的树立。

2. 加强重点技术研发，以关键产品推动镁应用推广

持续推进镁合金材料及工艺技术的深入研发，包括不锈镁系列产品研发、高强度抗蠕变镁合金材料开发、镁合金半固态注射成型技术在汽车大型复杂部

件的应用、镁合金防腐技术、低能耗均质纯净化冶炼技术等，提高科技成果的转化效率，加快实现产业瓶颈突破。

围绕汽车产业的发展趋势，特别是新能源汽车和智能网联汽车赋予汽车产品及零部件的新发展、新需求、新特征，聚焦大型复杂薄壁镁合金汽车零部件的关键技术突破，以及下一代镁合金汽车零部件（轮毂、中控屏支架、前端模块、座椅骨架、内门板及新能源电池箱等）的科学研究、技术突破及产业应用。

3. 推动汽车应用领域镁材料及产品标准的构建

随着镁合金在汽车领域应用的不断拓展，镁合金汽车零部件应用和研发种类日益增多，但目前汽车用镁相关标准屈指可数，与实际应用不匹配，也不利于未来应用的进一步拓展。汽车用镁标准的缺乏应得到相关企业和行业重视，不仅对于保障汽车的质量和安全性非常重要，同时也是满足未来镁合金在汽车领域大规模应用的需要。

镁业分会在致力于建立汽车用镁上下游联动创新合作机制的同时，将联合相关企业、标准化委员会等单位有序推进汽车用镁标准体系的构建。

（三）发挥龙头作用，推动产业集群高质量发展

目前国内镁冶炼主要集中在陕西榆林、山西运城等地区，且已初步形成以镁冶炼为中心的产业集群；镁加工主要集中在长三角地区、珠三角地区、山西地区、重庆地区、沈阳（含东三省）、河南等地区，也分别形成了不同应用领域的镁加工产业集群雏形。

陕西榆林地区作为国内原镁主要供应基地，共有三十余家冶炼企业，汇聚了府谷京府煤化有限责任公司、陕西天宇镁业集团有限公司、府谷县金万通镁业有限责任公司、神木市东风金属镁有限公司等龙头企业。

山西运城地区山西银光华盛镁业股份有限公司作为行业龙头企业，目前已发展成为业内镁精深加工技术研发及应用最为专业和广泛的企业之一。同时，运城地区还汇聚了山西瑞格金属新材料有限公司、山西八达镁业有限公司、山西水发振鑫镁业有限公司等集冶炼、加工应用为一体的骨干企业。

宝武镁业作为行业龙头企业，集矿业开采、冶炼、加工与回收为一体，分别在山西五台、安徽巢湖、青阳等地进行全产业链布局，不仅为当地经济发展作出重大贡献，为推动镁产业集群化发展，加快区域化、规模化生产，推进镁产业补链、延链、强链等方面都起到积极的带头示范作用。

龙头企业对引领行业产业化发展、加快产业结构调整、促进产业资源整合、增强行业竞争优势等方面起到关键性作用，镁行业的发展需要更多地区和领域的带头企业。镁业分会将致力于协助培育扶持、推进不同区域、领域龙头企业的发展壮大，以龙头企业为引领实现以点带面，推动镁冶炼、加工产业集群高质量发展。

撰稿人：孙　前、何新宇、史晓梅
　　　　　张晶扬、曹佳音、范玉仙
审稿人：林如海

2023 年镍工业发展报告

一、2023 年世界镍工业发展概述

根据国际镍研究小组（INSG）数据，2023 年全球镍矿产量同比增加 14.8%至 368.38 万吨。分地区来看，增量主要集中在亚洲、大洋洲和非洲，美洲、欧洲产量同比有所下滑（见表 1）。

表 1   2019—2023 年全球镍矿产量

地区	镍矿产量（镍金属量）/万吨					同比/%
	2019 年	2020 年	2021 年	2022 年	2023 年	
非洲	10.79	8.39	10.3	10.83	11.88	4.30
美洲	41.64	40.73	39.5	36.48	33.23	−8.90
亚洲	130.58	124.22	158.89	207.28	256.06	23.50
欧洲	28.48	29.66	24.85	26.9	25.78	−4.20
大洋洲	40.35	40.27	36.88	38.76	41.43	6.90
总计	251.84	243.26	270.42	320.25	368.38	14.80

数据来源：INSG。

根据 INSG 数据，2023 年全球原生镍产量为 334.64 万吨，同比增加 9.4%，分大洲来看，除亚洲和大洋洲实现同比增长外，其他几个大洲的产量均同比下跌。美洲原生镍产量同比下降 17.1%，其中，加拿大和巴西原生镍产量同比分别减少 7.2%、10.1%；亚洲原生镍产量同比增加 16.1%，其中，印尼和中国产量同比分别增长 20.8%和 12.2%，中色缅甸达贡山镍铁项目复产带动缅甸原生镍产量同比增长 91%。欧洲原生镍产量同比下降 4.2%，其中，芬兰原生镍产量同比下降 0.2%，诺镍检修导致俄罗斯原生镍产量同比下降 12.1%。大洋洲原生镍产量同比增加 0.9%，其中，澳大利亚产量同比下降 4.4%，新喀里多尼亚产量同比增加 8.6%（见表 2）。

表2 2019—2023 年全球原生镍产量

地区	原生镍产量（镍金属量）/万吨					同比/%
	2019 年	2020 年	2021 年	2022 年	2023 年	
非洲	7.29	3.9	6.95	7.6	7.59	−0.10
美洲	28.04	27.14	26.43	28.73	23.82	−17.10
亚洲	144.16	161.99	179.17	221.43	257.04	16.10
欧洲	39.94	39.51	34.88	34.81	33.33	−4.20
大洋洲	19.46	18.81	15.56	16.27	16.42	0.90
世界	236.79	248.76	260.44	305.87	334.64	9.40

数据来源：INSG。

根据 INSG 数据，2023 年全球原生镍消费量 310.36 万吨，同比增加 5%，从消费量占比看，中国在全球镍消费量占比进一步提升，由 2022 年的 59.2% 上升至 63.2%。全球消费增量主要来自中国，减量主要在欧洲，欧洲原生镍消费同比减少 3.9%（见表3）。

表3 2019—2023 年全球原生镍消费量

地区	原生镍消费量（镍金属量）/万吨					同比/%
	2019 年	2020 年	2021 年	2022 年	2023 年	
非洲	1.7	1.21	1.04	1.09	0.8	−26.60
亚洲	189.9	196.07	231.79	251	267.58	6.60
欧洲	32.48	27.86	30.97	29.35	28.21	−3.90
大洋洲	0.27	0.18	0.23	0.23	0.25	8.70
世界	240.51	239.06	277.96	295.48	310.36	5.00

数据来源：INSG。

二、2023 年中国镍工业发展概述

（一）经济运行情况概述

2023 年，中国镍产品产量和消费量保持增长态势。根据中国有色金属工业协会数据，2023 年中国镍矿产量为 11.3 万吨，同比增长 3.1%，主要是青海夏日哈木镍矿投产带来的增量。据镍业分会初步统计，2023 年中国原生镍产量同比增加 17.2% 至 94 万吨。原生镍产品结构有所调整，其中，电解镍产量同比增长 35.3% 至 23.4 万吨，镍盐（原生物料）产量同比增加 42.8% 至 33.7 万吨，NPI 产量同比减少 6.1% 至 36.9 万吨。

受益于新能源汽车等需求的爆发式增长，从 2019 年开始，我国原生镍消费一直保持增长，据镍业分会初步测算，2023 年中国原生镍消费 187.7 万吨，同比增长 12%。2019—2023 年原生镍消费复合增长率达到 9.5%。

（二）市场价格

2023 年产业基本面呈现巩固回升态势。在经历了 2022 年的巨幅波动后，产业链各环节生产要素趋于宽松。中国和印尼产能、产量均有提升，推动过剩由二级镍逐渐转向一、二级镍全面过剩，同时，中间品-硫酸镍产能提升，硫酸镍-电镍的产能转换更加顺畅，一、二级镍价差有所缩小，价格向下寻找成本支撑，全年价格整体下行。LME 镍年均结算价 21065 美元/吨，同比下跌 17.1%；沪镍主力年均结算价 163174 元/吨，同比下跌 12.7%（见图 1）。

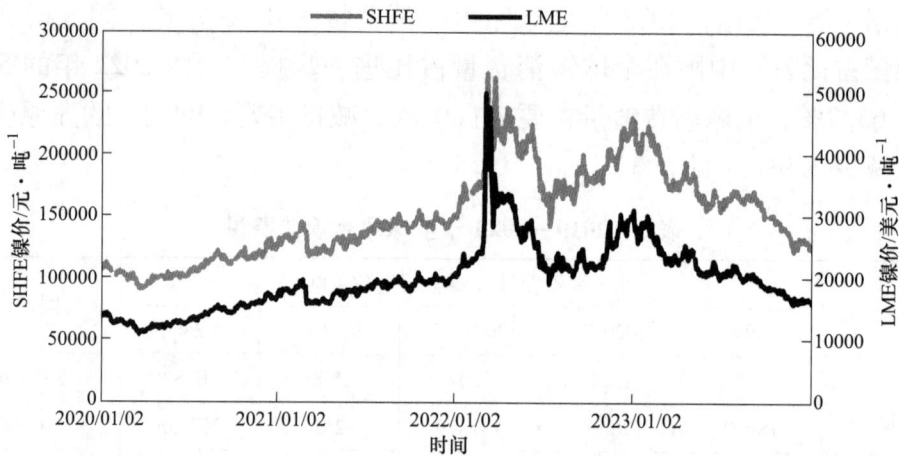

图 1   2020—2023 年国内外价格趋势

（三）市场消费

2023 年，受新能源汽车需求增长带动，中国镍消费增长势头不减。据镍业分会测算，2023 年中国原生镍消费 187.7 万吨，同比增长 12%。其中，不锈钢消费 129.5 万吨，同比增长 14.4%，占比 69%；受磷酸铁锂电池对三元电池份额的挤占，电池消费增速有所放缓，达到 38.7 万吨，同比增长 6.3%，占比 20.6%；合金铸造消费量 12 万吨，同比增长 33%，占比 6.3%；受下游消费不振影响，电镀领域消费量变化不大，占比略有下降至 3.5%；其他行业包括催化、陶瓷、铸币等消费量约 1 万吨，占比 0.5%（见图 2）。

（四）进出口贸易

2023 年我国镍产品进口增减不一。随着国产电积镍产能的不断扩张，进口镍矿恢复性增加 11.1%，同时对进口精炼镍形成挤压，导致精炼镍进口量大

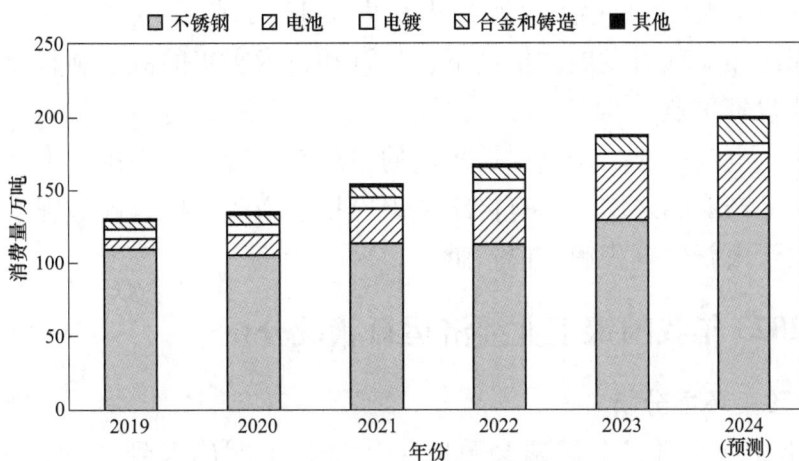

图 2　2019—2024 年我国镍消费量

幅下降 41.4%（见表 4）。随着我国在印尼投资的火法和湿法项目产量放量，我国自印尼进口的镍锍、镍湿法冶炼中间产品（MHP）、镍铁显著增加，印尼成为我国这几种产品最主要的供应国。

表 4　2020—2023 年中国镍进口情况

产品名称	进口量/万吨				同比/%
	2020 年	2021 年	2022 年	2023 年	
镍矿	3925.7	4352.9	4001.8	4446.6	11.10
镍锍	1.1	1.6	18.4	29.9	62.70
镍湿法冶炼中间产品	36.3	41.4	90.2	132	46.30
镍铁	341.1	372.5	591.5	846.1	43.00
精炼镍	13.1	29	15.5	9.1	−41.40
镍粉	2	2.5	3	1.3	−56.20
硫酸镍	5.6	41	55.8	12.6	125.60

数据来源：海关总署，北京安泰科信息股份有限公司。

2023 年我国精炼镍出口累计达到 3.7 万吨，主要出口的国家和地区是新加坡、中国台湾、韩国等 LME 亚洲仓库所在地，以及部分新兴发展中国家。

（五）投融资情况

2023 年印尼中间品产能增长，但是增幅未及预期。据北京安泰科信息股份有限公司初步统计，截至 2023 年末，印尼 MHP 产能约 23.5 万吨，冰镍产能约 43 万吨。2023 年湿法冶炼新增产能 13.8 万吨，主要是年初投产的力勤

HPL 二期 1.8 万吨/年和年中投产的华友华飞 12 万吨/年项目。在印尼政府积极鼓励新能源相关项目发展的推动下，投资和技术密集的湿法项目将继续成为印尼镍产业投资重点。

近年来，电镍产能、产量保持稳定的格局有所转变，中国电镍产能显著增长带动交割品产能随之增长，有传统电镍厂技改增产，也有硫酸镍产能转回电镍，主要增量由新建电积镍产能贡献。

三、2023 年我国镍工业经济运行状况分析

（一）政策环境分析

2023 年 3 月 5 日，全国两会政府工作报告上明确提到"加强重要能源、矿产资源国内勘探开发和增储上产"。一是全面启动新一轮找矿突破战略行动；二是进一步完善吸引社会资本投入矿产勘察开发的相关政策，营造良好的市场环境，鼓励或者吸引社会资本能够投入找矿行动，同时，放开探矿权的二级市场，允许探矿权流转；三是进一步调整矿业权出让收益的征收方式；四是进一步强化矿产勘查的科技支撑，更好支撑国内找矿。

2023 年国际经济与政治形势复杂多变，对镍产业经营带来机遇和挑战，主要生产国的资源政策收紧，生产成本抬升。国际金融环境上，虽然美国停止加息，高通胀水平已经保持较长时间，这不仅影响了终端购买力，更大幅抬升了企业融资与运营成本。对于多进行跨国经营或进行密集进出口的镍行业企业，高美元利息使美元货币使用成本升高，外贸与航运成本抬升。从对镍企业投融资的影响来看，年内企业在印尼融资节奏较慢，外资项目进展缓慢，这一局面预计在 2024 年仍将持续。

2022 年 8 月美国政府发布的《通胀削减法案》为在北美地区进行组装的电动汽车提供了 7500 美元的联邦税收抵免，但对汽车电池中的关键矿物、组件等来源有着严格的标准。自 2023 年开始，电动汽车必须有 50% 以上的电池部件与材料在北美制造或组装，才有资格获得每辆车 3750 美元的税收优惠。这一比例在 2029 年之后需达到 100%。另外 3750 美元的税收优惠则与电池关键矿物有关。从 2023 年开始，电动汽车需有 40% 的电池关键矿物在北美或与美国签订自由贸易协定的国家提取、加工或回收。对原材料本地化的比例要求将以每年 10% 的速度增长，到 2027 年达到 80%。对于中资企业，有三类实体满足细则中对"外国实体、政府管辖、拥有/控制/指导"的定义，分别是在中国注册的公司或中国境内的产能；外国敏感实体主体持有（包括董事席位、投票权或股权）超过 25% 的产能；一家公司获得中国公司的许可或和中国公司

签订合同，该合同赋予中国公司对生产有效控制。这些要求将国内子公司全部包含在内，而对于境外子公司，海外全资子公司或通过技术授权出海，则将不被视为外国敏感实体（FEOC）。2023 年 12 月 1 日，美国政府发布《〈通胀削减法案（IRA）〉外国敏感实体指南》，规定进一步阻止中国动力电池产业链从 IRA 的补贴条款中获利。美国是中国的主要电池出口地之一，美国出台的政策涵盖矿产开发、冶炼、关键材料、组件、电池、电动汽车全产业链，严苛的电池材料来源规定给中国企业带来更多布局与运营挑战，该法案提升了国内企业出海竞争的强度，企业在该法案生效前纷纷加速在海外布局及相关货物出口，抢占市场份额。外国敏感实体包括中国、俄罗斯、朝鲜和伊朗政府拥有、控制、管辖或指示的个体。

印尼政府 2023 年下半年终止了 RKAB 的简化审批，并停发了 2023 年当年的采矿额度，担忧情绪主导引发市场抢矿潮，抬升镍冶炼成本。

（二）产业结构调整情况

骨干镍企业通过并购重组、重点项目开发和扩建等方式，不断提升了产业集中度。2023 年，原生镍前十家企业的集中度为 80.5%，三元正极材料前八家企业集中度 80%。与此同时，涌现出一批在国际市场上有一定影响力的企业。中伟股份、容百科技等在三元前驱体和三元材料等细分领域已实现全球领先，青山集团、华友钴业有望分别成为全球最大的镍火法和湿法冶炼企业。

此外，一批中国企业加快了在印尼、韩国、摩洛哥和匈牙利等布局下游产品步伐，积极推动我国镍产业双循环的结构优化。

（三）经营形势

2023 年我国镍企业经营整体保持良好。据中国有色金属工业协会数据，规上镍钴工业企业实现营业收入同比增长 5.7%。其中，镍钴采选企业实现利润同比增长 18.5%，镍钴冶炼企业实现利润同比增长 4.9%。

四、当前我国镍工业发展中需要关注的问题

（一）我国镍对外依存度高，对印尼、菲律宾依赖高

我国是全球最大的原生镍消费国，从产量口径统计，2015 年以来，我国镍对外依存度一直保持在 80% 以上；从消费口径计算，近三年我国原生镍对外依存度均在 90% 以上，2023 年达到 94%。中资企业在印尼大量布局，中国原生镍消费在不锈钢、新能源、高温合金等支撑下稳步增长，而我国的镍矿资源有限，从消费口径计算，我国对外的依存度还将继续增长，尤其是在原材料和中间产品进口上对菲律宾和印尼依赖程度高，2023 年，我国从菲律宾进口红

土镍矿占总进口量的 87%，从印尼进口镍湿法冶炼中间品占总进口量的 63%，进口镍锍占总进口量的 92.8%。2023 年末，印尼政府推出镍价格指数，期望更加真实地反映当地价格成交水平，争取定价权。该指数可能成为印尼二级镍出口关税等机制设计的一部分，从而引起价格波动。2024 年 2 月，印尼大选结束后新一届政府或带来产业政策变数，年内印尼对镍供应的政策要求仍有较强不确定性，将是全球镍生产增量的主要扰动因素。倘若两国资源与出口政策进一步缩紧，我国在中低端镍产品和镍矿进口上将明显受到影响。

（二）产业链、供应链的不确定性风险增加

镍作为新能源汽车电池的关键材料之一，各国对于镍等关键性矿产资源的关注越来越高，也陆续出台相关政策维护自身发展需要。针对镍的下游产业，2023 年 9 月 25 日，美国以国家安全为由将中方新能源汽车企业列入"黑名单"，直接影响到美国福特公司与宁德时代的合作。10 月 4 日，欧盟启动了对中国电动车的反补贴调查，并准备对进口的中国电动车征收高达 10%～27% 的关税。以上政策将对镍的消费产生一定的负面影响。

五、中国镍工业下一步发展重点

（一）加强矿业国际产能合作

我国镍产业对外投资主要集中于加工环节，矿权一般在海外大矿企或当地国有企业手中。为了保障海外项目的顺利运行，建议加强对获取资源的保障能力。近年来，菲律宾与印尼多次提出延长产业链、对现有出口镍产品征税或加以限制的政策构想。澳大利亚、加拿大等美国盟国也是我国镍原料进口来源国，其产业政策我国也应当予以研究与关注。投资个体和国家都应当积极开展对投资国的法律政策研究，减轻项目风险造成的影响。在认识和控制风险的同时，通过与上下游企业签订战略合作协议和合同，增强对市场的参与，提高市场话语权。

（二）提高镍再生资源回收利用

与欧美国家 60% 以上的废钢利用率相比，国内不锈钢废料利用水平仍然偏低。动力电池回收仍在起步阶段，按照欧盟新电池法，在 2030 年，镍的再生物料的使用比例要满足 Ni≥6%，需充分重视电池的回收利用。未来，动力电池回收要从进一步完善回收标准体系、有条件地放开废旧电池材料的进口、支持高效拆解和再生利用技术攻关等方面入手，充分利用二次回收资源，使之成为原生资源的有力补充。随着动力电池报废回收逐渐增加，建议鼓励相关科技研发，推动高效拆解、再生利用等技术攻关，不断提高回收比率和资源利用效率，有助于扩大国内镍资源的供应渠道，改善供需状况，降低对外依存度。

（三）切实做好镍产品碳足迹管理

欧盟"Fit for 55"计划在 2055 年实现碳中和，"碳边境调节机制"是该计划中的关键举措之一，而该政策会导致我国对欧盟出口的包括不锈钢在内的多项产品面临更高的碳关税。节能降碳越来越成为各国企业绕不开的环节，从原料获取到下游加工，建立健全完善的碳足迹核算体系，有助于促进我国镍企业与国际接轨，增强市场竞争力和话语权，实现镍产业的高质量发展。

撰稿人：白 勐、吴晓然、夏 丛
审稿人：段绍甫、曹钦润、周遵波

2023年钴工业发展报告

一、2023年世界钴工业发展概述

（一）2023年全球钴原料生产情况

据北京安泰科信息股份有限公司（以下简称"安泰科"，文中数据若无特殊说明，均来自安泰科）统计，2023年全球钴原料产量约23.7万吨，较上年增长19.1%。分国别来看，刚果（金）产量16.9万吨居全球首位，占比71.3%；印尼钴产量约2.15万吨，跃升为全球第二大钴原料生产国，占比上升至9.1%；澳大利亚产量5300吨，占比2.2%。2023年钴原料增量主要来自刚果（金）和印尼，其他国家产量基本与上年持平。预计2024年全球钴原料产量将达到25.5万吨。

（二）全球精炼钴产量

2023年全球精炼钴产量约17.8万吨，同比下降2.2%。分国别来看，中国精炼钴产量全球占比达75.1%，芬兰为7.3%，加拿大为3.1%，挪威、日本、马达加斯加的占比均为2.1%。

（三）2023年全球精炼钴消费量

2023年全球精炼钴消费量约17.5万吨，同比下降1.1%。锂离子电池行业（包括3C、三元动力电池）是主要钴消费领域，用钴量约为11.8万吨，占比约67%，同比下降10%。其中，3C领域钴消费量3.8万吨，消费占比32.5%，同比下降18.4%，降幅收窄；动力电池领域钴消费量6万吨，消费占比34.5%，同比下降27.7%，2023年受全球经济下行压力加大、中美贸易摩擦及新能源汽车行业去库的影响，全球动力电池需求增速放缓，导致该领域对钴的消费下降。高温合金行业为第二大应用领域，用钴量为1.78万吨，占比为10.2%，同比增长8%。硬质合金及金刚石工具、硬面材料、磁性材料、陶瓷、催化剂及其他行业分别占比约为5%、4%、4%、3%、3%和2%。

二、2023年中国钴工业发展现状

（一）经济运行情况概述

2023年中国钴矿产量为2400吨，在经济下行因素加大及新能源汽车去库存周期的影响下，中国精炼钴产量 13.3 万吨，同比下降 3.6%，尽管如此，中国依然是全球最大的精炼钴生产国。

2023 年中国钴行业生产开工率约 60%，产品价格保持历史低位，冶炼企业利润较低或面临成本倒挂。一季度终端需求持续下滑，3C 和动力电池领域消费低迷，冶炼行业开工率下降至 50%。年中随着动力电池需求恢复，以及 3C 数码领域促销冲量，精炼钴开工率逐步提升，产量恢复。7 月以来国内交货需求增加，后期寒锐钴业等企业金属钴产能纷纷上线，国内金属钴生产开足马力。9 月开始华为、苹果等头部手机厂家新机发布，3C 数码领域钴消费较 2022 年明显提升。四季度动力三元正极市场受新能源汽车产业链去库存影响，生产开工率较低。

（二）产业结构

2023 年，中国精炼钴产品总产量 13.3 万吨，其中钴盐（包括氯化钴和硫酸钴）产量 10.4 万吨，占比 78.2%；金属钴产量 2.1 万吨，占比 15.8%；钴粉产量 7700 吨，占比 5.8%。

国内的钴冶炼产能主要集中在华友钴业、格林美、金川集团、广东佳纳、腾远钴业、新时代中能、格派钴业、珠海科立鑫、山东茂联和烟台凯实等企业。2023 年格林美、腾远钴业、寒锐钴业、格派钴业积极扩充电钴产能，我国电钴冶炼产能达到 3.4 万吨。

（三）市场价格

2023 年中国金属钴均价为 27.6 万元/吨，同比下跌 35.7%，总体呈现震荡下行态势（见图 1）。一季度受全球经济下行、宏观经济环境疲软、新能源汽车及 3C 市场消费低迷影响，国内外金属钴价格整体呈现下行走势，金属钴价格内高外低，2 月底受交储利好刺激，国内价格小幅反弹，一季度国内价格从年初 32.5 万元/吨下跌至 29.1 万元/吨。二季度交储因素影响减弱，钴原料供应过剩预期加剧，同时锂、镍价格下跌和新能源汽车需求疲软，导致三元电池领域需求乏力，金属钴价格持续下行，原料价格倒挂，钴冶炼企业遭受严重损失，5 月末金属钴低幅报价跌至 23 万元/吨。6 月初受原料供应偏紧和收储利好消息刺激，价格反弹至年初水平，此后至三季度末，钴原料供应宽松预期基本坐实，终端需求偏弱，金属钴价格逐步回落。四季度新能源汽车市场持续降库，动力电池企业砍单严重，钴、锂价格持续下降，国内金属钴价格处于下行通道，低点下滑至 20 万元/吨。

（四）市场消费

2023 年中国钴消费量为 11.6 万吨，同比下降 2.2%。国内钴消费主要分

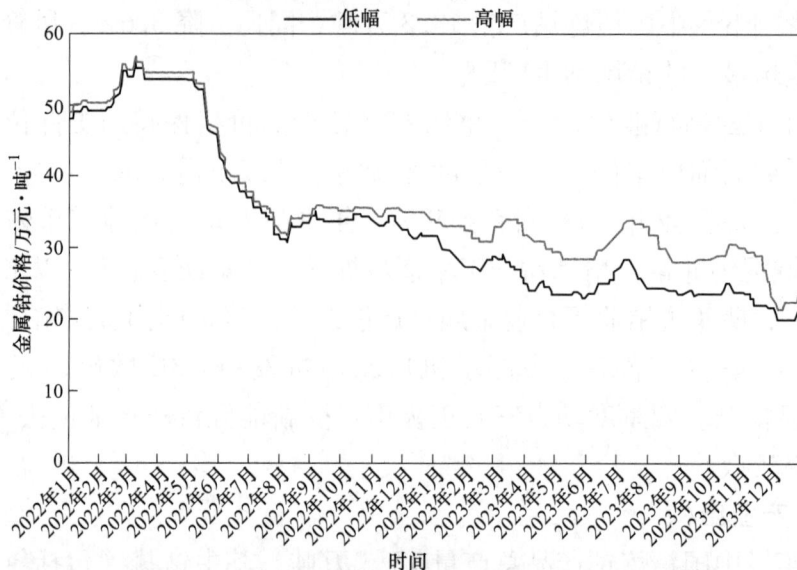

图1 中国金属钴价格走势

数据来源：安泰科

布在电池材料、硬质合金、高温合金、磁性材料和催化剂等领域，占比分别为86%、4%、4%、2%和1%（见图2）。锂电行业钴消费量9.98万吨，同比减少3.3%。其中3C消费类电池钴消费量有所回升，全年钴酸锂消费量约5.04万吨，同比增长17.9%；受新能源汽车消费降速影响，NCM正极材料消费量约4.93万吨，同比下降18.4%。

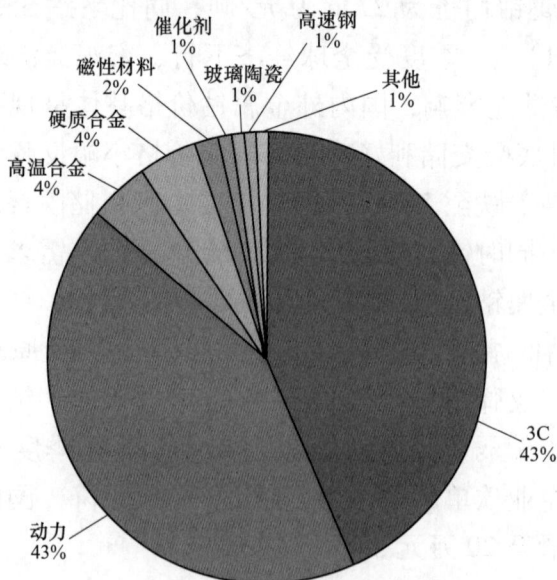

图2 2023年中国钴消费结构

数据来源：安泰科

（五）进出口贸易

2023 年中国进口各类钴产品总计 52.4 万吨（实物量），累计进口金额为 74.3 亿美元（见表 1）。根据海关数据，2023 年中国钴精矿、钴湿法冶炼中间产品、钴湿法冶炼中间产品带入钴和白合金进口总量约为 14.6 万吨（金属量），同比增长 13.6%。其中钴湿法冶炼中间产品在进口原料中所占比重约为 78%，进口镍湿法冶炼中间产品带入钴比重为 17%，钴精矿占比 1%，白合金为 4%。

表 1   2023 年钴产品进口数据汇总

商品名称	进口量/吨	进口金额/万美元
钴矿砂及其精矿	16823	4024
钴湿法冶炼中间产品	381138	232098
锂镍钴铝氧化物	16150	81766
锂镍钴锰氧化物	85257	381920
镍钴铝氢氧化物	1	3
镍钴锰氢氧化物	4355	8213
其他钴锍及冶炼钴时所得的中间产品；粉末	15141	14479
四氧化三钴	73	202
未锻轧钴（金属钴）	3731	12491
未列名钴的氧化物及氢氧化物；商品氧化钴	24	70
锻轧钴及钴制品	824	7774
硝酸钴	42	26
总 计	523558	743072

数据来源：海关总署、安泰科。

2023 年中国金属钴进口量为 3731 吨，同比增长 36.6%，进口额达到 1.25 亿美元。分国别来看，加拿大占比达到 54.4%，日本占比达到 22.1%，俄罗斯、马达加斯加、澳大利亚占比分别为 11.7%、4.8% 和 4.7%。

2023 年中国 NCM 前驱体进口量为 4355 吨，同比下降 45.4%，进口额 8213 万美元。从进口来源国看，日本为我国三元前驱体最大的进口来源国，占比达 69.7%，位列第一；韩国占比 20.1%，位列第二；中国复进口占比 7.5%，列第三。从贸易方式看，中国所进口的三元前驱体以进料加工贸易的形式进口比重达到 62.9%，以一般贸易形式进口的占比为 33.2%。

2023 年中国四氧化三钴进口总量为 73 吨，同比下降 4%，进口额接近 202

万美元。从进口来源国来看，中国复进口占比达 84.4%，比利时占比达 14%，德国占比为 1.6%。按照贸易方式进行统计，2023 年，以进料加工贸易的形式进口比重达到 83.3%，以一般贸易形式进口的占比为 16.2%。

2023 年中国出口各类钴产品总计 28.9 万吨，出口总额为 78.7 亿美元（见表 2）。金属钴出口总量为 3763 吨，同比增长 20.5%，出口额达 1.39 亿美元。从出口目的地看，荷兰是最大的出口目的国，占比达到 54%，俄罗斯和美国占比为 12.2% 和 9.9%。从贸易方式看，中国所出口的金属钴以海关特殊监管区域物流货物的形式进口比重达 92.5%。

表 2　2023 年钴产品出口数据汇总

商品名称	出口量/吨	出口金额/万美元
锂镍钴锰氧化物	87915	382693
锂镍钴铝氧化物	4792	18050
镍钴锰氢氧化物	178872	271422
镍钴铝氢氧化物	5564	10689
氯化钴	201	198
其他钴锍及冶炼钴时所得的中间产品；粉末	1120	4361
四氧化三钴	3050	77700
碳酸钴	1220	1702
未锻轧钴（金属钴）	3763	13880
未列名钴的氧化物及氢氧化物；商品氧化钴	1256	2503
草酸钴	792	1653
硝酸钴	72	78
锻轧钴及钴制品	219	1386
钴废料及碎料	94	144
总　　计	289111	786549

数据来源：海关总署、安泰科。

2023 年 NCM 前驱体出口量为 17.9 万吨，同比增长 38.1%，出口额为 27.1 亿美元。从出口目的地来看，韩国为第一大出口目的国，99% 的三元前驱体出口到韩国。从贸易方式看，以一般贸易的形式进口比重达到 90%，以进料加工贸易、保税监管场所进出境货物的形式进口的占比为分别为 7% 和 3%。

2023 年 NCM 出口总量为 87915 吨，同比下降 15.9%，出口额达 38.27 亿美元。从出口目的地来看，韩国占比 65% 位列第一；波兰和日本占比分别为 13% 和 13%，列二、三位；瑞典和泰国的占比分别为 5% 和 1%；其余 3% 出口至匈牙利、马来西亚和法国等。从贸易方式看，中国所出口的 NCM 以一般贸易的形式出口比重为 42%，海关特殊监管区域物流货物的形式出口比重占 39%，进料加工贸易、来料加工贸易的出口形式占比分别为 18%、1%。

（六）投融资情况

据不完全统计，2023 年中国钴行业的投资额约为 216.55 亿元，融资额约为 3.15 亿元，资金主要用于钴资源开发、镍钴锰酸锂三元前驱体和三元正极材料项目（见表 3）。

表 3　2023 年中国钴行业投融资情况

时间	公司	投资额/亿元	投资项目简介
2023 年 5 月	厦门钨业	0.8	与法国 Orano CAM 合资设立法国厦钨新能
2023 年 5 月		39.61	法国 4 亿吨三元正极材料生产线
2023 年 6 月	华友钴业	9.8	2.5 万吨高镍型动力电池用三元正极项目
2023 年 7 月	格林美	5	2 万吨镍金属量氢氧化镍钴中间品项目
2023 年 9 月		10.96	在印尼投资建设年产 3 万吨高镍动力电池三元前驱体材料项目
2023 年 7 月	当升科技	60（7.74 亿欧元）	欧洲新材料产业基地一期项目（6 万吨锂电三元正极材料生产线及配套设施）
2023 年 8 月	容百科技	19.9	韩国 4 万吨高镍三元正极材料项目
2023 年 11 月		64	韩国新万金 8 万吨三元前驱体及硫酸盐厂
2023 年 10 月	腾远钴业	6.48	刚果（金）钴铜湿法冶炼厂四期项目
合　计		216.55	
时间	公司	融资额/亿元	融资资金用途
2023 年 11 月	格林美	3.15	循环再造动力电池用三元正极材料项目（2 万吨/年）、5000 吨/年高活性球型四氧化三钴扩建项目、新能源电池材料研发项目、新能源汽车与动力电池高值化循环利用项目、5 万吨/年动力三元材料用前驱体原料和 2 万吨三元正极材料项目、3 万吨锂电池用多元前驱体项目
合　计		3.15	

数据来源：公开信息。

三、2023年中国钴工业经济运行状况分析

（一）政策环境分析

2023年国家研究并出台了一系列促进新能源汽车产业高质量发展的政策措施。延续和优化新能源汽车车辆购置税减免政策，将新能源汽车车辆购置税减免政策延长至2027年年底。与此同时减免力度分年度逐步退坡，并对新能源乘用车减免车辆购置税设定减免税限额。初步估算，实行延长政策后2024—2027年减免车辆购置税规模总额将达到5200亿元。

为加大新能源汽车在重点领域的推广，国家组织开展公共领域车辆全面电动化先行区试点，编制实施重卡电动化工作方案，加快提升城市公交、物流、出租、环卫、重卡等车型电动化比例；持续开展新能源汽车下乡活动，支持企业开发更多先进适用车型，完善充电基础设施体系，进一步释放农村地区消费潜力。

2023年11月，工信部、交通运输部等八部门正式印发《关于启动第一批公共领域车辆全面电动化先行区试点的通知》，确定北京、深圳、重庆、成都、郑州等15个城市为第一批试点城市，鼓励探索形成一批可复制可推广的经验和模式，为新能源汽车全面市场化拓展和绿色低碳交通运输体系建设发挥示范带动作用。

（二）产业结构调整情况分析

1. 印尼中资企业钴产能持续扩大，有效降低对刚果（金）资源依赖

2023年全球钴原料产量中，刚果（金）占比为71.4%，印尼占比上升至9.1%。随着印尼镍钴湿法冶炼中间产品（HPAL）项目副产钴的产能增加，预计到2025年，印尼占比提升至13%，刚果（金）原料占比为65%，未来印尼的红土镍矿将成为全球钴原料供应不可忽视的增量来源。

2023年力勤OBI HPAL一期和二期项目三条产线顺利达产，三条产线设计产能为5.5万吨镍钴化合物，钴产量在7500吨左右。同期，印尼华越镍钴湿法冶炼项目镍钴中间品钴产量7500吨，华飞项目钴产量4200吨。2023年格林美印尼青美邦镍资源项目（一期、二期）完成达产、稳产与超产，产能释放率超过100%，全年实现镍钴中间品钴产量2700吨。2023年9月，格林美新加坡与MBM下属全资子公司PT Sulawesi Industri Parama及目标公司PT ESG New Energy Material共同签署合资协议，建设新能源用红土镍矿湿法冶炼项目（3万吨镍金属量）。目前全球正在建设的其他HPAL项目还有力勤OBI湿法三期（6.5万吨镍金属量）项目、华山HPAL（12万吨镍金属）项目、PT

Kolaka（华友、淡水河谷和福特合作）HPAL项目（12万吨镍金属量）、普勤时代与印尼ANTAM和IBI合资的HPAL项目（6万吨镍金属量）等，未来五年印尼镍湿法冶炼项目伴生钴产量有望达到16万吨金属钴。

2. 产能集中度将进一步提升

从钴原料生产角度来看，国内钴原料生产主要集中在洛阳钼业、中色矿业、北方矿业、华友钴业、宁波力勤、金川集团等企业。2023年随着洛阳钼业KFM项目投产即达产和TFM混合矿项目投产，其钴原料产量接近5.6万吨，成为全球最大的钴原料生产企业。

从冶炼生产角度来看，华友钴业精炼钴产能超过4万吨，格林美超过3万吨，是全球最大的两家精炼钴生产企业。格林美、腾远钴业、寒锐钴业、格派钴业等企业积极扩充产能，2023年我国钴冶炼总产能为23万吨。

3. 磷酸铁锂强势挤占三元正极材料市场份额

根据中国汽车动力电池产业创新联盟数据，2023年三元动力电池装车量占总装车量的32.6%，磷酸铁锂电池装车量占总装车量的67.3%。2023年虽然钴、锂价格下跌，但地缘政治危机和储能需求得以持续增长，使三元锂电池与磷酸铁锂电池的市场份额差距拉大。2023年国内三元正极材料产能约120万吨，磷酸铁锂材料产能超过400万吨。三元正极材料市场份额缩小将影响钴在锂电材料领域的应用。

（三）经营形势分析

1. 生产情况分析

从资源端看，2023年刚果（金）洪水、总统大选导致局部武装冲突，物流运输不畅，头部企业与当地政府就权益金问题进行调解，原料库存长时间积压。同时刚果（金）电力基础设施建设滞后，随着矿山企业的陆续投产达产，电力供应短缺依然是制约企业生产的重要因素。

精炼钴生产方面，2023年钴价大幅下跌，钴盐企业面临价格倒挂损失，而金属钴生产较钴盐生产存在1.5万~2万元的溢价，高溢价刺激部分硫酸钴产线转产金属钴。2023年由于新能源汽车产业链表现不及预期，数码电池需求未有明显起色，MB金属钴和计价系数下行，国内钴相关企业普遍面临经营成本上升，营业利润下滑甚至亏损的情况。

2. 供需情况分析

据安泰科测算，2023年中国精炼钴表观消费量（金属量）为10.9万吨，同比下降3.7%（见表4）。主要原因是新能源汽车消费增速放缓，产业链主动去库存，导致需求减弱，同时3C数码产品需求增量有限。钴价大幅下跌导致冶炼企业生产经营面临巨大压力，三元前驱体及正极材料产量明显下滑，国内精炼钴消费量减少。

表4　2021—2023年中国精炼钴表观消费量　　　　　（万吨）

项目	2021年	2022年	2023年
产量	12.8	13.8	13.3
进口量	0.8	0.5	0.6
出口量	2.6	2.7	3.0
表观消费量	11.0	11.6	10.9

数据来源：安泰科。

四、当前中国钴工业发展中需要关注的问题

（一）资源国矿业政策变化使得中资企业面临经营风险

自2022年7月开始，刚果（金）法院临时任命的管理人员要求洛阳钼业TFM项目暂停产品营销和出口，并称洛阳钼业通过低估储量水平，减少了付给Gecamings公司的特许权使用费。到2022年底，TFM项目的铜钴产品一直无法正常办理出口手续。直到2023年4月TFM权益金问题最终解决。当前全球矿产资源的供需不平衡矛盾突出，特别是与电动汽车相关的关键金属面临供应短缺问题，国家之间资源博弈加剧。资源国通常会采取提高特许权使用费和税收、重新谈判合同、国有化、禁止出口等重商主义政策，以实现其强化资源主权、控制资源流向、提升资源价值目标的目的。中国企业在"走出去"获取资源的过程中，应注意提升投资风险识别预警机制，提高对外投资能力，与资源国加强沟通等。

（二）根据宏观经济环境和行业形势调整项目进度

2023年三元前驱体、三元正极材料产能急速扩张，产业项目扎堆投资，而产能利用率不足60%。考虑当前全球经济发展放缓，国内消费驱动力减弱及新能源相关行业发展速度回落，合理调整项目实施规划、有序调整项目建设周期，对行业产能过剩项目暂缓建设。

（三）地缘政治风险带来对钴新的重视

钴作为传统的战略物资，长久以来在国防军工等领域有着广泛的应用，含钴元素的合金经常用于燃气轮机叶片、喷气式发动机、火箭发动机，甚至是导弹的耐热部件上，2023年钴在高温合金领域消费增长8%。2023年国际地缘政治危机持续发酵，国际冲突不断升级。俄乌冲突仍未找到解决方案，截至

2023 年 9 月，美国对乌克兰的军事援助总额超过 444 亿元。10 月，新一轮巴以冲突爆发，世界局部战争再起。公开数据显示，2023 财年美国的军费预算总额达到 8133 亿美元，占全球军费总额的大约 40%，甚至超过了大多数国家的一年的 GDP。2023 年中国军费增长 7.1%。英国将在未来 10 年将国防支出 GDP 占比提高至 2.5%；德国计划未来十年国防开支占 GDP 比重提高到 2%；法国 2024 年军事预算将达到 472 亿欧元；日本 2024 年防卫费预算预计增至 7.7 万亿日元，创历史新高。目前来看，全球国防开支一直在上升，达到前所未有的水平。目前的需求估计表明，2024 年商业和国防航空航天市场的钴使用量将进一步增长 10%，达到 1.9 万吨。

（四）欧美电池法案出台加大对中资电池企业限制

2023 年 8 月 17 日，经欧洲议会和欧盟理事会审议通过的《电池和废电池条例》（"欧盟电池条例"）正式生效。欧盟电池条例旨在建立可持续的电池管理模式，提升欧盟供应链安全及欧盟供应链优势，降低电池全生命周期的环境与社会的负面影响。在中国新能源车企和电池厂商积极出海的时代背景下，欧盟电池条例的生效实施将对其欧洲战略和经营产生重要影响。

针对五大类型电池，新的电池法案从 6 个方面提出合规要求：包括电池可持续性和安全性、标签信息、电池供应链尽职调查、废旧电池管理、数字电池护照及绿色公共采购。其中，法规规定电池应提供碳足迹声明，并贴上明显、清晰易读和不可磨灭的标签标明电池的碳足迹和所对应的碳足迹性能等级。电池碳足迹计算应符合法规及欧盟最新 PEF 方法。法规对电池材料中含有钴、锂和镍的成分要求说明其回收成分占比，并规定了相应的回收成分占比要求。

为适应欧洲严苛的电池新标，宁德时代、亿纬锂能、蜂巢能源、孚能科技、国轩相继前往欧洲建厂，中国企业在欧累计规划产能超 260 吉瓦。但中国企业依然面临不小的挑战，在全面搜集、计算及披露电池产品的生命周期碳排放数据方面，相关的技术和经验积累较少。同时目前的数字化工具和标准不够成熟，国内也没有统一的碳足迹披露平台，这无疑增加了进入欧洲市场的难度。此外，由于中国尚未有明确的可再生原材料使用认定机制，电池回收行业缺乏统一的行业标准，适应电池法可能面临供应链的大幅调整，给电池材料的回收利用增加了合规难度，可能影响中国电池在欧洲市场的竞争地位。为应对 2023 年公布并生效的欧盟电池法案，宁德时代、远景动力、中创新航、亿纬锂能、蜂巢能源等中国电池企业已在 2020 年草案出台前后提前布局零碳转型战略。

五、中国钴工业下一步发展重点

（一）提高国内钴资源保障能力

在甘肃、四川等重点区域增加投入，加强地质勘查，力争在新一轮找矿行动中实现钴资源重大突破。加强技术攻关，提升现有钴资源的综合回收率。开展选冶联合工艺技术研究，实现转炉渣的回收，针对刚果（金）氧化铜伴生钴开展高效浸出分离研究，进一步提升伴生钴的浸出率和回收率。

（二）进一步巩固境外权益资源优势

近年来，中资企业通过实施"走出去战略"，在海外获得了大量的权益资源，如何巩固当前的海外权益资源优势，是当前的重要工作任务之一。政府层面加大和印尼、古巴、新喀里多尼亚、马达加斯加等资源国的高层外交联系，为中资企业在资源国开展经营活动创造良好条件。加强在与我国邦交友好的非洲、南美、亚洲等地区资源获取力度，发挥民营企业的民间合作优势，同时发挥我国在冶炼等方面的技术及装备优势，支持企业就地开展部分资源初加工，带动地方经济发展。在刚果（金）的投资要尽可能股权多元化，市场国际化。加强关键大宗商品供应链安全的动态研究，加大对资源国的全面跟踪研究，发布投资风险指引，实时更新东道国政治局势、施政动向和潜在风险，建立风险预警制度，引导中资企业境外产业投资的科学决策、合理规模和高效管理。

（三）大力发展再生资源循环产业规模

从企业生产源头抓起，建立回收标准体系，做好电池用钴的二次回收工作。关注海外废旧锂电池资源，调整相关进口政策，通过调整税率及进口国范围，鼓励海外退役锂电池进口，同时，鼓励国内有条件的锂电循环企业出海构建全球废旧电池拆解回收网络，持续获取海外废旧锂电池初级材料资源，通过循环再造方式将这类资源导入国内锂电产业链，提升产业链再生原料占比，构建更具韧性的供应链。

（四）适时增加电钴储备

钴作为重要的战略物资，在国防军工领域有重要的应用，且资源对外依存度高达98%以上，我国应加快构建与大国地位相符的国家储备体系，不断提高防范和化解风险挑战的能力和水平，以储备的确定性来应对社会发展面临的不确定性和不稳定性。

（五）拓宽钴产品下游应用领域

当前全球钴的消费应用67%集中于锂离子电池领域，小金属服务大产业，钴资源对外依存度高，钴价容易出现剧烈波动，钴价暴涨暴跌对企业的经营带来很大危害。开发无钴，甚至低钴电池成为行业努力的方向，近年来随着高镍三元和磷酸铁锂正极材料的技术进步，钴的消费应用市场正在逐渐被蚕食或替代。当前亟需扩宽新的下游消费应用领域，以保证钴产业健康可持续发展。

撰稿人：周　航、孙永刚、张晓燕
审稿人：徐爱东

2023 年钨工业发展报告

2023 年，面对复杂严峻的国际环境和艰巨繁重的国内改革发展稳定任务，在以习近平同志为核心的党中央坚强领导下，各地区各部门认真贯彻落实党中央、国务院决策部署，坚持稳中求进工作总基调，完整、准确、全面贯彻新发展理念，加快构建新发展格局，全面深化改革开放，加大宏观调控力度，着力扩大内需、优化结构、提振信心、防范化解风险，我国经济回升向好，供给需求稳步改善，转型升级积极推进。中国钨工业积极化解出口下降、传统消费放缓、成本刚性上升等因素对产业运行的影响，务实笃行，砥砺奋进，行业运行稳中有增，发展质量稳步提升，重点项目进展顺利，科技创新硕果累累，产业链重心后移，行业自律持续加强，行业综合实力和影响力进一步增强。

一、国际钨工业发展概述

（一）全球钨资源探明储量增长明显、钨精矿产量小幅下降

据美国地质调查局（USGS）数据，2023 年世界钨储量 440 万吨（钨金属，下同），同比增长 15.79%。全球钨资源主要分布在中国、澳大利亚、俄罗斯和越南等国家（见表1），其中，中国钨储量 230 万吨，占比 52.27%；澳大利亚 57 万吨，占比 12.95%；俄罗斯钨储量 40 万吨，占比为 9.09%；越南钨储量 7.4 万吨，占比为 1.68%。与上年度相比，USGS 修订了中国探明储量，与自然资源部数据基本接近；将澳大利亚单列，凸显其资源的优势提升；加拿大、哈萨克斯坦和美国也拥有大量钨资源，并入其他国家项下未单独显示。

表 1　全球钨资源储量分布

国家	储量（金属量）/吨	占比/%	同比/%
中国	2300000	52.27	27.78
澳大利亚	570000	12.95	—
俄罗斯	400000	9.09	0.00
越南	74000	1.68	−26.00
西班牙	66000	1.50	17.86

国家	储量（金属量）/吨	占比/%	同比/%
朝鲜	29000	0.66	—
奥地利	10000	0.23	0.00
葡萄牙	4000	0.09	29.03
其他国家	950000	21.59	-32.14
世界合计	4400000	100.00	15.79

数据来源：USGS。

美国地质调查局数据显示，2023年全球钨精矿产量78000吨（钨金属量，下同），同比下降2.26%。钨精矿产量主要分布在中国、越南、俄罗斯等国，其中，中国钨精矿产量63000吨，占比为80.77%；越南钨精矿产量3500吨，占比为4.49%。中国钨精矿产量全球占比突出，而与储量占比相比较，钨资源消耗过快。各国产量情况见表2。

表2 全球钨精矿产量

国家	钨精矿产量（金属量）/吨					2023年同比/%	2023年占比/%
	2019年	2020年	2021年	2022年	2023年		
中国	69000	66000	71000	66000	63000	-4.55	80.77
越南	4500	4500	4800	4000	3500	-12.50	4.49
俄罗斯	2200	2400	2300	2000	2000	0.00	2.56
朝鲜	1130	410	400	1520	1700	11.84	2.18
玻利维亚	1060	1350	1563	1360	1500	10.29	1.92
西班牙	603	500	400	800	1500	87.50	1.92
卢旺达	900	860	1340	1400	1400	0.00	1.79
奥地利	892	890	900	910	910	0.00	1.17
澳大利亚				200	800	300.00	1.03
葡萄牙	518	550	502	500	500	0.00	0.64
蒙古国	1900	1900					0.00
其他国家	1070	960	973	1080	1100	1.85	1.41
世界合计	85000	78400	83800	79800	78000	-2.26	100.00

数据来源：USGS。

（二）国外钨矿采选项目逐步推进，项目进展低于预期

Tungsten West Ltd. 持续推进英国 Hermerdon 钨矿改造，2023年利用历史

尾矿生产了 50 吨钨锡精矿；分两期发行 695 万英镑可转债；提交了选厂许可证申请，取得环境署关于在 Hemerdon 运营矿产加工设施的许可草案；矿山重建和工厂升级项目处于停产状态。该项目钨矿石储量（探明和推测）为 10060 万吨，WO_3 品位为 0.14%，Sn 品位为 0.03%。

哈萨克斯坦巴库塔钨矿项目于 2020 年 11 月开工建设，工程持续推进，预计 2024 年第三季度投入试生产以测试并微调加工流程，目标是在 2024 年开采及矿物加工 100 万吨钨矿石，2025 年开采及矿物加工 330 万吨钨矿石；2027 年第一季度展开二期商业生产。该矿探明矿石储量 12603 万吨，WO_3 储量 28.5 万吨，平均品位 0.23%，设计生产规模采选矿石 495 万吨/年。

韩国 Sangdong Mine 项目持续推进基建施工和设备采购同步进行，部分设备已运达现场，选厂土建工作有序推进。该项目已收到第五笔银行融资贷款 980 万美元，累计完成项目提款 4020 万美元（总额 7510 万美元的 53.5%），该矿钨储量折合 WO_3 约 5.1 万吨，WO_3 品位 0.41%。

澳大利亚 King Island Sheelite 公司已重启 Dolphin 钨矿项目，该项目曾在 1917—1990 年间运营，因市场价格低迷而被关闭，2019 年重启建设，设计生产规模露天开采矿石 40 万吨/年，转地下开采后 30 万吨/年。2023 年 6 月，开采了 10000 吨矿石，生产了 10 吨钨精矿。该矿钨矿石储量为 443 万吨，WO_3 品位为 0.92%。

加拿大 Sisson 钨钼矿由总部位于温哥华 Northcliff Resources Ltd. 开发，最新公告称，项目延期至 2025 年启动。项目位于加拿大新布伦瑞克省，拟露天开采，根据 2013 年 1 月发布的可研报告，矿石储量 3.344 亿吨，WO_3 平均品位 0.066%，三氧化钨储量为 22.2 万吨。

（三）头部深加工企业经营效益良好

国外硬质合金头部企业营收及利润等指标增长良好。

瑞典 Sandvik 公司 2023 年营业收入 1265.03 亿瑞典克朗（折合人民币 851.87 亿元），同比增长 12.62%；经营利润 153.01 亿瑞典克朗（折合人民币 103.04 亿元），同比增长 19.04%；利润率为 12.1%，较上年增长 0.66 个百分点。其加工解决方案业务板块营业收入 493.40 亿瑞典克朗（折合人民币 332.26 亿元），同比增长 7.49%；经营利润 105.97 亿瑞典克朗（折合人民币 71.36 亿元），同比增长 5.73%；利润率为 21.48%，较上年下降 0.36 个百分点。

美国 Kennametal 公司 2023 财年实现营业收入 20.78 亿美元（折合人民币

145.89 亿元），同比增长 3.27%，实现净利润 1.18 亿美元（折合人民币 8.32 亿元），同比下降 18.09%。

二、2023 年中国钨工业发展现状

（一）经济运行情况概述

1. 生产能力平稳增长

主要钨产品生产能力增长总体平稳。据中国钨业协会统计，全国钨精矿（65%WO_3，下同）、仲钨酸铵（以下简称 APT）、钨铁、碳化钨和硬质合金生产能力分别为 18.90 万吨、18.95 万吨、2.66 万吨、9.8 万吨和 8 万吨。

由于新钨矿项目建成投产和部分矿山实施资源接替项目及技改扩能，钨精矿产能小幅增长；部分 APT 产能逐步退出，同时技改扩能新增了部分产能，总体略有下降；部分粉末、合金企业技改扩能，碳化钨粉、硬质合金产能有所增长；钨铁产能保持平稳。近 5 年全国主要钨产品生产能力见图 1。

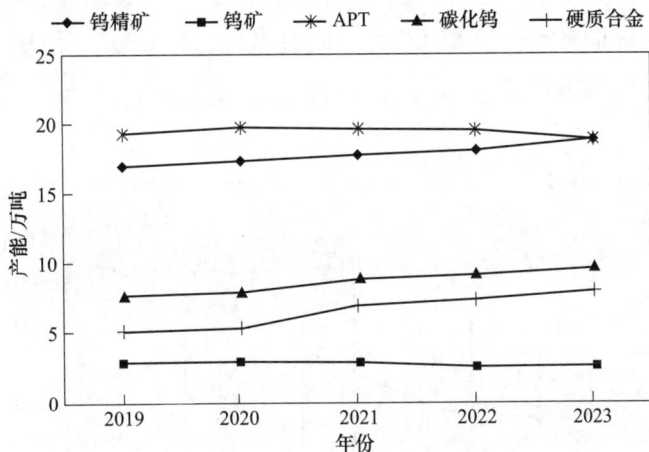

图 1　2019—2023 年全国主要钨产品生产能力

数据来源：中国钨业协会

2. 主要产品产量小幅增长，钨丝产量增幅巨大

据中国钨业协会统计分析，2023 年全国钨精矿产量 12.8 万吨，同比增长 0.55%；APT 产量 12.3 万吨，同比增长 7.89%；硬质合金产量 5.3 万吨，同比增长 4.95%；其他钨品产量也因疫情多地散发导致生产和需求受到一定影响；来自光伏切割的需求带动了钨丝产量的迅猛增长，2023 年钨丝产量 900 亿米，同比增长 195.08%。近 5 年主要产品产量见图 2。

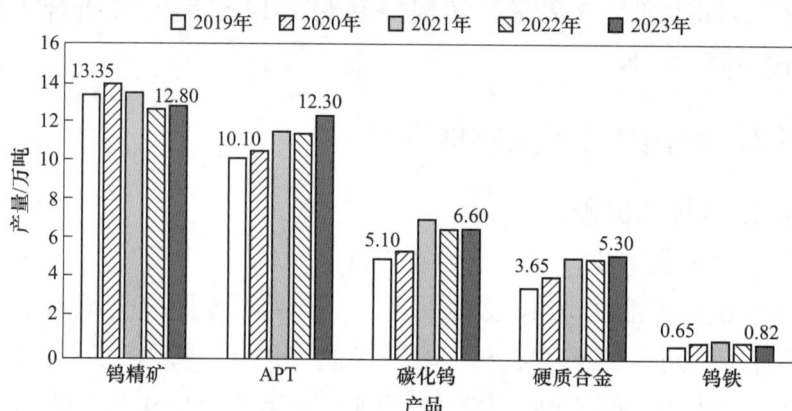

图2 2019—2023年中国主要钨品产量

数据来源：中国钨业协会

3. 营业收入创历史新高

2023年，中国钨工业顶住了原辅材料和能源价格大幅波动、地缘政治恶化、供应链重塑等风险，行业运行实现了持续增长。根据中国钨业协会统计分析，全国钨行业营业收入1200亿元，同比增长3.45%；利税总额135亿元，同比增长9.31%；利润110亿元，同比增长22.22%。近5年钨行业营业收入及利润见图3。

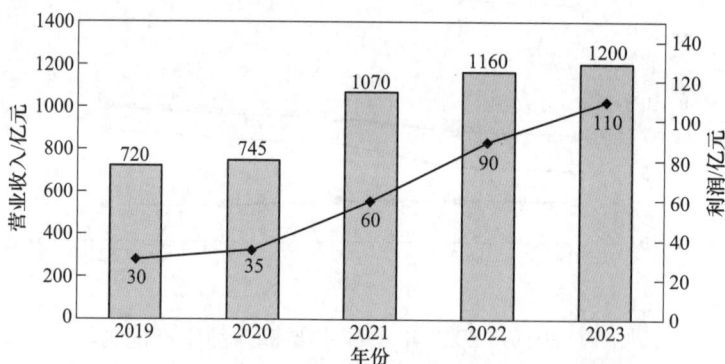

图3 2019—2023年钨行业营业收入及利润

数据来源：中国钨业协会

（二）产业结构

1. 产品结构持续向深加工延伸

产品结构调整、产业转型升级持续推进，高端产品产量上升。硬质合金产能保持增长态势，尤其是高端硬质合金数控刀片、切割钨丝投资持续增长。2023年，APT对硬质合金的转换率为51.1%，近年来持续提升。

2. 产业格局总体保持稳定

中国钨精矿主产区在江西、湖南和河南三省，2023年合计产量10.97万吨，占总产量的85.72%，占比较上年度减少0.4个百分点。APT产地主要分布在江西、湖南和福建，2023年三省产量合计9.67万吨，占全国的78.65%，较上年度增加0.49个百分点，其中江西产量占全国的50.34%，较上年度下降0.1个百分点。硬质合金产地主要分布在湖南、福建、江西和四川，2023年四省总产量3.57万吨，占全国产量的67.4%，与上年度基本持平，其中湖南产量占全国的34.33%，排第一位，福建产量增长，从第四名增长到第三名。2023年钨精矿、APT、硬质合金各主产区产量比例见图4~图6。

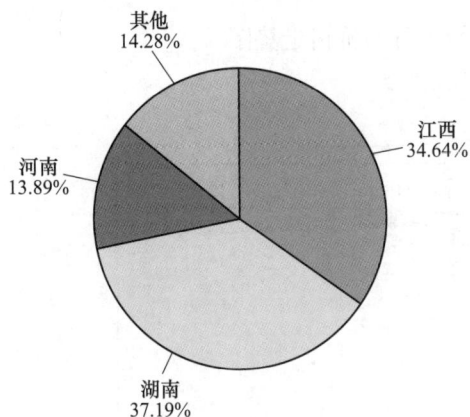

图4　2023年钨精矿各主产区产量占比
数据来源：中国钨业协会

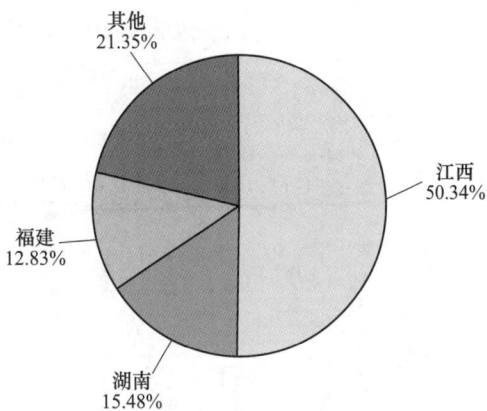

图5　2023年APT各主产区产量占比
数据来源：中国钨业协会

（三）市场价格

2023年，钨精矿价格在11.40万~12.10万元/吨区间运行，年度波动幅度6.14%。钨精矿年均价11.9万元/吨，同比上涨5.53%；APT年均价17.93万元/吨，同比上涨3.21%；欧洲APT年均价324.78美元/吨度，同比下降4.87%；鹿特丹钨铁年均价（以钨计）37.52美元/千克，同比下降8.83%，见图7~图10和表3。中国钨市场供应偏紧、库存低位、消费增长有效支撑了钨价格平稳运行；国际消费低迷和去库存化导致了钨价走低。

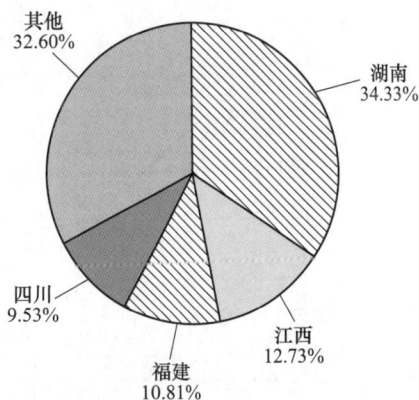

图6　2023年硬质合金各主产区产量占比
数据来源：中国钨业协会

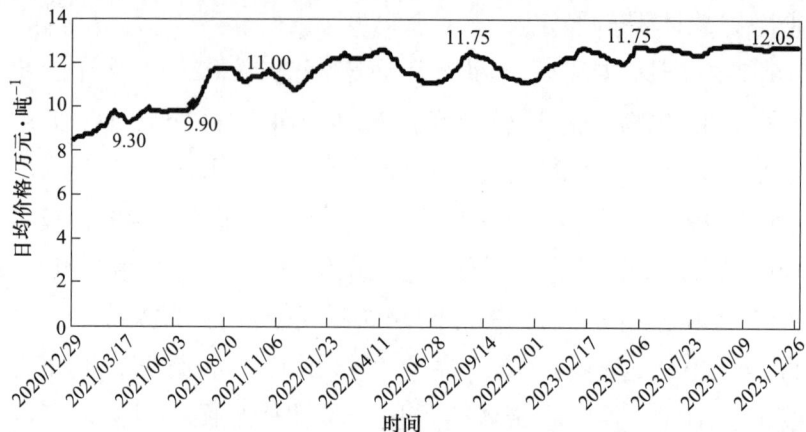

图7 2021—2023年中国钨精矿日均价格走势图

数据来源：中国钨业协会

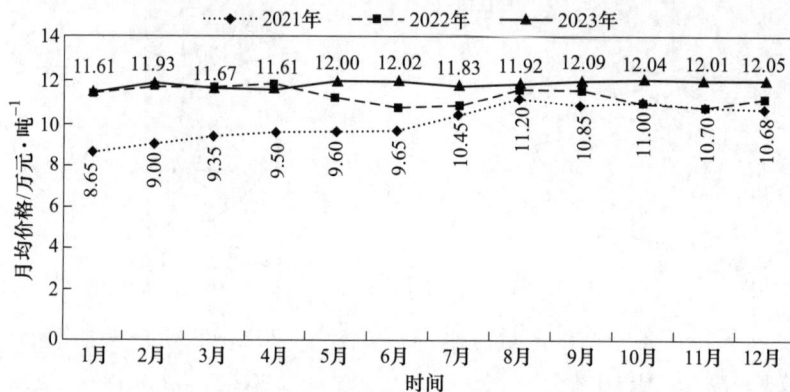

图8 2021年1月—2023年12月中国钨精矿月均价格

数据来源：中国钨业协会

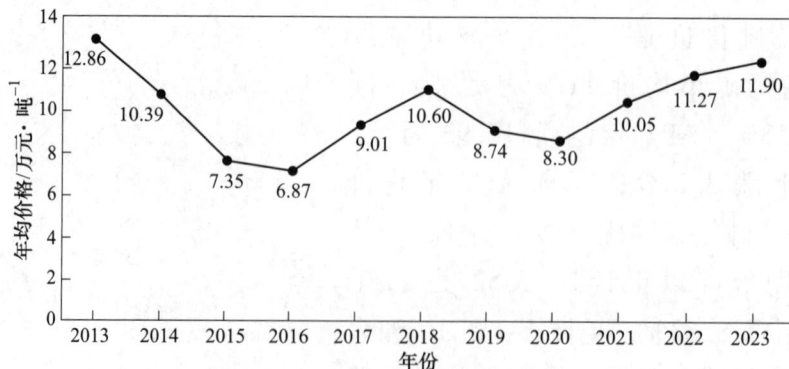

图9 近年中国钨精矿年度均价格走势图

数据来源：中国钨业协会

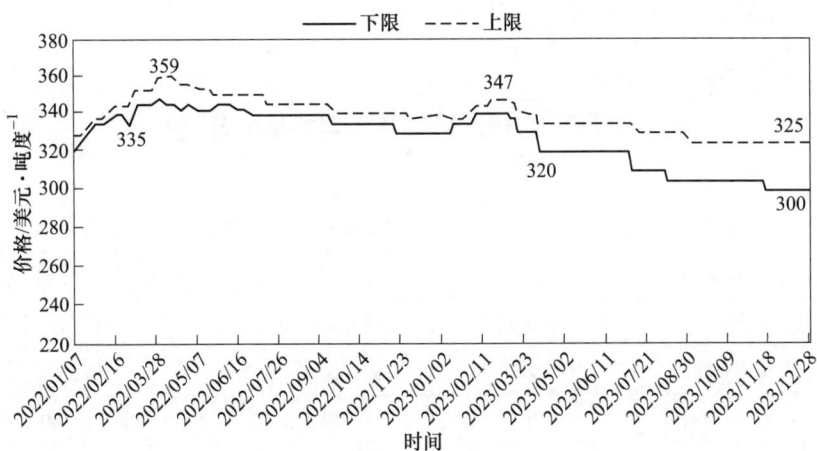

图 10　2022 年 1 月—2023 年 12 月《金属导报》欧洲 APT 价格

表 3　主要市场钨品年均价

项目	钨精矿 /万元·吨⁻¹	APT /万元·吨⁻¹	欧洲 APT /美元·吨度⁻¹	鹿特丹钨铁（以钨计）/美元·千克⁻¹
2023 年 12 月均价	12.05	17.95	312.5	37.19
同比/%	7.79	5	−6.55	−3.13
环比/%	0.36	0.23	−0.44	2.19
4 季度均价	12.03	17.96	313.8	36.64
同比/%	9.84	6.57	−6.63	−2.66
环比/%	0.7	−0.05	−1.41	−0.17
1—12 月均价	11.9	17.93	324.78	37.52
同比/%	5.53	3.21	−4.87	−8.83

数据来源：中国钨业协会。

（四）进出口贸易

1. 进出口量同比下降，原料级产品降幅较大，硬质合金出口持续增长

2023 年，中国出口钨品 30838.1 吨（金属量，下同），同比下降 10.17%。2023 年出口钨品额 16.77 亿美元，同比下降 5.89%。出口原料级钨品 16265.68 吨，同比下降 26.88%；出口硬质合金约 9600 吨（折金属量），同比增长 10.34%，中国硬质合金产品在国际市场竞争力逐步提升。近 5 年出口钨品情况见表 4。

2023 年进口钨品 7164.76 吨（折金属量，下同），同比增长 11.68%。其中，进口钨精矿 2987.01 吨，同比下降 1.71%，占进口总量的 41.69%，占比较上年度下降了 5.68 个百分点；进口硬质合金 1000 吨，较上年度下降 23.08%，见图 11。

表4 2019—2023 年出口钨品情况

年份		2019 年	2020 年	2021 年	2022 年	2023 年
出口量 （金属量） /万吨	出口总量	30360.77	22636.17	32962.24	34327.64	30838.10
	其中：原料级钨品	19966.39	13502.91	21634.71	22245.54	16265.68
	钨材	588.22	678.23	940.56	956.18	938.16
	钨丝	287.08	282.35	320.53	292.37	292.28
	硬质合金	7600.00	6800.00	8300.00	8700.00	9600.00
出口额/亿美元		13.51	9.71	15.47	17.82	16.77

数据来源：中国钨业协会。

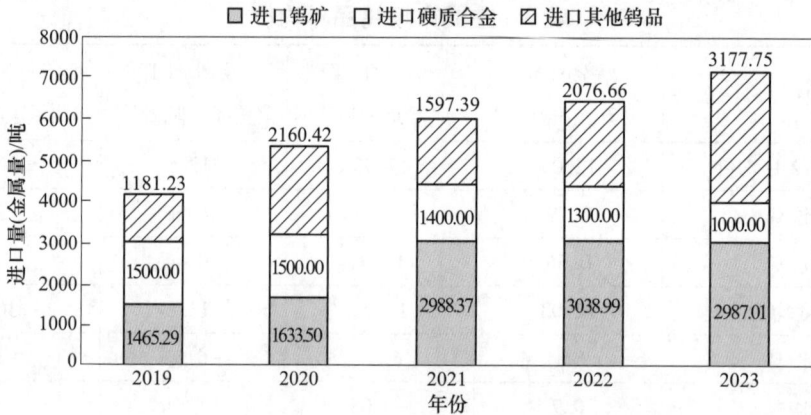

图 11 2019—2023 年进口钨品量

数据来源：海关总署、中国钨业协会

2023 年中国净出口钨品量 23673.34 吨，同比下降 14.08%；净出口额 2.95 亿美元，同比增长 13.32%；2023 年，钨品出口总量是进口总量的 4.3 倍，而出口总额仅为进口总额的 1.2 倍，主要是进口高端硬质合金刀具价格较高所致。

2. 欧、美、日、韩四大出口目的地出口量下降，印度、泰国等其他出口目的地出口量增加

日本、韩国、欧洲和美国是中国出口钨品的四大目的地。2023 年，出口到日本、韩国、欧洲和美国的钨品量分别为 4104.41 吨、4607.52 吨、5863.73 吨和 2631.95 吨，日本、韩国、欧洲、美国同比分别下降 28.91%、2.08%、

37.05%、13.17%。出口到上述 4 个国家和地区的钨品量占出口钨品总量的 81.02%，比上年度减少 2.92 个百分点，见图 12 和图 13。

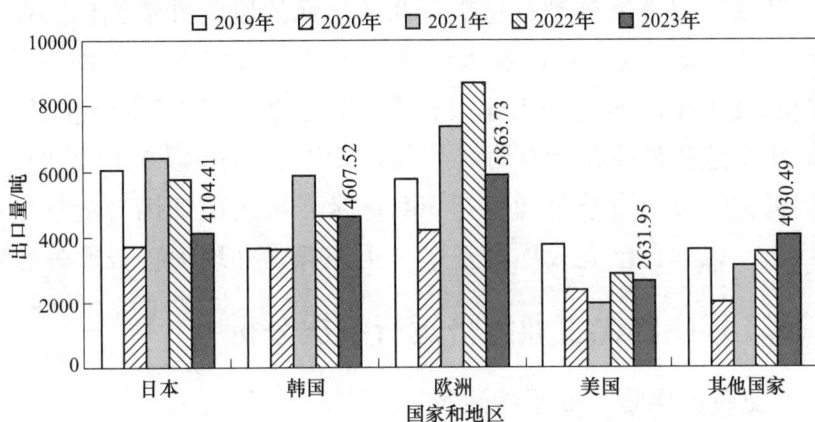

图 12　2019—2023 年钨品出口目的地出口量变化趋势

数据来源：海关总署

（五）投融资及新项目推进情况

2023 年，在矿山勘探、采选冶炼、精深加工等领域都有重点项目建设或建成投产，为行业持续健康发展注入了新的动力，为行业高质量发展奠定了坚实基础。

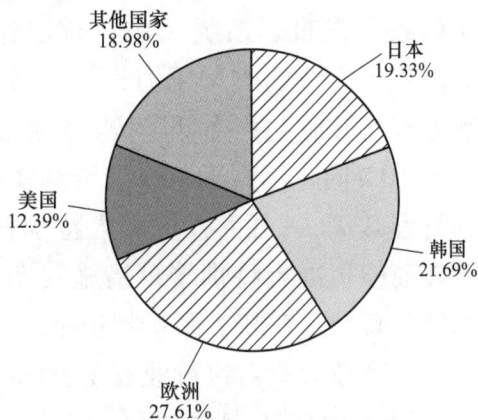

图 13　2023 年钨品出口目的地出口量占比

数据来源：海关总署

中钨高新下属香炉山钨业积极推动洞下—官塘尖钨矿勘探项目全部结束并通过专家验收，勘探备案资源量与香炉山钨业现有采矿权储量基本相当，等于"再造了一个香炉山"，矿山开发寿命将延长近 20 年；柿竹园矿深层次"选冶一体化"有序推进；郴州钨公司"特种钨基新材料粉末智能生产线"项目主体设备调试并实现点火投产；硬质合金国家重点实验室建设项目完成工程主体框架的建设；株硬集团超细碳化钨粉智能生产线技术改造项目进入建设阶段，产业布局更加完善；株钻公司积极构建刀具管理系统示范线，完成仿真计算中心建设，进一步提升公司智能化、自动化、数字化水平。

江钨控股集团赣州产业园首个项目——赣州华茂钨材料有限公司整体搬迁技改项目已建成并投产；赣州金环磁选科技装备股份有限公司年产 600 台智能

选矿设备改扩建项目二期已如期建成并顺利投产。

厦门钨业总投资20亿元的厦门金鹭海沧硬质合金工业园（二期）粉末及矿用合金生产线项目进展顺利；总投资8.4亿元的厦门虹鹭钨钼工业有限公司600亿米光伏用钨丝产线项目已投入生产；总投资8.52亿元的博白县巨典矿业有限公司油麻坡钨钼矿项目开工建设；大湖塘钨矿暨钨产业园项目正式启动，该项目包括年采选钨矿原矿660万吨、年产2万吨APT及钨精深加工项目等。

广东翔鹭钨业股份有限公司年产300亿米光伏用超细钨合金丝生产项目正式启动。目前，该项目已完成项目备案，正在抓紧办理工程报建等前期手续。

三、2023年中国钨工业经济运行状况分析

（一）产业政策保障行业平稳运行

钨矿开采继续实行总量控制，2023年全国钨精矿开采总量控制指标为111000吨，较上年度增长1.83%。发布《产业结构调整指导目录（2024年本)》，引导钨工业继续向深加工高质量发展，对钨资源开发利用限制条件进行了修改。发布了新版《矿业权出让收益征收办法》，在出让收益征收方式上，减轻了企业的支付压力，分"按额征收"和"逐年按率征收"两部分缴纳矿业权出让收益；降低了按金额形式征收的首付比例，从不低于20%调整为不低于10%同时不高于20%。继续实施《市场准入负面清单》、钨品出口国营贸易管理政策、《外商投资准入特别管理措施（负面清单)》和《自由贸易试验区外商投资准入特别管理措施（负面清单)》。外商不得从事勘查、开采矿产资源及转让探矿权、采矿权审批。

上述产业政策对钨行业有重要的指导意义，有力保障了钨行业平稳运行。

（二）产业结构持续优化

工艺装备水平逐步提升到国际水平，高端产品生产和高端装备制造逐步向国产化迈进，高端产品市场占有率逐步提高，高端装备国产化率逐步提升。2023年数控刀片产量突破7.6亿片，同比增长11.7%，增速放缓。细钨丝产量900亿米，同比增长195.08%。企业技改扩能、新项目投资增速较快。产品结构得到持续改善，硬质合金等深加工产品比例增大，深加工产品出口量比例逐步提高。

光伏钨丝投资项目剧增，经协会调研统计已有2000多亿米项目规划，项目逐步投产，对钨消费有一定程度上的带动。增材制造技术日趋成熟，在钨及硬质合金材料领域已实现样品制造，产业化可期；热喷涂技术应用逐步扩大，市场前景乐观。

（三）供需保持相对紧平衡

2023 年，紧张的全球地缘冲突及高通胀抑制了国际经济增长，降低了钨消费，中国原料级钨品出口大幅下降。中国钨工业积极化解出口下降、传统消费放缓、成本刚性上升等因素对产业运行的影响，在新能源、新基建、新消费的带动下，实现了钨消费持续增长，特别是切割钨丝、钨高温部件等钨材增长明显。近 5 年中国钨消费量走势见图 14。

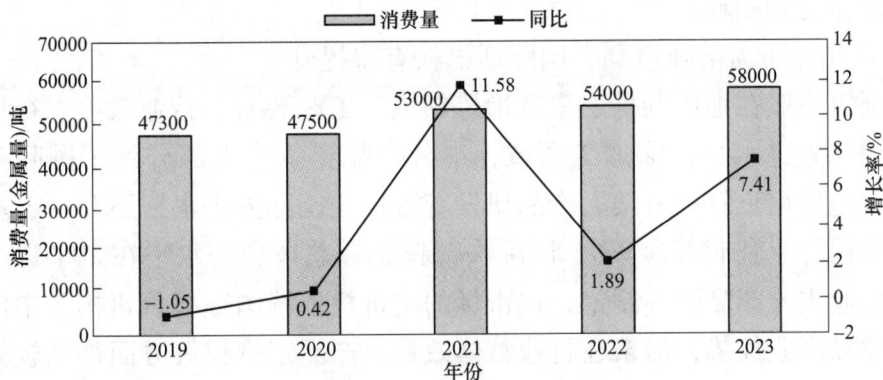

图 14　2019—2023 年中国钨消费量

数据来源：中国钨业协会

从供应看，中国及国际钨精矿新建项目均处于建设期，中国大多数项目预期在三年后投产，国际项目预计要在 2024 年底以后投产；现运营矿山总体保持基本稳定；再生原料保持平稳增长趋势。预计 2024 年原料供应增量不大，远期供应呈增长趋势。

从需求看，国际经济复苏预期和库存重建拉动钨的需求；中国产业转型升级持续推进，新能源、新基建势头良好；钨终端消费细分领域异军突起，在钨材、热喷涂材料等领域有较好的增长前景。预计 2024 年钨消费呈持续增长态势。

预计 2024 年度钨市场供需呈紧平衡状态，加之原料成本刚性增长支撑预计市场维持相对高位运行态势。

中国钨产业布局逐步优化，钨产业链和区域协同发展逐步推进，国际竞争新优势持续提升，对外提供产业配套服务能力逐步加强。

四、当前中国钨工业发展中的突出问题和建议

（一）面临的突出问题

1. 钨资源消耗速度过快，远期资源保障安全存在隐患

2023 年中国钨资源占全球储量的比例为 52.27%，开采量全球占比却持续

维持在80%以上，资源消耗速度远高于全球平均水平，资源优势正在逐渐减弱，远期资源保障安全存在隐患。

2. 产能过剩导致竞争加剧，行业整体效益受到削弱

今年来，从钨矿开采、冶炼乃至深加工，全产业链投资较为活跃，其中不乏大规模、高水平投资。产业的新增项目一方面推动了产业转型升级和产业集中度提升，同时也增加了产品供给，导致了部分细分领域产能和供应过剩，行业整体效益受到削弱。

3. 产品竞争力前强后弱，国际话语权有待提升

中国钨工业在地质勘探、采选冶炼领域，工艺装备、行业效益、行业规模等处于国际先进水平；深加工领域，细分产品竞争力大部分处于国际先进水平，但在整体用户解决方案、产品研发等方面与国际先进水平还有一定差距。

中国钨行业利润率为9%，国际头部钨企业总体利润水平在20%以上。国际先进企业主导产品标准制定，钨市场的定价权依赖国际报价机构。中国有明显的资源和产业优势，但未在行业整体效益、产品定价权等方面得到较好的体现，战略金属价值亟待提升。

（二）对策建议

1. 加强战略资源顶层设计

一是加大钨资源勘探力度，摸清钨资源家底。二是优化钨资源开发利用管理政策。三是鼓励钨资源再生利用，对高质量钨资源再生利用企业应给予财税、融资等政策扶持；放开合格再生钨原料进口。四是鼓励企业"走出去"开发国外钨资源。五是推动钨期货上市，深化市场配置资源效用，助力优势资源价值体现和国际话语权的提升。

2. 推动供给侧结构性改革

一是推动钨工业供给侧结构性改革，完善钨资源保护性开采措施，加强钨资源再生利用的力度和质量，优化产业链结构。二是推进产业集聚发展，引导产业合理布局，积极对接区域重大战略、区域协调发展战略、主体功能区战略，加快资源等各类生产要素合理高效集聚，不断推进钨产业规范化集群化。三是优化安全环保、技术经济等指标的先进性，控制产业投资热度，优化产业营商环境，提升产业整体效益和资源价值。

3. 组建国家联合攻关队

组建国家部委牵头高端硬质合金等重点产品国产化领导机构。领导机构主要承担协调产学研用相关单位的合作配合，推动基础理论研究（如材料、涂层、关键核心工艺等领域），审定关键核心项目（航空航天、国防军工、核

能、微电子、轨道交通、高端装备、精密加工等领域）等工作职能。

组建联合专项工作组。在高端硬质合金国产化领导机构的领导下组建联合专项工作组，协同硬质合金龙头企业与下游应用企业进行专项技术攻关（如航空、航天、军工、医药、精密制造等），共同开发高端应用领域产品和解决方案。

完善有关产业扶持政策，在财税、融资、人才等方面支持高校、科研机构、企业进行以下研究工作：（1）钨工业基础性、前瞻性课题研究；（2）钨工业企业与高端用户联动的可行性研究，实现高端钨制品进口替代的常态化机制和长效机制；（3）高端材料及产品的研发；（4）钨工业配套供应企业进行高端装备及配套研发；（5）相关成套工业软件开发。

撰稿人：余泽全
审稿人：武四平

2023 年钼工业发展报告

一、2023 年世界钼工业发展概述

（一）产品产量

据美国地质局（USGS）发布的 2023 年数据，2023 年全球钼储量（金属量，下同）约 1500 万吨，集中分布在中国、美国、秘鲁、智利和俄罗斯等地区。其中，中国钼储量约 580 万吨，占全球钼储量的 38.67%；美国钼储量约 350 万吨，占全球钼储量的 23.33%；秘鲁钼储量约 150 万吨，占全球钼储量的 10%；智利钼储量约 140 万吨，占全球钼储量的 9.33%；俄罗斯钼储量约 110 万吨，占全球钼储量的 7.33%。以上五国储量占全球钼储量的 89%。

2023 年全球钼精矿产量（金属量，下同）为 28.68 万吨（见表 1），同比增长 4.12%。其中，亚洲生产钼精矿总量 13.56 万吨，同比增长 13.78%，产量增加主要来自中国、哈萨克斯坦和朝鲜；美洲同比下降 4.26% 至 12.8 万吨，产量减少主要来自美国，美国同比减少 19.11% 至 3.3 万吨；欧洲同比增长 2.77% 至 2.3 万吨。

表 1 2023 年全球钼精矿产量

国家和地区	产量（金属量）/吨			2023 年同比/%
	2021 年	2022 年	2023 年	
中国	102589	112201	126392	12.65
哈萨克斯坦	960	960	3562	271.04
蒙古国	2972	2853	2451	−14.09
伊朗	2918	2798	2400	−14.22
朝鲜	0	262	720	174.81
缅甸	0	60	30	−50.00
越南	0	0	0	
亚洲合计	109439	119134	135555	13.78
亚美尼亚	11311	11886	12514	5.28

国家和地区	产量（金属量）/吨			2023 年同比/%
	2021 年	2022 年	2023 年	
俄罗斯	10800	10800	10800	0.00
保加利亚	0	0	0	
欧洲合计	22111	22686	23314	2.77
智利	49400	44544	44557	0.03
美国	40380	41070	33220	-19.11
秘鲁	34148	31234	33194	6.28
墨西哥	19105	16000	16057	0.36
加拿大	1405	798	930	16.54
美洲合计	144438	133646	127958	-4.26
全球合计	275988	275466	286827	4.12

数据来源：北京安泰科信息股份有限公司（以下简称"安泰科"）。

（二）消费量

2023 年全球钼市场需求有所走弱，全年钼消费总量（金属量，下同）27.8 万吨（见图 1），同比减少 1.17%。其中，中国钼消费量为 12.48 万吨，

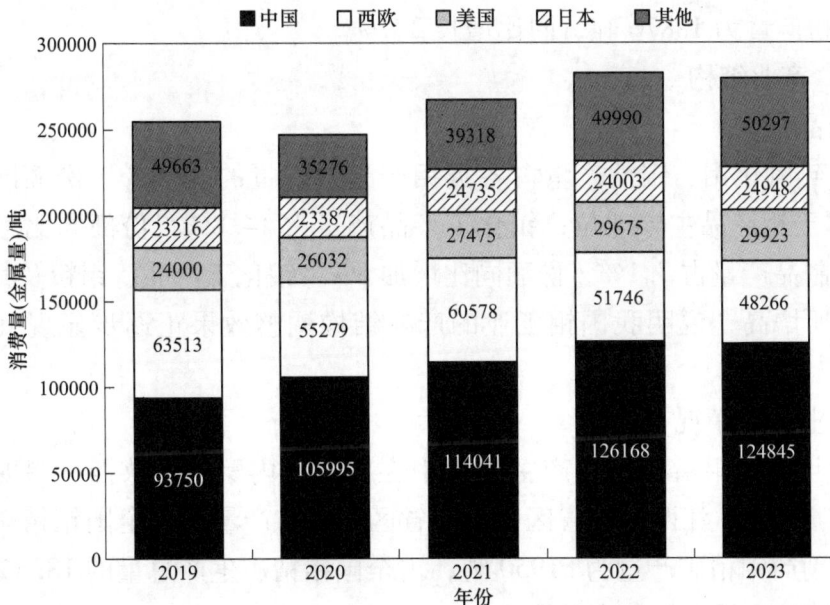

图 1　2019—2023 年全球钼消费分布图

数据来源：安泰科

同比减少 1.05%；日本钼消费量为 2.49 万吨，同比增长 3.94%；西欧钼消费量为 4.83 万吨，同比减少 6.73%；美国钼消费量为 2.99 万吨，同比增长 0.84%。中国仍是全球最大的钼消费国，约占全球钼消费总量的 45%，其次为西欧、美国、日本。

二、2023 年中国钼工业发展现状

（一）经济运行情况概述

1. 生产能力

据统计 2023 年中国钼矿石处理能力超过 36 万吨/日，氧化钼、钼铁冶炼能力为 30 万吨/年，钼酸铵产能为 6.5 万吨/年，高纯三氧化钼产能为 3.3 万吨/年，高纯二硫化钼产能为 3500 吨/年，钼粉及其制品（包括钼粉、未锻轧钼金属产品、已锻轧钼金属产品、钼丝、其他钼制品等）产能为 2.5 万吨/年。

2. 产品产量

据不完全统计，2023 年中国钼精矿产量为 280871 吨（实物量，下同），同比增长 12.7%，占全球钼生产总量的 44%。2023 年由于吉林天池钼业、河北世隆矿业等矿山投产，西藏巨龙、玉龙等矿山扩产，还有部分矿山企业恢复生产等，使钼精矿产量有所增加；钼铁产量 199997 吨，同比下降 1.8%；钼酸铵产量为 59676 吨，同比增长 7.6%；高纯二硫化钼产量为 1500 吨，同比下降 30%；钼粉产量为 18876 吨，同比增长 3.7%。

（二）产业结构

1. 产品结构

2023 年氧化钼、钼铁产量占各类钼产品总产量的 78.1%，份额同比减少 1.4%，居于钼产品主导地位；钼化工产品产量占 14.8%，份额同比增加 5%；钼粉及其制品产量占 7.1%，份额同比增加 6%。钼化工产品、钼粉及其制品所占份额有所增高，说明我国钼工业的产业结构调整效果正逐步显现（详见图 2）。

2. 产业分布情况

2023 年中国钼精矿的生产主要集中在河南、内蒙古、陕西、黑龙江、西藏、吉林、河北、江西等 8 省区，以上省区钼精矿产量约占全国钼精矿总产量的 95%，副产钼精矿产量为 51950 吨，占全国钼精矿生产总量的 18.5%。2023 年中国钼精矿产量占比分布见图 3。

2023 年中国钼铁的生产集中在辽宁、河南、陕西等省；钼酸铵等钼化工产品的生产主要集中在四川、陕西、辽宁、江苏、吉林、河北、河南、安徽等

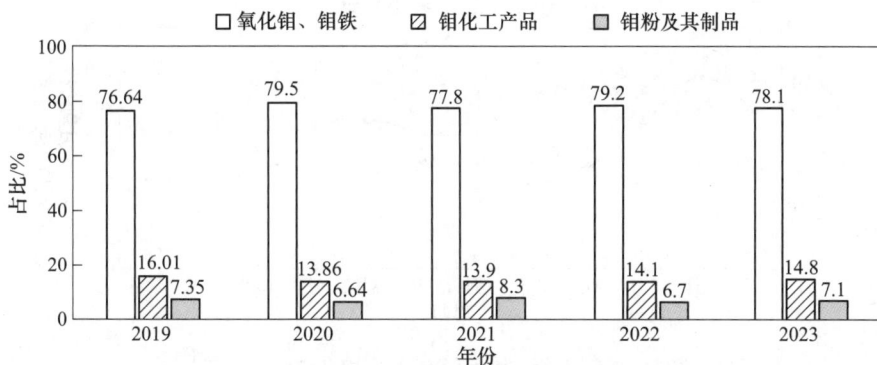

图 2　2019—2023 年中国钼产品结构图

数据来源：中国有色金属工业协会钼业分会统计

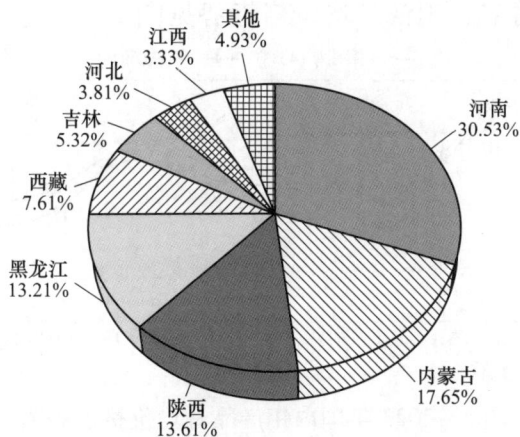

图 3　2023 年中国钼精矿产量分布图

数据来源：安泰科

省，其中四川、陕西、辽宁、江苏 4 省钼化工产品产量占全国化工产品总产量的 81%左右。钼粉及其制品的生产主要集中在四川、陕西、江苏、河南、辽宁等省。

（三）市场价格

1. 国际市场及价格

2023 年国际氧化钼、钼铁月均价格走势见图 4。

据统计，2023 年全年国际氧化钼平均价格（以钼计）为 24.2 美元/磅，同比增长 28.66%，价格波动范围在 16.65~38.5 美元/磅；同期国际钼铁年均价（以钼计）为 59.2 美元/千克，同比增长 30.81%，价格波动范围在 40.6~104.28 美元/千克。

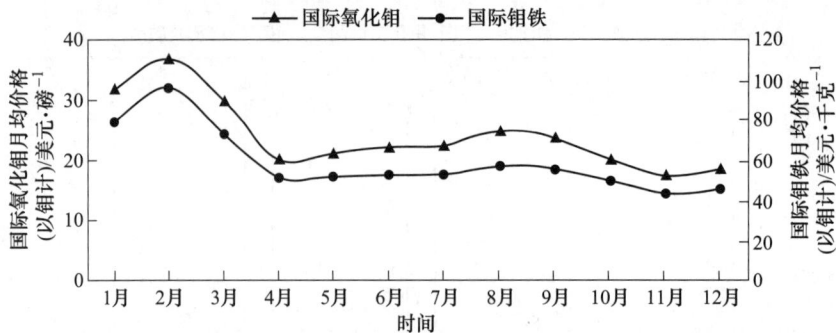

图4 2023年国际钼产品月均价格走势图

数据来源：安泰科、美国《金属周刊》MW

2. 国内市场及价格

2023年国内钼精矿、钼铁月均价格走势见图5。

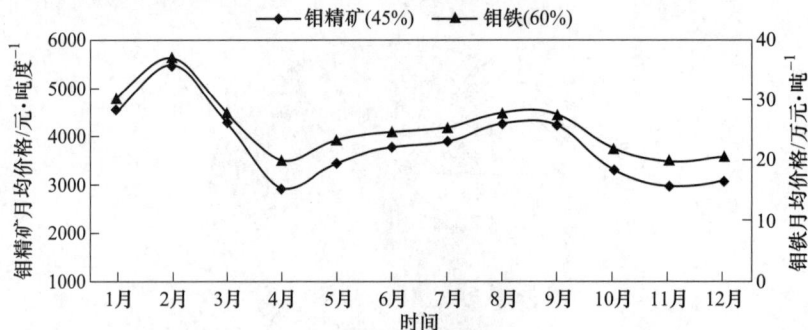

图5 2023年国内钼产品月均价格走势图

数据来源：中国有色金属工业协会钼业分会统计

据统计2023年全年国内钼精矿平均价格为3853.6元/吨度，同比增长37.5%；全年最高点为2月的5575元/吨度，全年最低点为4月的2570元/吨度。

2023年钼铁全年平均价格为25.65万元/基吨，同比增长36.99%；全年最高点为2月的38.75万元/基吨，最低点为4月的17.85万元/基吨。

（四）进出口贸易

2023年中国钼产品进出口总量为54003.29吨（折纯钼，下同），同比增长15.75%。净进口量为5034.4吨。

2023年中国钼产品进出口贸易总额27.53亿美元（见表2），同比上升50.91%。其中，进口贸易额为13.354亿美元，同比上升63.63%；出口贸易额为14.175亿美元，同比上升40.62%，贸易顺差额为0.821亿美元。

表 2　2023 年中国钼进出口统计表

商品名称	进口		出口	
	累计数量（实物量）/吨	累计金额/万美元	累计数量（实物量）/吨	累计金额/万美元
已焙烧的钼矿砂及其精矿	11012	34775	13903	42756
其他钼矿砂及其精矿	39679	70011	7616	15884
钼的氧化物及氢氧化物	1409	3259	2871	12118
钼酸铵	970	2981	573	2006
其他钼酸盐	1751	2275	337	725
钼铁	4948	16164	8522	28777
钼粉	3	30	240	1611
未锻轧钼烧结成的条、杆	0	0	2974	18731
钼条、杆、型材及异型材	310	2312	492	4890
钼丝	30	568	275	2306
钼废碎料	—	—	1862	10135
其他钼制品	35	1167	180	1815
合计	60147	133542	39845	141754

数据来源：海关总署，中国有色金属工业协会钼业分会整理。

1. 进口情况

2023 年我国共进口 29519 吨钼（折纯钼，下同），同比增长 26.59%。其中，氧化钼进口量为 5616 吨，同比增长 50.71%，占总进口量的 19%；钼精矿进口量为 17855 吨，同比增长 17.09%，占总进口量 60.5%，以上两种产品进口量占进口总量的 79.5%；钼铁进口量为 3216 吨，同比增长 81.82%，占总进口量 10.9%。

2. 出口情况

2023 年我国共出口 24484 吨钼（折纯钼，下同），同比增长 4.91%。其中，氧化钼出口量为 7090.76 吨，同比增长 17.66%，占总出口量 29%；钼精矿出口量为 3427.27 吨，同比增长 85.38%，占总出口量 14%，以上两种产品占出口总量 43%；钼铁出口量为 5539.07 吨，同比减少 36.58%，占总出口量 22.6%；钼化工产品为 2404.58 吨，同比增长 3.4%，占总出口量 9.8%；钼金属产品为 6022.76 吨，同比增长 36.76%，占总出口量 24.6%。

（五）市场消费

2021—2022 年中国钼市场出现供应赤字（见图 6）。2023 年中国钼消费量（金属量）12.48 万吨，同比减少 1.05%，2023 年钼出口量（金属量）为 2.45 万吨，中国钼消费累计总量为 14.93 万吨。2023 年钼进口量（金属量）为 2.95 万吨，不考虑损耗 2023 年国内钼供应盈余量（金属量）为 0.66 万吨。

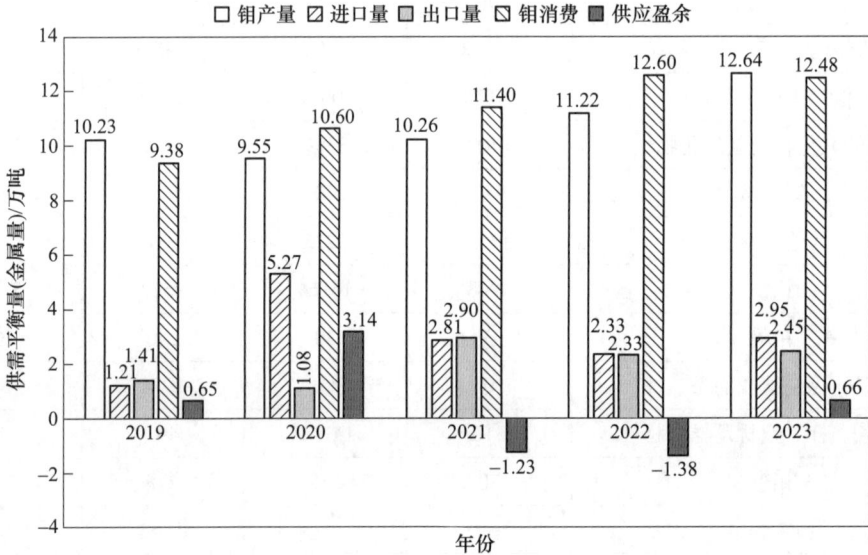

图 6　2019—2023 年国内钼供需平衡变化图

数据来源：安泰科，海关总署

三、2023 年中国钼工业经济运行状况分析

（一）政策环境

2023 年 4 月 14 日，财政部、自然资源部、税务总局修订印发了《矿业权出让收益征收办法》（财综〔2023〕10 号）。在出让收益征收方式上，减轻企业支付压力，明确按出让收益率征收的方式；研究制定了《按矿业权出让收益率形式征收矿业权出让收益的矿种目录（试行）》。其中选矿产品"钼"的矿业权出让收益率为 2.3%。该办法自 2023 年 5 月 1 日起施行，《矿业权出让收益征收管理暂行办法》（财综〔2017〕35 号）、《财政部 自然资源部关于进一步明确矿业权出让收益征收管理有关问题的通知》（财综〔2019〕11 号）同时废止。

2023 年 11 月 27 日，生态环境部发布《土壤和沉积物　19 种金属元素总量的测定　电感耦合等离子体质谱法》（HJ 1315—2023）（生态环境部公告 2023 年第 37 号）。此标准为首次发布，规定了测定土壤和沉积物中 19 种金属元素总量的电感耦合等离子体质谱法，适用于土壤和沉积物中钼（Mo）、镍（Ni）等 19 种金属元素的测定。此标准自 2024 年 6 月 1 日起实施。

2023 年 12 月 21 日，商务部、科技部公布《中国禁止出口限制出口技术目录》（商务部 科技部公告 2023 年第 57 号），自公布之日起实施，商务部、科技部公告 2020 年第 38 号（《〈中国禁止出口限制出口技术目录〉调整内容》）同时废止。属于军民两用技术的，纳入出口管制管理。

2023 年 12 月 22 日，工信部发布关于《重点新材料首批次应用示范指导目录（2024 年版)》（工信部原函〔2023〕367 号）的通告。通告显示，《重点新材料首批次应用示范指导目录（2024 年版)》自 2024 年 1 月 1 日起实施，同时废止《重点新材料首批次应用示范指导目录（2021 年版)》（工信部原函〔2021〕384 号）。其中，钼相关内容如下：大尺寸钨钼异型制品的性能要求：烧结制品相对密度不小于 96%；烧结制品晶粒尺寸 20～30 微米；烧结纯钨、纯钼制品直径大于 800 毫米，最大高度可达 1000 毫米。高性能 MHC 钼合金的性能要求：成分 C：0.05%～0.12%，Hf：0.8%～1.3%；室温抗拉强度不小于 750 兆帕，断后伸长率不小于 15%；1600 ℃抗拉强度不小于 80 兆帕，断后伸长率不小于 15%；硬度 HV10 不小于 270。耐高温、高性能 Mo-HfC 合金的性能要求：室温抗拉强度不小于 750 兆帕，断后伸长率不小于 10%；1000 ℃抗拉强度不小于 400 兆帕，断后伸长率不小于 10%；室温硬度 HV10 不小于 260。3D 打印用合金粉末中的纯钼球形粉末的性能要求：粒度范围 15～53 微米，球形度不小于 95%，氧含量不大于 0.03%，霍尔流速不大于每 50 克 10.6 秒；松装密度不小于 5.8 克/厘米^3，振实密度不小于 6.2 克/厘米^3。

2023 年 12 月 29 日，商务部、海关总署公布《出口许可证管理货物目录（2024 年)》（商务部公告 2023 年第 65 号），自 2024 年 1 月 1 日起执行，商务部、海关总署公告 2022 年第 40 号同时废止。公告指出，出口钼及钼制品等货物，需按规定申请取得出口许可证。

2023 年 12 月 29 日，发改委发布《产业结构调整指导目录（2024 年本)》（发改委 2023 年第 7 号令），自 2024 年 2 月 1 日起施行，《产业结构调整指导目录（2019 年本)》同时废止。其中，涉钼内容整理如下：第一类鼓励类中有色金属行业的新材料的信息领域的铝铜硅钨钼稀土等大规格高纯靶材、超高纯稀有金属及靶材等；鼓励类中有色金属行业的新材料的交通运输、高端制造及其他领域的稀有稀土金属材料、高性能硬质合金材料及其工具。第二类限制类中有色金属行业的钼冶炼项目（符合国家环保节能等法律法规要求的项目除外）。第三类淘汰类中落后生产工艺装备的钢铁行业的用反射炉焙烧钼精矿的钼铁生产线。

（二）产业结构调整情况分析

我国钼精矿生产主要集中在河南、内蒙古、陕西、黑龙江、西藏、吉林、河北等地。除生产钼精矿外，钼冶炼、钼化工、钼金属、制品及加工已形成工业规模，并形成产业聚集区，集中分布在陕西、四川、辽宁、河南、江苏等地。从钼矿山到钼冶炼、从钼化工到钼粉再到钼深加工，实现全产业链覆盖且产业集中度不断提高。虽然产业链较完整，但金属加工高精尖产品与国外先进企业仍存在一定差距。

（三）经营形势分析

2023年国内钼产品量价齐增，企业盈利不同。对有资源的矿山型企业来说盈利较好，但是对于没有资源的加工型企业像钼冶炼企业来说，受市场价格波动影响较大，加剧了企业的经营风险，甚至有些企业已经亏损。下游的钼化工、深加工企业受市场价格波动影响较小，盈利水平相对稳定。

2023年俄乌冲突，美联储持续加息，席卷多国的通货膨胀给全球经济复苏带来诸多不确定性，年末之际一场扰乱全球供应链并引起大宗商品价格波动的红海危机，让人们更加认识到地缘政治对全球性产业和跨国公司的重要性。展望2024年，由于持续的地缘政治紧张局势，预计大宗商品行业将继续面临不确定性。此外，在能源转型的背景下，对关键矿物的需求不断增长，预计这将进一步增加相关行业的市场波动性。

世界不锈钢协会数据显示，2023年世界不锈钢粗钢产量约5844万吨，同比增长4.6%，产量增加主要来自中国。据中国钢铁工业协会不锈钢分会统计，2023年我国不锈钢粗钢产量3667.59万吨，同比增长12.59%，我国不锈钢产量占世界不锈钢产量比例创历史新高。其中，Cr-Ni钢（300系）1851.94万吨，同比增长11.02%，所占比例下降了0.71个百分点，占比50.49%；Cr钢（400系）647.95万吨，同比增长15.71%，所占比例上升了0.48个百分点，占比17.67%；Cr-Mn钢（200系）1128.36万吨，同比增长13.40%，所占份额上升了0.22个百分点，占比30.77%；双相不锈钢产量39.34万吨，同比增长13.97%，所占份额上升至1.07%。不锈钢表观消费量为3108.22万吨，同比增长10.56%。

据专业人士分析，2024年我国确定新投入的不锈钢产能约有700万吨，计划投入的不锈钢产能约有600万吨，共计1300万吨。未来不锈钢产能的过剩程度可能会大于钢铁产能过剩程度，且目前不锈钢冷轧和热轧产能过剩程度均大于不锈钢炼钢产能。2024年我国不锈钢行业继续有新增项目落地，预计不锈钢需求仍将保持继续增长趋势，特钢领域对钼的需求也会相应增加，尤其是汽车、石油管、风电、军工、化工领域。

据中国汽车工业协会统计分析，2023年，中国汽车产销分别累计完成3016.1万辆和3009.4万辆，同比分别增长11.6%和12%。其中，新能源汽车产销分别完成958.7万辆和949.5万辆，同比分别增长35.8%和37.9%，市场占有率达到31.6%，高于上年同期5.9个百分点，新能源汽车已连续9年位居全球第一，成为中国汽车工业重要的增长点。预计2024年，随着国家促消费、稳增长政策的持续推进，促进新能源汽车产业高质量发展系列政策实施，包括延续车辆购置税免征政策、深入推进新能源汽车及基础设施建设下乡等措施的持续发力，将会进一步激发市场活力和消费潜能，汽车市场将继续保持稳中向好发展态势。而钼被称为6种新能源转型跨领域关键矿物质之一，新能源汽车的良好发展态势，将会对钼行业产生积极影响。

总体上，2024年钼供需基本保持平稳，钼市场以波动为主。

四、当前中国钼工业发展中需要关注的问题

（一）行业高端化、智能化、绿色化发展水平相对偏低

相比世界强国，我国钼行业整体上仍处于国际分工体系的中低端环节，产业结构中高精尖产业占比较低，产业链中高附加值环节发展滞后，这些成为钼行业结构调整和攻坚突破的主要方向。我国钼工业竞争优势逐渐显现但效率效益水平仍需提升，目前仅有少数几家企业采用智能化矿山，如洛阳钼业、龙宇钼业等，智能化转型能够实现技术路径再造、竞争优势转换，释放更多效率和品质提升空间。近年来，我国绿色制造体系建设取得进展，绿色低碳技术改造步伐加快，工业能耗和污染排放水平持续下降，能源资源利用效率大幅提升。但是，由于我国钼工业中二氧化硫等污染物排放量较大、污染治理任务重、转型时间窗口紧，部分企业技术装备落后，尚未摆脱粗放发展模式，仍需在产业结构、产品结构、技术结构等方面全面推进绿色转型。

（二）技术装备水平有较大提升空间

和国外先进企业相比，国内钼矿井采与加工行业总体装备和技术水平相对偏低，生产中还存在一些问题。如露天开采工程和采矿方法还需进一步研究；选矿工艺对矿石性质适应性差，钼精矿品位和回收率较国外偏低，精矿中钾、钙、镁等杂质均高于国外；主体钼焙烧工艺不先进，自动化水平有待提升；后续加工产品在规模、品种、技术、质量和成本等方面不能与世界顶级钼加工企业齐平，深加工产业在更高市场层次上的产销规模有待提升。

（三）产业结构调整还有待提升

中国钼工业经历了40年左右的快速发展，基本上完成了从无到有的转变，完成了从初级产品到深加工产品的转变，特别是经历金融危机以来的价格成本挤压，初级产品生产的市场化程度达到了较高水平，300家矿山企业经产能置换，淘汰落后，只留下不到30家，产业集中度大幅提高。但是钼冶炼、钼化工、钼金属工装设备生产技术、产品质量同质化情况严重，高精尖深加工比重偏低。

五、中国钼工业下一步发展重点

（一）加快实现钼产业"三化"目标

国家有关部门高度重视钼产业的发展，国家发改委修订了《产业结构调整指导目录（2024年本）》；工信部、科技部、自然资源部联合下发了《"十四五"原材料工业发展规划》，提出了产业供给高端化、结构合理化、发展绿色化的要求。这些政策指明了钼产业高质量发展的目标和方向。我们要深刻领悟国家规划和政策要义，积极主动地响应国家要求，自觉接受国家政策引领。当前，特别要加快上游的绿色智能矿山建设，中游的冶炼渣减量化、无害化、资源化利用，下游的集约化、智能化、高端化的深加工。

（二）积极履行国家战略保供责任，提高钼资源可持续保供能力

钼被加拿大、日本列入关键矿产清单。我们必须从国家长远发展的大局出发，扩大钼工业发展的战略优势。在加大国内钼矿产资源探矿的同时，积极开展现有矿山深部及外围找矿；采取减少矿业固体废物产生的先进工艺和设备，高效集约利用低品位矿，综合利用复杂共伴生矿及矿山固废；加大"走出去"步伐，创新开发国外钼资源新渠道；应继续推动再生钼原料进口，减缓原生钼资源压力，提高钼资源长期保障能力。

（三）加快技术进步，加强产、学、研一体化，提升钼产品技术竞争力

钼企业应与国内外产、学、研机构开展广泛合作，加强技术交流与沟通，实现技术、信息共享，跟踪世界钼工业的发展动态，增强技术引进、消化吸收能力，加大高精尖钼金属制品的研发力度，促进钼产业结构的快速调整，提高钼系产品的市场占有率与技术竞争实力。

（四）推进企业横纵联合，提高钼产业集中度

我国钼行业应在充分利用我国钼资源优势的基础上，调整产业结构，钼矿优强企业与中小企业应加大战略合作共赢力度，逐步形成在全国乃至全球有较强竞争力的专业化、规模化钼矿企业集团，提高产业集中度。建立和形成多层

次的矿产产权交易平台，发展并规范各类产权交易形式，为优势企业进行产业结构调整、通过产权市场进一步发展壮大，创造良好的外部条件。鼓励和支持有能力的钼矿开发企业以资本为纽带，充分运用联合、兼并、参股、控股等经济手段，参与小矿井的兼并重组。引导大型钼矿企业实施纵向一体化发展战略，打造集采矿、选矿、冶炼、化工、钼金属和深加工、贸易为一体的大型企业集团。

（五）健全矿山恢复治理保障机制，提高生态环境质量

首先，建立钼行业清洁生产标准。根据钼行业的特点，在工艺装备要求、资源能源利用指标、污染产生指标、废物回收利用指标、土地复垦、环境管理等方面提出清洁生产要求，为钼采选企业开展清洁生产提供技术支持和导向，鼓励企业实行清洁生产，在生产全过程中充分利用资源，解决钼资源开发生态环境保护问题。其次，积极开展尾矿的综合开发利用。在加强对尾矿安全监控的同时，按照循环经济的理念，变废为宝，提高尾矿综合利用率。再次，大力推进矿山恢复治理力度。通过实施环境治理、生态修复、河道及水资源治理、水土保持、土壤污染治理、土地复垦等项目，最大限度消除地质灾害及隐患。最后，建立生态保护机制。建立责、权、利相统一的矿山环境保护制度，由开采企业按规定一次性足额缴交矿山生态治理恢复保证金，确保矿山生态环境治理恢复到位。

撰稿人：雷　默
审稿人：康祥波

2023年锡工业发展报告

一、2023年世界锡工业发展概述

锡是现代工业发展中广泛应用的金属品种之一。由于全球锡资源分布比较集中，主要分布在亚洲和南美洲，因此锡矿和精锡生产也较为集中。根据美国地质调查局（USGS）资料，2023年世界锡储量430万吨，其中中国、缅甸、澳大利亚、俄罗斯、巴西、玻利维亚等六个国家的储量占全球总储量的86.0%。

2023年伊始，在市场对全球经济复苏强预期加持下，上海期货交易所（SHFE）和伦敦金属交易所（LME）锡价格双双冲高至年内峰值，分别达到24.5万元/吨和3.3万美元/吨。由于一季度经济数据弱于强势复苏预期，大宗商品价格快速回落，内外盘锡价同步跌至年内最低点，分别下挫至17.8万元/吨和2.2万美元/吨。4月缅甸突发禁矿政策，导致二至三季度价格持续宽幅波动，沪锡底部稳定在21万元/吨。四季度，禁矿影响不及预期叠加下游需求复苏缓慢，锡价快速下行，重心下移至20万元/吨附近。全年锡基本面呈小幅过剩之势，总体偏弱运行。据统计，2023年LME三月期货锡均价25910美元/吨，同比下降16.3%；LME现货锡均价25959美元/吨，同比下降16.8%；SHFE锡主力合约均价212405元/吨，同比下降13.3%；北京安泰科信息股份有限公司（以下简称"安泰科"）现货锡均价214177元/吨，同比下降14.9%。

从生产看，全球锡矿和锡冶炼均较为集中，中国、印尼、缅甸、秘鲁、玻利维亚、巴西、刚果（金）是世界主要锡矿生产国，2023年七国锡矿产量总和占全球总产量的87.8%。受缅甸下半年禁矿政策和印尼配额许可下发严格的影响，亚洲锡矿产量减少明显；南美的秘鲁年初受本国政治活动影响，明苏尔矿在一季度出现停产情况；得益于中国银漫矿业技改，锡精矿产量有所增长。总体看，2023年全球锡精矿总产量30.8万吨，仍有1.6%的小幅下滑（见表1）。

表 1　2021—2023 年全球锡精矿产量（金属量）　　　（吨）

国家	2021 年	2022 年	2023 年
中国	92000	97000	99900
印尼	65300	69400	56800
缅甸	27000	41500	33500
玻利维亚	19700	17300	18200
秘鲁	27000	28100	24600
巴西	13900	19200	18100
澳大利亚	8500	8500	9100
刚果（金）	16800	19200	19800
马来西亚	5200	5500	5700
俄罗斯	4000	4000	3900
其他国家	16200	3700	18800
总计	295600	313400	308400

数据来源：安泰科。

　　全球精锡主要生产国有中国、印尼、马来西亚、秘鲁、巴西和玻利维亚等，2023 年六国精锡产量占全球产量的 88.8%。2023 年受到锡精矿产量下滑及海外需求疲软的综合影响，全球精锡总产量减少至 38.8 万吨，同比下滑 2.1%（见表 2）。

表 2　2021—2023 年全球精锡产量　　　（吨）

国家	2021 年	2022 年	2023 年
中国	198600	205800	206000
印尼	74400	74100	67800
马来西亚	16400	18900	19800
秘鲁	25800	26630	25800
巴西	16400	17500	15300
玻利维亚	16300	14100	10000
泰国	12200	9600	9000
比利时	1000	8400	9500
俄罗斯	2000	2000	1800
其他国家	18100	19300	23000
总计	390200	396400	388000

数据来源：安泰科估算。

注：中国总产量包含企业在国外矿区的产量。

从消费看，近年来全球锡的消费结构总体保持稳定。锡的消费主要以焊料、锡化工制品、镀锡板（也称马口铁）和铅酸蓄电池为主，2023年其消费量总和占总量的89.4%。2023年，全球3C产品产销下滑超10%，但光伏、汽车电子等焊料用量在增长，弥补了部分传统消费电子用锡的下降，全年电子锡焊料消费占比为51.7%；从锡化工看，欧洲房地产市场低迷，但美国、印度等地区房产建筑行业较为坚挺，故而锡化工减量较少，消费占比15.3%；镀锡板和铅酸蓄电池行业用锡量略有下降，消费占比分别为13.8%和8.6%。2023年全球锡消费结构如图1所示。

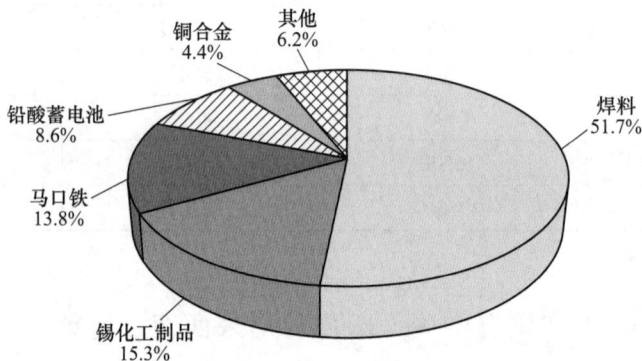

图1 2023年全球锡消费结构

数据来源：安泰科

2023年全球锡消费量38.2万吨，同比下滑2.6%。分主要领域来看，全球传统消费电子下滑超过10%，光伏和新能源汽车领域用锡仍保持高景气度，是带动锡焊料的主要动力。全年锡焊料用量同比下滑2.5%。

2023年，欧美房产方面，由于美联储持续加息，导致欧美房地产市场出现大幅放缓，尤其在欧洲租户转向混合办公模式，写字楼行业受到的打击目前最为严重；增量主要来自印度，该国建筑业能力和水平较同期提升超过10%。2023年锡化工制品用锡量下滑1.5%。

2023年，通货膨胀高企，全球物价大幅上涨，中国罐头在海外热销。另外地缘战争多点爆发，罐头易于储藏和食用；此外，疫情结束后海运的通畅也支撑了罐头贸易回暖。全年全球镀锡板用锡量小幅增长1.7%。

2023年，欧美的乘用车市场尤其是新能源汽车市场依然保持较好的势头。欧洲前五大市场继续维持两位数增长，但仍受到高通胀和融资成本上升的困扰；近年印度积极推动汽车及电动自行车产业的发展，对铅蓄电池需求快速增加。2023年铅酸蓄电池用锡减量主要集中在印尼、日本、韩国、土耳其等区域。总体看铅酸蓄电池用锡下滑 2.9%。

2023 年，全球锡消费复苏不及预期，海外锡需求受到地缘冲突、高通胀等影响下滑，全年库存维持高位，锡价底部宽幅震荡，导致供需双弱，全球精锡过剩量进一步增加（见表3）。

表 3　2021—2023 年全球精锡市场供求平衡　　　　　（万吨）

年份	2021 年	2022 年	2023 年
全球精锡产量	39.0	39.6	38.8
全球精锡消费量	39.3	39.2	38.2
库存变化	-0.4	0.5	0.8
全球供求平衡	-0.7	0.9	1.4

数据来源：安泰科。

二、2023 年中国锡工业发展现状

中国是全球锡储量、生产、消费第一大国，自然资源部对外公开的最新数据显示，2022 年中国锡保有储量 101 万吨，约占世界总储的 1/4；根据安泰科数据，中国每年锡矿产量大约为 9 万吨（锡金属量），占全球总矿量的 1/3；中国精锡生产和消费总量均达到 20 万吨左右水平，各占全球总量的一半。

中国锡储量和锡生产也比较集中，其中云南、内蒙古、广西、湖南、江西五个省区是中国锡储量分布和锡矿生产的主要区域，2023 年这五省锡矿产量占全国 98% 以上。目前，已形成以云南个旧、广西大厂、内蒙古赤峰、湖南郴州为骨干的锡生产基地。

（一）经济运行情况概述

1. 锡行业保持盈利

2023 年，我国锡行业保持盈利。受矿短缺及消费稳步增长的综合因素影响，锡盈利水平仍保持平稳。中国有色金属工业协会数据显示，2023 年全国规模以上锡工业企业实现利润同比增长 56.0%。

2. 锡矿产量稳中有升，锡锭产量持平

锡矿生产上，国内主要锡矿生产总体稳中有升。得益于银漫矿业技改效果良好，三季度产量明显增加。据安泰科数据统计，2023 年我国锡精矿产量达到 10.0 万吨，同比增长 2.9%。精锡生产上，由于上一年积累的锡锭过剩量带入到 2023 年，进口精锡也持续冲击国内市场，虽然冶炼商仍保有生产意愿，但部分企业实行了减产。另外外需发疲软也导致国内冶炼厂无法进一步带动产

能利用率。安泰科数据统计显示，2023年中国共生产精锡20.6万吨，同比基本持平，增速明显放缓。

（二）产业布局合理，产品结构得到优化

从产业分布情况看，由于中国锡资源集中度高的特点，锡精矿和精锡生产地也很集中，主要分布在云南、湖南、广西、内蒙古和江西5个省区，5省区精锡产量占全国总产量的96.3%。其中，云南省精锡产量最大，2023年占全国总产量的60.8%。下游消费方面，近年来锡焊料生产企业逐步向珠三角和长三角地区（广东、上海、江苏、浙江）集聚，云南、北京、天津也有一些生产企业，集中程度不断提高；镀锡钢板企业生产较为分散，主要分布于上海、广州、河北、武汉、海南；锡化工企业主要分布在北京、云南、湖北、江西等地。

从产品结构看，伴随5G、汽车电子、光伏、新能源汽车等锡终端领域产业的快速发展，锡产品结构不断调整，行业也随之实现良性发展。欧洲强制步入无铅化电子时代，中国电子无铅化也在逐步扩大，另外国内在倚靠国外进口的一些高端产品上的国产化进程正在加快；硫酸亚锡、甲基锡作为PVC行业热稳定剂及新型绿色环保水泥添加剂等化工产品在近几年发展较快。随着中国环保要求的不断提升，塑料工业将扩大对锡热稳定剂的使用，未来将继续推动锡在化工领域的需求量；此外，中国国防军工、汽车、钢铁、电子和电工机械制造业、医疗产业的发展，锡合金使用量也将有所增加。

（三）市场价格创新高后大幅震荡

2023年，精锡供应端保持稳定，需求呈稳步增长态势。但由于内外价差影响，导致进口锡锭大量流入国内市场，基本面仍呈过剩状态。受此影响锡价年内波动明显，价格重心围绕在21万~22万元/吨区间波动（见表4）。2023年国内沪锡平均价21.2万元/吨，比上年下降13.3%。

表4　2021—2023年国内外锡年度平均价格

年份	国内精锡现货市场价/元·吨⁻¹	SHFE锡主力合约收盘价/元·吨⁻¹	LME现货结算价/美元·吨⁻¹	LME三月期锡收盘价/美元·吨⁻¹
2021年	227044	222945	32678	31173
2022年	251787	244889	31219	30953
2023年	214177	212405	25959	25910

数据来源：LME、SHFE、安泰科。

（四）终端市场消费保持增长

中国锡主要终端消费品包含焊料、镀锡板（马口铁）、锡化工、铅酸蓄电池、玻璃制造及锡合金（青铜及黄铜）等。2023 年，拉动中国锡消费的增量仍来自电子焊料领域。尽管传统消费电子行业低迷，但光伏及新能源汽车焊料用锡高速增长，电子锡焊料占比提升至 66.9%；锡化工领域较为稳定，占比11.0%。另外受中国汽车行业整体保持稳定向上的趋势，铅酸蓄电池用锡占比稳定在 8.4%；国内镀锡板产量较 2022 年有所下降，消费占比随之下降至7.9%（见图 2）。

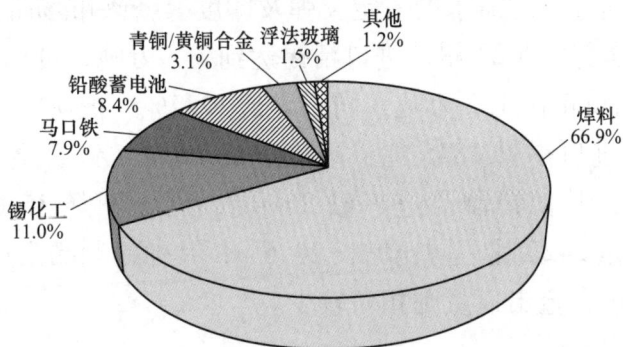

图 2　2023 年中国锡消费结构图

数据来源：安泰科

据安泰科统计，2023 年中国锡消费量达到 21.4 万吨，同比增长 3.1%。分主要产品看，焊料方面，3C 产品与国外一致，伴随三季度旺季的来临，个人电脑、智能手机等 3C 产品下半年跌幅在收窄。白色家电市场受益于地产竣工交付、热夏刺激终端消费需求有所拉动；2023 光伏新增装机量创历史新高，大幅拉动光伏用锡的增长，也使得全年国内焊料领域用锡有 4.0% 的增长。锡化工方面，PVC 供应量稳中有升，出口相对活跃，光伏型材和汽车型材产量相比同期都有所增加，带动了无机锡用量的增长，总的看国内锡化工用锡量同比增长 2.2%。镀锡板行业 2023 年整体运行延续之前的趋势，全年我国镀锡板产量降至 471.4 万吨，镀锡板用锡也同比下滑 2.7%。铅酸蓄电池方面，中国汽车市场呈现出三大亮点：一是汽车产销量创历史新高；二是新能源汽车延续了快速增长势头，明显好于年初预测；三是汽车出口再创历史新高。总体看，铅酸蓄电池用锡同比仍增长 4.0%。

（五）锡精矿进口小降 3%，精锡进口创历史新高

原料进口方面，受需求恢复不及预期的影响，锡价高开低走。紧接着 4 月

初缅甸佤邦发布禁令将从8月起暂停锡生产，对锡供应造成较大扰动。但禁矿政策后选矿厂9月初就已开工生产，只是主要矿洞一直处于停产状态，虽禁止力度不及市场预期的深远，但受矿洞停摆、矿石入关品位降低等因素影响，也导致缅甸进口锡精矿总量减少近4000吨，下滑约13%。由于非洲、南美等产地锡精矿进口量增加明显，2023年进口总量得以保持6万吨水平。据海关总署数据与安泰科折算，2023年我国总共进口锡精矿6.2万吨金属量，小幅下滑3%。

精锡贸易方面，2023年内外价差有足够的套利空间，进口旺盛；出口受日本、韩国、欧洲等下游需求的一定反弹及印度等新兴市场带动有所增加，整体保持稳中有升态势。2023累计进口精锡达到3.3万吨，创历史新高，同比上涨7.6%；累计出口精锡1.2万吨，同比增长12.7%；精锡净进口2.1万吨。

2023年国内进口锡材1845吨，同比增长2.0%；锡合金进口量1431吨，同比增长54.4%；其他锡制品进口量261吨，同比下降35.6%。出口方面，2023年锡材出口量2422吨，同比增长20.6%；其他锡制品出口量3954吨，同比增长12.0%；锡合金出口量则相对较少。

（六）投融资情况

2023年4月28日，云南锡业新材料有限公司（以下简称"云锡新材料公司"）在昆明经济技术开发区举行揭牌仪式。云锡新材料公司的成立，是云锡主动融入云南省"3815"战略发展目标和强省三年行动，谋划"三年强攻关、八年大跨越、十五年创一流"战略目标，加快构建"四大战略单元"，培育战略性新兴产业、攻克"卡脖子"关键技术等战略部署的具体举措，是抢抓战略机遇实施"十四五"发展规划的重要篇章，标志着云锡向打造云南有色金属高端原材料和精深加工新材料产业引领者迈出至关重要的一步，标志着云锡踏上创建世界一流示范企业的新征程。

2023年6月6日，广西华锡有色金属股份有限公司，证券简称"南化股份"正式变更为"华锡有色"。至此，华锡有色顺利登录A股，作为广西唯一的国有有色金属行业上市公司，亮相资本市场。此次更名基于公司的主营业务、经营理念、发展战略发生重大变更，有色金属采选已成为公司主营业务。此次变更后，未来华锡有色将以全新的形象助推广西有色金属产业高质量发展，在服务国家战略上谱写新的篇章。

（七）锡期货市场交易明显增长

自2019年12月上海期货交易所正式引入锡做市商制度以来，锡期货合约价格的连续性得到明显提升，加之近年锡的战略金融属性持续提高，交易量有明显增长。上海期货交易所数据显示，2023 年沪期锡主力成交总量升至 3744 万手，同比增长 32.8%；2023 年累计成交额 83578.4 亿元，同比增长 24.9%。

三、2023 年锡工业经济运行状况分析

（一）产业结构调整情况分析

随着智能制造的发展，对锡材料的性能、品种、质量不断提出新要求，为多层面、多角度拓展锡在新能源、新基建、微电子、新型化工等领域的应用创造了历史机遇。

近几年，中国锡行业主动适应需求的高端化、多样化、个性化、绿色化，大力推进锡产业的科技创新与攻关。在逆全球化大潮下，中美摩擦更趋于尖锐，目前国内规模化焊料企业与终端企业正在加速推动高端焊锡材料的国产化研发与应用。而同时，国产化进程也面临一些急需解决的"卡脖子"问题，如某些原材料、相关设备等受到国外限制，某些产品技术水平与国外仍有差距。

（二）经营形势分析

1. 生产情况分析

面对严格的环保要求，废渣处理和存放要求执行更加严格，企业不断加大环保投入，成本进一步增加，污染物处理和存放要求执行更加严格。多数冶炼企业利润摊薄，生产经营面临挑战。叠加近年全球原料供应持续下滑，加工费持续走低，部分锡冶炼企业利润减少，加之全球通胀导致加工成本居高不下，一些中小型的锡生产企业缩减生产规模甚至停产。锡行业的洗牌还在进行，亟需找寻合理的转型之路。

2. 供需情况分析

2023 年，由于锡价较前两年处于低位，锡冶炼受到进口矿冲击市场的影响出现收缩，尽管需求保持增长，但全年供需平衡仍处于过剩的状态，过剩量小幅收窄至 1.4 万吨（见表 5）。

表 5　2021—2023 年中国精锡供需平衡表　　　　　　（万吨）

年份	2021 年	2022 年	2023 年
精锡产量	20.1	20.6	20.6
精锡进口量	0.5	3.1	3.3
精锡供应量	20.6	23.7	23.9
精锡消费量	20.7	20.7	21.4

年份	2021 年	2022 年	2023 年
精锡出口量	1.4	1.1	1.2
精锡需求量	22.1	21.8	22.6
供求平衡	-1.6	1.9	1.4

数据来源：安泰科。

四、当前中国锡工业发展中存在的突出问题和对策建议

中国锡工业面临着资源保障程度降低、产业结构待优化等问题，亟待提升资源保障能力，寻求国内外产能合作；要加大下游科技创新，借助上下游产业协同、金融辅助力量等方式实现中国锡产业大国向锡业强国的转变。

（一）加强地质勘探，拓宽资源保障能力

近些年来，随着锡资源开发力度不断加大，中国原有资源优势正在不断削弱，未来矿山生产潜力有限。建议：一是加大地质勘探力度，发现新矿点、增储旧矿床；二是大力鼓励企业实施"走出去"战略，依托"一带一路"国际产能合作远景，投资海外矿产资源，充分利用国外资源；三是实施资源整合，使矿产资源开发逐步向优质企业集团集中，提高资源利用率，杜绝资源开采浪费。

（二）产品结构和终端有差距

目前，中国锡工业面临初级消费端与终端产品需求存在差异化的问题，下游企业对终端产品需求了解度不足、基础研究不足，未来应提高新兴产业对产品的需求能力，重点研发替代国外高端焊料、锡合金材料等产品。建议支持科技成果转化，鼓励企业使用国产技术；对取得国产性进展技术、软件等，及时组织研发成果推介交流，实施国家采购，推动最新科研成果在锡企业示范应用。

撰稿人：郭　宁
审稿人：王中奎

2023 年锑工业发展报告

一、2023 年世界锑工业发展概述

（一）资源与生产

全球已探明的锑矿资源分布相对集中，已知的锑矿床多集中分布于三条成矿带：一是环太平洋锑矿带，包括中国南部、俄罗斯东部、澳大利亚、玻利维亚、缅甸、智利、秘鲁、墨西哥、美国西部等国家和地区；二是地中海锑矿带，包括俄罗斯高加索、阿尔及利亚、捷克、意大利、土耳其等国家和地区；三是中亚锑矿带，包括塔吉克斯坦、吉尔吉斯斯坦、巴基斯坦等国家和地区；此外，南非也有一定的锑矿储量。这其中环太平洋成矿带经济意义最大，集中了全球约 50% 以上的锑资源储量。

美国地质调查局（USGS）最新数据显示，2023 年全球锑资源储量超过 200 万吨，其中中国储量 64 万吨，全球占比约 32%，居于世界首位；其次是俄罗斯、玻利维亚、吉尔吉斯斯坦、澳大利亚、缅甸等国家和地区（见表 1）。从数据上看，2023 年 USGS 大幅上调了中国锑资源储量，中国锑资源储量在全球依旧占据优势地位。但在过去的十年间，全球锑资源格局已经发生了比较明显的变化，随着国内锑资源不断消耗，中国不少在产矿山面临着资源保障年限缩短、矿石品位不断下降等问题。在过去十年间，中国锑资源储量全球占比从 1/2 左右下降到 1/3 左右，资源消耗速度显著高于全球平均水平。

表 1　2022 年和 2023 年全球锑资源储量情况

国家和地区	储量（金属量）/万吨		占比/%	同比/%
	2022 年	2023 年		
中国	35.0	64.0	32.0	82.9
俄罗斯	35.0	35.0	17.5	0.0
玻利维亚	31.0	31.0	15.5	0.0
吉尔吉斯斯坦	26.0	26.0	13.0	0.0
澳大利亚	12.0	14.0	7.0	16.7

续表1

国家和地区	储量（金属量）/万吨		占比/%	同比/%
	2022 年	2023 年		
缅甸	14.0	14.0	7.0	0.0
土耳其	10.0	9.9	5.0	-1.0
加拿大	7.8	7.8	3.9	0.0
美国	6.0	6.0	3.0	0.0
塔吉克斯坦	5.0	5.0	2.5	0.0
巴基斯坦	2.6	2.6	1.3	0.0
墨西哥	1.8	1.8	0.9	0.0
全球	180.0	200.0	100.0	11.1

数据来源：USGS。

全球锑资源的开发是围绕资源进行的，因此锑矿采选业同样相对集中。目前在产的锑矿山主要分布在中国、塔吉克斯坦、俄罗斯、澳大利亚、缅甸、玻利维亚、南非等国家和地区，其中中国、塔吉克斯坦、俄罗斯是全球主要锑矿产出国，上述三国锑矿产量占全球总产量的 70% 以上；澳大利亚、缅甸、土耳其、墨西哥是近年相对突出的锑资源产出国，但产量明显低于中国、俄罗斯、塔吉克斯坦三国；除上述国家外，老挝、巴基斯坦、危地马拉、哈萨克斯坦、泰国也有少量锑矿产出，但产量较低，不足以对当前锑矿供求格局产生明显影响；而南非、玻利维亚等传统锑资源产出国经历了多年开采，资源禀赋已经大不如前，虽然依然为全球贡献着资源产出，但总体产量已经无法和历史产量的高峰相提并论，甚至已经逐渐退出主要锑矿供应国的第一梯队。

从产量上看，全球锑矿供应的高峰出现在 2015 年前后。2018 年后，由于中国锑矿产量的大幅度下降，导致全球锑矿供应加速收缩，特别是在 2020 年后，包括中国在内的全球锑矿进一步下降，全球锑资源供应进入短缺局面。据北京安泰科信息股份有限公司（以下简称"安泰科"）统计数据，2023 年全球锑矿产量约 8.2 万吨，相比过去两年变化不大（见表 2）。但通过对全球主要矿山当年产量判断，2023 年全球锑矿实际产量要高于 2022 年的。

表 2　2021—2023 年全球锑矿产量（金属量）　　　　　（吨）

国家和地区	2021 年	2022 年	2023 年
中国	42622	45600	45600
塔吉克斯坦	16777	18000	16478

续表2

国家和地区	2021 年	2022 年	2023 年
俄罗斯	16800	9000	8250
玻利维亚	3084	3404	3712
缅甸	3455	3363	1861
澳大利亚	3380	2292	1860
土耳其	1541	1200	1100
伊朗	1000	1000	1000
墨西哥	300	692	731
老挝	35	271	488
吉尔吉斯斯坦	0	77	120
危地马拉	108	108	120
洪都拉斯	80	174	120
巴基斯坦	66	142	115
泰国	175	29	110
哈萨克斯坦	102	100	102
加拿大	24	12	12
全球合计	88444	84290	81779

数据来源：中国有色金属工业协会，安泰科。

（二）贸易与消费

全球锑品贸易量格局相对稳定。其中锑资源主要出口国包括俄罗斯、塔吉克斯坦、玻利维亚、澳大利亚等国。锑产品主要进口国包括美国、欧盟、印度、日本、韩国等国家和地区。中国是全球最大的锑资源国，也是全球最大的锑资源进口国和锑品生产国、出口国、消费国，是全球锑产业和贸易的中心。进口锑产品主要以锑精矿为主，出口以阻燃级、催化剂级、无尘环保等多系列氧化锑和未锻轧锑为主。

随着世界经济和现代科技的高速发展，锑的应用领域越来越广泛，涉及多行业多领域。从全球消费结构来看，锑的主要消费领域包括阻燃材料、合金、聚酯、陶瓷、玻璃产品等，其中阻燃行业依然是当前锑最主要的消费领域，约占全球锑总消费量的50%以上。多规格的三氧化二锑、高效乙二醇锑、阻燃母粒等为代表的锑深加工产品消费量正在逐步提高，光伏玻璃对焦锑酸钠和氧化锑的需求已经成为拉动锑消费的最强劲动力，相关报告预测，2023年全球光伏新增装机量为400吉瓦，以此计算对在此领域中的锑消费（金属量）将超过

2.5 万吨，这也成为支撑锑价格的最重要因素。而从主要的消费地区来看，中国、美国是全球最主要的锑消费国，此外欧洲、日本、韩国等发达国家和地区对锑需求也相对较大，但消费增速正在放缓；印度、越南工业化正在加速，而随着某些相关产业的转移，南亚、东南亚成为了全球锑消费增速较快的地区。

二、2023 年中国锑工业发展现状

（一）经济运行情况

2023 年锑价保持高位运行，矿山企业利润显著高于 2020 年之前水平。中国有色金属工业协会数据显示，2023 年我国规模以上锑采选、冶炼企业利润分别同比增长 58.31% 和 6.99%。

（二）产业结构

基于最初优越的资源禀赋，即发现资源量遥遥领先其他国家，处于世界首位，中国建立了产业链完整、规模巨大的锑产业体系，锑品产量长期占世界需求量的 80% 以上。依托对湖南、广西、云南、贵州等主要地区锑资源规模化开发利用，资源属地的产业空间布局已经基本形成，产业集中度相对较高。这四个省区集中了锡矿山闪星锑业有限责任公司、湖南辰州矿业有限责任公司、云南木利锑业公司、贵州东峰矿业股份有限公司、桃江久通锑业有限责任公司、广西华锡集团股份有限公司等国内骨干锑生产企业，均是采、选、冶一体化企业，锑品合计产量占全国总量的 80% 以上。

党的十八大以来，我国锑工业也已进入由规模快速扩张阶段转向高质量发展阶段的历史关键期，正经历着由大到强的历史跨越。锑冶炼技术得到快速发展，装备不断大型化，操作机械化、自动化，并逐步实现自动控制，锑冶炼工艺技术、装备水平居世界先进行列，引领着世界锑冶炼工艺的发展。锑深加工产品已形成系列产品，并正在向差异化、个性化、环保型产品方向发展，已形成完整的锑系列产品，能满足不同用途、不同客户及特殊需要。包括高纯氧化锑在内的多系列多规格三氧化二锑、乙二醇锑、锑酸钠及阻燃母粒等深加工产品的占比逐步提高，锑产品结构向深加工方向进一步延伸。

此外，作为世界锑工业发展的主力军，中国锑工业全面树立高质量发展的理念，坚定走绿色发展之路，先后完成《绿色设计产品评价技术规范　锑锭》《绿色设计产品评价技术规范　三氧化二锑》和《绿色设计产品评价技术规范　乙二醇锑》等标准的编制工作，着力构建科技含量高、资源和能源消耗低、生态环境好的产业结构和生产方式，追求生态系统与经济系统的良性循环，以实现经济效益、生态效益、社会效益的有机统一。

（三）市场价格

2022 年 12 月随着市场中低价产品的消耗和新年前采购周期的临近，锑价格在短时间内快速冲高，价格上涨持续到 2023 年 2 月，锑价在原料供应偏紧和消费预期增强的双重刺激下加速上涨，锑锭价格一度达到 86000 元/吨的高点；2 月市场逐渐进入僵持阶段，价格企稳；在经历近一个月的徘徊，锑价在 3 月中旬开始回落；4 月国际锑价企稳震荡，国内多家厂商挺价情绪强烈，对锑价形成一定支撑，国内锑价随之止跌并有所反弹；5 月国内矿山、冶炼厂看涨信心较强，支撑锑价在高位平稳运行，但由于我国汇率从月初 1 美元兑换 6.9105 元人民币降至月末 1 美元兑换 7.1099 元人民币，再破 7 元大关，国内出口厂商调低锑品出口报价，以适应汇率变化，致使我国锑市场价格走势有所分化；6 月，锑下游市场成交量偏低，上游冶炼企业对于价格有所让步，致使锑价重心下移；随着上游厂商的挺价信心不断减弱，各大厂商纷纷低价抛售锑品，致使锑价在 7 月上半月加速下跌，于 7 月下半月企稳；8—9 月，受国内几家大型上游企业停工停产叠加海外进口原料受阻的影响，锑原料供给相对偏紧，上游厂商抬高锑价，下游厂商看涨心态随之提高，内销情况有所改善，锑价加速上涨，达到 80500 元/吨的高位；10—11 月，国内外锑价有所分化，国内锑市场受供给偏紧且上游厂商挺价情绪较强的影响，支撑锑价在高位运行，海外市场由于需求不足加之多以低价锑品成交为主，价格持续下调，国内外价差持续扩大；12 月，传统采购周期到来，国内上游厂商惜售情绪上升，看涨信心增强，下游对于锑品价格接受度也有所提高，这助推了锑价重心再一次上移（见图 1）。

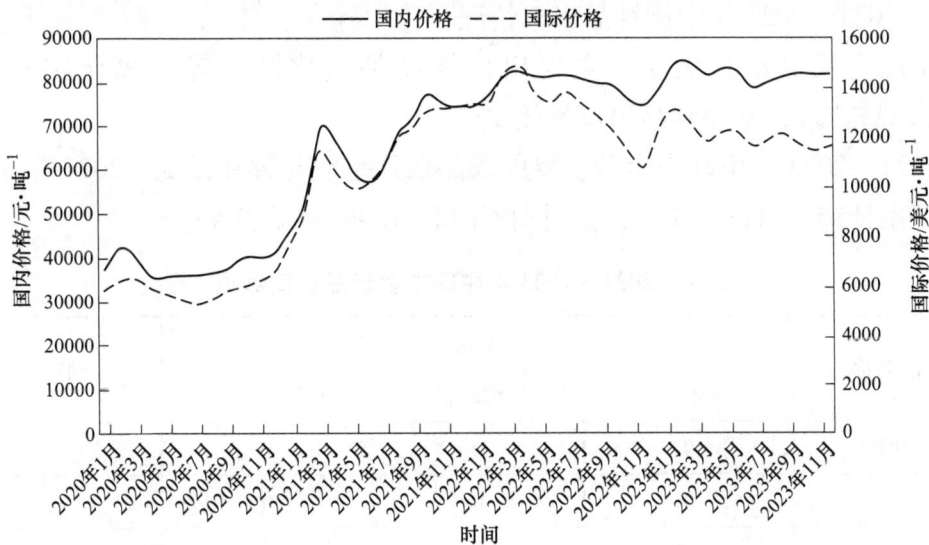

图 1　2020 年 1 月—2023 年 12 月国内外 2 号锑锭月均价

（四）贸易情况

1. 2021—2023 年中国锑品进口情况

中国是锑资源进口大国，其他锑品进口数量很少，目前在所有进口锑产品中，锑精矿为最主要的进口产品。

2021—2023 年中国进口全部锑产品以锑精矿为主。2023 年 1—12 月中国累计进口锑品 3.65 万吨，同比上升 21.5%（见表 3）。

表 3 　2021—2023 年中国主要锑品进口数据

产品名称	进口量（实物量）/千克			同比/%
	2021 年	2022 年	2023 年	
硫化锑	118850	95750	35683	−62.7
其他锑及锑制品	5299	22358	6938	−69.0
其他锑矿砂及其精矿	33878172	29093207	34967282	20.2
生锑	26170	105	237789	226365.7
锑的氧化物	566316	311006	161162	−48.2
锑粉末	4	31	212840	686480.6
未锻轧锑	764319	535506	890201	66.2
合计	35359130	30057963	36511895	21.5

数据来源：海关总署。

2. 2021—2023 年中国锑品出口情况

中国是锑品出口大国，主要出口锑品是氧化锑（锑的氧化物）和锑锭（未锻轧锑），其他锑品出口量较少。

2021—2023 年中国出口最主要的锑品依然是氧化锑和锑锭。2023 年 1—12 月中国累计锑品出口 4.71 万吨，同比下降 11.9%（见表 4）。

表 4 　2021—2023 年中国主要锑品出口数据

产品名称	进口量（实物量）/千克			同比/%
	2021 年	2022 年	2023 年	
硫化锑	0	0	0	—
其他锑及锑制品	0	0	0	—
其他锑矿砂及其精矿	547969	1933972	5967328	208.6
生锑	0	0	0	

产品名称	进口量（实物量）/千克			同比/%
	2021 年	2022 年	2023 年	
锑的氧化物	47876487	40277079	35794626	−11.1
锑粉末	196431	203928	60000	−70.6
未锻轧锑	11283592	10979253	5240126	−52.3
合计	59904479	53394232	47062080	−11.9

数据来源：海关总署。

三、2022 年中国锑工业经济运行状况分析

（一）政策环境分析

1. 工信部等七部门印发《有色金属行业稳增长工作方案》

2023 年 8 月，工信部、国家发改委、财政部、自然资源部、商务部、海关总署、国家粮食和储备局等七部门联合印发《有色金属行业稳增长工作方案》，提出 2023—2024 年，有色金属行业稳增长的主要目标是：铜、铝等主要产品产量保持平稳增长，十种有色金属产量年均增长 5%左右，铜、锂等国内资源开发取得积极进展，有色金属深加工产品供给质量进一步提升，供需基本实现动态平衡。营业收入保持增长，固定资产投资持续增长，贸易结构持续优化，绿色化智能化改造升级加快，铜、铅等冶炼品单位能耗年均下降 2%以上。力争 2023 年有色金属工业增加值同比增长 5.5%左右，2024 年增长 5.5%以上。

2. 国家发改委等五部委发布《工业重点领域能效标杆水平和基准水平（2023 年版）》扩大工业重点领域节能降碳改造升级范围

2023 年 7 月，国家发改委、工信部、生态环境部、市场监督管理总局、国家能源局等五部门发布《关于工业重点领域能效标杆水平和基准水平（2023 年版）的通知》。《通知》指出，对此前明确的 25 个领域，原则上应在 2025 年底前完成技术改造或淘汰退出；对本次增加的 11 个领域，原则上应在 2026 年底前完成技术改造或淘汰退出。

（二）经营形式分析

1. 供应情况分析

中国锑精矿产量的高峰时期是 2012—2014 年，从 2014 年开始，国内锑精矿产量基本上呈现波动下降的趋势，2017 年降至 10 万吨以下，2019—2020 年

锑精矿产量萎缩的势头加剧，2021年受到环保因素的影响，国内锑精矿产量降至历史最低的4.4万吨；2022年国内锑精矿产量呈现恢复性增长，从数据上看2023年全国锑精矿产量只有3.6万吨，但通过对主要矿山企业产量的统计情况看，2023年锑矿实际产量是高于2022年的，国内全年锑矿产量应在5万吨以上。

表5 2021—2023年中国锑矿产量（金属量）　　　　　　（吨）

地区	2021年	2022年	2023年
湖南	28902	25209	18296
广西	9445	7703	8152
云南	2100	3547	3638
甘肃			3240
西藏	3055	2288	2127
新疆	132	521	364
全国	43634	39268	35816

数据来源：中国有色金属工业协会，安泰科。

2023年，中国有色金属工业协会锑业分会会员单位锑品产量20.6万吨，同比增长6.5%，其中锑锭6.6万吨，同比减少3.8%；氧化锑9.6万吨，同比增长1.1%；乙二醇锑1.3万吨，同比增长8.3%；锑酸钠2.2万吨，同比增长81.9%；其他锑品0.9万吨，同比增长51.5%（见表6）。

表6 2021—2023年中国有色金属工业协会锑业分会主要锑品产量

品种	产量/吨			同比/%
	2021年	2022年	2023年	
锑锭	65661	68769	66179	-3.8
氧化锑	104626	95202	96287	1.1
乙二醇锑	15065	11879	12863	8.3
锑酸钠	8213	12356	22474	81.9
其他锑品	8054	5659	8576	51.5
合计	201619	193865	206379	6.5

从主要锑品的产量情况看，2023年国内锑冶炼产量有所下降，造成这种情况的主要原因是一季度原料短缺致使部分冶炼企业长时间停产拉低了全年锑锭产量；而其他锑品产量均有一定增长，其中锑酸钠产量依然保持强劲，这得

益于光伏玻璃行业的持续快速发展。

另外，部分锑供应来自铅锌企业的副产品，随着包括中国在内的全球原生铅产量进入徘徊期，来自铅锌冶炼企业的副产锑产量也趋于稳定。安泰科数据显示，过去五年中，我国原生铅产量已经进入高位波动阶段，2023 年中国原生铅产量预计 290 万吨（见表 7），其中副产锑为 2.3 万~2.6 万吨，这些副产锑多以氧化锑形式出售。

表 7　2021—2023 年中国精铅产量　　　　　　　　（万吨）

时间		2021 年	2022 年	2023 年
中国精铅产量		544.8	547.1	567.0
其中	原生	275.1	280.2	289.8
	再生	269.7	266.9	277.2

数据来源：安泰科。

结合国内主要锑企业和铅锌企业的产量看，预计 2023 年我国锑总供应量约 11 万吨。

2. 消费情况分析

中国是全球最大的锑消费国，占全球锑消费近 50%。与全球消费结构类似，中国的主要锑消费同样集中在阻燃材料、合金制造、聚酯催化、玻璃制造等主要消费领域中，其中阻燃领域是最大的消费领域，占总消费量的 50% 以上，而全球聚酯和光伏玻璃行业主要集中在中国，因此在这两大消费领域中的占比高于全球水平。从消费地域结构来看，中国锑品的消费地区主要集中在广东、江苏、浙江、山东等经济发达或下游关联产业相对集中的地区。

从下游主要的相关消费领域数据上看，2023 年除塑料制品产量有所下降外，其他下游相关消费领域均出现比较明显的增长，其中光伏行业的拉动依然保持强劲，汽车、家电等行业表现也比较亮眼。但锑价维持较高水平对于传统行业的负面影响是存在的，一些改性塑料企业和聚酯企业可能采用成本更低的产品作为替代进而进一步降低卤系阻燃材料和锑系催化剂的市场份额。随着环保法规要求和人类健康环保意识的逐步提高，高效环保、低毒、多功能的阻燃剂必将成为未来的行业发展趋势。阻燃市场将形成以无机阻燃剂和磷系阻燃剂为主、卤系阻燃剂为辅的市场格局，对于锑来说并不是好消息。另外，受国家政策的驱动，光伏玻璃产业实现迅猛发展，全国各省份积极布局光伏产业，光伏玻璃布局未来将多点开花，有效产能稳步增长。作为光伏玻璃澄清剂的锑在该领域中的需求将继续保持较高速增长。

3. 供求平衡

2020年开始国内锑矿山产量急速下降，叠加进口资源逐年大幅度下降，锑供应短缺局面加剧，由于国内主要锑冶炼产区阶段性停产时间较长造成短缺加剧，供应极度短缺的局面持续到2022年，随着国内锑冶炼企业产量逐渐恢复，锑供应得到一定补充，但是进口锑矿进一步下降导致总体供应量依然不及预期。

2023年中国锑矿产量继续缓慢回升，进口锑资源也开始扭转持续5年的连续收缩并开始回升。虽然锑价格持续高位可能对一部分锑传统消费产生负面影响，但部分新兴行业对锑的消费将使锑总体消费保持增长，锑长期供应过剩的局面已经很难出现。

四、当前中国锑工业发展中需要关注的问题

（一）资源消耗速度过快，资源优势加速弱化

受长期超强度开采影响，国内锑资源保障程度持续下降，中国锑资源总体面临严峻挑战，一大批老矿山可采储量急剧下降，一些资源基地出现资源枯竭，主产区骨干企业的资源保障年限偏低。另外，近年来全球锑品供应呈现出的多元化态势，引发对锑资源的争夺战，由于税赋的不平衡，中国在锑矿资源贸易中处于劣势。同时，走私活动猖獗，大量走私锑锭成为国外氧化锑厂商的廉价原料，其产品价格优势明显，成为中国氧化锑企业强有力的竞争对手。尤其是国外冶炼产能本土化及国内外税收政策的严重不平衡，对中国锑品参与国际市场竞争造成很大影响。

（二）资源对外依赖度增加，全球资源竞争日趋激烈

近年来，中国以外国家对锑资源开发与利用日趋重视，阿曼、塔吉克斯坦、缅甸、越南、泰国、印度、土耳其等国陆续有新的锑冶炼项目在建设，部分项目已投产，国外锑供应呈增加态势。加之中美贸易摩擦升级，围绕资源、市场、技术、标准、贸易规则等方面的竞争日趋激烈，使得中国锑工业发展的外部环境更趋复杂。

（三）锑冶炼新技术新工艺研究面临压力

虽然以鼓风炉挥发熔炼为代表的火法炼锑工艺对中国锑工业作出了不可磨灭的贡献，但落后的鼓风炉熔炼技术没有取得实质进步，能耗高、低空污染、废气治理产生二次固废等问题依然存在。近年来国内骨干企业在砷碱渣无害化治理取得了较大进展，但是进一步资源化仍有做工作的空间。

五、中国锑工业下一步的发展重点

（一）正视传统优势资源急速削弱的突出问题，加强资源勘探，从严约束国内资源开采

加强锑矿资源勘探和详查，努力增加资源总量对主产区锑资源进行整合并下达开采总指标，实现资源集中和节约开采，改变湖南等主产区锑资源分散开发的乱象，对主产区加强伴生锑资源的调研和评估，鼓励矿山和冶炼厂提高资源综合利用率。

（二）深入践行"一带一路"倡议，加速锑产业全球化布局

坚持扩大对外开放，充分利用我国锑产业相对完备的有利地位，充分践行"一带一路"倡议的历史契机，发挥好政治外交优势与地缘优势，加大在锑资源国的投资与产业布局。充分利用我国产业规模优势，实施进口锑金精矿加工贸易优惠政策，加大利用境外锑金资源的力度，降低国内资源消耗速度，维护我国锑产业链优势地位。

（三）扶持重点企业突破冶炼技术，提升绿色发展水平

锑行业从资源开发开始到加工均高度分散，冶炼厂普遍原料保障程度低，企业实力弱，历史包袱重，冶炼技术开发难度大且推广潜力受限，锑冶炼技术迄今难以实现跨越性进步。在原料供应日益紧缺的情况下，面对国外冶炼厂的发展，中国锑冶炼优势将遇到挑战。鉴于锑产业的特殊性，要从国家层面重视和支持锑产业的科技创新，重点支持优势企业科技创新，不仅包括冶炼技术，还要包括环保技术、高端应用技术等，一旦骨干企业技术获得突破，行业规范政策及时调整，淘汰落后，推动行业提高集中度。

撰稿人：孙　旭
审稿人：赵振军

2023 年钛工业发展报告

一、2023 年世界钛工业概述

2023 年全球钛工业整体保持小幅增长势头。钛矿领域中，国外部分主要矿山产量出现不同程度下降，中国钛矿产量有所增加；海绵钛领域中，日本、中国、沙特增幅明显。钛材方面，受航空等领域需求复苏影响，全球钛材产量继续保持增长态势。全球钛白粉产量维持微量增长态势，其增量同样来源于中国。

（一）钛矿

据初步统计，2023 年全球钛矿产量（以 TiO_2 含量计）约为 875 万吨，同比增加 0.9%；金红石产量（以 TiO_2 含量计）约为 55.8 万吨，同比减少 4.9%（见表 1）。

表 1 2023 年全球钛矿和金红石产量（以 TiO_2 含量计）　　（万吨）

国家	钛矿	金红石
中国	325	—
美国	20	—
澳大利亚	40	20
巴西	5.4	—
加拿大	50	—
印度	21	1.3
肯尼亚	14	5.8
马达加斯加	32	—
莫桑比克	160	0.9
挪威	43	—
塞内加尔	34	0.8
塞拉利昂	—	11

续表 1

国家	钛矿	金红石
南非	100	10
坦桑尼亚	—	—
乌克兰	6	5
越南	14	—
其他	11	1
合计	875	55.8

数据来源：中国有色金属工业协会钛锆铪分会（以下简称"钛锆铪分会"），美国地质调查局，全球相关公司公告。

从 2023 年各公司产量上来看，除香港长城矿业等少数公司之外，大部分矿山产量均出现不同程度的下降。因此，2023 年国外钛矿总产量出现轻微的回落（见表 2）。

表 2　2023 年国外主要钛矿生产商产量（以 TiO_2 含量计）　　（万吨）

公司名称	钛矿	金红石
力拓集团	107.6	3.5
Kenmare	51.3	0.8
Iluka	46.0	5.3
TTI	38.5	0.7
香港长城矿业	49.5	—
Base Resource	9.8	4.4
印度稀土公司	10.0	1.1

数据来源：钛锆铪分会，全球相关公司公告。

（二）海绵钛

2023 年美国从日本采购海绵钛大增，使得日本海绵钛供不应求，其产量从 2022 年的 4.7 万吨增长至 6 万吨，相关企业开始进行产能扩建。

据初步统计数据，2023 年全球海绵钛产量约为 32.4 万吨，同比增长 20.8%。其中，日本、中国、沙特海绵钛产量增长明显，分别增长 27.7%、24.2%、23.7%；乌克兰产量归零，其他国家产量基本维持不变（见表 3）。

表3 2023年全球各国海绵钛产量

国家	2023年产量/万吨	国家	2023年产量/万吨
中国	21.8	沙特	1.2
日本	6	乌克兰	0
俄罗斯	2	印度	0.03
哈萨克斯坦	1.4	合计	32.4

数据来源：钛锆铪分会，美国地质调查局。

（三）钛材

据初步统计推测，2023年全球钛材产量或为22万~23万吨。其中，美国钛材产量增幅预计在20%左右，主要原因可能为美国国内对钛材需求的复苏，以及在国际市场上占有率的增加。美国2023年海绵钛进口量达4.2万吨，较2022年的3.1万吨大幅增加35%；相关棒、丝、型材的净出口量可能在1.2万~1.4万吨，增幅在20%以上。

二、2023年中国钛工业发展现状

2023年，我国各类钛产品产量继续保持增长态势。其中，海绵钛、钛白粉产量增量相对明显，其他产品产量则呈现3%~5%的小幅增长。海绵钛产量增速与下游钛材产量增速有所失衡，导致海绵钛价格出现较为明显的下降，受此影响，钛材价格也出现同样幅度的回落；其他产品基本呈现年末与年初价格大体平稳的态势，但全年均价较2022年则出现不同程度的回落。部分军工产品因采购需求调整而出现需求回落的现象。钛材在3C领域的爆发增长，使得全年钛材产量、消费量维持小幅增长的态势；而在其他传统领域中，钛材的用量出现约4000吨的轻微回落。

（一）经济运行情况概述

1. 钛矿

据钛锆铪分会初步统计，2023年中国共生产钛矿（以 TiO_2 含量计）324.7万吨，同比增加3.3%（见图1）。进口各类钛矿及中矿（以 TiO_2 含量计）193.9万吨，同比增加24.8%。国产钛矿与进口钛矿（以 TiO_2 含量计）合计518.6万吨，同比增加10.4%。

2. 钛白粉

据初步统计，2023年我国共生产钛白粉约416万吨，同比增加7.8%（见

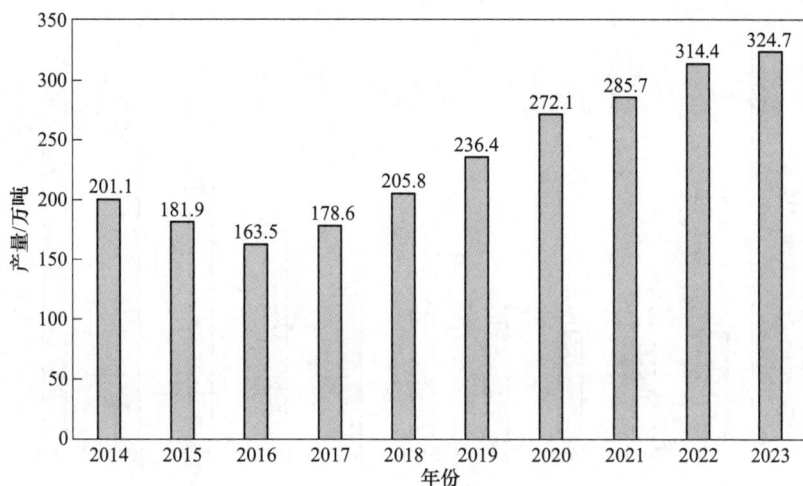

图 1   2014—2023 年中国钛矿产量走势图

数据来源：钛锆铪分会

图 2）。进口量约为 8.5 万吨，同比减少 31.4%；出口量约为 164.1 万吨，同比增长 16.8%。

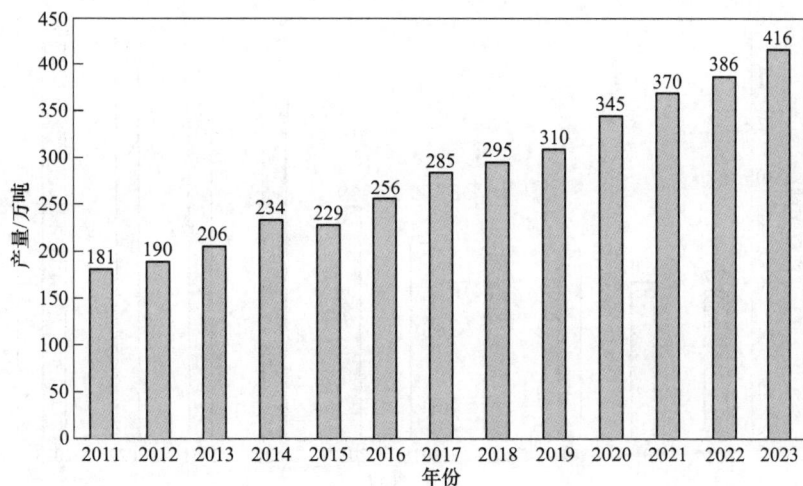

图 2   2011—2023 年中国钛白粉产量走势图

数据来源：钛锆铪分会

3. 海绵钛

2023 年，我国 9 家企业共生产海绵钛 21.8 万吨，同比增长 24.2%（见图 3）。

4. 钛锭

根据对 28 家企业的统计，2023 年我国共生产钛锭 15.1 万吨，同比增加

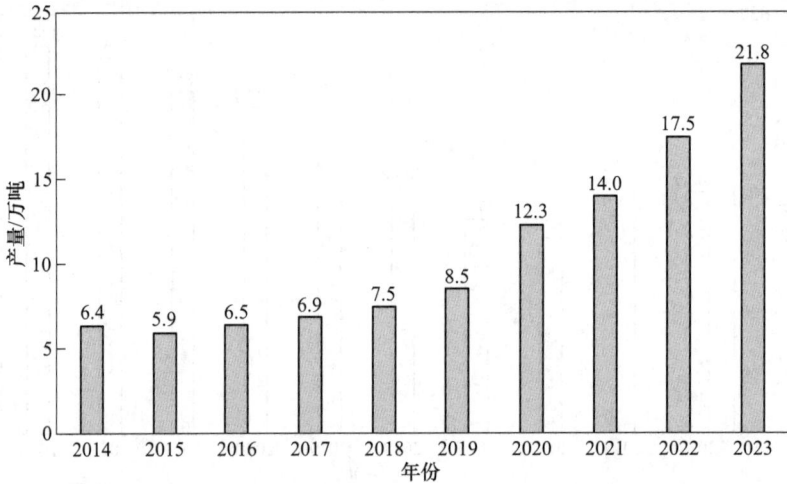

图 3　2014—2023 年中国海绵钛产量走势图

数据来源：钛锆铪分会

4.1%（见图 4）。由于近期国内新增熔炼炉较多，我们推测有 2 万~3 万吨钛锭的产量未被涵盖在内。

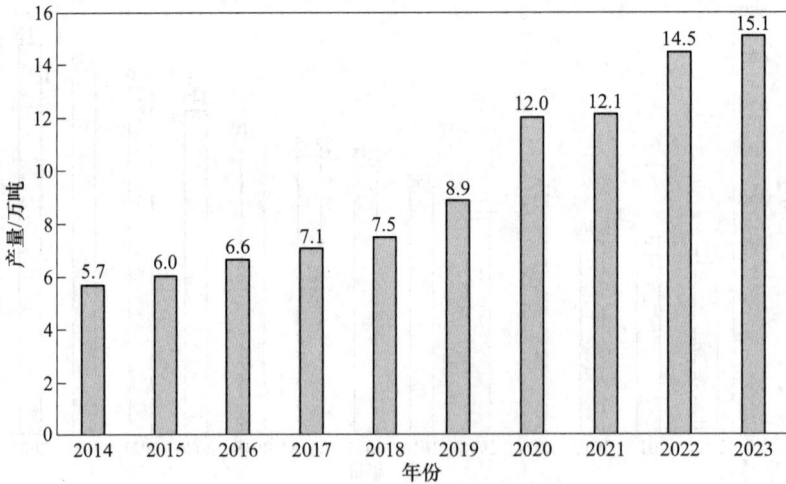

图 4　2014—2023 年中国钛锭产量走势图

数据来源：钛锆铪分会

5. 钛加工材

根据对我国国内 32 家主要钛材生产企业的统计，2023 年我国共生产钛加工材 15.9 万吨，同比增长 5.3%（见表 4）。其中，中间材约为 3.2 万吨，成品材约为 12.8 万吨（见图 5）。

表 4　2023 年我国各类钛材产量统计　　　　（万吨）

年份	钛板	冷轧卷带	热轧卷带	钛棒	无缝管	焊管	锻件	丝线	铸件	箔带	其他	钛材合计
2023 年	3.7	1.9	2.5	3.7	0.9	0.7	0.8	0.9	0.1	0.06	0.7	15.9
2022 年	5.8	1.0	1.7	3.3	1.2	0.6	0.8	0.2	0.1	0.3	0.1	15.1

数据来源：钛锆铪分会。

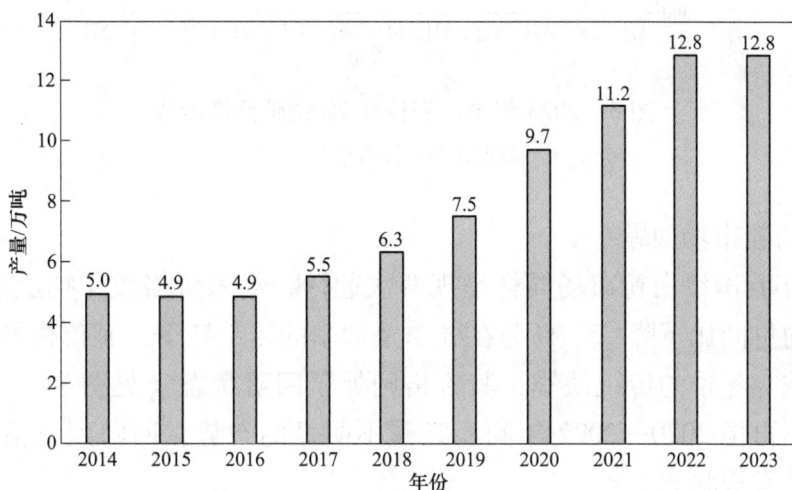

图 5　2014—2023 年中国钛成品材产量走势图

数据来源：钛锆铪分会

（二）产业结构

我国钛矿采选主要集中在四川省攀枝花—西昌地区，2023 年该地区钛矿产量占到我国钛矿总产量的 89% 以上。钛白粉生产主要集中在河南、四川、山东、安徽、广西等地，2023 年，上述五个省区钛白粉产量占到全国钛白粉总产量的 66% 以上。海绵钛生产主要集中在辽宁、云南、新疆，上述三个省区海绵钛产量占到全国海绵钛总产量的 64.5%。钛材生产主要在陕西、江浙地区、珠三角地区，其中，陕西省的钛材产量占到全国钛材总产量的 47.8%。

（三）市场价格

1. 钛矿市场回顾

2023 年，我国钛矿市场上半年与下半年各经历一次涨落，全年均价同比下降 3.7%。其中，20 钛矿价格整体涨落幅度均不大（见图 6），而中小矿商的 10 钛矿价格起落相对较大。10 钛矿全年最高价在 2500 元/吨左右，最低价在 2000 元/吨左右，中小矿商抵抗市场短期波动的能力相对较弱。

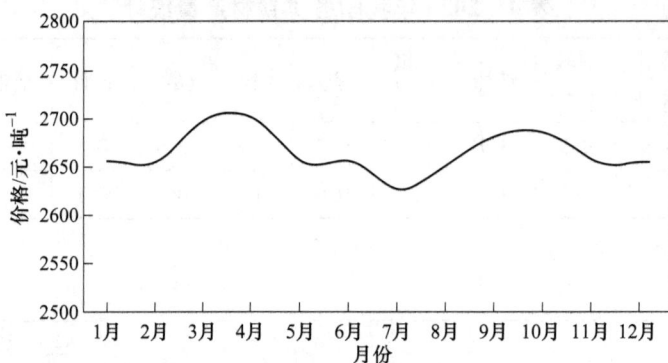

图6　2023年国产攀枝花20钛矿价格走势

数据来源：钛锆铪分会

2. 钛白粉市场回顾

2023年我国钛白粉市场同样呈现两次起落，年末价格较年初上涨750元/吨，全年均价同比下降13.7%。在春季及秋季的传统旺季，其价格处于上行态势；在夏季与冬季的传统淡季，其价格则处于回落状态（见图7）。2023年钛白粉市场不再像2020—2022年间淡旺季不明显的态势，回归到疫情前淡旺季较为明显的常规状态。

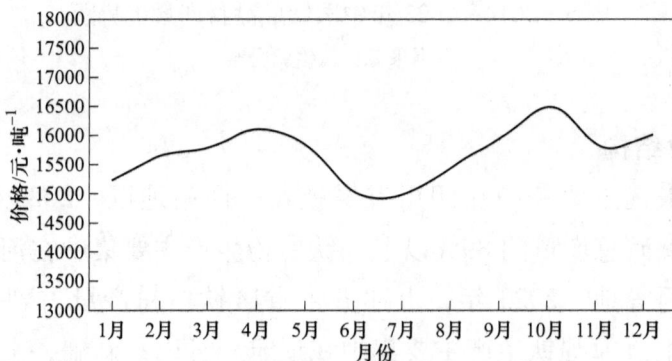

图7　2023年金红石型硫酸法钛白粉价格走势

数据来源：钛锆铪分会

3. 海绵钛市场回顾

2023年，由于国内海绵钛新增产能较多，而下游消费端增速相对较低，导致海绵钛价格出现明显的下降态势，年末价格较年初下降约3万元/吨，全年均价同比下降23.2%（见图8）。在6—7月间经历了一次深度调整后，下半年1级海绵钛价格逐步稳定在5万~5.2万元/吨。从下半年的市场态势来看，海绵钛企业多处于微利状态，在未来的市场竞争中将会面临较大的挑战。从长期看，海绵钛价格降低将带来钛材价格的降低，有助于钛的推广应用，有利于海绵钛、钛材用量的增长。

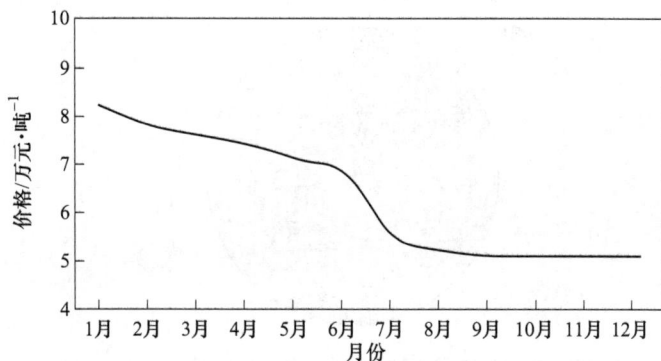

图 8　2023 年国产 0 级海绵钛价格走势

数据来源：钛锆铪分会

4. 钛材市场回顾

受海绵钛价格回落影响，2023 年我国钛材价格也呈现回落态势，降幅与降价时间点基本与海绵钛价格变动时间同步，全年均价同比下降约 7%（见图 9）。受国内军工产品需求出现阶段性暂缓，上半年钛在军工领域的需求也出现回落，下半年其需求逐步改善。部分以化工等传统领域为主要经营方向的企业则出现了新增订单下降，销售压力增大的情况，这是钛材价格回落的另一个原因。

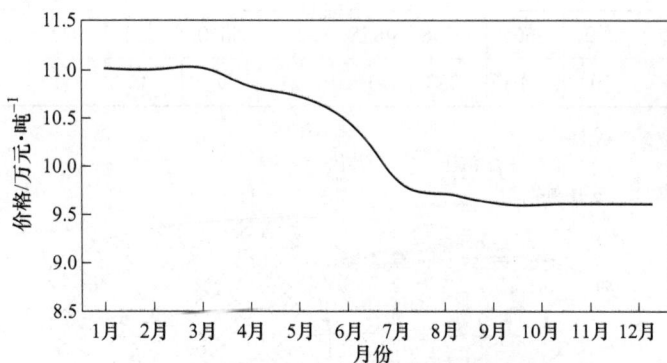

图 9　2023 年 TA2/3~5 毫米钛板价格走势

数据来源：钛锆铪分会

（四）市场消费

2023 年，我国钛矿消费量（以 TiO_2 含量计）约为 516.4 万吨，同比增长

7.1%。钛白粉行业是最主要的消费领域。随着产量的大幅增加，海绵钛对钛矿的消费量（以 TiO_2 含量计）第一次达到 50 万吨（见图 10）。

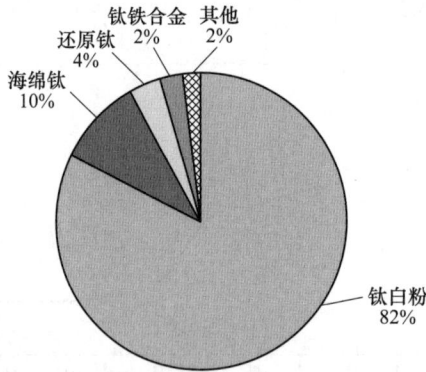

图 10　2023 年中国钛矿在不同领域中的应用比例

数据来源：钛锆铪分会

2023 年，我国钛材用量超过 14.8 万吨，同比增长 2.1%。其中，化工和航空航天依然是最主要的消费领域，占比分别为 49.8% 和 19.8%，其他应用领域占比均未超过 10%（见表 5 和图 11）。

表 5　2022—2023 年中国钛材在不同领域的应用情况统计

应用领域		化工	医药	航天航空	船舶	冶金	电力	制盐	体育休闲	海洋工程	其他	合计
2023 年	用量/吨	73868	3876	29377	3742	2616	7089	2180	813	2323	22555	148439
	占比/%	49.8	2.6	19.7	2.5	1.8	4.8	1.5	0.5	1.6	15.2	100
2022 年	用量/吨	72909	5665	32798	4855	2272	5360	1221	922	3457	15689	145404
	占比/%	50	4	23	3	2	4	1	1	2	11	100

数据来源：钛锆铪分会。

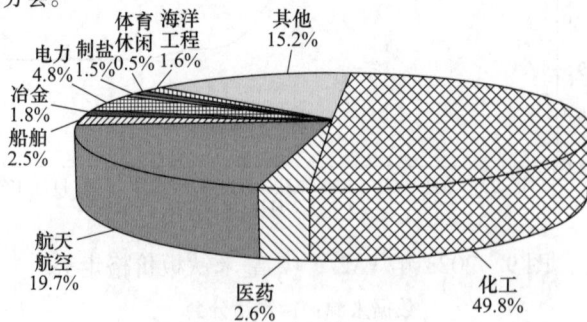

图 11　2023 年中国钛材在不同领域中的应用比例

数据来源：钛锆铪分会

从应用占比来看，航空航天与医药行业用量占比分别下降了 2.8% 与 1.3%；而新兴的 3C 领域占比超过 6%，是增长最快的领域；其他领域应用比重则基本持平。

从应用数量上来看，3C 领域用量呈现爆发增长，全年用量增长接近 1 万吨，在冶金、电力领域出现较好的增长；在海洋工程、医药、船舶、航空航天领域则出现较为明显的下降，用量分别下降了 32.8%、31.6%、22.9%、10.4%；其他行业用量基本与 2022 年持平。部分高端 3C 产品采用钛合金零部件，显著带动了钛在相关领域的应用，这种态势能够持续多久，能否成为钛产品长期稳定的应用领域，则需要加以关注；冶金、电力领域用量增长或主要来源于新能源、绿电产业的拉动；医药领域用量下降的主因可能是部分钛制医药产品被列入集采目录后，相关采购政策调整所引发的阶段性变化；海洋工程、船舶、航空航天领域用量的回落或与下游行业出现波动有关。

（五）进出口贸易

我国进口的钛产品主要有钛矿、各类钛材、钛白粉及海绵钛；出口的钛产品主要有钛白粉及各类钛材。各类钛产品进口总额为 23.8 亿美元，出口总额为 44.8 亿美元，整体顺差 21 亿美元。从进口产品类别上看，主要以钛矿原料为主，其次是国内供给不足的高端钛材及钛白粉（见表 6）。

表6　2023 年中国主要钛产品进出口统计

商品名称	进口		出口	
	进口数量/吨	进口金额/万美元	出口数量/吨	出口金额/万美元
钛矿砂及其精矿	4251904	147682	24427	3151
海绵钛	134	92	5838	5390
其他未锻轧钛	114	470	912	1358
钛粉末	255	397	492	756
钛白粉	84454	28511	1641751	359767
钛条、杆、型材及异型材	2464	12542	8555	22015
钛丝	361	3877	1230	2605
厚度不大于 0.8 毫米的钛板、片、带、箔	1890	4297	1146	2780
厚度大于 0.8 毫米的钛板、片、带	1134	6326	10489	22776

商品名称	进口		出口	
	进口数量/吨	进口金额/万美元	出口数量/万吨	出口金额/万美元
钛管	542	1691	3138	8748
其他锻轧钛及钛制品	819	32014	3387	18131
钛材合计	7210	60747	27946	77055

数据来源：海关总署。

2023年，我国钛矿主要进口来源国为莫桑比克、挪威、越南、肯尼亚、美国等（见图12）。前五大进口来源国占比为73.6%，集中度较高。

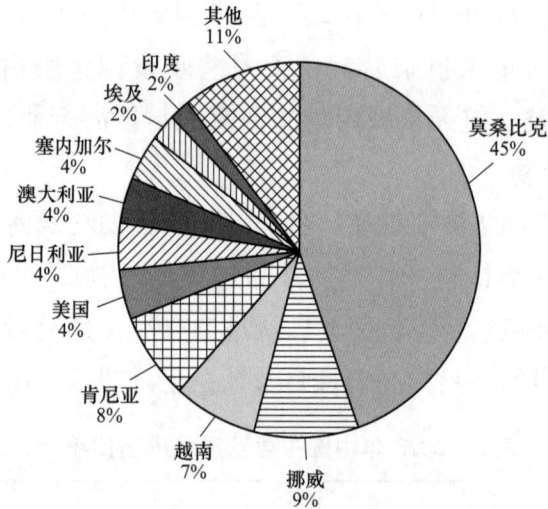

图12　2023年中国钛矿主要进口来源国
数据来源：海关总署

2023年，由于国内海绵钛产量大幅增长，以及国外海绵钛失去性价比优势，我国仅进口134吨海绵钛；出口量则快速增长到约5800吨，同比增长204%。出口量的大幅增长，减轻了国内海绵钛市场的压力，有助于减轻国内海绵钛企业的压力，有助于我国海绵钛产业的高质量发展。2023年我国海绵钛主要出口国见图13。

2023年，我国钛锻件进口量819吨，与2022年基本持平；进口金额为3.2亿美元，占到我国钛材进口金额的一半左右；主要进口来源国为日本、美国、俄罗斯（见图14）。

钛白粉是我国最主要的钛出口产品。2023年其出口量为164万吨，同比增长16.7%；出口额达35.98亿美元，占到所有钛产品出口总额的80.4%，是我

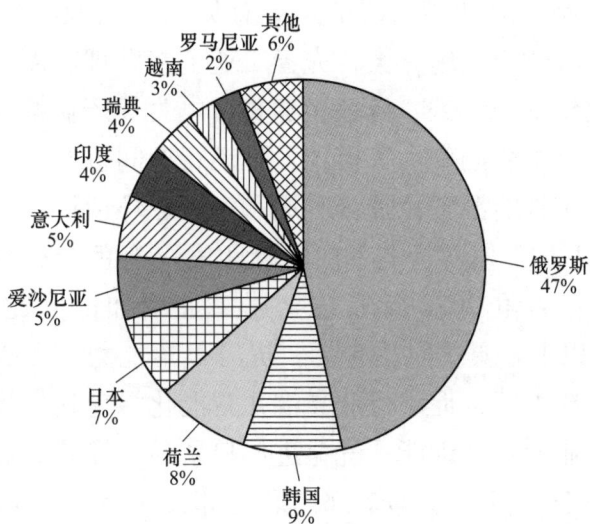

图 13　2023 年中国海绵钛主要出口国

数据来源：海关总署

国钛产品中全球竞争力最强的产品，销往全球 150 余个国家。2023 年我国钛白粉出口分布见图 15。

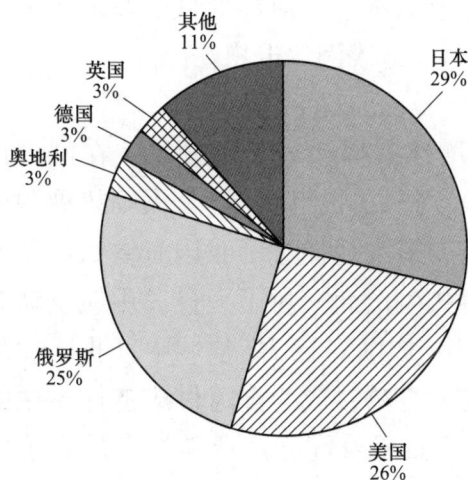

图 14　2023 年中国钛锻件主要进口来源国

数据来源：海关总署

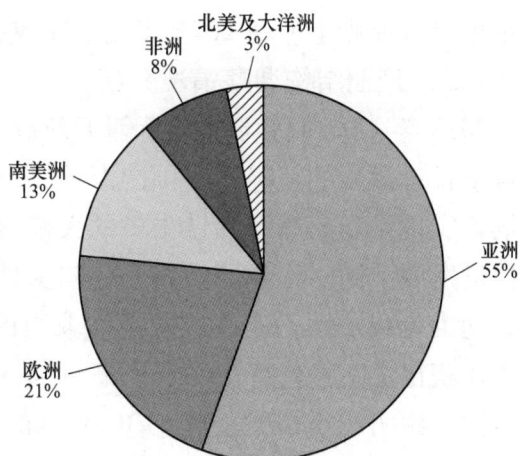

图 15　2023 年中国钛白粉出口分布

数据来源：海关总署

三、2023 年中国钛工业经济运行状况分析

（一）政策环境分析

2023 年 12 月 28 日，工信部等八部门联合发布了《工业和信息化部等八

部门关于加快传统制造业转型升级的指导意见》。《意见》中提到，要落实有色金属等重点行业碳达峰实施方案，完善工业节能管理制度，推进节能降碳技术改造。推进石化化工、钢铁、有色、建材、电力等产业耦合发展，推广钢化联产、炼化集成、资源协同利用等模式，推动行业间首尾相连、互为供需和生产装置互联互通，实现能源资源梯级利用和产业循环衔接。

2023年8月21日工信部等七部门联合印发《有色金属行业稳增长工作方案》。该方案提到：力争2023年有色金属工业增加值同比增长5.5%左右，2024年增长5.5%以上。具体举措包括：提升供给能力，保障上下游行业平稳增长；加大技术改造力度，促进行业高端化智能化绿色化发展；引导产品消费升级，培育壮大行业增长新动能；优化进出口贸易，提升行业开放合作水平。

2023年6月6日，发改委等多部门联合印发了《工业重点领域能效标杆水平和基准水平（2023年版）》，将钛白粉行业列入重点领域节能降碳改造升级范围。文件要求，各地方依据能效标杆水平和基准水平，分类实施改造升级。对拟建、在建项目，应对照能效标杆水平建设实施，推动能效水平应提尽提，力争全面达到标杆水平。对能效介于标杆水平和基准水平之间的存量项目，鼓励加强绿色低碳工艺技术装备应用，引导企业应改尽改、应提尽提，带动全行业加大节能降碳改造力度，提升整体能效水平。对能效低于基准水平的存量项目，原则上应在2026年底前完成技术改造或淘汰退出。

（二）产业结构调整情况分析

2023年，国内海绵钛产量创下新高且增速大幅超过下游领域。在国内市场竞争日趋激烈的情况下，国内海绵钛企业积极展开国际认证，大幅拓展国外市场，实现了高品级海绵钛出口的大幅增长，极大地促进了我国海绵钛产业的高质量发展。同年，我国钛材企业向国外客机生产商交付了大量民用航空钛制品，这也是我国钛工业在民航领域取得的又一成绩。在3C领域中，我国钛加工企业获得了新一代智能手机所需钛部件庞大订单，成为全球供应链体系中的参与者，说明我国相关企业在3C领域的加工技术及配套产业链在全球竞争中处于优势地位。国内企业在国产高钙镁钛矿的利用上取得了初步进展，可以利用攀枝花钛矿为原料生产出85%高钛渣并用于生产氯化法钛白粉，打破了我国攀西钛矿资源只能用于硫酸法钛白与熔盐氯化工艺的限制，为我国钛矿资源的多元化利用做出了有益的尝试。

2023年末，四川攀枝花红格南矿区进行了拍卖，预计未来3~5年该矿区将初步投产，这将有利于提前消解兰尖、朱家包矿区资源枯竭引起的供应量下降。四川省对几处小、散、乱及经营不善的矿权进行了整合并重新拍卖，促进了当地资源的有效开发利用。综合来看，我国钛资源自主可控性有所好转，但仍需提高。

产业结构方面，我国拥有全球最为完整的产业链结构，从原料开采到终端应用、从航空军工到工业民用，各类产品均可自主生产，整体技术水平与国际处于并跑状态没有代差，部分技术处于世界领先水平。以国内超大市场规模为支撑，近年来我国钛工业技术进步显著，实现了大型化工设备向高端市场的跃升，对发达国家出口量快速增长；率先实现日常生活用品的产业化，苹果、三星等新一代手机、智能手表等 3C 产品所用钛部件均由国内企业生产并销往全球。中国企业能够夺得苹果、三星相关钛产品订单，说明中国企业在生产技术、产品质量、快速响应能力、成规模定制生产能力、成本控制等方面做到了全球最好水平，而相关企业在与国外大牌企业合作的过程中，进一步学习了国际最先进的供应链控制体系、质量控制体系等相关经验，为我国钛工业进一步的提升积攒了宝贵经验。

生产模式方面，钛钢联合生产模式是国外较为先进的生产方式，已在国外形成一套成熟的运行模式。随着国内钢铁行业效益的下滑，目前已有多家钢铁加工企业准备涉足钛材加工领域。由于钢铁企业在装备上、规模上有着明显优势，预计经过几年的磨合后，钛钢联合生产模式在我国钛材行业中的占比会显著提高。

技术进步方面，2023 年，宝钛集团围绕氢燃料电池双极板用钛带的技术要求，成功研发出满足用户使用要求的超薄、超精、超平的高品质钛带材；成功生产出厚度 0.5 毫米、宽度 1030 毫米规格的 TC4 冷轧带卷，开创了国内宽幅 TC4 合金带卷冷成品生产的完整流程，实现了国内首创；高强韧钛合金管材在石油钻采领域实现应用，顺利通过超深井钻井试验。西部材料控股公司西安菲尔特金属过滤材料股份有限公司开发的高导电、高耐蚀、低流阻钛基扩散层，填补了国内 PEM 电解堆用钛纤维扩散层材料空白，产品电导率、均匀性、表面粗糙度均优于国外产品，技术已达到国际领先水平，为我国氢能产业的自主稳定发展提供关键材料支撑。宝武特冶钛金公司实现我国首次采用等温锻造工艺成功研制出航天用钛合金大型接头结构件。宝武特冶钛金利用等温锻造近净成型特点，成材率较原工艺提升了一倍以上，锻件组织性能达到标准要求，且不同部位均匀性大幅提升，对航天新技术突破升级发挥重要作用。宝鸡巨成钛业持续推进航空全价值链绿色转型，自主研发、设计中国首条钛合金返回屑料处理生产线，全年返回料使用量超过 3000 吨。

（三）经营形势分析

2023 年，世界经济增长动能不足，地区热点问题频发，外部环境的复杂性、严峻性、不确定性上升。我国经济持续回升向好的基础还不稳固，有效需求不足，部分行业产能过剩，社会预期偏弱，风险隐患仍然较多，国内大循环存在堵点，国际循环存在干扰。国内外各种不利因素同时出现，使得我国企业面临的压力进一步增大。具体表现在：原料价格虽然稍有回落但仍处于高位，国内下游冶炼加工企业面临生产成本居高不下，产品售价不断下行的巨大压力。

从整体形势来看，我国国内钛矿产量继续保持增长态势，海外资源开发也取得显著成果。2023 年国内钛矿产量（以 TiO_2 含量计，下同）增长约 10 万吨；进口量增长约 38 万吨。进口增量中，约 19 万吨来自于国内企业在海外投资的矿山。

在冶炼端，高钛渣、海绵钛企业的经营情况明显转差。高钛渣企业几乎全年处于保本经营状态，部分企业因产品售价过低被迫停产。随着下游用户自建高钛渣产线的情况越来越普遍，传统高钛渣企业的市场空间不断被压缩。海绵钛行业产能相对过剩的问题在 2023 年第二季度开始显现，产品价格大幅下滑，部分企业出现产品价格倒挂现象而被迫减产停产。受国内产品价格滑坡影响，出口订单价格与国外企业售价也存在一定差距。至 2023 年年末，其价差扩大到 1 万元/吨以上。

四、存在的问题及对策

2023 年，我国钛行业主要存在以下几方面问题：前期行业投资扩产项目较多且陆续进入生产阶段，但下游需求增速相对缓慢导致部分前期投资项目产能无法顺利释放。行业逐渐步入新旧发展动能转换期，在新兴应用领域成熟前，企业需要各展所长渡过瓶颈期。有些企业仍在采用高杠杆高负债的方式进行扩张，风险抵抗能力偏弱。此外，资源保障不足、技术创新偏弱、应用推广投入力度不够等问题依然持续存在。

1. 继续加大资源保障工作的关注度

虽然我国钛矿产量逐年增长，部分企业在沸腾氯化法生产海绵钛、钛白粉的技术工艺上取得初步成果，但基础研究及过程控制能力不足，生产、检测装备水平有待提升，高端应用的技术储备不足等问题依然需要长期持续投入才能逐步解决。

2. 进一步加强产学研三方合作，促进成果转化

随着我国技术水平不断进步，与国外技术差距逐步缩小。加之美国、日本等国对我国逐步限制在相关领域进行合作与技术交流，未来我国能够从发达国家学习先进技术的机会越来越少，只能依靠自研途径实现进一步的产业升级。这就要求未来我国产学研三方的合作要更加紧密，尽快完成先进技术成果的技术转化，进而实现产品品质的快速提升。

3. 加快冶炼产品国内外标准对接，促进相关产品出口

随着国内冶炼加工能力的扩大，海绵钛、钛锭产品的出口有利于缓解国内市场压力。但在出口过程中，部分产品面临国内外质量体系标准不一致的问题。建议国内有能力的企业可以关注国外市场变化，加强与国外客户的沟通对接，有针对性地生产符合国外需求的产品，扩大出口规模。

撰稿人：陈　岩、赵　巍
审稿人：安仲生

2023 年钽铌工业发展报告

一、2023 年世界钽铌工业发展概述

世界钽资源主要分布于西澳，南美的巴西，非洲刚果（金）、卢旺达、尼日利亚等地，其中公开数据显示西澳的 Wodgina、Greenbushes、Bald Hill、Mount Cattlin 四大矿山钽原矿品位较高、储量最大。2023 年世界钽矿产品产量 2400 吨，比上年增长 20%。主要生产国为：刚果（金）占比 41%、卢旺达占比 21%、巴西占比 15% 和尼日利亚占比 4%，四国占比高达 81%[1]。

世界铌资源主要分布在巴西、加拿大、尼日利亚和俄罗斯等国家，其中，巴西的铌矿藏最为丰富。2023 年全球铌矿产品产量为 83000 吨，略低于 2022 年的 83700 吨。主要生产国为巴西和加拿大，占比分别为 90% 和 8.4%[1]。

随着科技的不断进步和应用领域的拓展，如新能源汽车、可穿戴设备等新兴产业的兴起，钽铌市场需求持续增长。全球钽铌市场主要集中在美国、欧洲和日本等发达国家和地区，同时随着新兴市场的崛起，如中国、泰国、印尼和印度等国家，钽铌市场的需求也在逐步增加。

二、2023 年中国钽铌工业发展现状

（一）经济运行情况

受全球经济恢复疲软，消费电子市场需求急速下滑，2023 年欧美钽铌消费电子需求相对低迷、高温合金市场相对稳定。与此同时，中国、东南亚等新兴市场的稳步发展，支撑了中国钽铌工业生产规模整体保持增长态势。欧美国际市场订货减少，导致钽原料及产品价格均有所下降；铌原料价格受终端消费市场旺盛影响价格持续上涨，2023 年中国钽铌工业产品产量年报见表 1。

2023 年钽铌行业针对会员企业产量年报统计口径进行了调整，国内氟钽酸钾、氧化钽产量分别为 1238.3 吨、500 吨，钽金属量 1170.6 吨，其中钽粉、

---

[1]数据来源：美国地质调查局《2024 矿产商品摘要报告》。

钽锭产量分别为522.7吨、363.4吨。2023年国内氧化铌、金属铌产量分别为3786.2吨、1962.7吨，其中铌锭、铌条产量分别为596.2吨、427.7吨。

表1　2023年中国钽铌工业产品产量年报　　　　　　　　　（吨）

产品名称		本年实际产量	年末生产能力
一、钽铌矿山产品	钽金属折合量	69.7	3.5
	铌金属折合量	46.8	2.7
二、钽铌冶炼产品	氟钽酸钾	1238.3	180.0
	氧化钽	500.0	195.0
	碳化钽	10.1	15.0
	钽	1170.6	668.5
	其中：钽条	125.0	20.5
	钽锭	363.4	15.5
	钽粉	522.7	61.0
	其中：电容器钽粉	47.0	70.0
	冶金级钽粉	77.5	86.0
	其他钽冶炼产品	159.5	86.5
	氧化铌	3786.2	725.0
	碳化铌	12.7	20.0
	铌	1962.7	84.5
	其中：铌条	427.7	410.4
	铌锭	596.2	370.2
	铌粉	15.4	0.4
	其他铌冶炼产品	862.8	3.5
	三、铌铁	38000.0	0.0
四、钽铌加工材	钽及钽合金材	9.7	0.0
	铌及铌合金材	31.2	0.0
五、钽铌制品	钽制品	10.5	8.2
	铌制品	8.0	0.3

数据来源：中国有色金属工业协会。

注：2023年钽铌产量年报统计品目做了部分调整。

2023年中国钽湿法产品和钽加工材产能继续增长。主要生产企业有宁夏东方钽业股份有限公司、稀美资源（广东）有限公司、九江有色金属冶炼有限公司、中钨稀有金属新材料（湖南）有限公司、广东广晟稀有金属光电新材料有限公司、江门富祥电子材料有限公司等。国内主要钽铌生产企业及产能见表2。

表2　国内主要钽铌生产企业及年产能

主要生产企业	湿法	钽粉、钽丝	火法	制品
宁夏东方钽业股份有限公司	氟钽酸钾600吨	电容器级钽粉280吨，冶金级钽粉270吨，钽丝90吨		钽金属制品120吨
稀美资源（广东）有限公司	氧化钽400吨	钽粉100吨	钽酸锂50吨	钽金属制品120吨
九江有色金属冶炼有限公司	氟钽酸钾150吨，氧化钽160吨	钽粉20吨	钽铌碳化物17吨	钽铌金属及其加工材20吨
中钨稀有金属新材料（湖南）有限公司		电容器级钽粉150吨，冶金级钽粉270吨，钽丝65吨	钽铌碳化物30吨	钽金属制品170吨
广东广晟稀有金属光电新材料有限公司	氟钽酸钾300吨，高纯氧化钽20吨，普通氧化钽50吨	钽粉50吨		
江门富祥电子材料有限公司	氟钽酸钾500吨，高纯氧化钽30吨	冶金级钽粉120吨，电容器级钽粉100吨，钽丝20吨		钽棒50吨
衡阳金新莱孚新材料有限公司	氟钽酸钾300吨，工业级氧化钽200吨，工业级氧化铌600吨			
九江市金鑫有色金属有限公司	氟钽酸钾350吨，高纯氧化钽30吨，工业级氧化钽100吨			
今成钽铌有限公司				钽制品500吨，铌制品700吨

（二）产业结构

在产业链方面，钽铌产业链主要包括上游原材料提取、中游冶炼加工和下游应用开发三个环节。上游原材料提取主要涉及钽铌矿石的采选和冶炼；中游冶炼加工环节主要将原材料转化为各种形态的钽铌产品，如金属、氧化物、粉末等；下游应用开发环节则将钽铌产品应用于各个领域，如电子、通信、航空、航天、冶金、化工等。

钽产业链集中度高，国内企业集中在中游。钽冶金产业链包括原材料、湿法冶金产品、火法冶金产品、加工产品及最终产品下游应用。钽铌矿经过湿法冶金后得到氧化钽及氟钽酸钾等产品，再经火法冶金加工成钽粉、碳化钽铌、钽铌锭材及钽铌条等，并可进一步加工为钽铌制品，包括半导体钽靶坯及钽条、铌粉、钽铌金属材料、合金及其他工业产品，下游广泛应用于钽电容器、高温合金、靶材、化工防腐、国防军工、硬质合金、医疗等领域。

全球钽铌供应链中，非洲国家及巴西向中国、德国、美国、泰国等国家的冶金公司供应矿石。领先的高端钽铌终端产品（如电容器、航空用特种合金、用于表面声波的滤波器制造的特种合金等）制造商主要位于发达国家。上游钽铌矿石的采选主要集中在非洲、南美等国家，全球70%的钽由非洲国家生产及供应，90%的铌由巴西供应，中国对于矿石的进口依赖度较高。中游的湿法、火法冶金生产主要集中在中国、日本、德国、美国、巴西、泰国等国家。2023年中国的湿法产品占全球市场的70%以上，火法产品占全球市场的50%以上，是全世界最大的供应国。中游钽粉及钽丝产品的生产商主要以美国GAM、日本JX日矿和中国东方钽业为主。在国内，中游的集中度高，竞争激烈，主要有宁夏东方钽业股份有限公司、稀美资源（广东）有限公司、中钨稀有金属新材料（湖南）有限公司、九江有色金属冶炼有限公司、广东广晟稀有金属光电新材料有限公司等十多家企业。

（三）市场价格

2023年钽原料价格呈现前高后低趋势，年平均价位保持在83~90美元/磅（以Ta_2O_5计）间，价位震荡区间大致与2022年相似，全年钽矿价格走势如图1所示。金属钽价格走势几乎与钽矿价格一致，全年平均价位在2500~2600元/千克（99.95%min 中国出厂）❶。

---

❶ 数据来源：亚洲金属网。

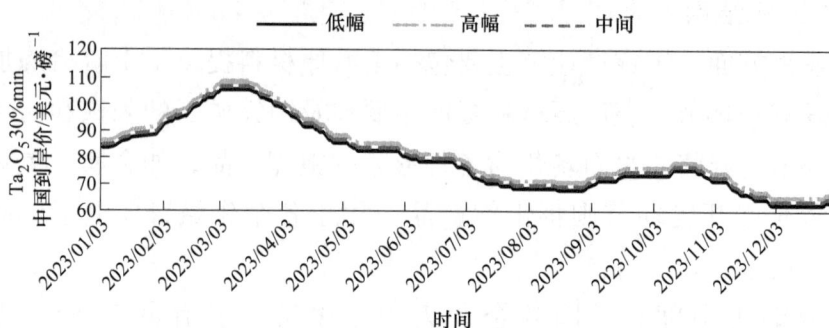

图 1　2023 年中国市场钽矿价格走势

2023 年铌原料价格呈现震荡上行趋势，全年价格区间在 12.5~18.8 美元/磅（以 Nb_2O_5 计），价位震荡区间大致与 2022 年相似，全年铌矿价格走势如图 2 所示。氧化铌价格走势几乎与铌矿价格走势一致，全年平均价位在 250~330 元/千克（99.95%min 中国出厂）[1]。

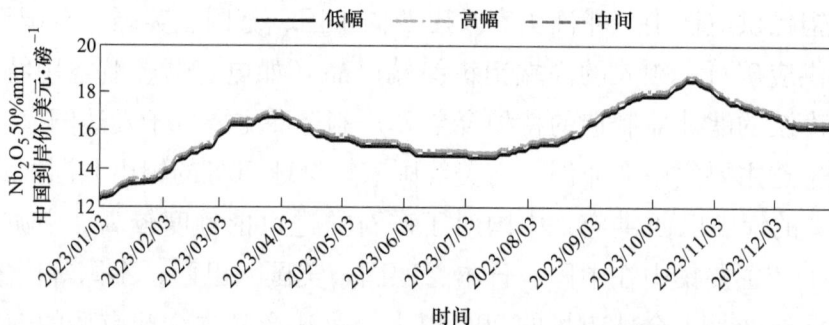

图 2　2023 年中国市场铌矿价格走势

（四）市场消费

钽铌同属高熔点、高密度金属，具有耐腐蚀、导电性好和在高温下强度高等特性。钽铌作为基础性、应用面广的高新技术和重要的功能材料，在电子、钢铁、冶金、化工、硬质合金、原子能、航天航空等工业部门，以及战略装备、超导技术、科学研究、医疗器械等技术领域发挥着重要作用。

钽主要应用领域为电容器，占比为 34%，其次是合金添加剂，占比达 18%。另外，溅射靶材、轧制品、硬质合金、钽化学品分别占比 16%、9%、4%、19%。钽产品消费结构变化如图 3 所示，钽产品应用分类见表 3。

---

[1]数据来源：亚洲金属网。

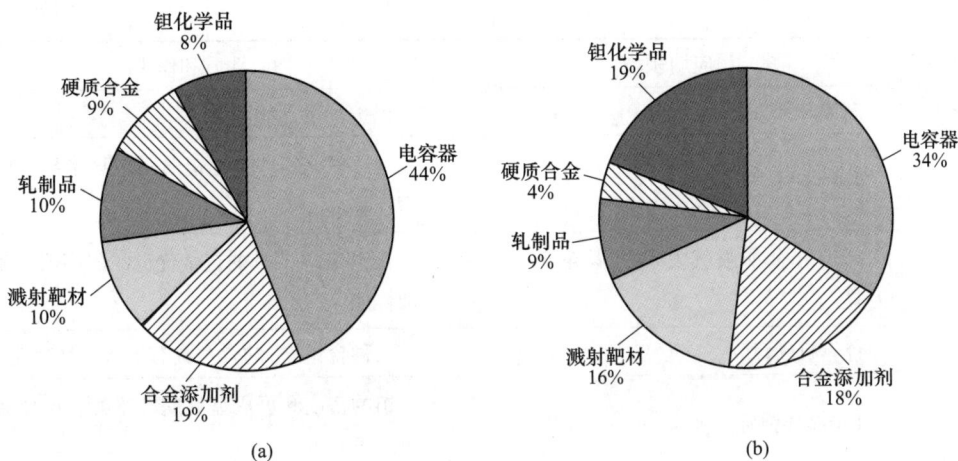

图3 2009年（a）和2023年（b）全球钽消费结构变化情况

数据来源：Roskill

铌具有很好的耐高温、耐腐蚀、耐磨损性能，广泛应用于钢铁、高性能合金（包括高温合金）、超硬碳化物、超导体、电子元器件和功能陶瓷等制造领域。其中建筑及大型钢结构应用最多，占比达46%；其次是汽车工业，占比达23%；油气管道占比16%；不锈钢占比6%。铌产品应用分类见表4。

表3　钽产品应用分类

钽产品	应用领域	性质和作用
碳化钽	切削工具	高温下易成型，避免产生纹理缺陷
钽酸锂	声表面波、手机声波过滤器、音响、电视	强化电子信号波，输出更清晰的音频和视频信号
氧化钽	望远镜、相机、手机镜头、X射线薄膜、喷墨印刷机	调节光学玻璃折射率，减少X射线曝光率，提高图像质量，提高电容器在集成电路中的耐用性
钽粉	集成电路中的钽电容器，医疗器械，汽车部件如ABS、安全气囊激活、发动机管理模块、GPS、便携式电子产品、平板电视、电池充电器、功率二极管、油井探头、手机信号屏蔽部件	可靠性高，在-55~200℃宽温度范围保持稳定，可承受振动，较强的电子储存能力
钽板	化工设备防腐层、阀门、热交换器、钢结构阴极保护系统、耐腐蚀紧固件、水箱	优良的耐腐蚀性能
钽丝	血管支架、骨关节、骨骼修复、缝合夹	优良的生物相容性

续表3

钽产品	应用领域	性质和作用
钽棒	高温炉部件	保护气氛下的高熔点
钽锭	溅射靶材	钽、氧化钽、氮化钽薄膜包裹半导体防止铜迁移
	高温合金如喷气发动机涡轮盘、叶片、刀具	含钽3%~11%的合金优良的耐高温、耐腐蚀性能
	计算机硬盘	一种含钽6%的合金具有形状记忆功能
	Tow-2导弹穿甲弹头	钽的密度和可成型性完美平衡，可使系统更轻更有效

表4 铌产品应用分类

铌产品	应用领域	性质和作用
铌铁	合金钢、不锈钢、石油和天然气管道、汽车和卡车车身、建筑材料、工具钢、船舶、铁轨	增加钢的强度和韧性，减轻钢的重量
氧化铌	铌酸锂可应用到声波滤波器、相机、镜头、计算机屏幕、陶瓷电容器	高折光率、高介电常数、增加透光率
碳化铌	切削工具	在高温下易成型，避免产生纹理
铌粉	应用在电路板中的铌电容器	高介电常数、稳定氧化物介质
铌材：铌板、铌丝、铌棒、铌管	溅射靶材、阴极保护系统、化学反应设备	耐腐蚀，形成氧化物氮化薄膜，抗氧化，抗蠕变性能高，降低高温腐蚀

铌矿经过湿法冶金后得到氧化铌经火法冶金加工成碳化铌、铌锭材及铌条等，并可进一步加工为铌制品，包括铌板带棒、铌靶材等，终端主要应用于铌铁、铌钛、铌镍等铌合金，氧化铌、碳化铌和氮化铌等铌化合物及铌金属如铌材等。

钢材中加入少量的铌不仅可以提高钢的强度，还可以提高钢的韧性、抗高温氧化性和耐蚀性，降低钢脆性转变温度，使钢具有良好的焊接性能和成型性能。铌的热强合金具有良好热强性能、抗热性能和加工性能，在航空航天工业中，铌广泛用于制造航空发动机的零部件、燃气轮机的叶片等耐热部件。铌的热导率好，熔点高，耐腐蚀性好，并且中子俘获截面低，是一种非常适用于原子能反应堆的材料。在原子能工业中，铌主要用于核燃料的包套材料、核燃料的合金及核反应堆中热交换器的结构材料。铌的某些化合物和合金具有较高的超导转变温度，在超导材料工业中，铌主要用于制造超导发电机、核磁共振成像仪等工业超导体。

（五）进出口贸易

2023 年中国进口钽铌精矿 10589 吨，同比增长 36.8%。累计进口钽粉、钽丝、钽轧制品等约 255 吨，同比减少 32%。累计出口钽粉、钽丝、钽轧制品等 495 吨，同比减少 22%。钽产品以出口美国、欧盟、日本、韩国等国家和地区为主。2023 年累计进口铌铁约 39121 吨，同比增长 17%。进口铌轧制品 8948 千克，同比增长 39%。出口铌轧制品 191383 千克，同比增长 56%，主要受益于铌铁出口的增长带动。2023 年国内钽铌进出口数据见表5。

表5　2022 年和 2023 年中国钽铌产品进出口统计

品名	单位	2022 年		2023 年			
		进口	出口	进口	同比/%	出口	同比/%
钽粉（电容器级）	千克	5923	149197	1289	−78	100791	−32
钽粉（冶金级）	千克	1216	95487	804	−33	29087	−69
钽丝（直径小于0.5毫米）	千克	30	67173	111	270	50456	−25
钽丝（其他钽丝）	千克	254	3016	55	−78	2413	−20
钽坩埚、锻轧钽及其制品	千克	369906	317817	249749	−32	303885	−4
其他未锻轧钽、条、杆	千克	851	1640	3152	270	8207	400
锻轧铌及其制品	千克	6427	122496	8948	39	191383	56
铌铁	吨	33380	1154	39121	17	592	−48

数据来源：海关总署。

（六）投融资情况

2020 年以来，国内钽铌行业市场发展迅速，行业各环节企业公布了多个产业化项目，例如稀美资源在广东英德、贵州贵阳分别建设年产 600 吨和 1500 吨钽铌金属材料项目；东方钽业拟募资不超过 6.75 亿元用于钽铌火法冶金、钽铌板带材和铌超导腔生产线改造；江丰电子在北京建设年产 55000 件高纯金属靶材（含钽靶）产线。

随着我国钽铌工业技术的进步和产业化项目的实施，国内已经能够生产各类型钽铌工业产品，但目前在碳化钽、冶金级钽粉等中低端产品中参与者较多，存在产能过剩和实际开工率较低的问题，而在电容器钽粉、钽靶材、钽铌加工材等高端领域的生产能力不足，特别是航天、军工用钽铌材料仍有进口需求。此外，国内下游行业对高端钽铌产品的应用技术尚不成熟，无法有效带动高附加值钽铌加工产品发展，部分钽铌产品需出口至国外进行再加工，因而形成优质钽铌产品和原材料"两头在外"的局面。

三、2023年中国钽铌工业经济运行状况分析

（一）产业政策环境

2019年国家发改委发布产业结构调整指导目录，抑制企业高污染、高能耗，引导废杂有色金属回收利用，加快新能源及高端制造领域有色金属新材料的应用。《有色行业智能制造标准体系建设指南（2022版）》要求加快产业数字化转型，推进重点领域智能矿山和智能工厂建设，运用工业互联网、云计算、第五代移动通信（5G）等技术加强对企业碳排放在线实时监测。

对于钽铌工业产业，政府给予了高度的重视与支持。在各类发展规划中，钽铌金属被明确列为战略资源，并纳入国家发展规划体系。通过制定长远的发展规划，明确了钽铌金属产业的发展方向、目标及重点任务，为产业的健康有序发展提供了政策指引。

财政税收优惠政策方面，为促进钽铌产业的发展，政府制定了一系列财政税收优惠政策。包括减免税、税收返还、资金扶等，以减轻企业经济负担，提高市场竞争力。这些政策的实施，为钽铌产业的技术创新和产业升级提供了强有力的支持。

综合利用率提升方面，在提高钽铌资源利用率的同时，政府也重视提高钽铌金属产业的综合利用率。通过循环经济理念，鼓励企业采用先进的生产技术和设备，提高原料的综合利率，降低生产成本，减少环境污染。

产业技术创新方面，技术创新是钽铌金属产业发展的关键。政府鼓励企业加大研发投入，加强与高校、科研机构的合作，加快技术创新步伐。同时，政府也设专项资金、课题，支持产业技术创新项目，推动钽铌产业向高端化、智能化方向发展。

环保与可持续发展方面，政府高度重视环保与可持续发展，通过制定严格的环保法规，加强环境监管，确保钽铌金属产业的生产过程符合环保要求。同时，政府也鼓励企业采用清洁生产技术，推动产业绿色发展，实现经济效益与环境保护的双赢。

随着全球化的深入发展，国际合作与交流在钽铌金属产业中的地位越来越重要。政府鼓励企业积极参与国际交流与合作，引进国外先进技术和管理经验，提高产业的国际竞力。同时，也通过举行国际论坛、博览会等活动，加强与国际同行的交流与合作，推动钽铌金属产业的国际化发展。

综上所述，政府在钽铌金属产业政策环境方面给予了全方位的支持与引导。通过政策支持与规划、财政税收优惠政策、钽铌资源节约利用、综合利用率提升、产业技术创新、环保与可续发展、国际合作与交流及法律法规完善等多方面的措施，为钽铌金属产业的健康、有序发展创造了好的政策环境。

（二）钽铌产业结构调整情况

钽铌产业作为全球重要的稀有金属产业之一，在过去几十年经历了快速的发展与变革。随着全球经济一体化进程的加速，钽铌产业在供应链、生产技术和市场竞争等方面均呈现出新的特点。目前，钽铌产业主要集中在中国、美国、日本、泰国、澳大利亚等少数几个国家，其中中国更是全球最大的钽铌生产国和消费国。

近年来，由于钽铌资源供应集中、环保压力增大及国际市场需求的波动，钽铌产业面临着前所未有的挑战。为了应对这些挑战，各国纷纷开始对钽铌产业结构进行调整，以适应新的市场环境和发展需求。

在产业结构调整的过程中，主要采取了以下措施：一是优化产业布局，加强产业集聚效应；二是推广先进的生产技术和设备，提高生产效率和产品质量；三是加强国际合作，拓展海外市场；四是加强行业自律，规范市场秩序。

技术创新是推动钽铌产业持续发展的重要动力。随着新材料、新工艺和新技术的不断涌现，钽铌产业在提取、加工和应用等方面取得了显著的进展。例如，采用新设备、数字化、智能化冶炼技术，可以有效提高钽铌金属的回收率和纯度；新型钽铌复合材料的研发和应用，也极大地拓宽了钽铌产品的应用领域。

随着产业结构调整和技术创新的深入，钽铌产品的市场结构也在发生变化。一方面，高端钽铌产品的市场需求持续增长，产品价格稳步上升；另一方面，低端产品的市场竞争日益激烈，价格波动较大。

展望未来，钽铌产业将继续保持平稳增长态势。随着新技术的不断涌现和市场需求的不断变化，钽铌产品将向高端化、多元化和智能化方向发展。同时，随着全球环保意识的提高和国际贸易环境的变化，钽铌产业也将面临新的挑战和机遇。因此，必须不断创新和进取，才能在新一轮的产业竞争中立于不败之地。

（三）经营形势分析

电子行业是钽最大的下游市场，钽粉、溅射靶均用于生产电容器和半导体。疫情过后的2023年，消费电子产品的前景显得相对黯淡。主要消费端应用方面，2023年手机出货量11.4亿部，比上年减少4%，个人电脑和笔记本电脑的出货量也保持温和状态，其他消费品也没有显示出明显的改善。出口电容器级钽粉 100 吨，同比减少 32%；出口冶金级钽粉 29 吨，同比减少 69%；出口未锻轧钽、条、杆等产品 8 吨，同比增长 400%。

从历史数据来看，中国的铌资源消费在 2018 年达到了 2.02 万吨，之后在全球疫情的影响下，铌的需求有所下降。但随着全球疫情的消退，汽车行业的去产能和去库存，2021—2023 年国内铌需求量开始回升，2022 年进口铌铁 3.3 万吨、2023 年进口 3.9 万吨。

铌作为国家战略前沿材料，受到国家高度重视。随着全球超导技术的不断研发，以及超导在各个领域的应用规模不断扩大，全球超导行业已然进入火热年代。其中铌作为超导材料市场规模近年来保持平稳增长。2023 年出口锻轧铌及其制品 191 吨，同比增长 56%。

据中国汽车工业协会预测，2024—2025 年将会迎来新一轮的汽车市场繁荣，届时汽车行业的用铌量增加将会是需求增长的又一大驱动力，预计需求增速范围为 6%~7%，到 2025 年中国铌需求量达到 2.97 万吨。这表明，未来中短期中国铌资源需求将持续增加。

四、当前中国钽铌工业发展中需要关注的问题及对策

（一）需要关注的问题

1. 原料供应保障不足

随着中国经济的发展，中国已经成为世界上钽铌矿藏需求量最大的国家，年消耗钽铌量接近万吨。然而，中国并没有自己的钽铌矿山，因此原料供应主要依赖进口，如从巴西、加拿大等国家进口。这种依赖进口的状况可能对钽铌工业的稳定发展构成威胁。

2. 产业结构不合理

虽然中国钽铌产品的生产发展迅速，能够批量生产多种类型的产品，但从产业结构来看，我国能够生产的低端和中端产品能力过剩，高端产品的生产能力不足。这种情况可能导致产品与市场需求的错配，进而影响企业的销售和经济效益。

3. 技术创新能力不足

钽铌工业的发展需要持续的技术创新支持，然而，国内的生产技术得不到实时的革新提高，容易与国际技术标准脱轨，使钽铌生产逐步落后于其他先进国家。缺乏高新技术的支持，产品开发创新缓慢，相关人员的积极性锐减，带动力持续下降，阻碍了中国钽铌工业高新技术产品的发展。

（二）对策

为了解决上述问题，建议政府和企业采取以下措施：

（1）政府应加强对钽铌资源的勘探与开发的组织和指导，提高国内原料的供应能力。

（2）加大科技创新投入，加速钽铌新产品在高新科技上的开发和应用，提升产品的技术水平和竞争力。

（3）重视人才培养和引进，提高钽铌工业的人才素质和技术水平。

（4）加强产业规划和指导，优化产业结构，避免重复建设和资源浪费，提高产业的整体效益和竞争力。

总之，中国钽铌工业的发展需要政府、企业和科研机构的共同努力，通过加强原料供应、提升产品开发能力、加速技术创新和加强产业指导与调控等方面的措施，推动产业的健康、稳定和可持续发展。

撰稿人：张　林、董秀春
审稿人：徐　涛

2023 年稀土工业发展报告

一、2023 年世界稀土工业发展概述

（一）全球稀土储量

据美国地质调查局（USGS）公布数据，2023 年世界稀土储量（以 REO 计，下同）约 1.15 亿吨，同比小幅下降。中国稀土储量保持 4400 万吨，仍位居世界第一。俄罗斯稀土储量调整为 1000 万吨，同比下降 52.4%，美国也有小幅下降，而澳大利亚稀土储量同比小幅上升（见表 1）。需要注意的是，部分国家和地区虽然已发现有稀土资源，但尚未被美国地质调查局统计在内。

表 1　2022—2023 年全球稀土资源储量

国家和地区	储量（以 REO 计）/万吨		
	2022 年	2023 年	2023 年占比/%
美国	230	180	1.6
澳大利亚	420	570	4.9
巴西	2100	2100	18.2
加拿大	83	83	0.7
中国	4400	4400	38.1
格陵兰	150	150	1.3
印度	690	690	6.0
俄罗斯	2100	1000	8.7
南非	79	79	0.7
坦桑尼亚	89	89	0.8
越南	2200	2200	19.1
其他国家	28	0.45	0.0
合计	13000	11500	100.0

数据来源：美国地质调查局。

注：合计数据进行了四舍五入。

（二）全球稀土产量

据美国地质调查局（USGS）公布数据，2023年全球稀土矿产品产量（以REO计，下同）约36.8万吨，同比增长23.9%。其中，中国、美国、缅甸和澳大利亚稀土产量位居世界前四，分别约为25.5万吨、4.3万吨、3.8万吨和1.8万吨，全球占比高达69.3%、11.7%、10.3%和4.9%（见表2）。其中，中国、缅甸稀土产量同比增长明显，美国小幅增长，而澳大利亚则基本持平。

表2　2022—2023年全球主要国家稀土矿产品产量

国家	产量（以REO计）		
	2022年	2023年	2023年占比/%
美国	42000	43000	11.7
澳大利亚	18000	18000	4.9
巴西	80	80	0.0
缅甸	12000	38000	10.3
中国	210000	255000	69.3
印度	2900	2900	0.8
马达加斯加	960	960	0.3
俄罗斯	2600	2600	0.7
泰国	7100	7100	1.9
越南	1200	600	0.2
马来西亚	80	80	0.0
世界总量	296920	368320	100.0

数据来源：美国地质调查局。

注：中国稀土矿产品产量以国家公布开采指标计算；世界总量数据进行了四舍五入；美国地质调查局2024年公布的2022年全球稀土产量数据在2023年公布数据的基础上进行了调整。

二、2023年中国稀土工业发展现状

（一）稀土产品产量稳步增长

2023年，我国稀土矿产品指标255000吨，冶炼分离产品指标243850吨，分别在上年的指标基础上增加了45000吨和41850吨，同比分别增长21.4%和20.7%。开采指标的增量全部分配给了中国稀土集团和北方稀土，中国稀土集团矿产品和冶炼分离产品指标分别增加8000吨和7550吨，北方稀土矿产品指标和冶炼分离产品指标同比分别增加3.7万吨和3.4万吨。厦门钨业和广东稀土集团的矿产品指标和冶炼分离产品指标维持上年水平（见表3）。与往年不同的是，2023年稀土开采和冶炼指标分三批下达，政府管理手段更加灵活精准，市场调控作用得到更好发挥。

表3　2022—2023 年稀土开采、冶炼分离总量控制
指标下达分配情况（以 REO 计）　　　　（吨）

序号	稀土集团	2023 年矿产品		2023 年冶炼分离产品	2022 年矿产品		2022 年冶炼分离产品
		岩矿型稀土	离子型稀土		岩矿型稀土	离子型稀土	
1	中国稀土集团	57200	13010	66049	49200	13010	58499
2	北方稀土	178950		163234	141650		128934
3	厦门钨业		3440	3963		3440	3963
4	广东稀土集团		2700	10604		2700	10604
	其中：中色建设股份			3610			3610
	合计	235850	19150	243850	190850	19150	202000
	总计	255000		243850	210000		202000

数据来源：工信部。

（二）主要稀土产品价格同比下降

2023 年主要稀土产品价格均同比下降。镨钕氧化物最低价 43.1 万元/吨，最高价 74.8 万元/吨，全年平均价 59.7 万元/吨，同比下降 35.6%，价格波动幅度为 53.1%（见图 1）；氧化镝最低价 187.5 万元/吨（见图 2），最高价 273.5 万元/吨，全年平均价 233.4 万元/吨，同比下降 8.7%，价格波动幅度为 36.8%；氧化铽最低价 705 万元/吨，最高价 1400 万元/吨，全年平均价 923.4 万元/吨，同比下降 32.8%，价格波动幅度为 75.3%（见图 3）。

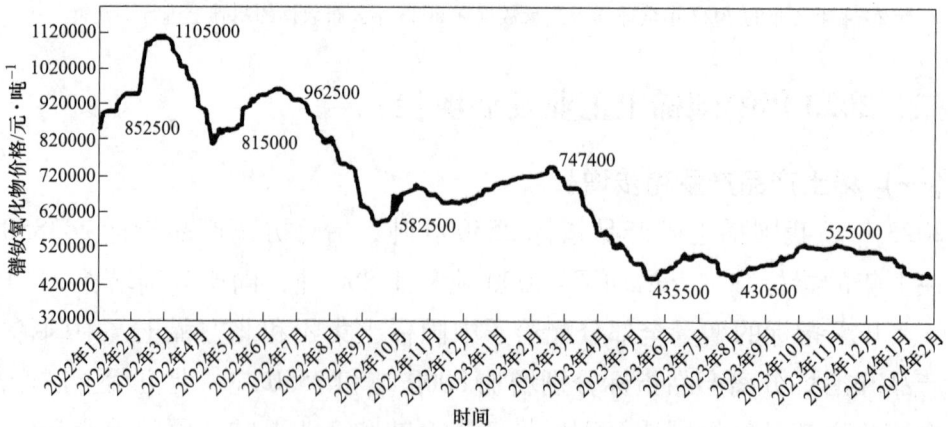

图 1　2022—2023 年镨钕氧化物价格走势
数据来源：北京安泰科信息股份有限公司

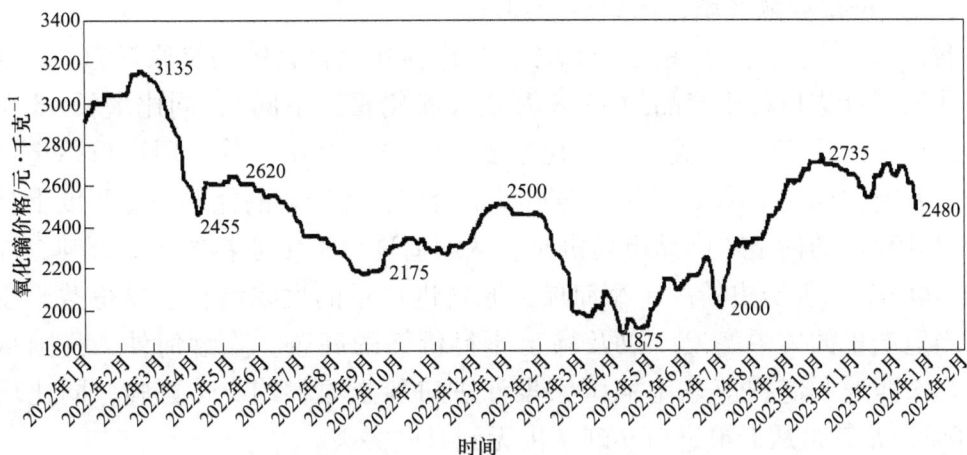

图 2　2022—2023 年氧化镝价格走势

数据来源：北京安泰科信息股份有限公司

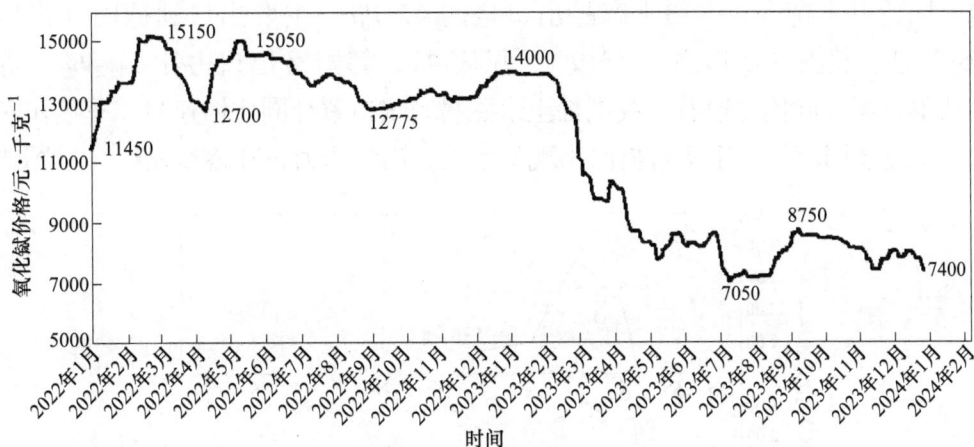

图 3　2022—2023 年氧化铽价格走势

数据来源：北京安泰科信息股份有限公司

具体看，2023 年 1—2 月，国内经济加快复苏，稀土终端产业需求增加，磁材等生产商采购备货积极，稀土原料价格小幅上扬。3—5 月，我国稀土原料供应相对充足，加之下游需求不如预期，马斯克去稀土化言论等影响，稀土价格出现回落。下半年，主要轻重稀土产品价格出现分化，氧化镨钕、氧化铽价格震荡下行，而氧化镝供应相对稳定，应用上可对氧化铽进行一定的替代，市场价格也远低于后者，企业采购意愿更强，价格也有所抬升。2023 年末，国家第三批稀土指标下达，磁材生产企业市场观望情绪浓厚，采购意愿不强，稀土产品价格又有所下降。

（三）进口量额齐增，出口压力显现

我国稀土产品进口以稀土金属矿、氧化物和化合物等初级原料为主。2023年，我国累计进口稀土产品约17.8万吨（实物量，下同），同比增长43.5%；累计进口金额约23.3亿美元，同比增长26.6%。其中，从美国进口稀土原料约6.6万吨，同比下降14.3%。美国稀土冶炼分离产业的完善一定程度上挤压了出口到我国的稀土矿产品市场份额。从缅甸进口稀土原料约7.2万吨，同比增长200.0%，创历史新高。缅甸稀土原料进口量的大幅增长主要得益于疫情过后当地产量的集中暴发，以及稀土原料价格的高企。除缅甸外，我国从越南、马来西亚和老挝等东南亚国家累计进口稀土原料约3.1万吨，同比增长240.0%，尤其是从老挝进口实现了由无到有的突破。

出口方面，我国稀土产品出口以稀土永磁体，以及镧、铈等轻稀土的化合物和盐类为主。2023年，我国累计出口稀土产品约11.1万吨，同比基本持平；累计出口金额约39.8亿美元，同比下降23.9%。其中，稀土永磁体出口量约5.3万吨，同比基本持平，占稀土产品出口量的47.7%，主要出口到德国（出口占比16.7%）、美国（出口占比13.9%，见表4）、韩国（出口占比11.3%）等国家。从单月累计同比增速看，我国稀土永磁材料出口累计同比增速自二季度由负转正后，又逐步回落，并于7月再次出现负增长，出口压力正在逐步显现（见图4）。

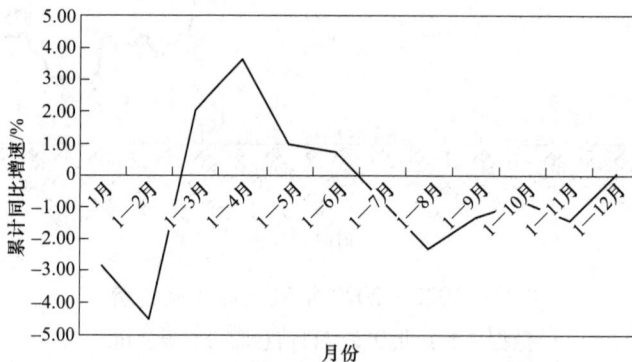

图4 2023年中国稀土永磁出口累计同比增速

数据来源：海关总署

表4 2018—2023年我国稀土磁性材料对美出口情况

年份	2018年	2019年	2020年	2021年	2022年	2023年
稀土永磁体出口总量/吨	32696	35267	36003	48762	53018	52689
稀土永磁体对美出口量/吨	4103	4589	4924	3642	6367	7341
对美出口占比/%	12.3	13.0	13.7	7.5	12.0	13.9

数据来源：海关总署。

（四）终端应用消费稳定增长

稀土当前主要应用于制备稀土永磁、催化、储氢、抛光、发光和晶体材料等新材料。在国家"双碳"目标下，稀土永磁产业发展迅速，被广泛应用于汽车、风力发电、节能家电和消费电子等领域，已经成为带动稀土消费的主要增长动力，能够在一定程度上反映行业的整体消费水平。以稀土永磁终端消费产业为例来看，2023年我国稀土终端消费总体保持了平稳增长。新能源汽车仍发挥着主力带动作用，风电在向半直驱技术路线转型下保持了高速增长，夏季高温天气助推了空调需求，智能手机等消费电子市场逐步复苏，机器人行业发展潜力进一步释放。

2023年，我国汽车产销累计分别完成3016.1万辆和3009.4万辆，同比分别增长11.6%和12.0%，创历史新高。从稀土永磁的重点细分应用领域看，我国新能源汽车产业表现亮眼，产销量分别完成958.7万辆和949.5万辆，同比分别增长35.8%和37.9%，市场占有率达到31.6%。但新能源汽车增速在2021年后不断下降（见图5）。

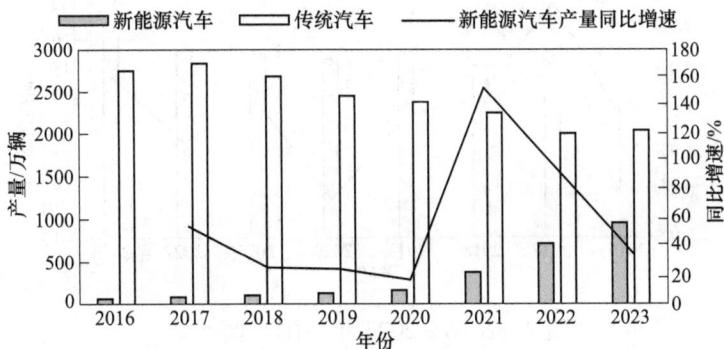

图5　2016—2023年中国汽车产量

数据来源：中国汽车工业协会

21世纪以来，风力发电装机容量不断提升，尤其是近十年来获得了快速发展。2023年，我国风力发电累计新增装机容量约75.9吉瓦，同比增长104.0%，相较于前两年的同比负增长有了较大改善，单月同比增速也呈递增趋势，发展势头强劲（见图6）。随着风机机组大型化、易维护等要求的提升，稀土永磁电机的优势愈加明显。但是，近两年受稀土原材料价格等因素影响，部分风电装备制造商由直驱调整为半直驱技术路线，风电电机单体稀土永磁用量大幅下降，导致该领域稀土整体消费规模有所萎缩。

节能电器是稀土另一重要消费领域。2023年我国空调产量2.4亿台，同比

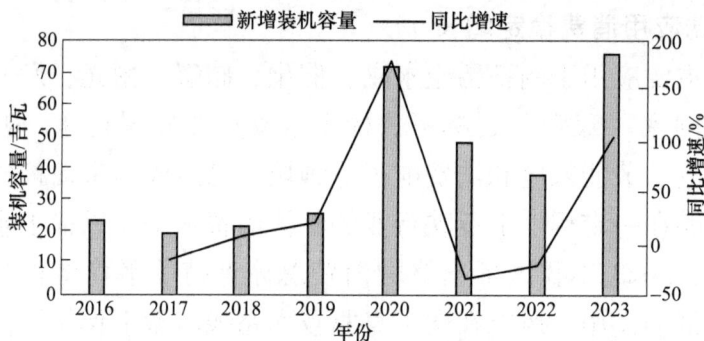

图 6　2016—2023 年中国风电新增装机容量

数据来源：国家能源局

增长 13.5%（见图 7）；电梯产量 155.7 万台，同比增长 3.9%（见图 8）。空调产业表现相对较好，有力地带动了稀土消费，这主要与当年的极端天气有关，而电梯行业受房地产市场不景气影响，产量增速保持低位。

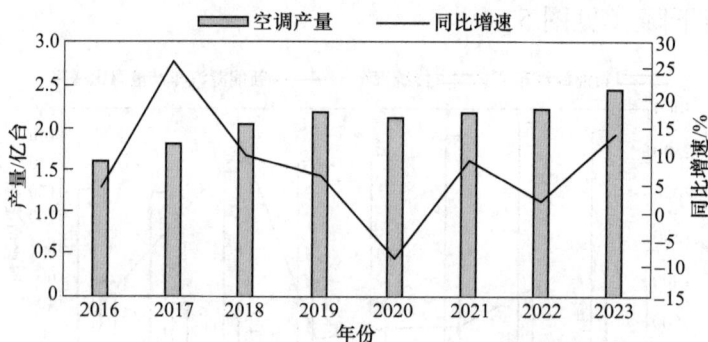

图 7　2016—2023 年中国空调产量

数据来源：国家统计局

2023 年，我国智能手机出货量约 2.8 亿部，同比增长 4.8%（见图 9）。相较于 2022 年的同比负增长，2023 年我国智能手机出货量经过前三季度的调整，逐步实现了正增长。此外，个人电脑出货量也在逐步回升向好，电子消费产品市场正在复苏好转。

2023 年，我国工业机器人累计产量 43 万套，同比下降 2.2%（见图 10）；服务机器人产量 783.3 万套，同比增长 23.3%。机器人产业是我国重要的新兴产业，2023 年 6 月，上海市政府发布了《上海市推动制造业高质量发展三年行动计划（2023—2025 年）》（沪府办发〔2023〕8 号），北京市政府发布了《北京市机器人产业创新发展行动方案（2023—2025 年）》（京政办发〔2023

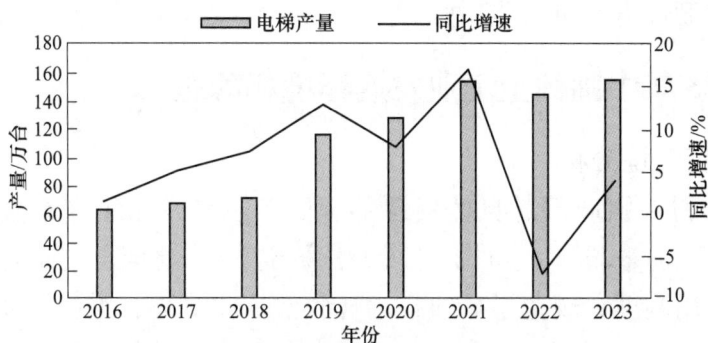

图 8   2016—2023 年中国电梯产量

数据来源：国家统计局

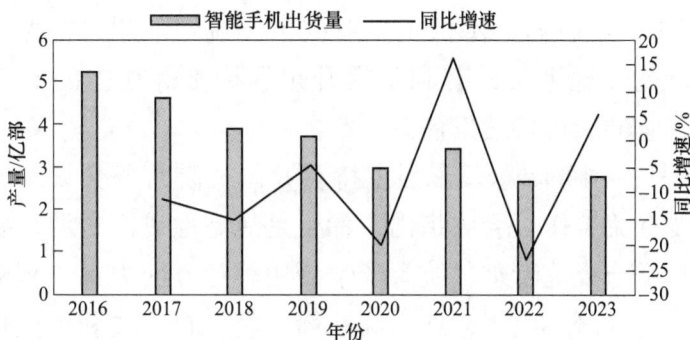

图 9   2016—2023 年中国智能手机出货量

数据来源：中国信通院

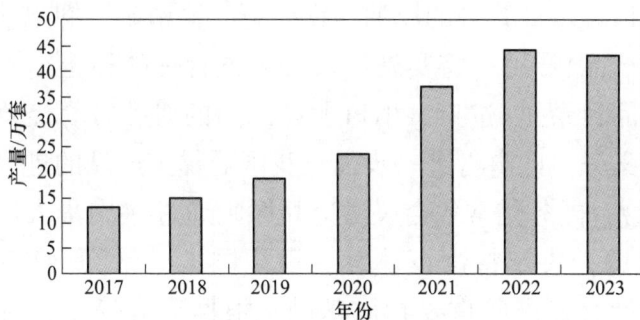

图 10   2017—2023 年中国工业机器人产量

数据来源：国家统计局

17 号），发展前景良好，将对带动稀土消费发挥越来越重要的作用。

整体看，2023 年我国稀土行业积极化解价格大幅波动、生产成本上升、出口增速放缓等压力，保持了量的合理增长和质的稳步提升，在经受市场洗礼考验后，产业韧性得到进一步增强。

三、2023年中国稀土工业发展环境和动态

（一）政策环境分析

2023年3月，财政部、自然资源部、税务总局发布了《矿业权出让收益征收办法》（财综〔2023〕10号）。《办法》进一步健全了包括稀土在内的矿产资源有偿使用制度，规范了矿业权出让收益征收管理，维护了矿产资源国家所有者权益，对矿产资源保护与合理利用具有重大促进作用。

2023年5月，自然资源部印发了《关于进一步完善矿产资源勘查开采登记管理的通知》（自然资规〔2023〕4号）。相比于国土资规〔2017〕14号文、15号文和16号文，《通知》降低了矿业权市场流转限制、松绑了探矿权勘查制度，简化了审批办理手续，有利于提升包括稀土等在内的矿产资源保障能力，促进稀土矿业健康可持续发展。

2023年11月，国务院总理李强主持召开国务院常务会议，研究推动稀土产业高质量发展有关工作。会议指出，稀土是战略性矿产资源，要统筹稀土资源勘探、开发利用与规范管理，统筹产学研用等各方面力量，积极推动新一代绿色高效采选冶技术研发应用，加大高端稀土新材料攻关和产业化进程，严厉打击非法开采、破坏生态等行为，着力推动稀土产业高端化、智能化、绿色化发展。

2023年11月，商务部印发《大宗产品进出口报告统计调查制度》。其中提到，将实施进口许可证管理的原油、铁矿石、铜精矿、钾肥纳入《实行进口报告的能源资源产品目录》，将实施出口许可证管理的稀土纳入《实行出口报告的能源资源产品目录》。进口、出口上述产品的对外贸易经营者应履行有关进出口信息报告义务。此举将进一步强化我国对稀土产品的进出口管理。

2023年12月，国务院常务会议讨论并原则通过《中华人民共和国矿产资源法（修订草案）》，决定将修订草案提请全国人大常委会审议。会议指出，矿产资源是经济社会发展的重要物质基础，根据形势变化适时修订矿产资源法，对于依法开发保护矿产资源、保障国家战略资源安全十分必要。要加快推进勘探开发和增储上产，深化国际合作，加强储备体系建设，夯实矿产资源保障基础。要大力开展技术装备创新，推进产业绿色化、智能化发展，提升矿产资源产业链韧性和竞争力。这对进一步强化我国稀土资源优势，从源头保障产业安全和国家安全具有重要指导意义。

2023年12月，工信部发布了《重点新材料首批次应用示范指导目

录（2024 年版）》。多项稀土材料位列其中，具体包括：稀土掺杂钨基材料，AB 型稀土储氢合金，高性能各向异性粘结磁体，高性能钕铁硼永磁体，钕铁硼热压磁体，高性能钐钴、铈铁永磁体，汽车尾气催化剂及相关材料，稀土卤化物闪烁晶体，稀土化合物（高纯稀土化合物、超高纯稀土氧化物、超高纯稀土卤化物、超细稀土氧化物粉体），超高纯稀土金属材料及制品（超高纯稀土金属材料、超高纯稀土金属靶材），铝钪合金靶材。

2023 年 12 月，商务部、科技部联合修订发布了新版《中国禁止出口限制出口技术目录》。《目录》中稀土禁止出口技术包括：稀土的提炼、加工、利用技术和非晶无机非金属材料生产技术，具体包括：（1）稀土萃取分离工艺技术；（2）稀土金属及合金材料的生产技术；（3）钐钴、钕铁硼、铈磁体制备技术；（4）稀土硼酸氧钙制备技术；（5）激光技术用大功率、大尺寸钕玻璃制备工艺技术。限制出口部分包括：涉及采矿工程技术、有色金属冶金技术、人工晶体生长与加工技术、热处理技术、航空材料生产技术和电线、电缆制造技术，具体包括：（1）离子型稀土矿山浸取工艺；（2）稀土的采矿、选矿、冶炼技术；（3）稀土萃取剂的合成工艺及配方；（4）金属材料的稀土改性添加技术；（5）稀土-铁（Tb-Dy-Fe 系）超磁致伸缩单晶材料的制备技术；（6）掺钕硼酸铝钇（NYAB）、硅酸钇镥（LYSO）、溴化镧（$LaBr_3$：Ce）晶体的生长工艺；（7）稀土-硼共渗剂配方及处理工艺；（8）稀土、碳、氮共渗和稀土、碳共渗的配方及工艺；（9）含稀土的铝锂合金的制备技术；（10）导电用稀土铝导线的配方和制造工艺。

2023 年 12 月，国家发改委发布了《产业结构调整指导目录（2024 年本）》。《目录》中将稀土永磁材料在风力发电机中应用，铝铜硅钨钼稀土等大规格高纯靶材，超高纯稀有金属及靶材，航空航天、海洋工程、数控机床、轨道交通、核工程、新能源、先进医疗装备、环保节能装备等高端制造用稀有稀土金属材料、催化材料，绿色矿山-离子型稀土原矿绿色高效浸萃一体化技术等稀土相关条目列为鼓励类；稀土采选、冶炼分离项目（符合稀土开采、冶炼分离总量控制指标要求的稀土企业集团项目除外），未落实副产品独居石安全有效利用的伴生放射性矿物选矿项目等稀土相关条目列为限制类；离子型稀土矿堆浸和池浸工艺，独居石单一矿种开发项目，稀土氯化物电解制备金属工艺项目，湿法生产电解用氟化稀土生产工艺，年产 2 万吨（REO）以下混合型稀土矿山开发项目，年产 5000 吨（REO）以下的氟碳铈矿稀土矿山开发项目，年产 500 吨（REO）以下的离子型稀土矿山开发项目，年产 2000 吨（REO）以下的稀土分离项目，年产 1500 吨以下、电解槽电流小于 5000 安、电流效率低于85%的轻稀土金属冶炼项目等稀土相关条目列为淘汰类。

（二）行业发展动态

2023年2月，经国际矿物学学会新矿物命名与分类专业委员会评审投票，中国地质调查局矿产资源研究所毛景文院士团队申请的新矿物正式获得批准。新矿物的国际矿物学会编号为IMA2022-120，英文名yuchuanite，中文名称为毓川碳钇矿，矿物缩写为Ych。毓川碳钇矿是一种罕见的含水碳酸盐重稀土矿物，在粤东北玉水铜矿发现，以我国著名矿床地质与矿产勘察学家、中国工程院陈毓川院士的名字命名。

2023年2月，中国有色金属工业协会稀土分会第二届第一次会员大会暨理事会换届会议在赣州成功召开，中国有色金属工业协会副会长，中国稀土集团党委书记、董事长敖宏当选为中国有色金属工业协会稀土分会第二届理事会会长。

2023年3月，中国稀土集团整合接管四川德昌大陆槽Ⅲ号稀土矿，5月与四川省自然资源投资集团在成都签署战略合作协议，同意将所持有的现有大陆槽稀土矿区整体开发进行深度合作。此前，中国稀土集团在四川已参股整合冕宁县冕里稀土选矿有限责任公司羊房稀土矿、四川冕宁矿业有限公司三岔河稀土矿。同年5月，围绕稀土材料产业链重点环节和关键要素开展专业化整合，通过股权转让的方式，中国稀土集团以38.7244%持股成为有研稀土第二大股东。9月，中国稀土集团与厦门钨业签署了《合作框架协议》，中稀厦钨（福建）稀土矿业有限公司于12月正式注册成立，双方持股比例分别为51%、49%，合资公司将共同经营厦门钨业（包括其控股股东及其控股子公司）控制的稀土矿山和稀土冶炼分离产业。12月，广东省广晟控股集团有限公司与中国稀土集团有限公司签署了《关于广东省稀土产业集团有限公司股权无偿划转协议》，中国稀土集团成为广晟有色的间接控股股东及实际控制人，持有广晟有色38.45%股份。中国稀土集团全面完成我国中重稀土资源整合，国内9省（区）稀土产业已完成全部整合，进一步强化了资源自主可控保障能力。

2023年6月，习近平总书记考察内蒙古时强调，要发挥好战略资源优势，加强战略资源的保护性开发、高质化利用、规范化管理，加强能源资源的就地深加工，把战略资源产业发展好。10月，国务院印发了《关于推动内蒙古高质量发展奋力书写中国式现代化新篇章的意见》。《意见》指出，要加快发展高纯稀土金属、高性能稀土永磁、高性能抛光等高端稀土功能材料，扩大稀土催化材料在钢铁、水泥、玻璃、汽车、火电等行业应用，将包头建设成为全国最大的稀土新材料基地和全球领先的稀土应用基地。

2023 年 11 月，由中国有色金属工业协会主办、中国稀土集团特邀协办的"2023（第六届）中国稀土论坛"在赣州成功召开。中国有色金属工业协会党委书记、会长葛红林；江西省委副书记、赣州市委书记吴忠琼；第十四届全国政协委员，中国稀土集团有限公司党委书记、董事长敖宏；中国工程院院士、中国有研科技集团有限公司首席科学家黄小卫；国家发展改革委产业司司长卢卫生；工业和信息化部原材料司副司长张海登；自然资源部矿业权管理司保护性开采特定矿种管理处处长王史堂等领导出席会议并致辞。稀土相关行业来自生产、贸易、应用、科研和投资等领域的 600 余名代表出席了此次会议。论坛发布了"推动稀土产业高质量发展的行业共识"。

四、当前中国稀土工业发展中需要关注的问题

（一）稀土原料价格短期大幅波动

稀土原料价格短期大幅波动已经成为制约行业高质量发展的关键因素之一。稀土战略属性凸显，敏感性强、关注度高，加之市场规模小，产品价格发现机制不够完善，供需紧平衡下更容易引发市场的复杂心理预期，也更容易被投机资金裹挟炒作，导致稀土原料价格短期内大涨大跌。价格的短期大幅波动迫使中下游应用企业投入更多资源到贸易环节或资本市场而非科技创新和企业管理，影响了产业链供应链的稳定性。

（二）钕铁硼再生利用产业有待进一步规范

我国钕铁硼废料回收利用行业发展快但起步较晚，再生资源回收体系和相关标准尚不完善，还未完全形成集中收集、科学回收的体系。现阶段我国含钕铁硼材料的报废器件、设备拆解市场仍不够规范，缺少相应的产业发展和市场指导政策，市场供方以次充好、以假乱真的现象时有出现，导致贸易纠纷不断，大量稀土二次资源流失，并且钕铁硼废料回收企业多向个人经销代理商采购，一般是现款现货，多不开具发票，逃税漏税时有发生。同时，部分企业以"资源回收利用"为名，变相建设冶炼分离生产线，收购加工稀土一次资源，并通过黑市交易偷逃税费，扰乱了稀土市场正常经营秩序。

（三）海外拆解钕铁硼废料进口不畅

海外稀土再生产业受钕铁硼永磁材料产量规模限制，钕铁硼加工边角废料相对较少，但应用市场规模较大，存在一定量的含钕铁硼报废器件拆解废料。若该废料能够在海外进行环保处理，并运输到国内加工利用，对增加国内原料市场供给，降低一次资源用量，推动行业可持续发展具有重要意义。但是，根据我国目前固体废物进口管理有关规定，现有的钕铁硼生产加工过程产生的废

料及拆解的废旧钕铁硼永磁体等都属于禁止进口的工业固体废料，难以进口到国内进行利用。

（四）独居石选冶废渣伴生放射性安全隐患

独居石中钍等放射性元素回收技术尚不成熟，选冶过程中会产生大量放射性废渣，废渣量约占矿石处理量的 30%，废渣中 ThO_2 含量为 15%~30%、U_3O_8 含量为 0.6%~1.2%，放射性核素浓度远远超过了国家豁免水平。目前关于放射性稀土冶炼废渣的处理处置方式总体可分为综合利用、井下处置和填埋处置等方式，但在伴生放射性废渣处置方面，存在生产企业主体责任履行不到位，监管责任主体不明确等问题。企业对相关辐射环境安全法律法规缺乏全面了解，缺少辐射环境安全管理的专业技术人员，多数生产企业不具备规范化处置放射性废渣的条件和能力。另外，多数企业放射性废渣暂存库建设不规范，填埋场无清污分流系统和防渗设施，大量固废被企业采取建库或露天临时存放；甚至为获取更高经济利益，逃避环保安全责任，私自随意填埋，具有极大的环保安全隐患。

（五）大变局下外部风险挑战增多

百年未有之大变局下，稀土作为重要的战略资源，战略地位日益凸显。美国等发达国家为削弱中国在稀土产业的国际话语权和影响力，近年海外稀土采选和冶炼项目不断新建或投产复产，全球多元化供应格局已经形成。特别是美国、加拿大、澳大利亚等国拉圈组群，不断完善和强化本国或同盟国稀土产业链供应链，致使我稀土产业在全球的优势地位面临重大挑战，甚至存在被削弱的可能。与此同时，美国等发达国家和东南亚部分国家资源民族主义抬头，排挤中资企业海外投资，抬升我海外投资成本，对国内稀土企业国际化经营发展能力提出了更大挑战。

五、中国稀土工业高质量发展建议

（一）多措并举，妥善应对价格波动

维护稀土市场秩序，推动行业平稳有序发展离不开政府、行业和企业的共同努力。国家储备、市场监管等在应对价格波动和调控方面可以发挥更加积极的作用。稀土大集团要强化行业自律，肩负起国家赋予的重大使命，努力成为应对价格短期大幅波动的"调节剂"和"稳定器"。应用企业可以通过加强市场价格预判，持续优化购销策略，建立联动定价机制等措施积极应对。行业组织应继续发挥好桥梁纽带作用，及时向国家有关部门反映行业重点关心的问题并研究提出应对措施，组织上下游企业加强行业自律与交流合作，为促进稀土

市场平稳运行和产业协调发展努力做好服务。

（二）完善稀土废料回收支持政策，促进稀土再生利用集约化发展

加快完善稀土废料回收体系，借鉴美国等发达国家经验，探索建设后端生产者回收责任制。根据拆解市场地域分布情况，研究开展钕铁硼拆解废料中心建设试点工作。鼓励企业依据市场化原则开展兼并重组，加快优质资源整合，并淘汰关停一批产能规模小、技术落后、环境污染严重的企业。推动企业入园，集中开展"三废"处理，实现资源的集约化、高效化、规范化利用，形成布局合理、协调发展、集约增长的产业链。支持企业开展钕铁硼废料回收利用技术的升级换代，聚焦短流程、无污染、能耗低、适用性强、智能化、产品价值高等研究方向，加大科技研发投入，并推动行业相关科技成果转化。

（三）加快标准体系建设，允许海外钕铁硼废料合规进口

为拓展我国稀土原料来源，推动行业可持续发展，要允许企业合规进口海外钕铁硼拆解废料。鼓励企业在海外建设钕铁硼废料拆解回收体系和前处理工序，做好废料无害化处置，将拆解废料转变为中间产品。加快完善制定相关产品标准，明确对产品的制备工艺、外观、成分、放射性、有害物质等要素的规定。配套出台相关支持政策，由工信部、海关总署、生态环境部、商务部和市场监管总局等部门联合发布公告，对上述产品设立独立海关编码，进而符合我国进口管理政策，畅通原料进口渠道。

（四）完善放射性废渣合规处置政策，促进独居石产业绿色化发展

独居石选冶废渣放射性问题具有长期性、紧迫性、复杂性和专业性等特点，为推动相关问题的妥善解决，需要上下齐心、疏堵结合。鉴于上游采选企业跨国别、跨领域的复杂性，要强化对独居石产业链中间环节加工企业的管理。一方面，对存量和新建企业与项目的备案审批明确管理层级和部门，严格新建项目审批，将独居石加工产能控制在合理范围内，进而与国内放射性废渣合规处理能力相匹配，从源头控制企业放射性废渣产出。另一方面，鼓励行业企业加快铀、钍等放射性元素提取工艺的研发升级，推动有价元素的回收并不断拓展钍元素在医疗、核电等领域的消费利用，降低优溶渣中放射性元素含量，减轻后续处理压力。支持行业龙头企业按照市场化原则开展兼并重组，探索社会存量放射性废渣的合规处置方案与路径。与此同时，根据国家有关标准和要求集中建设区域性的稀土冶炼废渣贮存库或填埋库，从选址、设计、建设、运行、关闭等方面统一按技术规划要求实施，有计划、有节奏地消纳存量和新增放射性废渣。

（五）加强督查执法，打击违法违规行为

自工信部等多部门开展稀土行业秩序整顿以来，严厉打击了私挖滥采、偷税漏税、环境污染、违规生产等违法违规行为，挤压了"黑灰稀土"生存空间，规范了市场经营秩序，营造了良好的环境氛围。但在稀土原料价格高企期间，部分违法违规乱象又有所抬头。稀土废料和独居石产业管理政策相对宽松，更是违法违规现象的重灾区。国家部委和地方政府在不断完善管理政策的同时，仍要强化对项目审批不合规、安全环保不达标、偷税漏税、走私等不法行为的监管和查处力度，规范行业秩序，为合规企业开展生产经营活动营造良好的市场环境。

（六）坚持高水平对外开放，不断拓宽发展新空间

要秉持高水平对外开放的基本国策，在推进稀土新型工业化进程中，切实用好国内国际两个市场、两种资源。全行业要积极响应共建"一带一路"倡议，充分发挥亚太经合组织、中国-东盟等多边机制作用，构建多方共赢的国际稀土资源共同体。勇于开拓全球高端消费市场，培育打造世界级稀土品牌，进一步提升国际分工地位，在开放竞争中实现新跨越。同时，行业企业要着力培养复合型国际化人才，积极参与国际规则、规制、管理、标准的制定。以高质量发展、高水平开放，巩固我国稀土产业在全球产业链中的战略地位，不断提升国际影响力和话语权。

撰稿人：陈边防、陈淑芳、何　青、
史文龙
审稿人：彭　涛

2023年有色黄金工业发展报告

一、2023年世界黄金工业发展概述

（一）经济增速整体放缓，国际金价继续震荡走高

2023年以来全球经济增长动力不足，发达经济体增速放缓，新兴经济体整体表现稳定。国际货币基金组织（IMF）、世界银行（WB）、经合组织（OECD）、联合国（UN）四大机构统计，2023年全球经济增速预估分别为3.1%、2.1%、3.1%、2.7%。对于2024年国际经济走势预测，国际货币基金组织最新预计2024年全球经济增速为3.1%，主要原因是中国、美国及一些大型新兴市场和发展中经济体呈现出比预期更强的韧性，同时预计2025年全球经济增速为3.2%。世界银行在全球经济最新展望报告中预计，受货币政策紧缩、全球贸易投资疲软等因素影响，2024年全球经济增速可能只有2.4%，连续第三年放缓，2020—2024年或将成为全球经济30年来增速最慢的五年。经合组织则将2024年世界经济增速预期从2.7%上调至2.9%，维持2025年经济增速预期3%不变，同时认为亚洲地区在2024—2025年仍然是世界经济增长的主要引擎。联合国在2024年世界经济形势和展望中指出，利率维持高位，冲突升级，国际贸易疲软，气候灾害增多，给全球经济增长带来巨大挑战，预计2024年经济增长将放缓至2.4%。

对于国际黄金价格而言，自从2008年国际金融危机后，国际黄金价格开始突破前期850美元/盎司历史高位不断走出新行情，最近几年来国际黄金价格总体围绕1800美元/盎司上下高位波动。受到美联储加息放缓等因素影响，2023年国际金银价格震荡走高；虽然下半年美元反弹和美债收益率走高对金银价格形成一定打压，但10月以来巴以局势升级，避险需求再次推动金银价格大幅反弹，国际国内金价在年内均创下历史新高（见图1）。

2023年上半年，伴随着美国高企的通胀数据、超预期经济数据、市场对美联储货币政策预期变化、欧美银行业风险、美国债务上限等因素的影响，国际金价经历两轮上涨、两轮回调。2023年6月30日伦敦黄金现货收盘价1919.36美元/盎司，较年初上涨96.57美元/盎司，涨幅5.30%；最高价

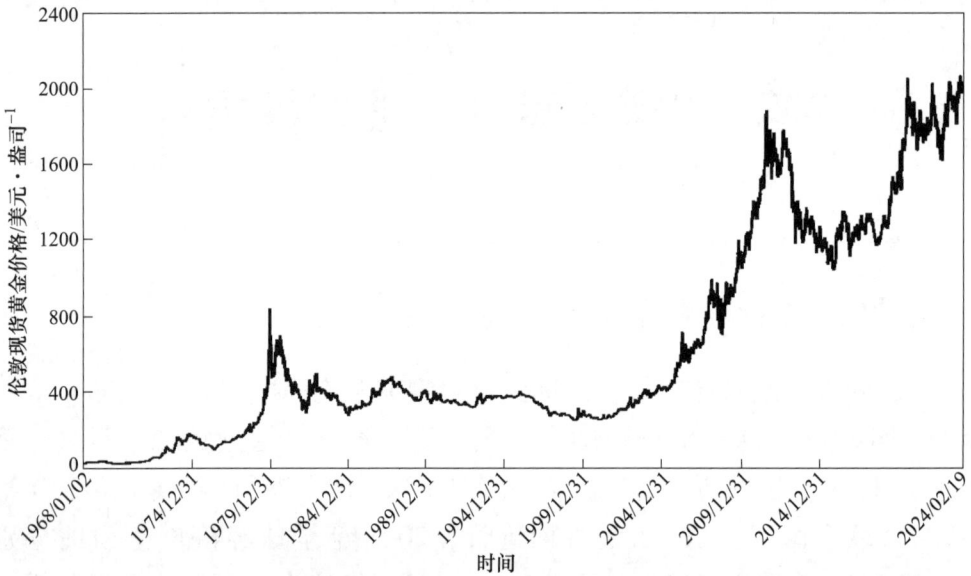

图 1　国际黄金现货价格长期走势图

数据来源：Wind

2081.82 美元/盎司，最低价 1804.50 美元/盎司。进入 2023 年下半年，金价先抑后扬，伴随着美国通胀数据连续回落，美联储加息政策放缓至暂停，美元指数、美债收益率走弱，市场预期美联储将在 2024 年进入降息周期，叠加地缘政策冲突，金价强势上涨，12 月创下历史高点 2146 美元/盎司，全年收于 2062.60 美元/盎司。

2023 年伦敦金银协会（LBMA）黄金现货（下午定盘价）全年均价为 1942.74 美元/盎司，同比上涨 7.88%；2023 年上海黄金交易所 Au99.99 收盘加权平均价为 449.05 元/克，同比上涨 14.97%（见表 1）。

表 1　2019—2023 年来国内外黄金现货均价统计

年份	2019 年	2020 年	2021 年	2022 年	2023 年
国内黄金现货均价/元·克$^{-1}$	312	386	377	392	449
国际黄金现货均价/美元·盎司$^{-1}$	1393	1769	1800	1801	1943
美元兑人民币汇率	6.89	6.89	6.45	6.74	7.05

数据来源：国家外汇管理局、上海黄金交易所（SGE）、伦敦金银协会（LBMA）。

根据世界黄金协会（WGC）统计数据，以美元（USD）、欧元（EUR）、日元（JPY）、英镑（GBP）、加元（CAD）、瑞士法郎（CHF）、印度卢比（INR）、人民币（CNY）、土耳其里拉（TRY）、澳元（AUD）、俄罗斯卢布（RUB）等 19 种货币计价的 2023 年国际黄金现货价格中，土耳其里拉（TRY）计价的黄金价格涨幅最大（年末较年初），达到 80.39%；瑞士法郎（CHF）计价的黄金价格涨幅最小，约 4.43%；人民币（CNY）计价黄金价格涨幅 16.97%。

（二）2023 年世界黄金工业发展概况

1. 世界黄金实物供应量小幅增长 3.09%

世界黄金供应主要来自矿产金、回收金和官方售金，矿产金是世界实物黄金供应的主要部分。2010 年以来，世界各国央行从官方净抛售转为净购买后，官方售金基本停止。

根据世界黄金协会（WGC）数据，2023 年全球黄金实物供应总量为 4898.8 吨，同比增长 3.09%，其中，矿产金产量为 3644.4 吨，同比增长 0.54%；再生金产量 1237.3 吨，同比增长 8.53%（见图 2）。

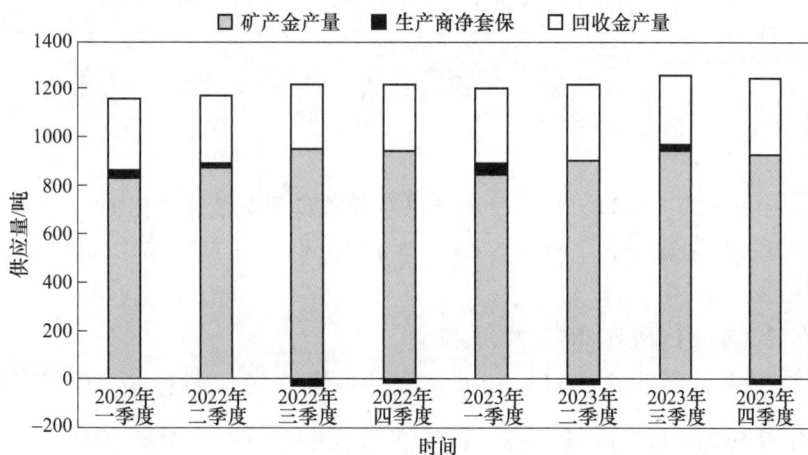

图 2　2022—2023 年各季度全球黄金供应结构变化图

数据来源：世界黄金协会（WGC）、英国金属聚焦公司、北京安泰科信息股份有限公司

2. 世界黄金实物需求下降 5.33%

世界黄金需求包括珠宝首饰、工业需求、金条和金币投资、黄金交易基金产品（ETFs）及相关金融衍生品投资、世界各国央行购买和生产商黄金期货头寸净对冲等。世界黄金协会（WGC）统计，2023 年世界黄金实物需求达到 4448.4 吨，同比减少 5.33%。其中，金饰制造需求量 2168.0 吨，同比下降 1.25%；金条和金币投资需求 1189.5 吨，同比减少 2.71%；工业用金需求量 297.8 吨，同比减少 3.53%；央行与机构投资金需求量 1037.4 吨，同比减少 4.11%；黄金 ETF 及类似产品需求量减少 244.4 吨（见图 3）。

世界黄金协会统计的 2023 年中国、印度、美国为全球前三大实物黄金需求国，需求量分别为 909.7 吨、747.5 吨、304.3 吨，分别同比增长 15.3%、−3.44%、−1.15%（说明：由于统计口径不同，世界黄金协会和中国黄金协会对中国黄金消费需求统计数据略有不同，世界黄金协会仅统计金饰、金条和金币三大类实物黄金需求）。

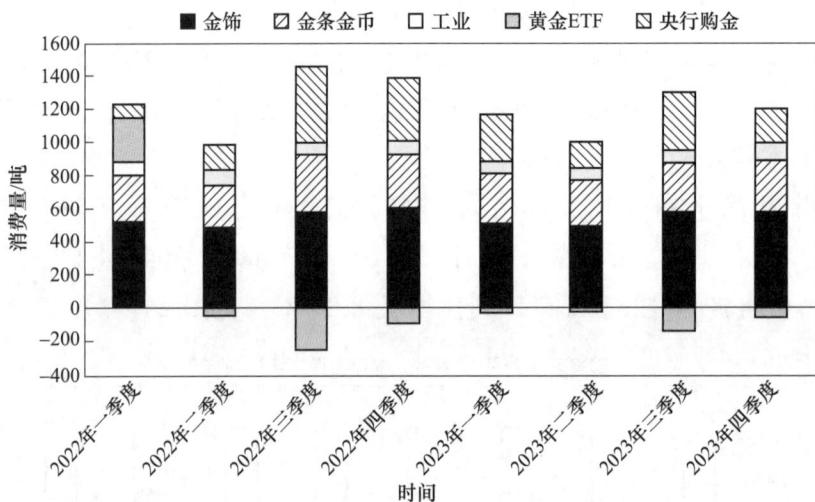

图 3　2022—2023 年各季度全球黄金消费结构变化图

数据来源：世界黄金协会（WGC）、英国金属聚焦公司、北京安泰科信息股份有限公司

3. 世界各国央行机构继续大量购金

2023 年全球央行购金 1037.4 吨（同比减少 4.11%），近十年持续净购入，各国央行为应对经济下行压力、货币体系动荡等风险，从 2022 年开始加速购金。

根据国际货币基金组织（IMF）、世界黄金协会（WGC）数据，2023 年中国人民银行、波兰央行、新加坡央行分别购入黄金 224.9 吨、130.0 吨、76.3 吨，列 2023 年世界各国、地区央行黄金增储前三位；土耳其央行、哈萨克斯坦央行、乌兹别克斯坦央行分别抛售黄金 79.9 吨、57.4 吨、24.6 吨，列 2023 年全球央行黄金抛储前三位。

中国人民银行 2023 年连续 12 个月增持黄金 224.9 吨；截至 2023 年底，我国黄金储备 2235.41 吨；2022 年 11 月至 2024 年 1 月，中国人民银行已连续 15 个月增持黄金。截至 2023 年 12 月，中国人民银行外汇储备达到 3.7238 万亿美元，储备总资产为 3.4497 万亿美元，黄金储备占储备总资产比重为 4.30%。

世界新兴国家地区央行配置黄金主要考虑到安全性、流动性和回报，相对于其他资产如国债，黄金在面对信贷风险时表现更为稳定；黄金具有较强的流动性，年化复合收益率在过去几十年中为 7% 左右。分析人士指出，当前全球政治经济不确定性明显增多，新兴经济体央行合理加大黄金储备有助于分散风险，增强官方储备资产稳定性，增强金融体系发展韧性。去美元背景下新兴经济体央行购金将持续，预计随着人民币国际化的不断推进，从中长期看中国人民银行未来有望继续增持黄金。

4. 世界黄金龙头矿企加速并购，资源资本继续加速向头部企业聚集

最近几年世界黄金行业资源勘探总投资和新发现黄金资源总数量在下降，加上新金矿开发和投资缩减，资源勘探矿业投资不足，全球矿产金产量增产面临瓶颈，国际黄金矿业中长期供应趋向紧张，而世界大型黄金矿业公司则纷纷寻求兼并竞争对手以巩固行业地位，资源及产量向头部企业聚集。普华永道发布《2023 全球矿业报告：重塑的时代》显示，全球矿业市场 40 强企业 2022 年矿业并购活动中，黄金项目并购交易金额占比 34%，较 2021 年降低 36 个百分点；其他关键矿产占比 66%，较 2021 年提高 39 个百分点。关键矿产中，铜矿并购占比 85%（见图 4）。

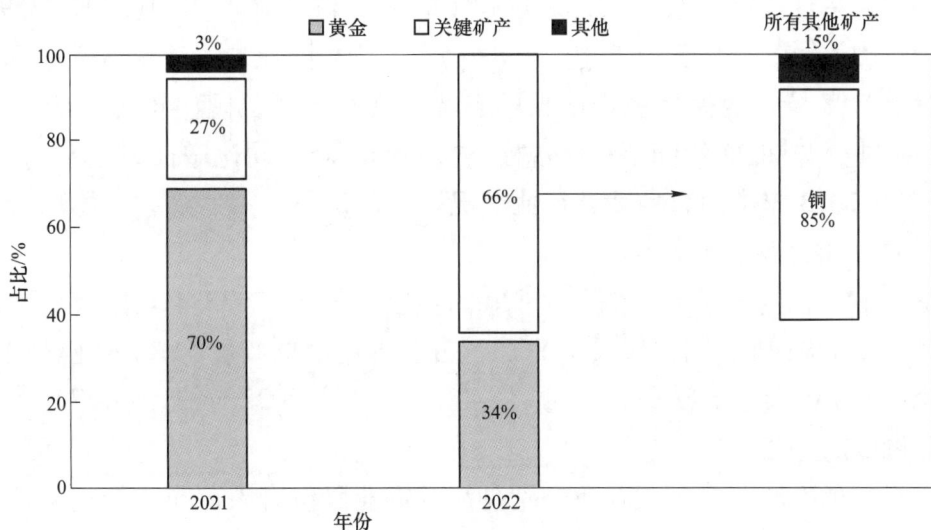

图 4　2021—2022 年世界四十大矿企并购交易金额分矿种占比分析
数据来源：普华永道《2023 全球矿业报告：重塑的时代》

2023 年国际黄金行业有两项重大并购：世界第一大黄金矿业公司——美国纽蒙特公司（Newmont）以 168 亿美元收购世界第八大黄金矿业公司——澳大利亚纽克雷斯特矿业公司（Newcrest Mining）；合并后的新公司黄金年总产量约为 800 万盎司（约 248.83 吨），合并还将使纽蒙特的黄金储量增加 5200 万

盎司（约 1617.38 吨），全球第一大黄金生产企业地位进一步巩固。此外，世界第七大黄金矿业公司——南非金田矿业公司（Gold Fields）和世界第二十大黄金矿业公司——加拿大亚马纳黄金（Yamana Gold）发布公告称，双方已达成最终协议，金田总对价 67 亿美元并购后者全部股份。

二、2023 年中国有色黄金行业发展概况

（一）人民币贬值加上美元指数走弱，国内金价大幅上涨

2023 年国内两大黄金交易所：上海黄金交易所、上海期货交易所金价均出现大幅上涨。上海黄金交易所 Au9999 黄金 12 月底收盘价 479.59 元/克，较 2023 年初开盘价上涨 16.69%，全年加权平均价格为 449.05 元/克，同比上涨 14.97%。而国家统计局网站发布统计数据显示，2023 年人民币平均汇率为 1 美元兑 7.0467 元人民币，比上年贬值 4.5%。

根据中国黄金协会（CGA）数据，2023 年，上海黄金交易所全部黄金品种累计成交量双边 4.15 万吨（单边 2.08 万吨），同比增长 7.09%；成交额双边 18.57 万亿元（单边 9.28 万亿元），同比增长 22.31%。上海期货交易所全部黄金品种累计成交量双边 12.42 万吨（单边 6.21 万吨），同比增长 43.90%；成交额双边 47.76 万亿元（单边 23.88 万亿元），同比增长 55.43%。2023 年国内黄金 ETF 持仓规模呈稳步增长的趋势，截至年底，国内黄金 ETF 持有量约 61.47 吨，与 2022 年同期相比规模增长 10.04 吨，同比增长 19.53%。

（二）2023 年中国有色黄金行业概况

1. 产量继续保持增长

根据中国有色金属工业协会（CNIA）统计数据，2023 年全国有色冶炼厂副产黄金 217.91 吨，同比增长 7.86%，占全国黄金总产量 519.29 吨（中国黄金协会（CGA）统计数据）比重为 42.13%，较 2022 年提高 1.74 个百分点（见图 5）。

全国有色副产黄金 5 大企业分别是江西铜业股份有限公司、金川集团股份有限公司、河南中原黄金冶炼厂有限责任公司、铜陵有色金属集团股份有限公司、云南铜业股份有限公司，其中江西铜业股份有限公司 2023 年黄金产量达到 112.64 吨，位居全国第一。

据中国黄金协会统计数据，2023 年，我国国内原料黄金产量为 375.155 吨，同比增长 0.84%，其中，黄金矿产金完成 297.258 吨，有色副产金完成 77.897 吨。另外，2023 年进口原料产金 144.134 吨，同比增长 14.59%，总计全国共生产黄金 519.289 吨，同比增长 4.31%。

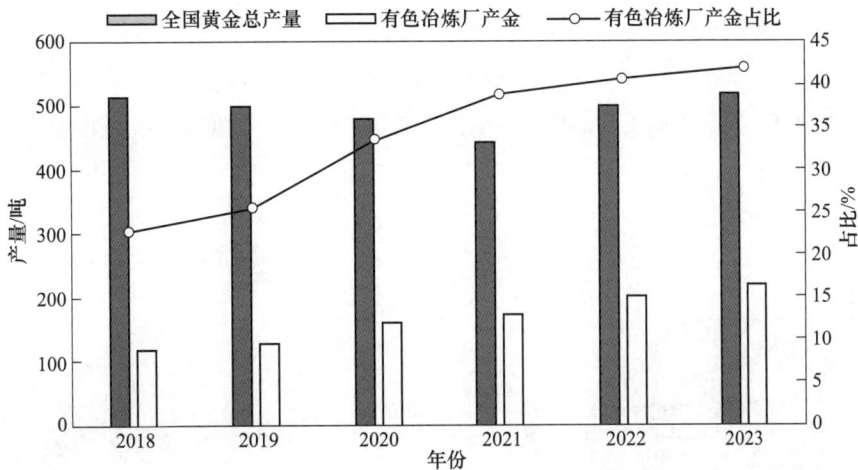

图 5　2018—2023 年中国黄金总产量和有色冶炼厂黄金产量变化图

数据来源：中国黄金协会、中国有色金属工业协会、北京安泰科信息股份有限公司

2023 年我国大型黄金企业（集团）境内矿山矿产金产量为 142.323 吨，占全国矿产金的 47.88%。其中，紫金矿业、山东黄金和赤峰黄金等企业境外矿山实现矿产金产量 60.378 吨，同比增长 18.28%。2023 年紫金矿业集团生产矿产金 67 吨、矿产银 412 吨，位居全国矿产金、矿产银产量第一位。

2. 黄金消费回升同比增长

中国黄金协会统计数据显示，2023 年全国黄金消费量 1089.69 吨，与2022 年同期相比增长 8.78%；黄金首饰 706.48 吨，同比增长 7.97%；金条及金币 299.60 吨，同比增长 15.70%；工业及其他用金 83.61 吨，同比下降5.50%（见图 6）。

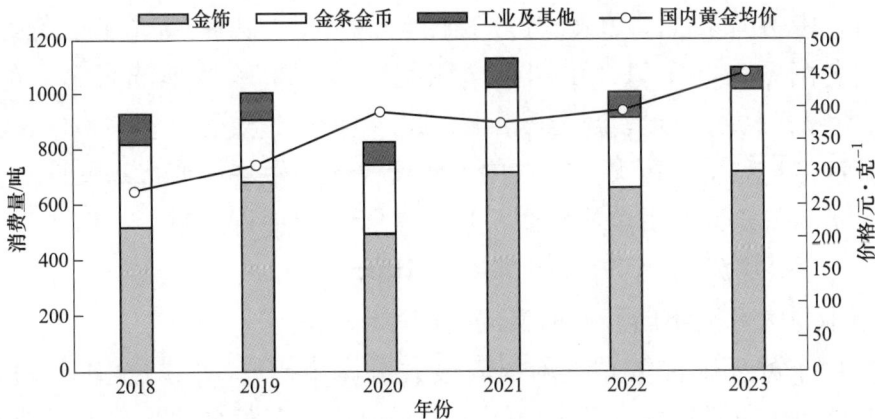

图 6　2018—2023 年中国实物黄金分领域消费量与金价走势图

数据来源：中国黄金协会、上海黄金交易所、北京安泰科信息股份有限公司

2023 年国内黄金消费结构：黄金首饰占比 64.83%、金条金币占比 27.49%、工业及其他领域占比 7.68%（见图 7）。国家统计局数据显示，作为国内黄金最大的消费领域，2023 年国内规模零售企业金银珠宝销售总额 3310 亿元，同比增长 13.3%。

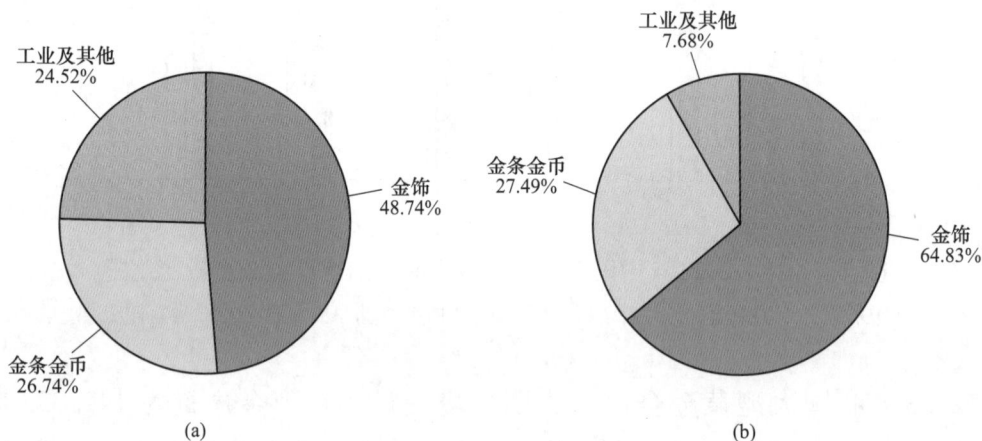

图 7　2023 年世界（a）和中国（b）黄金消费结构分布

数据来源：世界黄金协会、中国黄金协会、北京安泰科信息股份有限公司

贵金属纪念币领域：据中国人民银行贵金属纪念币项目发行计划，2023 年计划发行 10 个项目、62 个品种，其中金币 33 个品种（如果全部发行总计消耗黄金 46.553 吨），银币 29 个品种（如果全部发行总计消耗白银 391.52 吨）；10 个项目包括：2023 吉祥文化金银纪念币、中国书法艺术（草书）金银纪念币、国家宝藏（文明曙光）金银纪念币、中国国家公园（三江源）金银纪念币、中国国家公园（大熊猫）金银纪念币、中华传统瑞兽金银纪念币、中国古代名画系列（千里江山图）金银纪念币、2024 版熊猫贵金属纪念币、2024 中国甲辰（龙）年贵金属纪念币、2024 年贺岁金银纪念币。中国人民银行可根据宣传党和国家重大活动、伟大建设成就、中华民族优秀文化、人类文明成果的实际需要，对贵金属纪念币项目发行计划进行调整。中国人民银行将在项目发行前公告发行量、发行时间等具体信息。

3. 行业重大并购不断，产业格局继续不断改写

（1）山东黄金逾百亿元收购国内最大单体金矿——西岭金矿。山东黄金公告，拟收购控股股东山东黄金集团全资子公司山东黄金地质矿产勘查有限公司所持山东省莱州市西岭村金矿勘探探矿权，转让价共计 103.3 亿元。据公告披露，西岭金矿是国内目前探获的最大的（世界级巨型）单体金矿床，资源

量金矿石量达 1.47 亿吨，其中金金属量为 592.186 吨、金金属平均品位 4.26 克/吨。西岭金矿主要矿体控制最大走向长 1996 米、最大延深 2057 米，矿体最大厚度可达 62.35 米，资源量大、经济性好是西岭金矿的特点；预计可满足生产规模达 10000 吨/日的特大型矿山——三山岛金矿连续满负荷生产 30 年以上，预估潜在经济价值 2000 多亿元。山东黄金称，西岭金矿与山东黄金持有的三山岛金矿进行整合统一开发，将增加公司资源储备和生产规模，协同效应将提升公司盈利能力，且有助于实现山东黄金集团内优质黄金资源的整体上市，同时减少控股股东与公司之间的同业竞争。

（2）中金黄金拟收购莱州中金 100% 股权入主纱岭金矿。中金黄金股份有限公司发布公告称，拟收购控股股东中国黄金集团有限公司持有的莱州中金黄金矿业有限公司 100% 股权和中国黄金集团对莱州中金的债权，交易总价款为 48.60 亿元人民币。其中，莱州中金 100% 股权交易价格为 614.42 万元，中国黄金集团对莱州中金的债权交易价格为 48.54 亿元。

莱州中金下属子公司 1 家，为莱州汇金矿业投资有限公司，拥有纱岭金矿采矿权。纱岭金矿采矿权内保有黄金资源储量矿石量 13411 万吨，金金属量 372 吨，平均品位 2.77 克/吨。目前纱岭金矿项目正在有序推进中，计划建成为年处理规模 396 万吨的大型黄金矿山。2022 年 5 月 26 日，纱岭金矿项目主井掘砌工程以 1551.8 米落底成井，一举创下亚洲竖井一次性掘砌成井最深纪录。2023 年 5 月 6 日，该项目再进一步，副井以 1459 米深度落底成井。当前，项目第二阶段建设大幕已全面拉开。

（3）山东黄金 127 亿元收购银泰黄金获得超 1 亿吨矿石资源。山东黄金（600547）发布公告称，拟通过协议转让方式收购中国银泰投资有限公司、沈国军合计持有的银泰黄金股份有限公司 5.81 亿股人民币普通股股份，约占标的公司总股份的 20.93%，标的股份的转让价格为人民币 127.6 亿元。

此次交易前，银泰黄金的控股股东中国银泰投资有限公司持有银泰黄金 4.01 亿股股份，占银泰黄金总股本的 14.44%；实际控制人沈国军持有银泰黄金 1.90 亿股股份，占银泰黄金总股本的 6.49%；山东黄金不持有银泰黄金股份。此次交易完成后，山东黄金将持有银泰黄金约 5.81 亿股股份，占银泰黄金总股本的 20.93%，成为银泰黄金控股股东。银泰黄金的实际控制人将变更为山东省人民政府国有资产监督管理委员会。银泰黄金共拥有 5 个矿山企业，分别为内蒙古玉龙矿业股份有限公司、黑河银泰矿业开发有限责任公司、吉林板庙子矿业有限公司、青海大柴旦矿业有限公司和芒市华盛金矿开发有限公司。黑河银泰、吉林板庙子、青海大柴旦及华盛金矿为金矿矿山，玉龙矿业为铅锌银多金属矿矿山，这些矿山均为在产矿山。银泰黄金旗下的黑河银泰、吉林板庙子和青海大柴旦均为大型黄金矿山，其中，黑河银泰是国家级绿色矿山，也是国内入选品位较高的金矿之一；吉林板庙子是国家级绿色矿山，也是国内生产管理水平较为先进的矿山之一；青海大柴旦是省级绿色矿山。银泰黄金是国内黄金矿山中毛利率较高的矿企之一；玉龙矿业为国家级绿色矿山，是目前国内矿产银（含量银）最大的单体矿山之一。

2023年11月14日，银泰黄金股份有限公司发布公告，透露公司战略规划目标，以及主要战略举措。主要规划目标包括，到"十四五"末，矿产金年产量12吨，金资源量及储量达到240吨；到"十五五"末，矿产金年产量28吨，金资源量及储量达到600吨以上。公告指出，银泰黄金公司愿景定位是以价值创造为中心、以全球发展为引擎的成长型国际黄金矿业公司。

（4）山东黄金成功竞得甘肃陇南大桥金矿采矿权。山东黄金矿业股份有限公司控股子公司甘肃金舜矿业有限责任公司以86569.56万元成功竞得甘肃省陇南市西和县大桥镇鱼洞村大桥金矿采矿权。

甘肃作为国内黄金资源储量第二大省，其金矿资源主要富集于西秦岭地区。大桥金矿在区域地质上属西秦岭造山带东段，地处南秦岭褶皱带与中秦岭褶皱带的过渡部位，成矿地质条件优越。截至目前，该矿区范围内保有金金属量约42吨，伴生银金属量约116吨，且周边分布多个优质矿权，未来整合后资源储量规模可观。山东黄金矿业股份有限公司是山东黄金集团有限公司控股的上市公司。公司以黄金开采为主业，拥有勘探、采矿、选矿、冶炼（精炼）和黄金产品深加工、销售于一体的完整产业链，并拥有与之配套的科技研发体系，黄金产量、资源储备、经济效益、科技水平及人才优势均居国内黄金行业的领先地位。所辖矿山企业分布于中国山东、福建、内蒙古、甘肃、新疆等省区及南美洲阿根廷、非洲加纳等地，是国内唯一拥有4座矿山累计产金突破百吨的企业，其中三山岛金矿、焦家金矿、新城金矿、玲珑金矿连续多年上榜"中国黄金生产十大矿山"，焦家金矿是全国首家年产金过10吨的矿业企业。大桥金矿采矿权的成功获取，将成为山东黄金在西秦岭地区进行矿产资源整合开发的切入点，对于山东黄金打造陇南黄金资源开发基地、加快区域黄金资源整合及夯实矿产资源储备意义重大。

4.2023年一批重大项目不断开工或者投产

2023年多个大型铜铅冶炼副产金银和加工项目签约在建或者投产。

2023年1月3日，昆明市人民政府和中国铜业有限公司在中铜大厦举行合作框架协议签约仪式，共同推进云南铜业西南铜业分公司王家桥生产基地搬迁相关工作，中国铜业将迁建年产阴极铜 55 万吨生产线，项目目前在建。云铜将在云南省昆明市安宁工业园区东兴东厂址迁建新厂，项目总投资约 64.24 亿元，其中建设投资约 51.94 亿元，流动资金等其他项约 12.3 亿元，项目建设周期约为 23 个月。项目建成后将具备年产阴极铜 55 万吨、硫酸 140 万吨、金锭 11.28 吨、银锭 650 吨的产能，同时生产其他有关副产品。中国铜业王家桥生产基地搬迁主要涉及西南铜业、云铜锌业两家冶炼企业，两个项目迁建计划总投资 87 亿元，建设周期预计 24 个月，建成后将形成每年 55 万吨阴极铜、15 万吨锌锭产能及副产金、银、硫酸等，预计工业总产值 360 亿元。

2 月 14 日，中色大冶弘盛铜业 40 万吨高纯阴极铜清洁生产项目举行投产。该项目总投资 87 亿元，项目达产后，可新增产值 300 亿元，利税 15 亿元。

3 月 23 日，金川集团公司 40 万吨/年智能铜电解项目在甘肃金昌经济技术开发区河西堡工业园区举行开工仪式。项目估算总投资 12 亿元，整体规划设计分两期建设，采用先进不锈钢阴极电解工艺，打造全新的智能电解工厂，项目达产后可新增营业收入 125 亿元，带动就业 200 余人。而位于河西堡工业园的"金川铜冶炼工艺技术提升项目"是"十四五"甘肃省列重大建设项目之一，项目总投资 57.52 亿元，设计混合精矿处理量 153 万吨，其中铜精矿 140 万吨，设计年产铜阳极板 35.8 万吨、黄金 10 吨、白银 150 吨，预计年销售收入可达到 260 亿元以上。项目建成后，金川集团本部铜产业规模将具有 70 万吨铜火法冶炼能力，金川集团阳极泥回收金银原料保障进一步提高。8 月 2 日，金川集团铜业公司铜阳极泥火法系统提升改造项目顺利点火投产，标志着金川贵金属资源综合回收利用进入了新阶段。铜阳极泥火法系统技术提升改造项目是金川集团 2022 年立项的重点技改项目，主要针对铜业公司银硒生产线卡尔多炉产出的熔炼尾料及吹炼尾料、铅铋合金生产线产出的熔析尾料、铂族金属生产线产出的铂族精炼尾料及外购相似料，利用侧吹熔炼工艺综合回收其中的有价金属，实现金、银、铜、锑、铋等稀贵金属的综合回收，处理规模为 31000 吨/年。项目总投资 7618 万元，于 2022 年 9 月启动建设，2023 年 7 月底完成建设并通过验收。

4 月 8 日，西部矿业集团西豫多金属综合循环利用及环保升级改造项目在海西蒙古族藏族自治州格尔木市全面开工。该项目计划投资 20.99 亿元，是青海省"十四五"规划重点项目。该项目将有价多种贵金属进行综合回收，形成年产电铅 20 万吨、金锭 6 吨、银锭 430 吨、硫酸 25 万吨生产能力，同时回收铜、锌、锑、铋、硒、钯等有价金属。

7 月 7 日贵研铂业发布公告，为进一步完善公司全产业链布局，持续增强贵金属资源保障能力，公司全资子公司贵研黄金（云南）有限公司综合保税区分公司拟在昆明综合保税区（空港片区）投资建设"黄金新材料生产线产业化项目"，项目总投资 6931.01 万元。项目通过租赁综合保税区围网内仓库（建筑面积约 2800 平方米）进行建设，将其改造为熔炼取样车间、拉丝车间、造粒车间、铸锭车间、辅助车间、智能中央控制室、金库、辅料库及办公区域等，以建设年产能为 9.6 吨的黄金新材料生产线，其中，金锭 7.68 吨/年、金丝 0.96 吨/年、金粒 0.96 吨/年。

9 月 2 日，江铜国兴 18 万吨阴极铜节能减排项目投产活动举行，该项目总投资 31 亿元，占地 840 亩，采用国际领先的热态三连炉连续顶吹工艺，打造北方最大的铜冶炼生产基地。预计项目达产后，每年可生产阴极铜 18 万吨、黄金 1.87 吨、白银 91.4 吨，2023 年可实现产值 60 亿元，2024 年产值将突破110 亿元。

10 月 23 日，山西中条山有色集团侯马北铜公司首批阳极板成功产出，标志着侯马北铜公司年处理铜精矿 80 万吨综合回收项目工艺流程全系统平稳打通，整个项目实现点火投料一次性成功。项目总投资 35.2 亿元，其中建设投资 27.9 亿元，项目达产后年营业收入 146 亿元，年均利税总额为 4 亿元，净利润 3 亿元。该项目主要产品为阴极铜、金锭、银锭和硫酸等，设计年产阴极铜 20 万吨，是山西省重点建设项目，采用先进的"富氧侧吹熔炼+多枪顶吹吹炼+回转式阳极炉精炼"三连炉连续炼铜工艺，项目达产达标后，中条山集团、北方铜业铜产能将达到 35 万吨。

11 月 6 日，贵研铂业发布公告称，为进一步做大做强稀贵金属综合回收及精深加工产业，公司下属控股子公司永兴贵研拟投资建设稀贵金属绿色循环利用及检测服务项目，项目总投资 2.09 亿元。项目建设周期约 17 个月。规划建设生产线规模如下：银锭生产线生产规模 1980 吨/年，金锭生产线生产规模 20 吨/年，银粉生产线生产规模 1000 吨/年，银珠生产线生产规模 20 吨/年，海绵钯生产线生产规模 6 吨/年，海绵铂生产线生产规模 4 吨/年。

其他项目还有：赤峰富邦铜业节能减排技术升级项目，粗铜产能将由 5.5 万吨/年提高到 10 万吨/年；五矿铜业在年产 10 万吨铜基础上，增加 5 万吨阴极铜产能等。

5. 多项成果获得中国有色金属工业科学技术奖一等奖

中国有色金属工业科学技术奖励工作办公室于 2023 年 12 月 14 日发布公告披露，2023 年度中国有色金属工业科学技术奖初评通过项目 216 项，其中一等奖 99 项、二等奖 93 项、三等奖 24 项。

由贵研铂业股份有限公司研发申报的"芯片用高纯金和高纯铂蒸发材料制备关键技术及应用";由中国地质科学院矿产资源研究所、安徽省地质矿产勘查局 332 地质队、湖北省地质局第一地质大队、中国冶金地质总局中南地质调查院、中国地质调查局烟台海岸带地质调查中心、昆明理工大学、华东冶金地质勘查局综合地质大队、中国科学技术大学联合研发申报的"长江中下游及邻区钨金铜铁多金属成矿系统矿床模型与找矿突破";由有研资源环境技术研究院（北京）有限公司、紫金矿业集团股份有限公司、黑龙江多宝山铜业股份有限公司联合研发申报的"高硫铜比含金铜矿多维度耦合选矿关键技术研发与集成应用"通过 2023 年中国有色金属工业科学技术奖一等奖初评。

其中贵研铂业股份有限公司主导完成的科技成果"芯片用高纯金和高纯铂蒸发材料制备关键技术及应用"获一等奖。该项目针对我国高纯金和高纯铂蒸发材料纯度低、缺陷多、流程长、能耗高等问题，开发出具有自主知识产权的芯片用高纯金蒸发材料规则颗粒短流程制备新工艺，以及化学沉淀除杂—电位调控还原—离子交换—液相还原的全湿法制备高纯铂原料新工艺，流程简短，杂质去除效果好，产品纯度高，且大量减少 NO_x、HCl 等有害物质排放，系国内首创。产品性能均满足芯片制造要求，项目整体技术水平处于国际先进，部分技术指标达到国际领先，实现了高纯金和高纯铂蒸发材料进口替代。此项成果的取得，推动了我国贵金属新材料产业发展，提升了企业市场竞争力，将为下游电子信息产业的可持续发展提供更好的技术及原料保障。

此外"黑龙江多宝山铜金矿外围霍龙门矿集区三维地质建模及深部成矿预测""海下金矿床复杂开采条件下灾害防控关键技术""富氧侧吹转炉绿色回收铅及稀贵渣料成套新设备新工艺技术""分布式多尺度稀贵金属钎焊材料先进制备技术及产业化"等 4 个黄金相关项目通过 2023 年中国有色金属工业科学技术奖二等奖初评。

6. 中国企业海内外金矿投资与并购取得新进展

（1）紫金矿业投资 9700 万美元收购 Solaris Resources 15% 的股份。中国紫金矿业集团子公司通过私募普通股向 Solaris Resources 投资约 1.3 亿加元（约 9700 万美元），Solaris 打算用这笔资金推进其在厄瓜多尔东南部的旗舰 Warintza 铜矿项目。紫金矿业将以每股 4.55 加元的价格购买约 2850 万股 Solaris 股票，比 1 月 10 日收盘价溢价 14%。交割后，紫金矿业将持有这家加拿大公司约 15% 的股份，并将任命一名董事会成员。矿坑内指示资源量为 3.79 亿吨，铜品位为 0.47%，钼品位为 0.03%，金品位为 0.05 克/吨（铜当量品位为 0.59%）。指示资源量为 8.87 亿吨，铜品位为 0.39%，钼品位为

0.01%，金品位为0.04克/吨（铜当量品位为0.47%）。Solaris还在Warintza中部勾勒出一个高品位的起始矿坑，初步探明矿石储量为1.8亿吨，铜品位为0.67%，钼品位为0.03%，金品位为0.07克/吨（铜当量品位为0.82%）。此外，还有1.07亿吨推断矿石，铜品位为0.64%，钼品位为0.02%，金品位为0.05克/吨（铜当量品位为0.73%）。

（2）招金矿业拟要约收购澳大利亚铁拓矿业。招金矿业（1818.HK）发布公告，旗下全资附属公司招金资本已提交要约方声明，将对澳大利亚上市企业铁拓（Tietto Minerals）全部股份进行有条件要约收购。目前，招金矿业及其关联方持有铁拓已发行股本的7.02%，拟按每股目标公司股份0.58澳元的要约价收购目前尚未持有的铁拓所有股份，对价以自有现金的形式支付。根据公开资料显示，铁拓的核心资产为阿布贾金矿，该金矿位于西非科特迪瓦，拥有136万盎司金的储量和383万盎司金的资源量，黄金品位为1.15克/吨。该金矿已于2023年1月产出首金，7月达产，矿山服务年限为9年（从2024年至2032年），年平均产金量可达17万盎司。此外，阿布贾金矿勘探开发潜力大，后续有望通过外围勘探延长矿山寿命。

（3）紫金矿业旗下波格拉金矿全面复产在即。巴布亚新几内亚波格拉金矿的采矿权于2019年8月到期，但根据巴新国家法院判决，波格拉金矿仍可以继续生产，直到巴新政府作出采矿权延期的决策时为止。在2020年4月24日，巴新政府决定不批准波格拉金矿特别采矿权延期申请，导致波格拉金矿处于停产维护状态。紫金矿业于2015年出资2.98亿美元收购BNL 50%的权益，每年按权益归属公司的黄金产量约为8吨。2021年4月9日，BNL与巴新政府就波格拉金矿未来的所有权和运营权签署了具有约束力的框架协议。根据该框架协议，波格拉金矿将由巴新各方和BNL组建的新合资公司持有，其中巴新各方合计持有51%权益，BNL持有49%权益，BNL将继续成为波格拉金矿的运营商。紫金矿业最新披露的公告显示，波格拉金矿已于近日达成全面复产所需的全部前提条件，并于2023年12月22日正式启动复产，随着采矿及选矿等生产系统的恢复运转，波格拉金矿复产后第一批合质金预计将于2024年第一季度产出。波格拉金矿保有黄金资源量417吨，在复产、达产后，矿山预计平均年产黄金21吨，矿山剩余寿命超过20年。按紫金矿业集团公司通过BNL间接持有波格拉金矿24.5%权益计算，归属紫金矿业权益的年黄金产量约5吨，将显著增加紫金矿业的黄金产量，并为紫金矿业带来持续稳定的利润贡献。

7. 多家黄金企业上榜2023年中国500强榜单

根据中国企业联合会、中国企业家协会发布的2023中国企业500强、中国制造业企业 500 强，有色矿业企业依然占据中国企业 500 强榜单的重要位置，此次共有 28 家有色金属企业上榜，其中，黄金企业入围的共有 6 家，分别为：紫金矿业集团股份有限公司营收 2703.29 亿元（排名 100）、山东黄金集团有限公司营收 1370.64 亿元（排名 190）、中国黄金集团有限公司营收 1171.41 亿元（排名 219）、老凤祥股份有限公司营收 630.10 亿元（排名 364）、山东招金集团有限公司营收 564.32 亿元（排名 405）、深圳金雅福控股集团有限公司营收 527.98 亿元（排名 433）。

2023 年《财富》中国 500 强排行榜，有 6 家黄金上市企业入围，包括：紫金矿业集团股份有限公司（营收 2703.29 亿元、排名 51）、中金黄金股份有限公司（营收 571.51 亿元、排名 231）、山东黄金矿业股份有限公司（营收 503.06 亿元、排名 255）、中国黄金集团黄金珠宝股份有限公司（营收 471.24 亿元、排名 274）、贵研铂业股份有限公司（营收 407.59 亿元、排名 307）。

8. 两家黄金矿企在深、港证券交易所上市

3 月 3 日上午，四川容大黄金股份有限公司（股票代码：001337，简称"四川黄金"）上市仪式在深交所西部基地成功举行。"四川黄金"是四川省地质局下属事业单位区域地质调查队控股的公司，四川省地质局为该公司实际控制人。公司由四川省天府容大矿业有限公司、北京金阳矿业投资有限责任公司、木里县国有投资发展有限责任公司、紫金矿业集团南方投资有限公司等十三家股东发起设立，注册资本人民币 4.2 亿元，主营黄金开采，矿产品及矿山机械的经营，矿产地质、工程地质、地质勘查的咨询服务、售后服务等。《四川黄金首次公开发行股票招股说明书》显示，2019 年至 2021 年，在该公司生产的金精矿及合质金产品中，金金属量共计 4.77 吨，营业收入共计 14.47 亿元，净利润共计 4.9 亿元。

12 月 22 日，山东民营黄金矿业公司——集海资源集团有限公司在香港证券交易所成功上市，成为山东烟台 2023 年首家香港上市公司，成为烟台市年内第 5 家上市公司，也是山东省首家在香港上市的民营黄金开采公司。集海资源境内上市主体——烟台中嘉矿业有限公司成立于 2005 年，中嘉矿业是一家集黄金勘探、开采及加工于一体的公司，目前拥有宋家沟露天矿和宋家沟井下矿两座矿山，露天矿许可证产量为 90 万吨/年，井下矿许可证产量为 9 万吨/年。2022 年，按公司的矿山金矿产量计算排名山东省第三位，市场份额为 2.6%。此次首发上市，集海资源公开发行 5 亿新股，发行价格 0.55 港元/股，募集资金 2.75 亿港元，将用于进一步建设采矿基础设施、升级黄金储备、收购优质金矿资产、偿还银行贷款及补充营运资金等。

9. 中国黄金进出口概况

（1）金锭进口情况。长期以来，中国黄金供不应求。中国黄金协会资料显示，2023 年中国黄金产量 519.29 吨，黄金实物消费量 1089.69 吨，实物生产消费缺口为 570.40 吨，生产消费缺口主要靠进口和民间去库存来弥补。

香港特区政府数据显示，2021 年内地从香港净进口黄金 339.618 吨，2022年净进口 340.104 吨，2023 年净进口 481.401 吨，同比增长 41.55%。

中国黄金协会数据显示，2020 年黄金进口量 179.33 吨，2021 年黄金进口量 673.16 吨，2022 年黄金进口量 552.00 吨。世界黄金协会统计数据，2023年中国黄金进口量达到 1430 吨。

（2）含金精矿进口情况。中国长期以来是含金精矿进口大国。除了进口金银精矿外，还大量进口富含黄金的铜精矿、铅精矿、锑精矿等，国内众多有色副产金来自进口铜、铅、金、银、锑等精矿。海关总署公布数据显示，2023年中国大陆累计进口银矿砂及其精矿 161.49 万吨，同比增长 12.80%；2023 累计进口其他贵金属矿砂及其精矿（金精矿+铂族金属精矿）223.45 万吨，同比增长 51.50%（见表 2）。

2023 年，从秘鲁、俄罗斯、保加利亚、加拿大、墨西哥、澳大利亚、巴西、印尼、厄瓜多尔等 9 国进口其他贵金属矿砂及其精矿超过 10 万吨；其中从秘鲁进口量达到 34.75 万吨，占当年中国其他贵金属矿砂及其精矿总进口量的 15.55%。

表 2　2019—2023 年中国进口含金精矿实物量统计　　　　（万吨）

年份	其他贵金属矿砂及其精矿（金精矿+铂族金属精矿）	银矿砂及其精矿	铜精矿	铅精矿	锑精矿
2019 年	118.44	65.56	2199.00	161.24	6.27
2020 年	115.37	88.40	2178.73	133.45	4.28
2021 年	126.28	109.88	2340.43	120.21	3.39
2022 年	147.49	143.17	2527.06	101.30	2.90
2023 年	223.45	161.49	2753.55	113.98	3.52
2023 年同比/%	51.50%	12.80%	8.96%	12.52%	21.38%

资料来源：海关总署。

（3）黄金珠宝首饰出口情况。海关总署统计数据显示，2019 年中国出口金首饰及零件 177.9 吨，2020 年出口量为 72.9 吨，2021 年出口量为 113.55吨，2022 年出口量为 135.69 吨，2023 年出口金饰及零件 157.53 吨，同比增长 38.73%。

三、黄金产业相关政策

（一）《产业结构调整指导目录（2024年本）》发布

2023年12月27日国家发改委发布《产业结构调整指导目录（2024年本）》，自2024年2月1日起施行。《产业结构调整指导目录（2019年本）》同时废止。《产业结构调整指导目录》是引导社会投资方向，政府管理投资项目，制定实施财税、信贷、土地、进出口等政策的重要依据。《目录》由鼓励、限制和淘汰三类目录组成，上述三类之外且符合国家有关法律、法规和政策规定的为允许类不列入《目录》。《目录》作为一项基础性、综合性产业政策，涉及行业多、涵盖领域广，自发布以来，在加强和改善宏观调控、引导社会资源流向、促进产业结构调整和优化升级等方面发挥了重要作用。

其中列入最新黄金产业鼓励类目录有：（1）黄金深部（1000米及以下）探矿与开采、智能化采选、氰化尾渣及含氰废水无害化处置、低氰或无氰提金；（2）黄金尾矿（渣）及废石综合利用（回收有价元素、用于回填、制酸、建材等）；（3）黄金冶炼有价元素高效综合利用（难处理矿石选冶回收率不小于75%；低品位矿石选冶回收率不小于65%（不含堆浸）；当黄金与其他矿物共生时，综合利用率不小于70%；当黄金与其他矿物伴生时，综合利用率不小于50%）。

列入最新黄金产业限制类目录有：（1）日处理金精矿200吨（不含）以下的原料自供能力不足50%（不含）的独立氰化项目（生物氰化提金工艺除外）；（2）日处理矿石300吨（不含）以下的无配套采矿系统的独立黄金选矿厂项目；（3）日处理金精矿200吨（不含）以下的无配套采矿系统的独立黄金冶炼厂火法冶炼项目；（4）1500吨/日（不含）以下的无配套采矿系统的独立堆浸场项目；（5）日处理岩金矿石300吨（不含）以下的露天采选项目、100吨（不含）以下的地下采选项目；（6）年处理砂金矿砂30万立方米（不含）以下的砂金开采项目；（7）在林区、基本农田、河道中开采砂金项目。

列入最新黄金产业淘汰类目录有：（1）混汞提金工艺；（2）小氰化池浸工艺，土法冶炼工艺；（3）无环保措施提取线路板中金、银、钯等贵重金属；（4）日处理能力50吨（不含）以下采选项目；（5）整体矿石汞齐化；露天焚烧汞合金或经过加工的汞合金；在居民区焚烧汞合金；在没有首先去除汞的情况下，对添加了汞的沉积物、矿石或尾矿石进行氰化物浸出。

（二）工信部等七部门印发《有色金属行业稳增长工作方案》

工信部、国家发改委、财政部、自然资源部、商务部、海关总署、国家粮食和储备局等七部门近日联合印发《有色金属行业稳增长工作方案》，提出 2023—2024 年，有色金属行业稳增长的主要目标是：铜、铝等主要产品产量保持平稳增长，十种有色金属产量年均增长 5% 左右，铜、锂等国内资源开发取得积极进展，有色金属深加工产品供给质量进一步提升，供需基本实现动态平衡。营业收入保持增长，固定资产投资持续增长，贸易结构持续优化，绿色化智能化改造升级加快，铜、铅等冶炼品单位能耗年均下降 2% 以上。力争 2023 年有色金属工业增加值同比增长 5.5% 左右，2024 年增长 5.5% 以上。目前国内黄金产量超过 40% 伴生于铜铅等有色金属副产，铜铅等有色金属行业的稳增长，必将推动副产黄金平稳生产。

（三）自然资源部、财政部、国税总局联合修订印发《矿业权出让收益征收办法》

《矿业权出让收益征收办法》延续之前的大部分条款，并结合征收管理实际情况，对部分条款进行了细化、调整和补充；在征收管理体制上，促进征收管理政策与时俱进；在出让收益征收方式上，减轻了企业的支付压力；在缴款和退库上，提升了管理和服务效果；在新旧政策衔接上，分类明确了新老矿业权的出让收益征收政策。《办法》对法定的 173 个矿种，将具有重要战略作用、勘查风险较高、对产业链影响较大的 144 个矿种纳入《矿种目录》，主要按矿业权出让收益率方式征收，包括所有的能源、金属、宝玉石、水气和大部分非金属矿种。对砂石土类等勘查风险较低或可直接出让采矿权的矿种，未纳入《矿种目录》，仍按金额方式征收。

（四）其他涉及黄金产业的重要产业政策

2023 年国家还出台了以下涉及黄金的重点产业政策。

2023 年 12 月 18 日工信部发布的《重点新材料首批次应用示范指导目录（2024 年版）》，涉及贵金属重点新材料产品有：高性能键合金带、丝，超细球形银粉和超细银包铜粉，银反射膜，高可靠性封装的金锡合金，医疗钛镍丝带材及铂合金丝材等。

2023 年 12 月 7 日中国人民银行公布 2024 年贵金属纪念币项目发行计划，2024 年将发行 10 个项目、53 个品种。10 个项目包括：中国极地科学考察金银纪念币、中国纸币千年金银纪念币、2024 吉祥文化金银纪念币、国家宝藏（启蒙奠基）金银纪念币、东北虎豹国家公园金银纪念币、应县佛宫寺释迦塔金银纪念币、2025 版熊猫贵金属纪念币、2025 中国乙巳（蛇）年贵金属纪念币、中山大学建校 100 周年金银纪念币、2025 年贺岁金银纪念币等。

其他涉及黄金（贵金属）产业相关产业政策：《有色金属行业低碳技术发展路线图》正式发布，工信部修订印发《国家工业遗产管理办法》，《有色行业智能制造标准体系建设指南（2023 版）》印发，第五批专精特新"小巨人"企业培育启动，新修订的《生态环境行政处罚办法》7 月 1 日起施行，《工业重点领域能效标杆水平和基准水平（2023）》发布，国家发改委发布《关于做好 2023 年降成本重点工作的通知》，六部门联合印发《氢能产业标准体系建设指南（2023 版）》，《关于实施促进民营经济发展近期若干举措的通知》，十部门印发《绿色低碳先进技术示范工程实施方案》，《第一批前沿材料产业化重点发展指导目录》印发中共中央办公厅、国务院办公厅发布《关于进一步加强矿山安全生产工作的意见》，《国家碳达峰试点建设方案》发布，《加强危险废物规范化环境管理有关工作的通知》发布，国务院常务会议通过《中华人民共和国矿产资源法（修订草案）》，央行等八部门联合发布支持民营经济 25 条，工信部、国家发改委、财政部、自然资源部、生态环境部、国资委、市场监管总局、中国科学院、中国工程院等九部门联合印发《原材料工业数字化转型工作方案（2024—2026 年）》，国家发改委、市场监管总局《关于进一步加强节能标准更新升级和应用实施的通知》，工信部发布《国家鼓励的工业节水工艺、技术和装备目录（2023 年）》等。

四、中国黄金产业发展需要重点关注的问题

（一）黄金资源开发与生态保护问题矛盾依旧突出

黄金工业的废水、废气、废渣主要来源于生产的三个过程：采矿作业、选矿作业和提金作业。而提金传统工艺普遍采用氰化法，而氰化物有剧毒；有色冶炼副产金银生产原料阳极泥涉及危废问题，而电子废弃物等所含黄金贵金属二次回收原料涉及固废等环境问题，黄金行业生产废水、废气、废渣（特别是氰化尾渣）等排放处理面临国家环保日趋严格的监管。

黄金开采过程会产生大量的废渣、废水、废气等有害物质，对水体和生态环境造成污染；废渣堆积也会占用大量土地，并可能侵蚀土壤、破坏植被；黄金冶炼中涉及耗水量大、废水处理难度大、废气回收减少氮氧化物排放等问题；回收黄金原料如电子垃圾等中含有多种有害物质，电子垃圾的处理也涉及环境保护问题；我国加大了对生态资源与环境的保护力度，强调"加强生态文明建设，走可持续发展之路"，黄金产业发展与环保之间的平衡问题依然突出。

（二）黄金生产消费缺口巨大，黄金产业对外依存度过高

2023 年中国黄金总产量 519.29 吨，实物黄金总消费量 1089.69 吨，黄金生产与实物消费缺口为 570.40 吨，对外依存度约 52.35%，黄金生产与实物消费缺口主要靠进口和民间库存弥补。

世界黄金协会数据显示，2023年中国黄金进口量达1430吨，同比增长6.48%，进口量达到2018年以来最高水平。中国黄金产量生产无法满足国家战略和广大人民实物消费投资需求，中国黄金生产消费缺口巨大、黄金产业对外依存度过高，这是当前中国黄金工业产业发展面临的最大、最突出问题，这也给中国黄金矿业带来巨大投资机遇。

（三）黄金产业发展进程与中国作为世界第二大经济体地位不符

中国作为世界最大的黄金生产及消费国，黄金工业发展与世界经济地位不匹配：（1）黄金现货、期货主要由伦敦金银市场协会（LBMA）、纽约商品交易所（COMEX）等定价，中国亟需扩大在全球黄金定价方面的影响力；（2）作为世界第二大经济体，中国人民银行黄金储备占外汇比重（4.3%）相较于发达国家依然较低（美国69.9%、德国69.1%、法国67.3%）；（3）中国黄金矿企，与世界黄金巨头之间仍有差距（资源储量、矿产金产量、海外资源的布局与控制权等）。（4）国内珠宝品牌，在品牌影响力上，尚无法与世界知名黄金珠宝品牌竞争等。

五、中国黄金产业下一步发展重点

2023年以来，由于受到地缘政治冲突、主要国家通胀高企、高利率、债务上升，以及部分国家货币政策紧缩、金融业出现爆雷等影响，全球经济增长动力不足，发达经济体增速放缓，而新兴经济体整体表现稳定。面对全球错综复杂的政治、经济局面，中国加速推进"一带一路"建设、畅通国内经济大循环，加快构建新发展格局，着力推动高质量发展。2023年人民币汇率在合理均衡水平上保持基本稳定，在全球主要货币中表现相对稳健，发挥了宏观经济和国际收支自动稳定器功能，而黄金在不断支撑人民币国际化和维护金融市场秩序。展望2024年，预计全球经济复苏将依旧疲软，主要经济体增长态势和货币政策走势将进一步分化。欧美央行大概率结束本轮紧缩货币周期，美元指数可能将逐步走弱，流向新兴经济体的跨境资本有望增加；而国际原油市场短缺格局或延续，新能源发展或成为重点；而区域地缘政治冲突持续，各新兴经济体央行购金持续，黄金价格重心有望继续走高，黄金产业地位不断增强。新时期中国黄金产业下一步发展重点主要有以下几个方面。

（一）大力发展黄金产业，将黄金产业发展提升到国家战略层面

我国从2007年起连续17年成为全球最大黄金生产国、消费国。伴随着人民币国际化进程，黄金在国家储备中地位不断加强，这是基于国家外储多元化、人民币国际化、维护国家信用声誉的需要。在国家战略层面，建议新时期国家重新审视黄金的货币经济、社会地位与融通作用，积极倡导大黄金产业发展观，将黄金产业发展上升为国家战略，注重黄金产业发展与自然生态的和谐，绿水青山就是金山银山。建议尽快建立涉及国家宏观经济、金融投资管理、自然资源、环保、工业、商业零售、外贸、物资储备、物流押运、黄金相关各个行业机构组织等在内的黄金产业发展统一协调机制（如部级联席机制）；倡导建立国家黄金产业发展基金、黄金科技发展专项基金、黄金金融创新基金或者加大国家重点科技研发黄金科研项目立项，加强海外并购国际产能合作、注重风险防范、完善"一带一路"沿线等区域海外大型核心黄金资源并购协调机制，继续加强对黄金行业软硬科学基础研究资助与投入和黄金行业智库建设，立足长远推动全国黄金产业可持续健康发展。

（二）加强海外资源并购，深化黄金行业全产业链的改革

我国虽然是世界黄金最大的生产消费国，但长期以来黄金实物供应存在较大的缺口，对外依存度高，保障黄金产业链安全和供应韧性是全行业亟需解决的关键问题，因此大力提高黄金产量和供应量、增强产业链安全是发展要务。目前国内黄金原料供应短缺，进口原料黄金产量呈上升趋势；而全球黄金生产主要还是集中在发达国家和其黄金矿业公司。鉴于黄金产业的特殊性，深化黄金行业全产业链的改革势在必行，建议继续优化调整黄金矿产开发政策、综合回收政策、进出口政策、税收政策等，强化对黄金产业发展的支持；支持通过市场化的兼并重组，推动行业结构调整，增强国家对黄金勘探与资源开发的控制力，支持国内黄金资源继续向头部企业集中；同时扶持国内大型黄金企业参与国际化竞争，进行海外黄金资源收购，提升中国国家黄金产业的国际地位。

在海外金矿资源投资国际化开发方面，基于金矿与铜矿等通常伴生，铜矿、金矿又是中国海外固体矿产资源开发的两大矿种，建议充分发挥"中国有色金属国际产能合作企业联盟"等机构作用，推动有色企业海外并购铜矿资产时适度重点关注含金品位高、黄金储量大的铜矿；而目前中国企业还很少在海外完全收购控制并开发世界级金矿资源，这点需要走出去的有色、黄金、金融、基建、物流、军工等系统企业协同努力。另外，建议充分发挥国家开发银行、中国进出口银行、中非基金、丝路基金、亚洲基础设施投资银行、金砖国家银行、各大商业银行、中国五矿集团等金融机构和矿业骨干央企综合优势，充分利用国家"丝绸之路经济带"和"21世纪海上丝绸之路"等发展战略，利用综合力量合力支持企业进行海外金矿等资源开发，积极布局从点到面形成海外金矿等资源开发的成片成带多层次化。

（三）不断完善黄金产业政策与市场制度，继续鼓励藏金于民

为促进我国黄金产业、黄金市场发展，建议把黄金资源提高到国家战略资源的高度进行管理，制定黄金产业长期发展战略，扶持黄金企业的发展，鼓励民间黄金投资，规范黄金市场管理，制定与生态保护相关的可持续发展的财税支持政策；同时不断完善黄金市场制度，如完善上海黄金交易所、上海期货交易所的交易制度，打造继伦敦、纽约之后的又一国际化黄金交易及定价中心，提高我国黄金市场的国际影响力与竞争力，助力上海国际金融中心的建设战略；推动商业银行黄金业务发展，充分引导商业银行参与到黄金现货、期货的交易与流通环节，如黄金远期、租赁等业务，丰富黄金市场产品；加快制定黄金市场的相关法律法规，规范黄金市场秩序，维护投资者权益等。

新时期黄金货币属性在回归，黄金产业地位与作用面临重估。在黄金市场管理制度完善方面，建议中国人民银行、国家金融监督管理总局、中国证监会等监管机构在新时期加强对黄金作为一种资产财富类别的管理与培育，盘活存量黄金，加强黄金金融创新（如推出黄金 ETF 产品、互联网黄金金融产品等），提高黄金产品流动性和投资便利性，完善藏金于民渠道，积极藏金于民。从法律、制度、黄金投资渠道等方面，鼓励国民参与黄金投资，增加民间黄金储备，提供民间黄金流动性，扩大内需，发展多元黄金产业及金融市场。

撰稿人：石和清、盛　文
审稿人：唐武军

2023年白银工业发展报告

一、2023年世界白银工业发展概述

（一）现货供应略有下降

金属聚焦（Metal Focus）预计，因矿产银产量有2%的跌幅，2023年全球白银总现货供应量同比将下降1.5%到31135吨（见表1）。

表1　2021—2023年世界白银市场供应

类别	供应量/吨			同比/%
	2021年	2022年	2023年	
矿产银	24354	26033	25505	-2.0
再生银	5443	5568	5630	1.1
现货供应	**29797**	**31601**	**31135**	**-1.5**
政府抛售	62	62	62	0.0
总供应	29859	31663	31197	-1.5

数据来源：金属聚焦（Metal Focus）。

2023年，全球疫情防控放开，矿山步入正常运营，但部分地区突发罢工事件，以及矿山矿石品位下降，导致矿产量同比下降2%到25505吨，主要生产国墨西哥、秘鲁和阿根廷产量的降幅最大。

二季度至三季度期间，纽蒙特公司旗下位于墨西哥的Peñasquito矿山因爆发罢工而暂停生产，导致墨西哥的白银产量有近500吨的损失。前三季度，Peñasquito矿山银产量同比下降59%。MMG旗下Las Bambas、Glencore旗下Antapaccay等矿山受社区封锁道路及大规模抗议活动的影响，导致秘鲁一季度矿产增产节奏一度放缓。

2023年独立银矿产银因新项目的投产，同比将有增长。Fresnillo公司旗下Juanicipio矿山的调试工作按计划于一季度完成，三季度实现满产。Juanicipio矿山前三季度白银产量较上一年同期增加86吨。因俄罗斯Udokan矿山投产，产量入市，铅锌矿山的副产白银产量也将有所增加。Coeur Mining位于内华达

州的罗切斯特矿山扩产项目于 9 月投产，2022 年该矿山的产量占到 Coeur Mining 白银总产量的 31%。

金属聚焦（Metal Focus）预计，2023 年再生银产量将连续第四年小幅增长，同比增长 1%到 5630 吨。贡献来自因环保执法力度加强，促使含银工业废弃物回收量增加；以及环氧乙烷废弃催化剂回收量增加；另外，银价的上涨也鼓励了废料的入市。

智利参议院 5 月中旬修改了《矿业权利金》法案。原法案规定，对年产量超过 5 万吨的大型铜矿公司从价征收 1%的平税，如果营业利润为负，则不征收；并且，根据矿企经营利润的 8%~26%采取浮动税率。修改后的法案新增：矿山铜年产量在 5 万~8 万吨的企业其最高税负为 45.5%，年产量超过 8 万吨的企业，基于"调整后的采矿经营应纳税额"最高税负率不超过 46.5%。此外，该法案还规定，如果某个矿业企业的生产过程中发生环境污染事件，或者对当地社区造成了影响，政府有权暂停或取消其矿业权。该修改法案将于2024 年生效。长期来看，此法案将促进矿企更好地履行社会责任，支撑智利矿业可持续发展；但短期内将增加矿山的运营成本。预计 2024 年铜矿产出的减少将影响智利矿产银的产出。

（二）现货需求同比下降 9%

金属聚焦（Metal Focus）预计，2023 年，世界白银现货需求同比下降8.9%至 35520 吨（见表 2）。工业领域的增幅为其他领域需求的下降所抵消。

表 2　2021—2023 年世界白银市场需求

类别	需求量/吨			同比/%
	2021 年	2022 年	2023 年	
首饰和银器	6874	9611	6874	−28.5
现货投资	8522	10357	8180	−21.0
工业用银	17387	18164	19657	8.2
现货需求	33654	38972	35520	−8.9
生产商净对冲	124	560	0	−100.0
总需求	33778	39532	35520	−8.9

数据来源：金属聚焦（Metal Focus）。

在光伏、新能源车、电网等行业的增量支持下，2023 年全球工业用银同比增长 8.2%到 19657 吨，创下历史新高。但印度首饰和银器需求的大幅下滑，拖累全球首饰和银器用银同比分别下降 22%和 47%。投资情绪的低迷也使得实物投资同比下降21%，是三年来的低点。其中印度和德国的降幅最大，同比分别下降了46%和58%。

（三）印度白银市场需求疲软

印度政府2月1日宣布，将已精炼白银进口关税提高到15%，粗银（用于精炼白银）进口关税提高到14.35%，以便白银的关税结构与黄金保持一致。白银制品的进口关税从22%提高到25%。印度政府提高白银进口关税后，以卢比计价的银价应声上涨，创下历史新高。

卢比计价银价的高企及大幅震荡，打压了银饰和银器制造商和消费者的需求。企业在补充库存上持极端谨慎的态度。5月婚礼季节期间，当地价格高于重要的心理价位70000卢比/千克，抑制了需求情绪。6月银价跌破70000卢比/千克，需求有所回暖；但价格在7月初重返70000卢比/千克。进入9月的婚礼和节日季节，相关购买量增加；同期本地银价跌至7个月的低点，需求急剧回升。印度白银进口开始增加，10月印度白银进口量达1829吨，创下2008年以来单月进口量的新高。但由于2022年的高库存，处于高位的卢布计价的银价，以及受到印度降雨分布不均影响的农民收入抑制的农村消费者的购买意愿，2023年印度市场整体需求疲软。

据金属聚焦（Metal Focus）估算，2023年印度主要需求领域中银器的需求跌幅最大，达到60%，创下年度最大跌幅；其次是银饰品和零售投资，同比分别下降50%和46%。因高企的银价和剧烈的波动，消费者不得不放弃银盘及其他克重大的装饰性银器，转向克重小的银勺和银碗等。

（四）投资/投机情绪向淡

2023年，白银ETPs继续净流出，流出速度比上年有所下降。年底持仓22571吨，比上年减少了1213吨，低于2022年2570吨的净流出量。美国商品期货交易委员会（CFTC）公布的芝加哥商品交易所（CME）期货持仓数据显示，2023年白银市场管理基金的净头寸以多头头寸占优，但多头、空头头寸均不及往年。

年初，中国疫情政策转变鼓励多头情绪，但印度购买力的疲弱打击了投资者的买兴。3月大规模空头回补推升多头头寸，空头头寸下降近半。比较来看，白银ETPs持有量稳中略降。5月短线投资者的减持使得净多头头寸大幅减少。6月下旬市场认为银价超卖，技术性投资者买兴升温；7月CME多头头寸触及自2022年4月以来的最高，但7月下旬银价面临新的下行压力，短线投资者减持多头头寸。同期，白银ETPs持仓量连续数月减少，到年底已降到近4年的低位。

美联储维持鹰派立场和美国经济保持韧性，使得市场调整对美国货币政策的预期，金价和银价在10月上旬大幅走跌。金银比价扩大到6个月的高点。战术性投资者买兴升温，11月投资者持有的多头头寸创下4个月的高点，加上空头回补，净多头寸创下年内最高。年底银价上涨引发获利了结，多头、空头头寸均下降。

2023年，美国铸币厂银币销售达到762.8吨，同比增长53.6%。背后的推动因素有：（1）3月地区性银行危机爆发后，投资者对避险资产的兴趣升温。由于担忧银行账户里存款的安全性，民众不愿意回售其所持的银条和银币，因此回售量很低。同时投资者加速买入实物白银。（2）俄乌战争的持续，激发了避险情绪。（3）美国国内通胀继续处于高位。（4）银价走高吸引投资者买兴。旺盛需求推高银币溢价，2023年美国鹰洋银币的售价比现货银价高出80%~90%。

2023年，西欧实物白银投资大幅下降，澳大利亚珀斯铸币厂银币银条销售量同比下降35.7%到463.4吨。跌幅主要来自德国，德国废止原有的边际税政策，严重冲击了对白银的投资需求。德国是欧洲最大的实物白银投资市场，银币在德国白银零售投资市场中的占比高达85%。原因是政府对非欧盟国家产银币给予税收优惠。该税收优惠政策于2014年推出，进口此类非欧盟产银币可以先只缴纳7%的增值税，之后再按银币购买和销售价的差额征收19%的增值税。相比之下，德国在售的其他所有白银投资产品都按其全价征收19%的增值税。2022年9月30日，德国政府突然宣布将废止该税收优惠待遇。从2023年1月1日起，非欧盟产银币也按其全价征收19%的增值税。此举严重损害了对白银的投资需求。除销售税改变外，其他因素也冲击了德国实物白银需求。首先，欧洲央行连续多次加息后，2023年德国银行开始上调个人储户的存款利息，使投资者重新评估，是否应将存款留在银行。这与前几年负利率影响存款的情况形成鲜明对比。其次，由于德国公众对俄乌局势和高通胀消息逐渐习以为常，其对持有避险资产的渴望也有所降温。最后，银价运行缺乏明确的方向，也导致投资者买入白银的积极性较弱。

（五）纽约金属交易所（COMEX）白银库存连续第三年下降

截至2023年底，COMEX白银库存比前一年减少了443吨（下降4.9%）到8643吨，连续第三年下降；伦敦金银市场协会（LBMA）的白银库存同比增加了246吨（或0.9%）到26402吨。

上述两个交易所的白银库存在2021年创新历史纪录，此后持续下降，2023年的库存合计与高点比较，减少了12145吨（或下降25.7%）（见图1）。

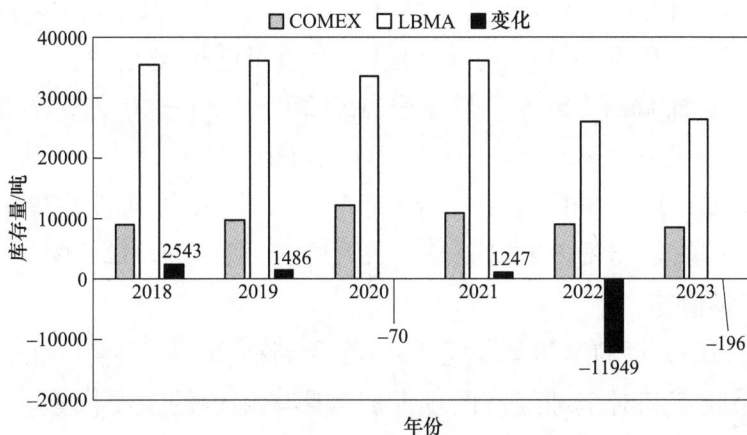

图 1　COMEX 和 LBMA 白银库存及变化

数据来源：COMEX，LBMA

（六）世界白银现货市场平衡

金属聚焦（Metal Focus）数据显示，2023 年世界白银现货市场供应及需求均有下滑，市场维持供应短缺的格局，缺口比前一年收缩了 3546 吨，从 7869 吨减少到 4323 吨（见表 3）。

表 3　2021—2023 年世界白银现货市场平衡表　（吨）

年份	2021 年	2022 年	2023 年
总供应	29859	31663	31197
总需求	33654	38972	35520
市场平衡	−3919	−7869	−4323
ETPs 库持有量变化	1152	−2570	−1313
库存变化（COMEX、LBMA）	1247	−11949	−196

数据来源：金属聚焦（Metal Focus），万得（Wind）。

（七）世界白银贸易情况

印度是世界最大的白银制品消费国，也是世界主要的白银进口国。2022 年印度白银进口量创下 9450 吨的历史纪录。2023 年进口量同比剧降 63%，仅 3475 吨。2023 年的进口量较过去十年间的年均进口量低了近 40%。主要原因有：印度政府提高白银进口关税导致国内银价大幅上涨，卢比计价银价高企且大幅震荡，打压了银饰和银器制造商和消费者的需求。加上 2022 年结转的高库存，2023 年上半年进口尤其疲软，零售商的库存就足以满足市场需求。随着库存的消耗，四季度婚礼和节日季节到来，国内需求上升，生产商开始大量进口白银。2023 年总进口量的近 75%来自于四季度。10 月，叠加银价下跌，进口量同比飙升 92%至 1829 吨，创出月度进口量的历史纪录。

美国地质勘探局（USGS）数据显示，2023 年 1—10 月，美国进口银锭 3250 吨，同比增长 6.2%；进口银粉 260 吨，同比增长 19.3%；进口废料 4980 吨，同比增长 32.1%。同期，出口银锭 51 吨，同比下降 75.7%；出口银粉 410 吨，同比下降 13.5%；出口废料 1.3 万吨，同比增长 12.7%。

（八）市场价格

在经历了 2022 年的激进紧缩之后，美联储在 2023 年停止加息。2023 年，美联储的货币政策和对全球经济的预期成为影响银价的主要因素。全年的最高点和最低点均在上半年完成，下半年银价区间震荡（见图 2）。

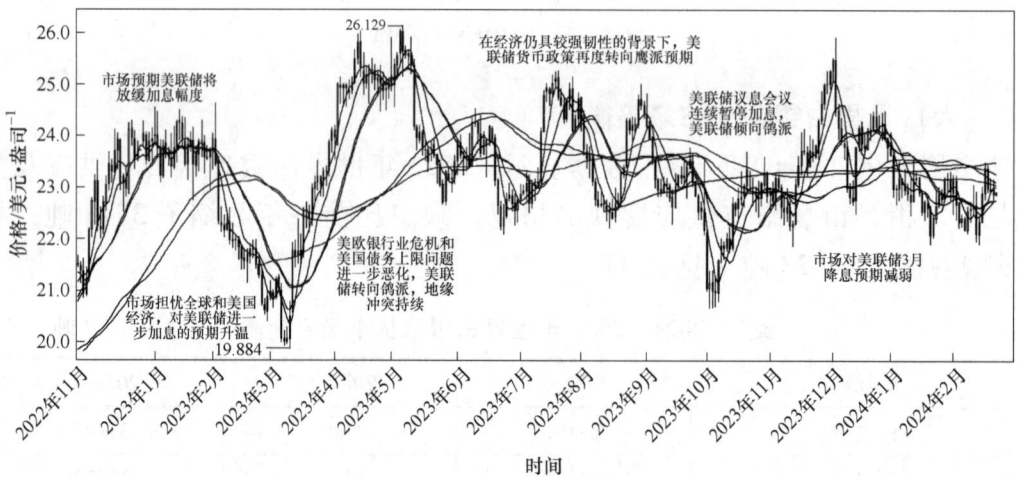

图 2　国际现货银价走势

数据来源：万得，北京安泰科信息股份有限公司（以下简称"安泰科"）

年初，在经历了自 2022 年开始的连续加息后，由于通胀压力缓和，市场预期美联储将放缓加息幅度；美元指数大跌，刷新 7 个月低点；美债收益率大幅走弱；金价上涨突破 2000 美元/盎司；银价得以维持 2022 年底的涨幅。美国 1 月经济数据偏弱，市场担忧全球和美国经济，对美联储进一步加息的预期升温。银价走跌，在 3 月 8 日创下年内现货银价的最低价 19.9 美元/盎司。

二季度初，美欧银行业危机和美国债务上限问题进一步恶化，市场担忧美国银行业系统性危机，美联储主席鲍威尔发言转向鸽派；叠加地缘冲突持续的影响，提振现货金价刷新历史高点，现货银价也在 5 月 4 日创下 26.1 美元/盎司的年内高点。

7 月，美欧银行业危机和债务上限问题逐步得到解决。7 月的议息会议如期加息 25 个基点，与市场预期一致。三季度，在美国强势经济数据和通胀反弹的带动下，美债收益率创下年内新高，美元反弹，连续 11 周上涨，在 10 月初涨至年内高点。在经济仍具较强韧性的背景下，美联储货币政策再度转向鹰派预期，银价震荡回落。

进入四季度后，美元指数对中东局势升级、美债收益率上行等利好因素的反应有所钝化。美国 10 月通胀数据的降温超出预期，美联储议息会议连续暂停加息；美联储主席鲍威尔称利率已进入限制性区间，被市场解读为倾向鸽派。同时美联储官员的表态也出现分歧；部分官员则表示，如果通胀回落，则有望在 2024 年开启降息周期。美债收益率和美元指数双双走低，国际金价年内第二次刷新历史纪录。银价也走出一波次于二季度的反弹行情。

2023 年伦敦金银市场协会（LBMA）银报价年均价 23.5 美元/盎司，同比上涨 8%。

二、2023 年中国白银工业发展现状

（一）产量同比下降 5.2%

据中国有色金属工业协会（CNIA）初步统计，2023 年，我国白银产量同比下降 5.2% 到 22755 吨（见表 4）。

表 4　2021—2023 年中国白银产量

年份	2021 年	2022 年	2023 年	同比/%
产量/吨	23418	23992	22755	−5.2

数据来源：中国有色金属工业协会，安泰科。

我国白银矿产量主要来自基本金属铅、铜、锌的副产。

据安泰科铜部调研：2023 上半年，铜精矿加工费处于较高水平，且维持上涨态势，盈利水平鼓励了冶炼厂的生产积极性。在原料供应充足的情况下，新建产能和检修复产产能陆续释放，上半年矿产铜的产量超出了预期。四季度精矿加工费出现下滑，但整体仍处于较高水平；同期的硫酸价格稳定在年内较好水平，冶炼厂积极性较高。但铜阳极泥中含银平均品位有所下降，部分抵消了增量。总体看，2023 年矿产铜的产量同比增长 7.4%。

据安泰科铅锌部调研：2022 年市场过剩的铅精矿库存结转到 2023 年，市场供应充足，推高了精矿加工费，冶炼厂生产积极性提高。加上新增产能和部分技改项目产能的持续释放，2023 年，国内矿产铅的产量同比增长 4.4%。

2023 年上半年，在疫情防控优化、原料供应相对充足、利润刺激等因素

的共同作用下，多地锌冶炼厂的开工率显著提升，单月产量持续走高。三季度，冶炼厂进入常规检修，叠加部分地区受高温限电影响减产，产量略有下滑。四季度，多数冶炼厂进行冬储，并开启追产，原料供需呈现前松后紧。2023年，矿产锌的产量同比增长8.3%。

（二）消费同比增长31%

安泰科估计，2023年我国白银总消费量同比增长31%到10800吨（见表5），贡献主要来自光伏用银的增长。

表5　2021—2023年中国白银现货消费量

年份	2021年	2022年	2023年	同比/%
现货消费量/吨	8072	8235	10800	31

数据来源：安泰科。

随着欧美各国持续推进能源结构转型，2023年海外光伏装机需求旺盛。2023年5月，拜登否决众议院有关取消美国对从柬埔寨、马来西亚、泰国和越南采购的太阳能组件关税豁免的决议，短期内来自东南亚四国的光伏产品将继续享受美国的关税减免政策。9月，出于应对全球气候变化及能源安全方面的考虑，欧洲议会正式将2030年的可再生能源目标从40%提高到42.5%，修正案草案仍以可再生能源占比45%作为参考目标，其中太阳能发电装机容量将达到6亿千瓦，需求缺口显著。其他新兴市场也持续推进能源转型。

国家能源局发布的数据显示，2023年，我国新增光伏并网装机容量216.88吉瓦，同比增长148%，不仅创出历史新高，且几乎为2019—2022年4年的新增装机之和，也在当年全球新增装机容量中占比超过50%。下半年组件价格的暴跌，鼓励了2023年国内新增装机量的大幅增长。2023年以来，随着新增产能陆续释放，产业链供需开始出现重大转变，从硅料到组件价格逐级下跌。6月开始，组件企业开始掀起价格战，且愈演愈烈。10月，有光伏企业在项目投标中，其双面双玻单晶PERC组件价格首次投出低于1元/瓦的价格。12月，中核汇能2023年至2024年第二次光伏组件集采开标，收到的最低报价为0.862元/瓦。在此次招标中，除了一家公司标价超过1元/瓦，其他企业报价均低于1元/瓦。对电力企业来说，组件价格越低，收益率反而越高。下半年组件价格的暴跌，鼓励了新增装机量的大幅提高。

国际能源署最新报告显示，2023年全球太阳能光伏新增装机容量有望达到375吉瓦，同比增长31.8%。中国是全球最大的光伏组件生产国和出口国。2023年全球光伏组件产能超过1太瓦；其中，中国光伏产能占比超过80%。

我国在光伏产业链主要生产环节产能的全球占比均超过80%，生产了全球90%以上的多晶硅和98%的太阳能硅片、85%以上的太阳能电池及80%以上的光伏组件。全球新增装机容量的大幅增长，积极推动了国内光伏用银的需求增长。

工信部数据显示，2023年我国电子信息制造业生产恢复向好，出口降幅收窄，投资平稳增长。2023年，规模以上电子信息制造业增加值同比增长3.4%，增速比同期工业低1.2个百分点，但比高技术制造业高0.7个百分点。2023年，主要产品中，手机产量15.7亿台，同比增长6.9%，其中智能手机产量11.4亿台，同比增长1.9%；微型计算机设备产量3.31亿台，同比下降17.4%；集成电路产量3514亿块，同比增长6.9%。

国家统计局数据显示，2023年中国汽车产量同比增长9.3%到3011万辆；其中新能源车产量944万辆，同比增幅达到30.3%。新能源汽车新车销量达到汽车新车总销量的31.6%，较上一年同期增长了6个百分点。

2023年全年，全国家用电冰箱产量9632.3万台，同比上涨14.5%；空调产量24487万台，同比增长13.5%；家用洗衣机产量10458.3万台，同比增长19.3%。

国家统计局数据显示，2023年全国房地产开发投资完成额同比下降9.6%，但商品房现房销售面积同比增长了18%，是自2021年以来的最大增幅。2023年，社会消费品零售总额同比增长7.2%，其中金银珠宝类商品零售类值同比增长13.3%，增幅主要来自黄金类产品。

（三）市场价格

国内银价基本跟随国际价格走势，汇率变化影响趋势幅度（见图3和图4）。

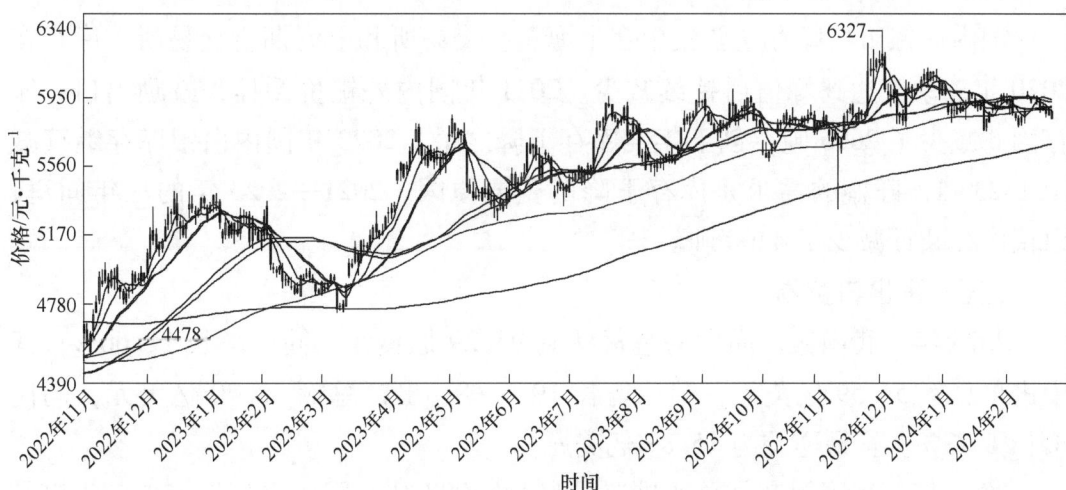

图3　上海黄金交易所 Ag(T+D) 价格趋势

数据来源：万得，安泰科

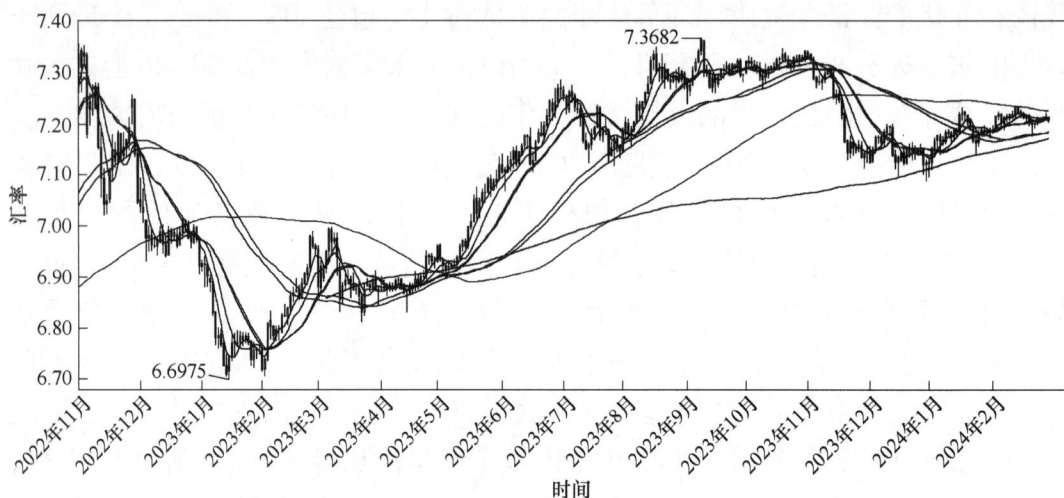

图 4　美元兑人民币汇率

数据来源：万得，安泰科

2023 年，人民币汇率波动起伏较大，呈现先升后贬再升的特点。年内经历了较长时间的贬值阶段，在岸和离岸汇率一度跌破 7.35，创近 15 年来的最低水平。11 月下旬以来，人民币汇率逐渐企稳回升。2023 年人民币兑美元的中间价由 2022 年底的 6.96 贬值至 2023 年 12 月 29 日的 7.08，人民币兑美元中间价全年贬值 1.7%。受汇率影响，国内银价整体涨幅大于国际银价。2023 年上海黄金交易所 Ag(T+D) 年均价 5545 元/千克，同比上涨 17%。

（四）库存持续下降

国内白银市场库存主要集中在上海黄金交易所和上海期货交易所。库存在 2020 年三季度达到峰值后持续减少。2021 年国内外银价倒挂，鼓励出口，库存因此减少了 2605 吨，创下年度库存下降之最。2023 年国内白银库存继续减少 1523 吨，旺盛的需求是库存下降的主要原因。2021—2023 年的三年间里，白银库存共计减少了 4400 吨。

（五）进出口贸易

2023 年，我国银产品贸易总额达到 93.29 亿美元，同比增长 11.66%；其中进口总额 54.59 亿美元，同比增长 19.97%；出口总额 38.70 亿美元，同比增长 1.73%。贸易逆差为 15.89 亿美元。

2023 年，我国银产品总的进口量为 1486007 吨，同比增长 3.55%；出口量为 8389 吨，同比增长 5.10%。进口的增长贡献主要来自银精矿和银锭。

2023 年，银精矿进口量同比增长 3.56% 到 148.3 万吨；2020 年以来，国内外铅价呈内弱外强趋势，加工费难以覆盖铅冶炼成本，铅精矿进口持续处于亏损状态。冶炼厂多依靠副产品收益实现盈利，冶炼厂进口银精矿的积极性很高。从进口贸易方式来看，银精矿主要是进料加工和一般贸易两种形式，上述两种贸易在总进口量中占比高达 91%。

2023 年银锭出口同比增长 2.92% 到 4028 吨，银锭的出口以进料加工贸易为主，占总贸易量的 95%。出口的银锭 99% 流入香港。

2023 年 12 月 25 日，商务部等 10 部门联合印发《关于提升加工贸易发展水平的意见》。意见从六个方面提出 12 项政策措施。其中，在鼓励开展高附加值产品加工贸易方面，提出支持先进制造业和战略性新兴产业加工贸易发展。该政策将鼓励白银深加工领域提升高附加值产品的加工贸易活动。

（六）中国白银现货市场供需情况

2021—2023 年，我国白银消费量以 16% 的年均复合增长率增长，光伏产业的快速增长是白银消费增长的主要驱动力。市场库存在 2020 年抵达历史峰值后，持续下降（见表 6）。

表 6　2021—2023 年中国白银市场供需情况

年份	2021 年	2022 年	2023 年
产量	23418	23992	22610
消费量	8072	8235	10800
银锭净出口	4445	3687	3699
库存	4249	3978	2455
银价①	5259	4721	5574

数据来源：海关总署、中国有色金属工业协会、安泰科、上海黄金交易所、上海期货交易所。
①上海黄金交易所白银 T+D 价格。

三、政策环境分析

（一）多项财政政策接续出台，积极支持先进制造业发展

1 月 3 日，工信部等六部门发布《关于推动能源电子产业发展的指导意见》。8 月 3 日，工信部等四部门印发《新产业标准化领航工程实施方案（2023—2035 年）》，主要聚焦新兴产业与未来产业标准化工作，形成"8+9"的新产业标准化重点领域。8 月 15 日，工信部印发《制造业技术创新体系建设和应用实施意见》，旨在全面把握制造业技术现状，有效开展技术攻关、成果转化和先进适用技术推广。8月18日，财政部、税务总局发布《关于设备、器具扣除有关企业所得税政策的公告》。8月28日，财政部、商务部和税务总局发布《关于研发机构采购设备增值税政策的公告》，继续对内资研发机构和外资研发中心采购国产设备全额退还增值税。9月6日，财政部、税务总局发布《关于先进制造业企业增值税加计抵减政策的公告》。9月18日，财政部、税务总局、国家发改委、工信部发布《关于提高集成电路和工业母机企业研发费用加计扣除比例的公告》。12月27日，国家发改委发布《产业结构调整指导目录（2024年本）》，自2024年2月1日起施行。12月29日，工信部等八部门印发《关于加快传统制造业转型升级的指导意见》。

（二）搭建高质量供给体系，稳产业、育企业、建标准，激发工业增长内生动力，工信部会同有关部门制定十大重点行业稳增长工作方案

7月19日，发布《轻工业稳增长工作方案（2023—2024年）》。8月9日，发布《电力装备行业稳增长工作方案（2023—2024年）》。8月10日，发布《电子信息制造业2023—2024年稳增长行动方案》。8月15日，印发《制造业技术创新体系建设和应用实施意见》，旨在全面把握制造业技术现状，有效开展技术攻关、成果转化和先进适用技术推广。8月17日，发布《机械行业稳增长工作方案（2023—2024年）》。8月18日，发布《石化化工行业稳增长工作方案》。8月21日，发布《钢铁行业稳增长工作方案》。8月21日，印发《有色金属行业稳增长工作方案》，其中提出，加快战略资源开发利用；针对铜、铝、镍、锂、铂族金属等紧缺战略性矿产，加大国内勘查开发力度；加强重点产品保供稳价。8月22日，发布《建材行业稳增长工作方案》。8月25日，发布《汽车行业稳增长工作方案（2023—2024年）》。

（三）为深入实施扩大内需战略，充分发挥消费对经济发展的基础性作用，不断增强高质量发展的持久动力，多项政策出台扩大消费

1月1日，国家发改委副主任赵辰昕表示，2023年，把恢复和扩大消费摆在优先位置，更多渠道增加城乡居民收入支持住房改善、新能源汽车、养老服务等推动重点领域和大宗商品持续恢复。5月17日，国家发改委、国家能源局联合印发《关于加快推进充电基础设施建设 更好支持新能源汽车下乡和乡村振兴的实施意见》。6月19日，财政部、税务总局、工信部等三部门联合发布《关于延续和优化新能源汽车车辆购置税减免政策的公告》。7月20日，国家发改委等部门印发《关于促进汽车消费的若干措施》的通知。7月31日，国务院办公厅转发国家发改委《关于恢复和扩大消费措施的通知》。

（四）多项政策鼓励光伏产业高质量发展

1月3日，工信部等六部门发布《关于推动能源电子产业发展的指导意见》。6月2日，由国家能源局组织11家研究机构编制而成的《新型电力系统发展蓝皮书》发布。8月3日，工信部等四部门印发《新产业标准化领航工程实施方案（2023—2035年)》。8月17日，国家发改委等六部门发布《关于促进退役风电、光伏设备循环利用的指导意见》。12月，工信部发布《太阳能光伏产业综合标准化技术体系（2023版)》(征求意见稿)。

四、当前中国白银工业发展的建议

（一）着力培育优势企业，壮大新质生产力主体，实现贵金属制造高质量发展

在全球创新版图重构及我国经济转向高质量发展阶段的背景下，加快梯度培育专精特新中小企业、专精特新"小巨人"企业、高新技术企业、单项冠军企业和独角兽企业。推动中小企业创新发展，将更多企业作为新质生产力培育主体。

当前，世界制造业产业竞争格局正在发生重大调整。产业高速发展的时期已经过去，后疫情时代来临。贵金属产业应深入实施创新驱动发展战略，发展新质生产力，全面提升行业科技创新和成果转化运用能力，主动服务国家重大战略部署，发扬企业家精神，攻克"卡脖子"难关。以现有研发技术为基础，以市场开发为根本保障，以技术创新为发展根基，实现产业的突破式发展。

（二）产业海外转移下的战略性思考

无论是因成本上升、贸易战、产能过剩、终端市场变化等因素，还是全球产业分工的推动，"一带一路"倡议下的发展机遇，近几年，一些行业的产能已经开始向国外转移，如光伏行业、电子市场等。白银深加工行业中也有企业走出了国门，如触头、银浆等行业的生产企业开始在海外设立分支机构。

产能的转移，必然带动产业链的变动。与此关联的企业，在产业链变动的背景下，面临或者已经开始新的战略思考与布局。

（三）发挥产业集群优势，提升产业竞争力

经过二十多年的快速发展，白银产业已经形成了以湖南郴州、河南济源、云南、浙江、广东等主要生产基地为代表的产业集群，为白银产业链供应安全和稳定起到积极的支撑作用。

生产企业和其所在地政府对于产业链延伸的需求，推动了所在地园区经济的发展，积极建设产业集群。产业集群的建设，推动了区域经济的发展和区域

竞争力的加强，有效聚集了信息、技术、人才和资金等生产力，为发展创造了良好的条件。产业集群资源的内部循环，提高了生产效率和经济效率。

撰稿人：靳湘云
审稿人：唐武军

2023 年硅工业发展报告

2023 年是全面贯彻党的二十大精神的开局之年，是三年新冠疫情防控转段后经济恢复发展的一年，也是扎实推进中国式现代化的开局之年。按照中央经济工作会议作出的重要部署，坚持稳中求进，提振市场信心，把实施扩大内需战略同深化供给侧结构性改革有机结合起来，有效防范化解重大风险，实施发展质的有效提升和量的合理增长是产业发展的中心任务。我国有色金属工业及硅产业面临着难得的发展机遇，也遇到了严峻的挑战。2023 年，我国硅产业增势迅猛，有力保障了光伏产业的高速增长，为国家经济的稳定运行提供了重要支撑，但也面临着产能阶段性、结构性供需错配的风险。

一、2023 年硅产业运行现状

（一）工业硅企业生产运行情况

据初步统计，2023 年底我国工业硅装置产能为 600 万吨/年，同比增长 5.3%；全年产量为 370 万吨，同比增长 13.8%，我国工业硅产能利用率为 61.7%。考虑到川滇地区季节性生产、各地区实际生产情况及无效产能，我国工业硅有效产能为 450 万吨/年，实际产能利用率为 82.2%。分地区来看：新疆产量领跑全国，全年产量达 179 万吨，占到国内总产量的 48.4%。云南、四川产量居第二、第三位次，全年产量分别为 64 万吨和 36 万吨，分别占到国内总产量的 17.3% 和 9.7%。新疆、云南、四川三省总产量为 279 万吨，占国内工业硅总产量的 75.4%（见表 1）。

表 1　2021—2023 年中国工业硅产能产量情况

地区	2021 年		2022 年		2023 年	
	产能 /万吨·年$^{-1}$	产量 /万吨	产能 /万吨·年$^{-1}$	产量 /万吨	产能 /万吨·年$^{-1}$	产量 /万吨
云南	115	48.8	120	62.2	120	64.3
新疆	170	120.6	220	137	230	179.1
四川	81	41.8	80	42.3	80	36.0
贵州	14	3.9	10	5.9	10	2.9

续表1

地区	2021年		2022年		2023年	
	产能/万吨·年⁻¹	产量/万吨	产能/万吨·年⁻¹	产量/万吨	产能/万吨·年⁻¹	产量/万吨
湖南	14	5.9	12	4.5	12	1.8
甘肃	18	9.4	18	8.8	32	14.1
福建	25	7.1	25	10.1	25	6.5
内蒙古	—	—	35	—	35	17.7
其他	63	32.5	85	54.6	56	47.5
总计	500	270	570	325	600	370

数据来源：中国有色金属工业协会硅业分会、北京安泰科信息股份有限公司。

我国工业硅产量排名前10家企业产量共计216万吨，占到了全国总量的58.4%。其中，合盛硅业全年产量126万吨，位列全国第一，占国内总产量的34.1%。协鑫集团和东方希望分列第二、第三，产量分别为22.5万吨及17.3万吨，全国占比分别为6.1%与4.7%。新安化工产量12.1万吨，占比3.3%，位列第四。永昌硅业产量突破10万吨大关，全国占比为2.7%，位列第五。

（二）多晶硅企业生产运行情况

据初步统计，2023年全球多晶硅产量达到159.7万吨，同比增长70.3%。分国别来看，全球各国产量均有不同程度的增长，其中中国产量增幅明显。2023年我国产量为147.1万吨，同比增长81.4%（见表2）。

表2 2021—2023年中国多晶硅产能产量情况

年份	总产能		总产量		分企业产量/万吨					占比/%
	数量/万吨·年⁻¹	同比/%	数量/万吨	同比/%	永祥	协鑫	新特	大全	亚硅	
2021年	51.9	23.72	49.0	23.59	10.7	10.2	7.7	8.2	2.2	79.59
2022年	116.3	124.1	81.1	65.5	25.2	15.7	11.8	11.5	5.5	85.94
2023年	210	80.6	147.1	81.4	37.4	29.3	19.8	19.1	10.9	79.31

数据来源：中国有色金属工业协会硅业分会、北京安泰科信息股份有限公司。

截至2023年底，全球多晶硅有效产能225.6万吨/年，净增94.1万吨/年，同比增长71.6%，成为历年来有效产能环比增幅排名第二的年份。2023年底我国多晶硅产能为210万吨/年，同比增长80.6%，国内17家在产多晶硅企业中，全部企业达到万吨级规模。6家年产能在10万吨以上企业包括永祥股份、协鑫科技、新特能源、新疆大全、亚洲硅业、东方希望，产能共计163.1万吨/年，占国内多晶硅总产能的77.7%。

2023年全球产能净增量大部分来自中国，海外产能增加5000吨/年。中国产能增量主要来自协鑫科技、新特能源、包头大全、永祥股份、亚洲硅业、东方希望、鄂尔多斯、内蒙古东立、青海丽豪、润阳新能源、新疆晶诺、宝丰能源、弘元绿能、合盛硅业、新疆其亚等新建和扩建的释放，15家企业新增产能共计94.1万吨/年。

（三）硅片企业生产运行情况

据初步统计，截至2023年底，全球硅片产能达到930吉瓦/年，同比增长64%，其中中国产能为910吉瓦/年，同比增长63.38%（见表3）。2023年全球产能新增量的94.2%来源于中国，海外新增产能占5.8%。2023年全球硅片产量600吉瓦，其中中国产量590吉瓦，同比增长78.6%，占全球总产量的98.3%。产量排名前五的硅片生产企业（隆基绿能、TCL中环、晶科能源、高景太阳能、双良硅材料）产量共计412.2吉瓦，全球占比达到68.7%，较上年下降约3.9个百分点，主要原因是2023年专业化企业扩产节奏加快，行业集中度降低。

2023年底全球在产硅片生产企业增加至27家，全部来自中国。目前国内产能相对饱和，企业转而在海外布局产能，其中隆基绿能、晶科能源、晶澳太阳能3家企业分别在马来西亚合计布局5吉瓦产能，在越南布局15吉瓦产能，同时部分企业积极规划了包括沙特、美国、欧洲等项目，未来硅片全球化布局将成为趋势。

表3　2021—2023年全球分企业硅片供应情况　　　　　（吉瓦）

国别	企业	2023年		2022年	2021年
		有效产能	产量	产量	产量
中国	隆基绿能	187	127.8	88.42	67
中国	TCL中环	180	120	73.4	44.4
中国	晶科能源	100	70.8	40.6	26.3
中国	高景太阳能	60	50.3	24.7	20.85
中国	双良硅材料	55	43.3	16.8	0.4
中国	其他企业	328	177.8	85.08	63.25
海外		20	10	7	2
合计		930	600	336	224.2

数据来源：中国有色金属工业协会硅业分会、北京安泰科信息股份有限公司。

二、硅产品市场价格走势

（一）工业硅价格走势

2023 年，我国工业硅价格承压运行，区间震荡，保持相对平稳态势，全年冶金级工业硅价格在 12900~18690 元/吨波动，化学级工业硅价格在 14390~20700 元/吨波动，工业硅全年综合价格为 15694 元/吨，同比下滑 25.1%。一季度，疫情防控全面放开，市场预期普遍向好，但春节过后国内需求未如预期爆发，叠加经济承压，下游采购订单较少，价格下行；二季度，除多晶硅行业需求维持增长外，其余下游需求明显疲软，工业硅价格进一步下跌；三季度，市场在前期价格下行情况下，情绪悲观，叠加丰水期西南地区电价下降预期，硅价继续下跌，后期国内大厂开始检修，且多晶硅新增产能投放，补库需求增加，价格小幅探涨；四季度，国内市场需求不及预期，工业硅价格开始窄幅震荡，叠加 11 月工业硅期货仓单集中注销，硅价继续下行，直到 12 月初，工厂在成本压力下，挺价提价意愿强烈，硅价止跌企稳，小幅上涨（见图 1）。

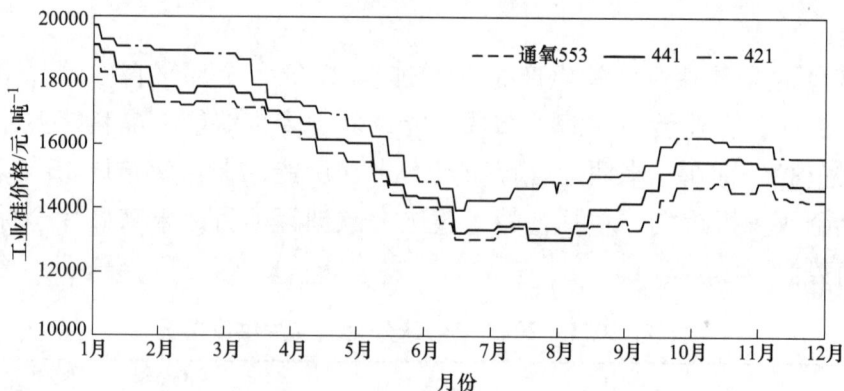

图 1 2023 年 1—12 月中国工业硅价格走势图

数据来源：中国有色金属工业协会硅业分会、北京安泰科信息股份有限公司

（二）多晶硅价格走势

2023 年我国硅料价格整体呈"急涨急跌"走势。1—3 月呈上行走势，单晶致密料成交价从 17.62 万元/吨上涨至 24.01 万元/吨，累计涨幅为 36.3%。3 月初到 7 月上旬价格出现大幅跳水，单晶致密料价格一度下跌至 6.57 万元/吨，累计跌幅达到 72.6%。从 7 月中旬开始至 11 月初价格出现小幅回暖，致密料价格回升至 8.04 万元/吨，累计涨幅达到 22.4%。11 月至 12 月底，价格再度下跌，一度跌破企业综合成本。全年单晶致密料价格同比下跌 65.7%（见图 2）。

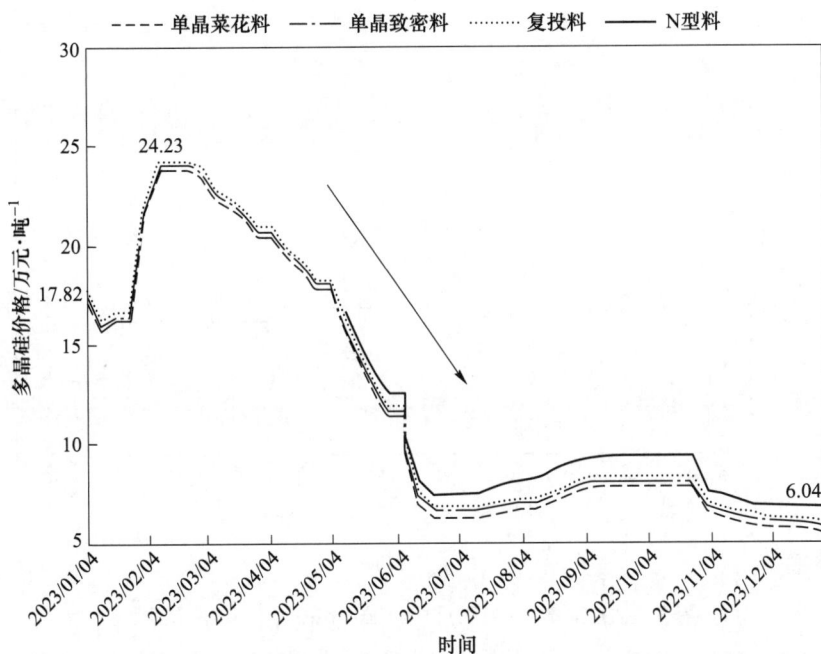

图 2　2023 年 1—12 月中国多晶硅价格走势图

数据来源：中国有色金属工业协会硅业分会、北京安泰科信息股份有限公司

（三）单晶硅价格走势

2023 年 M10 单晶硅片价格从年初的 3.74 元/片跌至年底的 1.92 元/片，累计跌幅为 39.3%（见图 3）。2023 年 1—5 月由于高纯石英砂阶段性供应短缺，拉晶开工率下降，M10 单晶硅片价格从 3.74 元/片阶段性上涨至 6.43 元/片，累计涨幅达 72%。6—12 月硅片环节产能过剩，M10 单晶硅片价格一度跌至 1.90 元/片，累计跌幅达 70.5%。全年单晶硅片累计下跌 49%，光伏上游原料多晶硅、单晶硅片价格的回落传导至电池组件环节，引发光伏终端需求增加，2023 年国内装机量同比增长 148.12%。

三、进出口贸易及影响因素分析

（一）工业硅贸易及影响因素分析

根据海关数据统计，2023 年我国工业硅出口量为 57.3 万吨，同比减少 12.0%（见表 4）。全年出口均价为 2391 美元/千克，同比下降 28.4%。值得注意的有以下两点：

（1）我国工业硅出口以欧亚地区为主。2023 年我国工业硅出口亚洲地区 47.8 万吨，欧洲地区 5.9 万吨，合计 53.7 万吨，合计占比 93.7%，说明我国

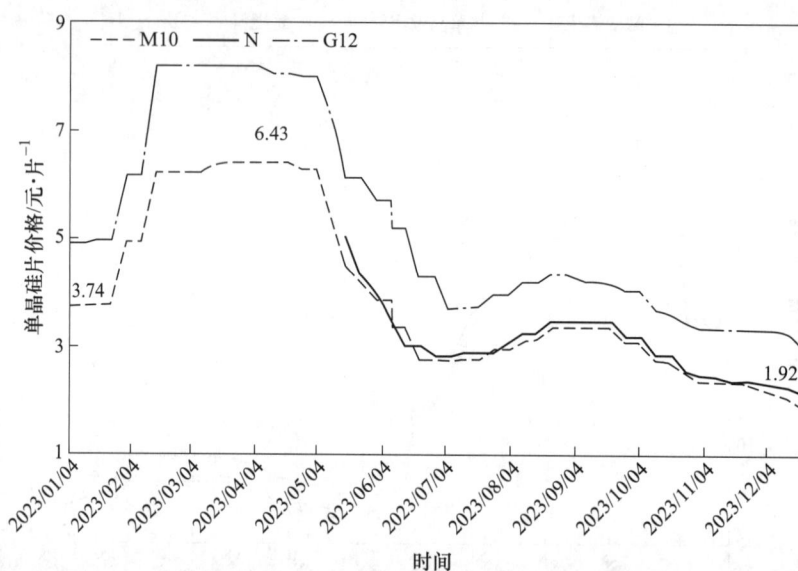

图3 2023年1—12月中国单晶硅片价格走势图

数据来源：中国有色金属工业协会硅业分会、北京安泰科信息股份有限公司

工业硅出口主要集中在欧洲和亚洲两个板块。

（2）受海外能源危机和需求低迷影响，2023年我国工业硅出口量同比下滑12.0%，其中出口欧洲和日本分别下滑27.8%和20.9%，均远大于12.0%的平均减幅，也从侧面反映出欧洲和日本市场的需求低迷。

表4 2021—2023年中国工业硅分国别出口情况

年份	总计/吨	日本		韩国		欧洲		亚洲其他地区	
		数量/吨	占比/%	数量/吨	占比/%	数量/吨	占比/%	数量/吨	占比/%
2021年	777783	187086	24.1	89405	11.5	113111	14.5	352402	45.3
2022年	651018	144003	21.1	82746	12.7	74567	11.5	298424	45.8
2023年	572999	103966	18.1	81386	14.2	58991	10.3	292856	51.1

数据来源：海关总署。

（二）多晶硅贸易及影响因素分析

根据海关数据统计，2023年我国多晶硅进口量为62921吨，同比减少28.5%（见表5）。我国多晶硅主要进口地是韩国、美国、德国、马来西亚、中国台湾这五大地区，逐步集中到德国和马来西亚。值得注意的有以下两点：

（1）从德国进口量占比超五成。全年累计从德国进口量为3.54万吨，同比减少 26.4%，占我国进口总量的 56.3%。2023 年德国瓦克产出太阳能级多晶硅略有减少，主要是由于一、二季度常规检修，故从德国进口多晶硅量略有减少，但全年从德国累计进口量依旧维持在首位。

（2）从马来西亚进口量小幅增加。全年从马来西亚进口多晶硅量为 2.30 万吨，同比小幅增加 0.45%，占总进口量的 36.6%，位居第二。2023 年 Tokuyama 马来西亚工厂有所扩产，马来西亚多晶硅产量持续提升，我国从马来西亚进口量增加。

表5　2021—2023 年中国多晶硅进口情况

年份	总计/吨	韩国		德国		马来西亚		中国台湾	
		数量/吨	占比/%	数量/吨	占比/%	数量/吨	占比/%	数量/吨	占比/%
2021 年	114183	4096	3.59	51316	44.94	29727	26.03	6899	6.04
2022 年	88015	1197	1.36	48070	54.62	22944	26.07	3421	3.89
2023 年	62921	909	1.44	35443	56.28	23038	36.57	454	0.72

数据来源：海关总署。

从进口均价来看，2023 年全年进口均价为 25.8 美元/千克，同比下降 14.4%。进口价格走势相比国内跌幅较小，主要原因是欧美等国出口的组件需要溯源认证，新疆生产的硅料出口遭遇管制。中小型企业为获得免检资格，选择德国进口的硅料掺杂国内硅料生产组件，出口至美国以此来获取政策补贴。

（三）单晶硅贸易及影响因素分析

根据海关数据统计，2023 年我国硅片出口总量为 47.59 吉瓦，同比增长 45.1%，其中单晶硅片出口总量为 44.96 吉瓦，同比增长 51.3%；多晶硅片出口总量为 2.63 吉瓦，同比减少 14.6%。值得注意的有以下两点：

（1）东南亚国家是我国单晶硅出口的主力区域。其中泰国出口量位列单晶硅片出口量排名第一，全年累计出口泰国 10.9 吉瓦，占国内单晶硅片出口量的 25.3%。马来西亚排名第二，出口约 8.8 吉瓦，占比 19.2%。

（2）下半年出口量较上半年明显增加。上半年硅片出口总计 19.74 吉瓦，下半年硅片出口总计 28.12 吉瓦，较上半年同比增长 42.5%（见表6）。出口增幅明显的主要原因是海外需求有所回暖，国内企业积极布局海外组件产能，拉动硅片原材料备货需求。

表6　2021—2023年中国硅片出口情况　　　　（吉瓦）

月份	2021年	2022年	2023年
全年出口	30.43	32.79	47.59
1月	3.05	3.04	3.04
2月	2.98	2.16	3.03
3月	3.06	2.66	3.31
4月	2.8	2.39	3.37
5月	2.66	2.67	3.23
6月	2.18	2.77	3.49
7月	2.11	2.87	4.00
8月	2.75	2.57	3.93
9月	2.24	2.94	4.37
10月	2.22	3.17	4.33
11月	2.1	3.07	6.06
12月	2.28	2.48	5.43

数据来源：海关总署。

四、硅产业高质量发展进展显著

近年来，我国硅产业立足新发展阶段，全面贯彻落实新发展理念，积极抢抓国家"双碳"目标机遇，不断强化创新驱动，加快构建新发展格局，高质量发展迈出新步伐。

（一）产业规模大幅提升

近年来，我国硅产业规模持续扩大，国际影响力显著增强，晶硅光伏产业链供应链配套供应保障能力不断提升。在工业硅环节，截至2023年底，我国工业硅产能600万吨/年，全球占比81.0%；产量370万吨，全球占比80.8%。与2013年相比，我国工业硅产量增长了1.6倍，全球占比提升了18个百分点。在多晶硅环节，截至2023年底，我国多晶硅产能210万吨/年，全球占比93.1%；产量147.1万吨，全球占比92.0%；进口量6.29万吨，占海外总产量的49.4%。与2013年相比，我国多晶硅产量增长了17.7倍，全球占比提升了59个百分点。在硅片环节，截至2023年底，我国硅片产能910吉瓦/年，全球占比97.8%；产量590吉瓦，全球占比98.3%；出口量48.7吉瓦，超过海外总产量的4倍。与2013年相比，我国硅片产量增长了19倍，全球占比提升了23个百分点。

（二）技术进步成效显著

当前，我国已经建立起拥有完全自主知识产权的硅产业先进技术体系。全球排名第一的工业硅企业、前五大多晶硅企业和前十大硅片企业均在我国，成为推动我国硅产业技术创新的主力军。技术进步主要体现在两个方面：一是工艺技术装备创新突破。我国硅产业新建产能装备已全部实现国产化，部分装置大型化引领全球。其中，25000千伏安及以上工业硅大型矿热炉和全煤生产工艺得到全面推广和应用；大型节能高效多晶硅还原炉设备、年产30万吨单套冷氢化系统和年处理5万吨单套干法回收系统实现全面国产化升级；全球最先进的160单晶硅直拉炉实现工业化生产，运行产能已超过550吉瓦/年。二是技术经济指标显著提升。2023年，我国改良西门子法多晶硅平均综合电耗降至50~55千瓦时/千克，较2013年下降85%；颗粒硅平均综合电耗已降至15千瓦时/千克以下；直拉单晶平均综合电耗降至23.4千瓦时/千克，较2012年下降50%以上。晶硅产品能耗的快速下降不仅大幅降低光伏发电成本，也为全球晶硅产业绿色低碳发展作出了积极贡献。

（三）产业布局不断优化

随着生产要素供给形势和产业链发展形势的不断变化，我国硅产业链各个环节持续优化布局，资源配置效率迈上新台阶。一方面，硅产业链各个环节持续优化布局。工业硅布局由能源丰富地区向能源、资源丰富的地区转移；多晶硅由国内多点布局向拥有能源优势，尤其是清洁能源优势的地区集中布局；单晶拉棒和切片由单一围绕消费地布局向依托消费和原料双要素布局；再生硅利用从无到有、由低端冶炼项目向综合利用融合加工转变。另一方面，产业链一体化建设取得成效。通威股份、协鑫科技、特变电工、合盛硅业等龙头企业产业链延伸和区域内一体化布局逐步兴起，新疆、云南和四川三大传统硅产业基地就地转化率持续提升，内蒙古、青海、宁夏和甘肃等新兴产业基地发展日新月异，正在大力推动产业链完整、资源利用高效、环境绿色友好的循环一体化协同发展。

同时，多晶硅产品品质大幅提升，N型硅料生产取得突破，产量占比从2022年底的4%提高至2023年底的50%，同时颗粒硅产量占比持续提升，从2022年底的7.56%提高至2023年底的15.02%。硅片产品结构持续优化改善，单晶硅片占比从2022年的97%进一步提高至2023年底的99.8%，N型硅片占比从2022年底的10%提高至2023年底的50%以上。

（四）绿色发展进展显著

截至2023年底，包括永昌硅业、四川永祥、新特能源、协鑫科技、新疆大全、亚洲硅业、隆基绿能、TCL中环、晶澳科技、晶科能源等多家龙头企业生产基地已进入国家级绿色工厂名单。目前，在工业硅环节，装备大型化、工艺绿色化、生产自动化、原材料标准化建设取得突破，大型矿热炉持续升级，脱硫脱硝、余热发电回收利用技术不断突破且被广泛推广和应用；在多晶硅环节，全路径循环绿色清洁生产已经在全行业推开。

五、硅产业面临的问题和发展趋势

在看到我国硅产业取得巨大成就的同时，也必须深刻认识发展壮大起来的我国硅产业，其外部发展和经营环境必将发生深刻变化，将会面临过去从未有过的新情况、新问题，必须超前谋划，理性思考，主动把握，化解新风险，应对新挑战。

（一）关于化解阶段性和结构性产能过剩的问题

我国硅产业投资热情持续高涨，产业规模进一步显著扩大。据统计，最近18个月里，行业正在新建超过380吉瓦的全产业链项目。2023年底，我国工业硅产能达到600万吨/年，同比增长5.3%，远大于产量370万吨；多晶硅产能达到210万吨/年，同比增长80.6%，大于产量147万吨；硅片产能达到910吉瓦，同比增长63.3%，大于产量590吉瓦。

我国硅产业正面临着市场阶段性的产能过剩和产业链内部结构性的产能过剩。对于前者，要坚定对光伏产业发展的信心和决心，积极开拓市场，予以化解；而对于后者，要切实加强行业自律，高度重视产业链某些环节投资失调和过热现象，自觉抑制非理性扩张，努力实现加强上下游协同，合力打造产业命运共同体，着力维护产业链健康平稳发展，进一步巩固和提升全球领先地位。

（二）关于化解国际间接围堵和竭力封杀的风险

2023年，我国工业硅产量370万吨，全球占比80.8%；多晶硅产量147万吨，全球占比92.0%，硅片产量590吉瓦，全球占比98.3%。此外，我国晶硅光伏组件对海外市场销售占比已经超过60%。产量的全球占比过大，或将导致出口被间接围堵和直接打压的风险不断增加。必须提高警惕，防范风险，要进一步增强开拓国际市场的行业自律。一方面，要聚焦国内大市场，培育和开拓新的内需；另一方面，要以更高质量、更高水平、更好的性价比赢得国际市场份额。

（三）关于化解用电结构的潜在风险

众所周知，欧盟碳关税（CBAM）首批覆盖的行业是水泥、化肥、钢铁、铝、电力和氢行业。未来，很难保证欧盟碳关税（CBAM）不覆盖到全球硅产业。为此，大力推动硅产业的能源绿色转型依旧刻不容缓。一要持续节能降耗，更加紧迫、更加主动、更加有力强化产业自身节能降耗，打造国际最先进的节能形象；二要加快行业布局的再优化，不断提高水电、核电、清洁能源的应用比重，建立低碳硅基新能源产业基地。

（四）关于化解关键核心技术被"卡脖子"的问题

我国晶硅光伏产业之所以能够走到世界的前列，根本法宝就是技术自主创新与引进消化吸收再创新的科技双轮驱动。为继续保持产业优势地位，要加快破解"卡脖子"难题，包括对电子级多晶硅在内的硅基材料高端产品攻关。要针对行业共性难题，推动产学研用联合，切实解决一批产业技术短板弱项。要聚焦国家战略，不断强化半导体用硅基材料稳定量产水平，提升应对"卡脖子"问题的反制能力。

撰稿人：李　敏、阎晓宇、陈家辉
审稿人：徐爱华

2023 年锂工业发展报告

一、2023 年世界锂工业发展概述

《中国新能源汽车行业发展白皮书（2024 年）》数据显示，2023 年全球新能源汽车销量达到 1465.3 万辆，同比增长 35.4%。其中中国新能源汽车销量达到 949.5 万辆，占全球销量的 64.8%，美国和欧洲销量分别为 294.8 万辆和 146.8 万辆，同比增速分别为 18.35% 和 48.0%。2023 年，中国新能源汽车产量达到 985.7 万辆，同比增长 35.8%。其中新能源汽车出口 120.3 万辆，同比增长 77.6%，为全球消费者提供了多样化的消费选择。动力电池出口 127.4 吉瓦时，同比增长 87.1%。

新能源汽车持续快速增长，随着锂在储能及 3C 等领域用量不断增长，刺激着全球对锂资源的勘探开发。碳酸锂、氢氧化锂、锂电正极材料、锂电池等产品产能快速扩张，部分产能显现过剩，产品价格不断下滑，部分正极材料企业出现了较大亏损。

越来越多的锂资源项目得到勘探和开发，世界锂资源量和储量有一定的增加，根据美国地质调查局 2024 年 1 月最新数据显示，世界锂资源量约为 1.05 亿吨；锂储量 2800 万吨（金属量，按照金属锂与碳酸锂 1∶5.3 折算，折合碳酸锂当量约 1.5 亿吨），详见表 1。

表 1　世界锂资源量及储量

国家	储量（金属量）/万吨	资源量（金属量）/万吨
智利	930	1100
中国	300	680
澳大利亚	620	870
阿根廷	360	2200
美国	110	1400
玻利维亚	—	2300
加拿大	93	300

续表 1

国家	储量（金属量）/万吨	资源量（金属量）/万吨
巴西	39	80
葡萄牙	6	27
津巴布韦	31	69
奥地利、刚果（金）、捷克、芬兰、德国、加纳、马里、墨西哥、纳米比亚、塞尔维亚、葡萄牙	280	刚果（金）300、德国380、墨西哥170、捷克130、塞尔维亚120、秘鲁100、俄罗斯100、马里89、西班牙32、纳米比亚23、加纳20、芬兰6.8、奥地利6、哈萨克斯坦5
世界总计（约）	2800	10508

数据来源：美国地质调查局。

世界锂资源分布不均衡，主要集中在玻利维亚、阿根廷、美国、智利、澳大利亚等国，但玻利维亚和美国锂资源还没有大规模开发。由于资源分布原因，锂矿（包括盐湖锂矿和固体锂矿）产出的区域分布存在较大差异，澳大利亚是最大的锂矿供给国，约占据世界锂矿石供给87%、占世界锂原料供应总量的39%。尽管中国锂资源量位于世界前列，资源品种相对丰富，但是相对于中国锂盐的生产能力，锂原料对外依存度较高，2023年约57.5%的锂原料需要进口。

世界上碳酸锂、氢氧化锂、氯化锂等基础锂盐的主要生产国为中国、智利、阿根廷，另外澳大利亚、韩国已建成用锂辉石精矿生产氢氧化锂产能，美国、俄罗斯、日本等国利用工业碳酸锂、氯化锂等生产氢氧化锂、金属锂等产品。

2023年，世界锂及其衍生物产量折合碳酸锂当量（LCE）约108.6万吨，同比增长约26%，产量增加主要来自中国、智利和阿根廷。澳大利亚锂辉石精矿的总产量约360万吨。预计2024年世界锂及其衍生物产量将达到140万吨LCE，2025年产量约200万吨LCE。

美国等发达国家已经通过颁布实施《通胀削减法案》《欧盟关键原材料法案》《欧盟电池与废电池法》等措施，通过补贴等手段大力支持本土企业发展，重新构建以其为中心的新能源供应链体系，企图将中国排除在外，限制中国发展。除此之外，美国财政部和能源部2023年12月1日公布的暂时指导方针，从2024年开始，含有所谓"受关注外国实体"（FEOC）制造或组装的电池组件的电动汽车，将无法享受税收抵免。此外，从 2025 年开始，车辆不能含有由 FEOC 提取、价格或回收的关键矿产，包括锂、钴和镍等。

二、2023 年中国锂工业发展现状

（一）经济运行情况概述

中国汽车工业协会数据显示，2023 年全年，我国新能源汽车产量达 985.7 万辆，销量达 949.5 万辆，同比分别增长 35.8%、37.9%，市场占有率达到 31.6%。2023 年纯电动汽车累计产量 670.4 万辆，同比增长 22.6%；累计销量 668.5 万辆，同比增长 24.6%。2023 年插电式混动汽车累计产量为 287.7 万辆，同比增长 81.2%；累计销量为 280.4 万辆，同比增长 84.7%。2023 年燃料电池汽车累计产量 0.6 万辆，同比增长 55.3%；累计销量 0.6 万辆，同比增长 72.0%。我国新能源汽车产销量占全球比重超过 60%、连续 9 年位居世界第一位；新能源汽车出口 120.3 万辆，同比增长 77.6%，均创历史新高。

根据中国汽车动力电池产业创新联盟数据，2023 年，我国动力和储能电池合计累计产量为 778.1 吉瓦时，同比增长 42.5%，其中三元电池累计产量 245.1 吉瓦时，占总产量的 32.1%，同比增长 15.3%；磷酸铁锂电池累计产量 531.4 吉瓦时，占总产量的 67.5%，同比增长 59.9%。装车量方面，2023 年，我国动力电池累计装车量 387.7 吉瓦时，同比增长 31.6%。分企业来看，2023 年国内动力电池企业装车量前五名为宁德时代、比亚迪、中创新航、亿纬锂能、国轩高科，装机量分别为 167.1 吉瓦时（占比 43.1%）、105.5 吉瓦时（占比 27.2%）、32.9 吉瓦时（占比 8.5%）、17.3 吉瓦时（占比 4.5%）、15.9 吉瓦时（占比 4.1%）。

国内锂矿石资源主要位于四川、新疆、江西等地，内蒙古、湖南、云南、河南也发现锂资源，盐湖锂资源主要位于青海和西藏。目前正在开发的盐湖锂资源主要集中在青海、西藏，锂矿石开采主要在四川、江西、新疆等地。2023 年，中国利用国内盐湖卤水、锂云母精矿、锂辉石精矿、回收含锂废料生产的锂盐折合碳酸锂当量约 35.7 万吨。

2023 年，中国碳酸锂产量超过 50 万吨，同比增长 30.6%，近 20 家企业碳酸锂产量超过万吨。碳酸锂产量排名前五的企业是志存锂业集团有限公司、天齐锂业股份有限公司、青海盐湖蓝科锂业股份有限公司、盛新锂能股份有限公司、江西永兴特钢新能源科技有限公司。

2023 年，天齐锂业股份有限公司安居工厂年产 2 万吨电池级碳酸锂项目建成投产，若羌志存锂业有限公司 6 万吨电池级碳酸锂项目建成，详见表 2。广

东邦普循环科技有限公司、格林美股份有限公司、湖南金凯循环科技股份有限公司等多家企业建成废旧电池及电池废料生产碳酸锂或氢氧化锂生产线。

表 2　2023 年建成投产的碳酸锂项目

企业名称	产能/万吨	备注
天齐锂业股份有限公司	2	
若羌志存锂业有限公司	6	
河北吉诚新材料有限公司	2	柔性生产线
江西春鹏锂业有限责任公司	3.5	柔性生产线
宜丰时代新能源材料有限公司	3	
奉新时代新能源材料有限公司	3	
万载时代志存新能源材料有限公司	3	
宜丰县金丰锂业有限公司	1	
江门市芳源循环科技有限公司	1	
西藏日喀则扎布耶锂业高科技有限公司	1.2	

数据来源：中国有色金属工业协会锂业分会。

2023 年中国氢氧化锂产量达到 32 万吨，同比增长 30.1%，产量排名前五家的企业市场占有率超过 75%。五家企业分别是苏州天华新能源科技股份有限公司、江西赣锋锂业集团股份有限公司、江西雅保锂业有限公司、四川雅化实业集团股份有限公司、盛新锂能集团股份有限公司。

2023 年国内直接以锂辉石精矿或盐湖卤水提锂生产的无水氯化锂产量约 1.8 万吨，还有部分企业以回收原料或粗制碳酸锂为原料生产氯化锂。国内主要生产企业有江西赣锋锂业集团股份有限公司、天齐锂业股份有限公司和盛新锂能股份有限公司等。

2023 年，中国基础锂盐产能及产量见表 3。

表 3　2023 年中国基础锂盐产能及产量

产品名称	产能/万吨	产量/万吨	同比变化/%
碳酸锂	110	51.79	31.1
氢氧化锂	70	31.96	30.1
氯化锂	2.5	1.75	−21.2

数据来源：中国有色金属工业协会锂业分会。

2023 年，基础锂盐行业效益明显下滑，从上市公司披露的业绩预告来看，企业利润大幅下降，天齐锂业利润约百亿元。部分企业由于外购锂精矿，锂精矿从国外运输至工厂需要一两个月的时间，锂盐价格下行周期中就会出现亏损。中国锂辉石提锂工艺正在向智能化迈进，锂辉石生产氢氧化锂技术工艺和盐湖提锂技术工艺也被海外项目大量使用，产线自动化程度进一步提升，产品质量不断向好，大部分已可以直接用于锂电池正极材料生产。电池级碳酸锂、电池级氢氧化锂等产品质量国际领先。

中国有色金属工业协会锂业分会初步统计数据，2023年中国锂离子电池正极材料总产量约240万吨，同比增长约20%，详见表4。

表4　2023年中国锂离子电池正极材料产量

产品名称	产量/万吨	同比变化/%
三元材料	63.9	-2.6
磷酸铁锂	156.6	30.9
钴酸锂	8.6	10.3
锰酸锂	12.2	40.2

数据来源：中国有色金属工业协会锂业分会。

新能源汽车的快速发展带动了动力锂电池高速发展，也带动了国内锂电正极材料及主要电池电解质六氟磷酸锂产业的迅速发展，国内主要生产企业产能迅速扩张，2023年底，中国四种正极材料的产能超过550万吨，产能超过30万吨的正极材料企业有5家，国内企业六氟磷酸锂产能30万吨以上，双氟磺酰亚胺锂的产能也已超万吨，主要电解质材料六氟磷酸锂产量约15.9万吨。

（二）产业结构

中国自20世纪50年代开始建设锂盐厂，通过数十年的不断努力，已建成了从锂资源开发、基础锂盐、锂化合物、金属锂及其合金、锂电正极材料、锂电池、锂电池及废料回收利用完整的锂"全生命周期"产业链，同时还建成了与锂产业配套齐全的勘探、设计、科研、设备制造、环保等完整的工业体系。

中国已建成完整的锂产品供应体系，能生产碳酸锂、氢氧化锂、氯化锂、钴酸锂、镍钴锰酸锂、镍钴铝酸锂、磷酸铁锂、锰酸锂、磷酸锰铁锂、磷酸二氢锂、氟化锂、六氟磷酸锂、双氟磺酰亚胺锂、硼酸锂、草酸锂等多种锂化合物，还能生产金属锂及多种锂合金，同时还在研发生产多种新型锂产品。碳酸锂、氢氧化锂等化合物按应用领域，分为电池级、工业级或医药级等，按化学成分还分为不同的牌号。氢氧化锂分为单水氢氧化锂和无水氢氧化锂，单水氢氧化锂按形貌还分为微粉型和结晶体型。

中国有多个城市建成了产业链布局较为完善的锂电产业园，已经形成良好的锂电产业集聚效应。园区上延下拓融合发力，形成龙头企业带动、重大项目支撑、上下游企业协同集聚发展的产业生态。对提升产业水平、提高产品品质和技术水平、推进可持续发展等方面均有显著贡献。多个地方凭借资源、能源、技术、资金、产业链等优势建设发展锂电产业园，如江西宜春锂电产业园、四川遂宁锂电产业园、江苏常州金坛锂电产业园、四川宜宾锂电产业园、湖南长沙宁乡锂电产业园等。

中国碳酸锂、氢氧化锂等基础锂盐产业主要分布在江西、四川、青海、江苏、山东、河北、湖北等地，金属锂及其合金生产企业主要分布在江西、四川、新疆、青海、江苏、重庆、天津等地，锂电池正极材料生产企业主要集中在四川、云南、湖南、广东、福建、湖北、河南、山东、贵州、安徽、内蒙古、河北、天津等多个省（区、市）。

中国政府一直关注废旧锂电池的回收利用，陆续出台了多项政策文件。2023 年 12 月 15 日，工信部就《新能源汽车动力电池综合利用管理办法（征求意见稿）》公开征求意见。《新能源汽车动力电池综合利用管理办法》是为了加强新能源汽车动力电池综合利用管理，促进资源循环利用，推动新能源汽车行业高质量发展，依据《中华人民共和国环境保护法》《中华人民共和国固体废物污染环境防治法》《中华人民共和国循环经济促进法》等法律行政法规而制定的办法。

工信部通过发布"白名单"的方式，将符合《新能源汽车废旧动力蓄电池综合利用行业规范条件》的企业名单予以公示，至 2023 年底，国内动力电池回收白名单企业数量达到 156 家。

废旧锂电池回收与利用，涉及多种创新技术的集成。完善废旧锂电池回收，引导废旧电池流向正规回收和再利用企业，规范旧动力电池流通及循环利用关乎锂电产业可持续发展。国内已建立较为完善的废旧锂电池回收再利用体系，建成及在建多条废旧电池拆解处理生产线，回收废旧电池中含有的镍、钴、锰、锂等有价金属。工信部披露，2023 年新能源汽车废旧动力电池综合利用量 22.5 万吨，基本实现应收尽收。国内有一批可以利用粗制碳酸锂、硫酸锂或含锂废料生产电池级碳酸锂或氢氧化锂的企业，可以实现锂化合物之间的互相转化，具备生产高品质锂盐的能力。

（三）市场价格

2023 年，由于碳酸锂、氢氧化锂市场供需发生了较大变化，新项目投产释放产能远超预期，国内某电池企业推出"锂矿返利"计划，广州期货交易所推出碳酸锂期货，非洲、南美洲新锂矿项目投产、澳大利亚多家锂矿扩产，价格下行过程中车企、电池企业及正极材料大规模降低库存等多重因素影响，电池级碳酸锂和电池级氢氧化锂从年初的每吨约52万元下降至年底的9.6万元和9万元。下降幅度出乎业内预期。

2023年初的国家新能源汽车补贴退坡、油车降价促销等因素导致新能源汽车下游需求增速放缓，引发产业链悲观预期，进而推动碳酸锂价格快速回落。在随后的4个月时间里，价格急速跳水，经历了近乎两次"腰斩"，一度跌至17.65万元/吨。

进入二季度，随着碳酸锂下游排产好转，供需关系逐渐平衡，碳酸锂开启反弹行情，电池级碳酸锂价格重回30万元/吨以上。从4月底开始碳酸锂价格就逐渐出现回调迹象，5月价格涨幅不断扩大。而此次价格的上涨多是受市场需求的提振，使得下游排产好转，正极材料厂逐步开启补库节奏，市场供需关系逐渐平衡。

随着下游补库完成，市场采购逐渐回归理性，在需求仍未放量的情况下价格开始稳中回落。加之2023年7月21日碳酸锂期货合约在广州期货交易所上市交易，在首日交易中，碳酸锂所有合约均呈现大幅走跌，之后带动碳酸锂现货价格再次进入下行通道。8月碳酸锂现货价格受期货市场弱势引导，下行速度进一步加快并不断向成本线靠近。在市场悲观预期影响下，下游企业主动去库存，尽可能延迟采购。

2023年三季度，国内外多个锂资源项目投产，锂盐企业库存开始增加，市场一致预期锂盐供应将大于下游需求，下游企业主动去库存，尽可能延迟采购，碳酸锂期货价格在上市后持续下跌。9月末部分锂盐厂减产后价格阶段性小幅回涨，后又在锂矿定价模式转变、需求疲弱、库存高企等多重利空因素下寻底。而2023年"金九银十"传统旺季的新能源汽车销售增长并不明显，整体产业链中段排产缩减，对于原材料锂盐的采购态度转弱，使得碳酸锂价格持续下跌。同时海外锂资源增量陆续到港，加大了碳酸锂市场供给，使得价格不断探底（见图1）。

2023年锂精矿价格下跌幅度较大，截至2023年12月锂辉石精矿价格已跌至1060美元/吨。前期矿价下跌幅度较碳酸锂小且比较滞后，定价方式转变后进口锂精矿价格加速下行。在澳矿第四季度矿价谈判后，部分矿山企业采用了M+1的定价方式，这在一定程度上削弱了锂矿的话语权，矿价对碳酸锂价格的支撑减弱。

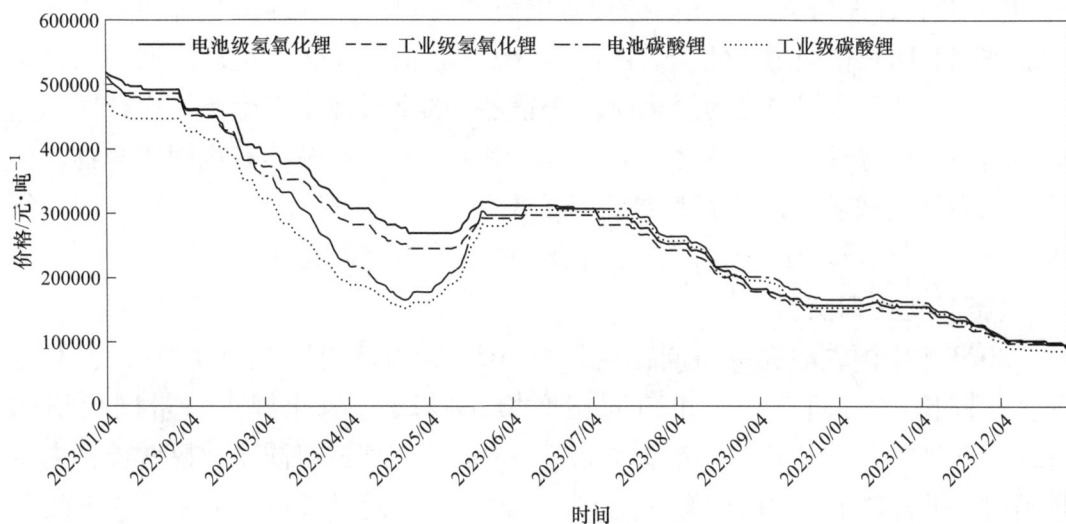

图 1　2023 年锂盐价格走势图

数据来源：亚洲金属网

展望未来，EVTank 预计 2024 年全球新能源汽车销量将达到 1830 万辆，其中，中国新能源汽车销量将达到 1180 万辆；2030 年全球新能源汽车销量将达到 4700 万辆。未来几年新能源汽车、储能、动力电池等需求有望继续增长。2024 年一季度新能源汽车企业、锂电池企业、正极材料企业预计会主动降低库存，二季度后下游新能源汽车、储能及消费电子的需求将会逐渐恢复正常增速，锂电材料企业、电池企业将会进行补库，加上部分锂矿山主动停产减产，锂盐产量增速将低于预期，由于全球在环保、低碳、绿色生产等方面对锂盐生产的要求不断提升，企业综合成本增加，碳酸锂价格下探至每吨 8 万元左右成本支撑线的概率较小，多名业内人士认为，一季度末二季度初可能触底回暖，二季度价格有望回升至每吨 13 万~15 万元区间，三季度价格有望保持在 15 万~16 万元，四季度不排除再次下探至 12 万元左右。未来碳酸锂的价格有望在每吨 15 万元左右波动。

（四）市场消费

2024 年 1 月美国地质调查局最新发布的报告显示，全球锂的终端消费市场估计为：电池 87%，陶瓷和玻璃 4%，润滑脂 2%，空气处理 1%，连铸型助熔剂粉末 1%，医药 1%，其他用途 4%。由于可充电锂电池在不断增长的电动汽车、便携式电子设备、电动工具及电网存储等方面的广泛应用不断增加，近年来锂在电池领域的消费显著增加。锂精矿可直接用于玻璃和陶瓷行业。

中国锂消费在电池领域约占总消费量的 95%，仅锂电正极材料年消费量就约70万吨碳酸锂当量，六氟磷酸锂等电解质对锂消费量约4.8万吨碳酸锂当量。玻璃和陶瓷行业主要使用透锂长石精矿、锂辉石精矿。生产金属锂就消费了约1.9万吨碳酸锂当量的氯化锂，三分之一的金属锂用于生产一次金属锂电池和固态电池材料等，三分之二的金属锂用于生产丁基锂等有机锂化合物，广泛应用到合成橡胶、医药新型抗菌药、艾滋病药、香精合成、液晶材料等领域，还有部分金属锂用于生产铝锂合金、镁锂合金等新材料。

（五）进出口贸易

2023年中国碳酸锂进口同比增长16.65%，出口同比下降8.1%，氢氧化锂进口同比增加23.33%，出口同比增长39.22%；氯化锂进口量同比增加895%，其他锂产品进出口情况详见表5。中国碳酸锂进口同比大幅增长，主要是国内正极材料企业对碳酸锂的需求在迅速上升，同时进口的部分工业碳酸锂还被转化为氢氧化锂或氟化锂等产品。碳酸锂的进口贸易额就达到443.3亿元，出口贸易额为35.9亿元；氢氧化锂的出口贸易额达到435.9亿元，进口贸易额为12.9亿元。锂镍钴锰氧化物、锂镍钴铝氧化物的进出口贸易总额超过600亿元。

表5 2023年锂产品进出口情况 （吨）

商品名称	进口量	出口量	进出口净量
碳酸锂	158749	9593	进口149156
氢氧化锂	3806	130009	出口126203
氯化锂	4784	345	进口4439
金属锂	28	594	出口566
磷酸铁锂	40	1165	出口1125
锰酸锂	312	142	进口170
锂镍钴锰氧化物	85257	87915	出口2658
锂镍钴铝氧化物	16150	4972	进口11178
六氟磷酸锂	498	18130	出口17632

数据来源：海关总署。

（六）投融资情况

电池网根据上市公司公告及公开报道梳理了2023年电池新能源产业链项目开工投产情况，据不完全统计，开工奠基项目235个，204个项目公布了投资金额，投资总额约1.03万亿元，平均投资约50.31亿元；试产投产项目142个，90个公布投资金额，共计投资约4587.48亿元，平均每个项目投资约

50.97亿元。

根据上市公司公告及公开报道，2023年锂电正极材料及关键原材料锂盐领域的投融资项目50个，41个公布投资金额，共计约1824.26亿元，平均每个项目投资约44.49亿元；其中开工建设和并购项目中涉及锂资源、碳酸锂和氢氧化锂项目的投资总额就超过了450亿元。

三、中国锂工业经济运行状况分析

（一）政策环境分析

深圳市发改委自2023年2月7日起开始施行《深圳市支持电化学储能产业加快发展的若干措施》，将重点支持面向先进电化学储能技术路线的原材料、元器件、工艺装备、电芯模组、电池管理系统、建设运营、市场服务、电池回收与综合利用等重点领域链条，对产业生态、产业创新能力、商业模式等5个领域提出20条鼓励措施，有效期3年。

2023年3月湖北省委军民融合办联合省发改委、省经信厅、省财政厅、省生态环境厅、省交通运输厅等部门编制的《湖北省支持绿色智能船舶产业发展试点示范若干措施》印发。《若干措施》从绿色智能船舶规模应用、配套基础设施建设、关键技术研发及科技成果转化、产业集聚发展、优化产业发展环境等5个方面推出16条措施，通过国家、省、市、县四级资金和创新政策牵引，支持湖北省内液化天然气、电池等绿色动力船舶和智能船舶研发、设计、制造、应用和配套。

2023年3月10日，成都市人民政府办公厅印发关于《成都市促进新能源汽车产业发展的实施意见》。《意见》明确，到2025年，成都市新能源汽车产业竞争力明显增强，产业规模突破1500亿元，产量达到25万辆，产业整零比提高至1∶1，整车产能利用率、企业本地配套率分别提升至70%、50%以上；力争新能源汽车保有量达到80万辆，公共领域车辆电动化比例达到80%；建成各类充换电站3000座、充电桩16万个。

2023年6月12日，为促进农村地区新能源汽车推广应用，引导农村居民绿色出行，助力美丽乡村建设和乡村振兴战略实施，工信部、国家发改委等五部门发布《关于开展2023年新能源汽车下乡活动的通知》。《通知》显示，此次活动主题为绿色、低碳、智能、安全——为汽车消费充"电"，为乡村振兴添"绿"。活动时间为2023年6月至12月。

2023年7月19日，江苏省发改委印发《关于加快推动我省新型储能项目高质量发展的若干措施的通知》，提出在江苏省海上风电等项目开发中，将要求配套建设新型储能项目，促进新能源与新型储能协调发展，到 2027 年，全省新型储能项目规模达到 500 万千瓦左右。

2023 年 7 月 6 日，工信部发布的信息显示，为适应我国节能与新能源汽车产业发展和技术进步的需要，工信部、财政部、商务部、海关总署、市场监管总局等五部门近日联合公布《关于修改〈乘用车企业平均燃料消耗量与新能源汽车积分并行管理办法〉的决定》，对现行《乘用车企业平均燃料消耗量与新能源汽车积分并行管理办法》进行修改，主要修改内容包括调整新能源车型积分计算方法、建立积分灵活性交易机制、优化其他积分管理制度等三个方面。《决定》显示，综合考虑技术进步、成本下降和积分合规成本变化情况，按照积分供需平衡原则，将新能源乘用车标准车型分值平均下调 40% 左右，并相应调整了积分计算方法和分值上限。自 2023 年 8 月 1 日起施行。

2023 年 8 月 25 日，工信部网站公布了工信部、国家发改委、财政部、自然资源部、商务部、海关总署、国家粮食和储备局等七部门近日联合印发的《有色金属行业稳增长工作方案》，指出要推动锂、铜等国内资源开发取得积极进展，制定锂等重点资源开发和产业发展总体方案，加快建设战略性矿产资源产业基础数据平台，推动盐湖高效提锂提镁、锂云母尾渣消纳等关键技术攻关及工业化试验，支持高比能量正极材料研发，培育铜、锂、镍、钨、锑等重要有色金属产业链"链主"企业，加大锂精矿、钴中间冶炼品等原料进口。

2023 年 9 月 1 日，工信部等七部门发布了《汽车行业稳增长工作方案（2023—2024 年）》。2023 年，汽车行业运行保持稳中向好发展态势，力争实现全年汽车销量 2700 万辆左右，同比增长约 3%，其中新能源汽车销量 900 万辆左右，同比增长约 30%；汽车制造业增加值同比增长 5% 左右。2024 年，汽车行业运行保持在合理区间，产业发展质量效益进一步提升。《方案》支持扩大新能源汽车消费。落实好现有新能源汽车车船税、车辆购置税等优惠政策，抓好新能源汽车补助资金清算审核工作，积极扩大新能源汽车个人消费比例。组织开展公共领域车辆全面电动化先行区试点工作，加快城市公交、出租、环卫、邮政快递、城市物流配送等领域新能源汽车推广应用，研究探索推广区域货运重卡零排放试点，进一步提升公共领域车辆电动化水平。组织开展新能源汽车下乡活动，鼓励企业开发更多先进适用车型，充分挖掘农村地区消费潜力。鼓励开展新能源汽车换电模式应用，推动新能源汽车与能源深度融合发展。深入推进燃料电池汽车示范，稳步提升燃料电池汽车应用规模。

2023 年 10 月 10 日，工信部等四部门发布《绿色航空制造业发展纲要（2023—2035 年）》，明确到 2025 年，国产民用飞机节能、减排、降噪性能进一步提高，航空绿色制造水平全面提升，绿色航空产业发展取得阶段性成果，安全有效的保障体系基本建成。使用可持续航空燃料的国产民用飞机实现示范应用，电动通航飞机投入商业应用，电动垂直起降航空器实现试点运行，氢能源飞机关键技术完成可行性验证，绿色航空基础设施不断夯实，形成一批标准规范和技术公共服务平台，有效支撑绿色航空生产体系、运营体系建设。到 2035 年，建成具有完整性、先进性、安全性的绿色航空制造体系，新能源航空器成为发展主流，国产民用大飞机安全性、环保性、经济性、舒适性达到世界一流水平，以无人化、电动化、智能化为技术特征的新型通用航空装备实现商业化、规模化应用。

2023 年 10 月 20 日，为推动电动汽车充换电服务水平提升，有序开展 2023 年北京市电动汽车充换电设施建设运营奖励工作，北京市城市管理委员会印发了《2023 年北京市电动汽车充换电设施建设运营奖励实施细则》，推动电动汽车充换电服务水平提升。

2023 年 11 月 1 日，国家发改委、能源局综合司正式发布《关于进一步加快电力现货市场建设工作的通知》，鼓励新型主体参与电力市场。通过市场化方式形成分时价格信号，推动储能、虚拟电厂、负荷聚合商等新型主体在削峰填谷、优化电能质量等方面发挥积极作用，探索"新能源+储能"等新方式。

2023 年 11 月 23 日，北京市经济和信息化局印发《北京市关于支持新型储能产业发展的若干政策措施》，提出鼓励新型储能企业面向长寿命高安全性锂离子电池、钠离子电池、液流电池、压缩空气储能、飞轮储能等重点领域，加快推进关键技术、材料部件、重大装备研发及产业化。组织实施新型储能产业"筑基工程"，聚焦产业链卡点环节开展揭榜攻关，解决行业关键核心技术"卡脖子"难题，按不超过攻关投资 30% 的比例，给予最高 3000 万元补助资金。

2023 年 12 月 15 日，工信部节能与综合利用司发布《新能源汽车动力电池综合利用管理办法（征求意见稿）》。提出在设计阶段，电池生产企业应尽量使用无毒无害或低毒低害原料，采用标准化、通用性及易拆解的产品结构设计，按照《汽车动力蓄电池编码规则》（GB/T 34014—2017）要求对所生产的动力电池进行编码，并向汽车生产企业提供动力电池拆解技术信息。鼓励电池生产企业优先使用再生原材料、公开动力电池中再生原材料的使用比例。综合利用企业应按照国家、行业有关标准对废旧动力电池开展多层次、多用途的合理利用，并将利用过程中产生的废物进行合规处置。

2023 年 12 月 28 日，工信部、国家发改委等五部委联合印发《船舶制造业绿色发展行动纲要（2024—2030 年)》，推进甲醇、氨燃料等低碳零碳燃料船用发动机核心技术攻关，形成全功率谱系甲醇和氨燃料发动机研制能力，实现规模示范效应；积极稳妥扩大燃料电池、动力电池在船舶的应用范围。

（二）产业结构调整情况分析

2023 年新能源汽车产销量再创历史新纪录，加上储能领域的需求，极大地促进了国内锂电正极材料及锂盐行业产能的建设。但由于 2023 年锂盐价格下跌幅度过大，部分锂盐企业出现亏损，正极材料企业出现较大面积的亏损，锂电行业效益整体不佳。

为促进锂资源产业平稳健康发展，保障新能源汽车等产业链供应链安全稳定。2023 年初，自然资源部领导再度强调了战略性矿产资源的重要性和紧迫性。围绕能源资源安全，自然资源部全面启动实施新一轮找矿突破战略行动，完善矿产勘查开采管理制度，激发矿业市场活力。地质工作者对四川、河南、新疆、西藏、内蒙古、江西、湖南、云南等省区的多个锂资源项目进行了勘探，部分矿石开始进入到开采阶段。在四川雅江探获锂资源近百万吨，阿坝李家沟锂矿建设基本完成，西藏拉果措盐湖卤水生产氢氧化锂项目建成投产。越来越多的锂电企业在创新驱动发展的同时，开始注重上下游协同，参与锂资源开发或废旧电池回收利用项目。

全固态电池是一种新型的电池技术，具有高能量密度、快速充电等优势，一旦实现商业化生产，将极大提升电动汽车的续航能力和使用便利性。2023 年，受日本丰田"固态锂电池"装车时间表的影响，国内电池企业、车企开始发力"固态锂电池"的研发和投入，部分号称已取得较大突破，在不远的将来开始装车。为了提升全固态电池能量密度、倍率性能和循环寿命，不仅要关注全固态锂电池的基础科学问题，如新型电解质材料、界面改性和电池失效的机制，同时也要重视全固态电池的关键技术问题，如电解质的批量生产制备技术、大面积固态电解质薄膜连续制备技术、全固态电池一体化制备技术。

由于国外锂资源品位较高，比较容易开发，非洲、南美等已成为锂资源开发的热土。2023 年，非洲津巴布韦三座锂矿山开始大规模投产，阿根廷两个盐湖提锂项目投产。澳大利亚锂辉石生产氢氧化锂产线建成试生产，年底韩国锂辉石生产氢氧化锂项目建成。

受美国等发达国家和地区《通胀削减法案》《欧盟关键原材料法案》《欧盟电池与废电池法》等政策影响，美国、欧盟、澳大利亚、日本、韩国等国家和地区都在积极建设锂电产业链，旨在提高自身在关键原材料领域的"战略自主"能力,降低对单一第三方国家的依赖。

(三)经营形势分析

根据国内外多家机构预测,2025年锂电池出货量将达到2176吉瓦时,相比2022年增长147.2%,其中动力电池达1690吉瓦时,储能电池达520吉瓦时。预计到2027年全球锂电池需求量将超过4太瓦时,2023—2027年的年均增长率在30%以上。未来几年,全球对锂电产品的需求将持续保持较高的增长速度。

中国科协主席、世界新能源汽车大会主席万钢在2023年12月的世界新能源汽车大会上强调,全球汽车产业要坚定全面电动化发展信心,要持续扩大开放合作,共创循环畅通、互利共赢的汽车产业全球化发展新格局,为全球绿色经济增长、实现碳中和目标作出积极贡献。

在全球碳中和目标下,多个国家把发展新能源汽车作为核心的战略性新兴产业之一,部分国家已宣布将逐步取代燃油汽车,提高新能源汽车的渗透率。各国对2035年全球新能源汽车市场份额达到50%以上抱有坚定信心,将围绕纯电动汽车、插电/增程式混合动力汽车、燃料电池汽车发展,持续推动高效高安全动力电池、高效率内燃机与碳中和燃料、宽温域燃料电池等多元能源动力技术研发,加强充换电、氢能基础设施建设,力争提前实现这一发展目标。新能源汽车产业的发展,极大地促进了锂电产业的发展,对锂资源开发、锂盐、正极材料、锂电池及锂电配套设备企业带来了积极影响。

多年来,中国锂产业的产量和消费量都位居世界第一,中国锂产量和消费量约占全球三分之二。每年都进口大量的锂精矿原料,在国内加工成碳酸锂、氢氧化锂、锂电材料和锂电池供全球多个国家使用,满足了多个国家对锂电池的需求,方便了人们的出行、通信、娱乐和生活等多方面的需求。少数国家泛化国家安全概念,使中国有关企业的海外锂资源开发、国内锂产品出口面临诸多挑战。同时,美欧等国有关新能源汽车及锂电池方面的政策法规,也增加了我国深度参与国际产业链供应链合作的困难与不确定性。

四、当前中国锂工业发展中需要关注的问题

最近两年来,中国加快了对国内锂资源项目的开发审批,一些品位好、储量大的锂资源开始得到有效开发,建成的产能将在2024年后逐渐释放。同时,由于国内多家企业在国外控股参股多座锂矿山,企业的大规模投资也要得到保障和回报,有必要进口品位较高的锂原料来满足国内冶炼产能,同时,多家外资企业在国内建有较大规模的产能,也需要进口锂辉石精矿。目前,青海的盐

湖锂资源得到了较好的开发利用，在高锂价下，部分低品位锂资源被开采利用，例如江西宜春地区锂资源利用取得较好的成效，虽然还有部分问题需要解决。随着新能源汽车市场的持续爆发式增长及全球对环保与可持续发展议题的日益关注，锂电回收行业的需求呈现出井喷态势。

中国锂电产业布局早，在技术研发、装备制造、产品质量等诸多方面取得了领先，但仍需关注以下问题：

（1）锂资源开发利用程度不高，建设规模有待进一步优化。国内拥有锂资源采矿权证的项目较多，但真正开采形成产量的较少。部分盐湖提锂企业锂盐产能须进一步快速扩大，提高锂资源利用率。西藏有较为丰富的盐湖卤水锂资源，但除扎布耶盐湖外，其他盐湖锂资源的开发利用进度过于缓慢，还处于开发准备阶段。四川甘孜、阿坝地区及新疆已探明锂矿资源开发刚起步，建成矿山规模较小。同时西藏自治区盐湖资源开发需要解决能源的供给、交通道路建设，做好资源开发与环境保护工作。

（2）锂电材料产能扩张迅速，远远大于实际需求。正极材料、电解质是锂离子动力电池的核心关键材料，行业的上游企业及下游企业均存在进入这些领域的可能。近两年钛白粉、磷化工、氟化工、电解液行业多家企业进入磷酸铁锂、六氟磷酸锂行业，投资项目规模大，在锂盐价格下跌中，加剧了磷酸铁锂、六氟磷酸锂产业的竞争。国内已经出现锂电产业链供应链阶段性供需失衡严重，部分中间产品及材料价格剧烈波动超出正常范围的现象。少数企业单纯扩大产能，在技术创新、技术研发、提高产品质量、降低生产成本方面投入不足。在建拟建的产能比现有产能大数倍，已远远大于下游实际需求，未来将严重影响行业的健康发展。

（3）锂电产业应走智能化、绿色、低碳环保的发展道路。锂电产业作为高新技术产业之一，智能化是行业产业升级、技术进步的重要保障。智能化能为企业在国际市场上的竞争提供有力支持，增加锂电产品的国际竞争力。锂电产业只有抓住智能化带来的新机遇，用现代信息技术提升锂电生产企业的管理水平，提升生产线安全水平，最大限度地减少锂电产品生产、销售过程中的各种隐患。目前部分企业已引入先进的自动化生产线，包括自动化搬运、装配和测试系统，提高了生产线的稳定性和效率；采用机器人技术，实现柔性制造和定制生产，提高灵活性和适应性，同时降低人工成本；利用数字孪生技术，创建实时的生产环境模型，可以模拟和优化生产过程，降低生产线调整的时间和成本。

新能源汽车产业作为应对全球气候变化的重要板块而备受关注，其中锂离子电池作为新能源汽车的核心部件得到迅速发展。关键锂原料和锂电正极材料更是动力锂电池最关键的原材料，对赋能新能源汽车产业绿色低碳、可持续发展具有重要意义。在低碳经济时代，发达国家提出了"碳标签"和"碳关税"等新名词，已然成为新的贸易壁垒，将对发展中国家的对外贸易产生不利影响。为了应对碳贸易壁垒，企业应降低能耗生产、改进生产技术，并通过技术创新、节能减排等手段来达到高碳能源低碳利用，实现出口产品的低碳化，从根本上规避国外的碳贸易壁垒。低碳化也能促进企业进行技术创新，减排降耗。同时，也能满足部分欧美发达国家和地区的客户和消费者的采购倾向。在应对气候变化的同时，全球低碳经济随之不断发展，低碳贸易壁垒也将愈演愈烈，低碳贸易壁垒将在未来很长的时期内影响我国的出口贸易。

五、中国锂工业下一步发展重点

国家相关部委和地方政府出台了多项锂电产业发展的政策措施，主要目的是推动新能源产业和锂电产业的健康和可持续发展。锂电产业上中下游是不可分割的产业命运共同体，要坚决贯彻党中央、国务院的决策部署，全面落实工业经济平稳增长的各项政策举措与要求，上中下游行业企业要加强沟通协同，凝聚产业共识，努力形成价值命运共同体，共同做好保供稳价，推动锂产业链协调有序发展。

加大国内勘查开发力度，制定锂资源开发和产业发展总体方案。鼓励重点地区制定锂资源产业规划和资源开发项目清单，加强政策支持和要素保障，通过设立绿色通道等方式加快项目审批进程。

鼓励有条件地区开展高盐湖高效提锂提镁、锂云母尾渣消纳等关键技术攻关及工业化试验。加快建设战略性矿产资源产业基础数据平台，为企业开发利用境内外矿产资源提供公共服务。

支持关键材料研发应用。围绕新能源汽车、储能、节能降碳等应用领域，发挥新材料生产应用示范平台、制造业创新中心等载体作用，支持高比能量正极材料等高端材料研发及产业化，注重高质量知识产权创造、运用和保护。鼓励各地结合本地区产业特点采取多种形式建设中试平台，促进新材料新工艺研发成果产业化。

支持鼓励智能化、绿色化改造。全面推行绿色制造，通过大幅提升动力电池装备水平，利用大规模、高智能、高能效装备技术，降低动力电池材料、电芯、电池系统、回收再利用等全产业链条能源消耗；基于信息化、智能化技术，推动实施动力电池生产体系碳足迹管理，促进降低碳强度，有效控制碳排放总量。组织实施有色金属行业碳达峰实施方案，围绕低碳技术发展路线图，加快推广绿色低碳成熟技术，开发关键共性技术和颠覆性技术，提升全流程绿色发展水平。支持行业协会开展绿色产品、碳足迹等评价工作，加快制定碳排放系统性管理与技术标准。

撰稿人：张江峰
审稿人：李宇圣

2023 年铂族金属工业发展报告

　　2023 年，全球经济继续从新冠疫情、乌克兰危机等负面因素中缓慢复苏并展现出韧性，但增长仍然缓慢且不均衡。国际货币基金组织（IMF）预计，全球经济增速将从 2022 年的 3.5% 放缓至 2023 年的 3.0% 和 2024 年的 2.9%。面对复杂的外部经济环境，铂族金属作为汽车、化学化工、电子电气、新能源、新一代信息技术、环保、健康、国防军工等行业的关键材料，对国家安全和经济安全具有重要意义，且仍是前沿技术研究的热点，在全球经济和中国经济发展过程中一直发挥着极其重要的作用。2023 年，我国铂族金属市场总体保持平稳发展态势。

一、2023 年世界铂族金属工业发展概述

（一）国际铂族金属价格走势分析

　　2023 年，国际铂价呈震荡调整的走势（见图 1）。2023 年，国际铂年均价为 966.53 美元/盎司，比上年度上涨 5.55 美元/盎司，涨幅为 0.58%。全年铂价最高 1132.98 美元/盎司，最低 839.31 美元/盎司。2023 年底铂价收于 981.53 美元/盎司，全年累计下降 87.68 美元/盎司，降幅为 8.12%。

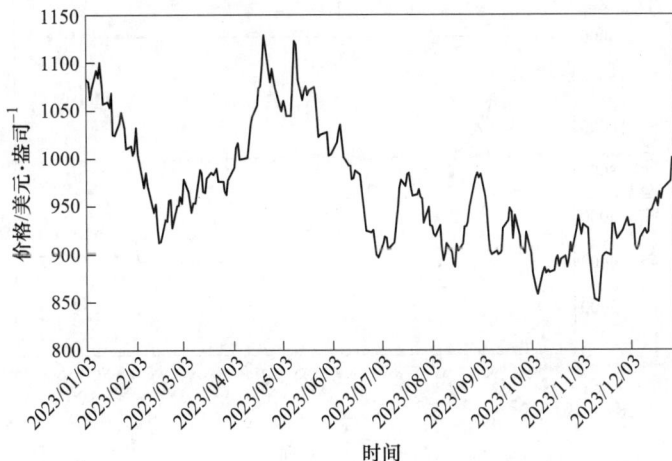

图 1　2023 年国际铂价格走势

数据来源：万得（Wind），昆明贵金属研究所整理

2023 年，国际钯价大幅下降并不断创下近期新低（见图 2）。2023 年，国际钯年均价为 1337.94 美元/盎司，比上年度下降 769.22 美元/盎司，降幅为 36.51%。全年钯价最高 1840.54 美元/盎司，最低 922.14 美元/盎司。2023 年底钯价收于 1090.25 美元/盎司，全年累计下降 697.26 美元/盎司，降幅为 39.01%。

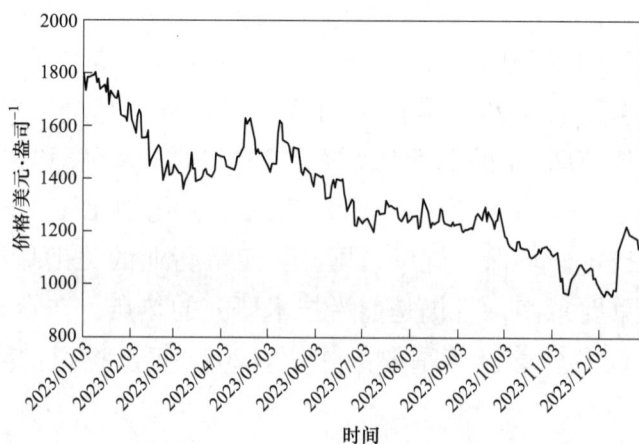

图 2　2023 年国际钯价格走势

数据来源：万得（Wind），昆明贵金属研究所整理

2023 年，国际铑价持续下跌（见图 3）。根据庄信万丰提供的数据，2023 年，国际铑均价为 6636.16 美元/盎司，与 2022 年均价 15388.50 美元/盎司相比，降幅达到 56.88%。全年铑价最高为从年初的 12250 美元/盎司，降至 7 月初的 4000 美元/盎司，下半年开始基本稳住下跌趋势，保持在 4000~4500 美元/

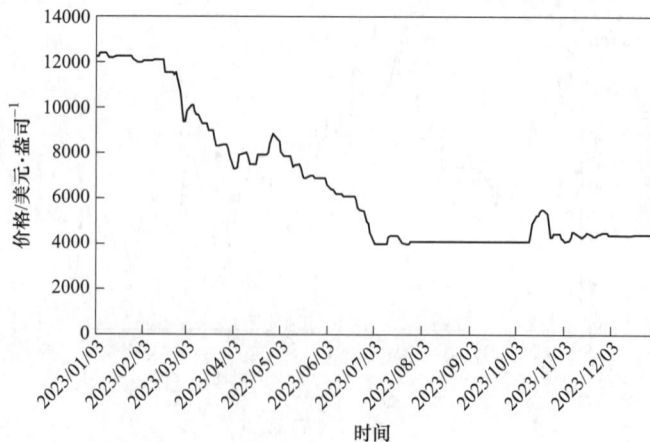

图 3　2023 年国际铑价格走势

数据来源：庄信万丰，昆明贵金属研究所整理

盎司范围，年底收于 4500 美元/盎司，全年降幅为 63.88%，是年内跌幅最大的铂族金属。

2023 年，国际铱价小幅上扬（见图 4）。根据庄信万丰提供的数据，2023年，国际铱均价为 4679.48 美元/盎司，与 2022 年均价 4504.85 美元/盎司相比，涨幅 3.88%。铱价在 2023 年整体波动幅度不大，最低价为 4500 美元/盎司，出现在 8—9 月，随后呈现出一个相对强劲的增长到 10 月中旬，随后开始稳定在 5000 美元/盎司直至年底。

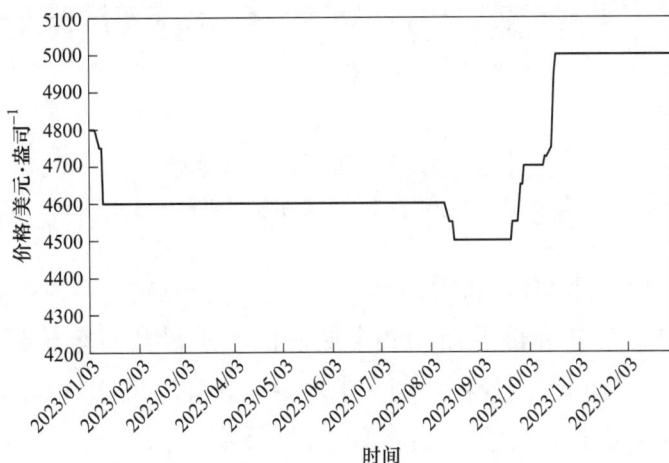

图 4　2023 年国际铱价格走势

数据来源：庄信万丰，昆明贵金属研究所整理

2023 年，国际钌价总体呈下跌趋势（见图 5）。根据庄信万丰提供的数据，2023 年，国际钌均价为 464.58 美元/盎司，与 2022 年均价 552.59 美元/盎司相比，下降 15.93%。钌价从年初的 475 美元/盎司，阶梯式下跌至年底的 450 美元/盎司。

（二）全球铂族金属供给概况

2022 年，全球铂族金属矿山产出量同比减少 9.3%，主要是南非铂族金属矿产量因冶炼厂维护、电力短缺而导致下降，以及俄乌冲突影响俄罗斯矿产量；二次回收供给量同比减少 8.4%，主要受半导体危机的持续影响，报废汽车数量下降。2023 年全球铂族金属的供应取决于南非铂族金属矿产商产能稳定性、俄乌局势及铂族金属价格等因素，具有较大的不确定性。

1. 矿山产出供给

2022 年，全球铂族金属矿山产出总量为 428.5 吨，较上年同比减少 8.5%，其中铂、钯、铑矿山产出量分别为 172.1 吨、196.2 吨、21.6 吨，同

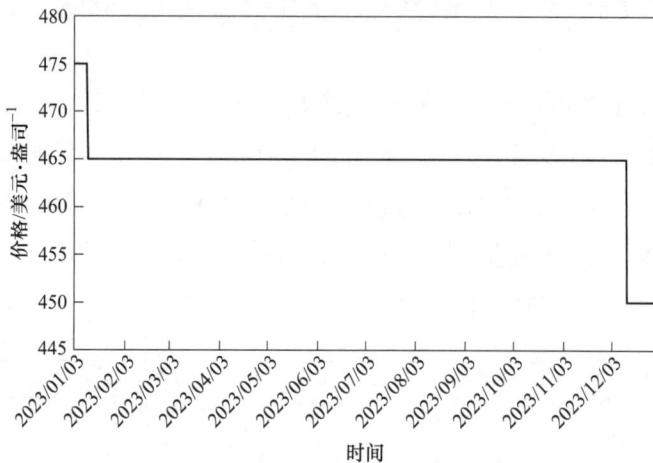

图 5　2023 年国际钌价格走势

数据来源：庄信万丰，昆明贵金属研究所整理

比分别减少 11.0%、7.8%、8.9%。

从分布来看，南非和俄罗斯铂族金属矿山产出量共占全球矿山产出总量的81.6%。2022 年，南非的铂族金属产量为 248.5 吨，较上年同比减少 12.0%，其中铂、钯、铑矿山产出量分别占全球的 71.6%、36.1%、81.9%。南非 2022年铂、钯、铑矿山产出量同比分别下降 14.0%、14.0%、11.9%。2022 年，俄罗斯的钯矿山产出量同比下降 3.3% 至 80.9 吨，占全球钯矿山产出量的41.2%，依然是全球第一大钯生产国。

2. 二次资源回收供给

铂族金属二次资源的来源主要是汽车、电子等工业领域和饰品行业，其中汽车行业贡献占 80% 以上。2022 年，在铂族金属价格下行背景下，全球铂族金属总回收量降至 152.6 吨，其中汽车行业铂族金属回收量降至 128.4 吨。汽车行业铂族金属回收量占总回收量的 84.1%。2022 年，饰品行业回收铂族金属 8.5 吨，较上年减少 27.4%；电子行业铂族金属回收量同比增长 3.3%。

铂族金属二次资源回收量主要受铂族金属价格和报废汽车量走势影响。2023 年，预计全球铂族金属回收量将温和增长 3%。

（三）全球铂族金属需求概况

2022 年，全球铂族金属总需求量 584.3 吨，较上年同比下降 2.7%。其中，工业、饰品需求占比分别为 92.4% 和 7.6%，投资出现 20.8 吨的净卖出。预计 2023 年，全球铂族金属总需求增长 3%，其中工业需求增长 5%，饰品需求下降 5%。

从全球工业用铂族金属的需求来看，2022 年，全球铂族金属工业需求量为 539.9 吨，与上年相比下降 2.2%。从近五年来看，铂族金属工业需求减少 7.3%。

从市场规模来看，2022 年，全球工业用铂族金属市场规模为 430.3 亿美元，较上年下降 17.2%。与 2018 年相比，全球工业用铂族金属市场规模增长 131.2%。

2022 年，全球铂族金属饰品需求量为 44.4 吨，占贵金属饰品总需求量的 0.4%。与上年相比，铂族金属饰品需求量减少 8.3%。与 2018 年相比，铂族金属饰品需求量减少 40.7%。2023 年以来铂族金属价格持续走低，预计全年饰品铂族金属需求将减少。

近五年，全球铂族金属投资需求量随贵金属价格波动而起伏。2022 年，全球贵金属投资需求为净卖出 20.8 吨。预计 2023 年，全球铂族金属投资需求量将减少 5%。

二、2023 年中国铂族金属工业发展概述

（一）国内铂族金属价格走势分析

2023 年国内铂价震荡调整，走势强于外盘。2023 年上海黄金交易所铂均价为 221.35 元/克，比上一年度上涨 11.25 元，涨幅为 5.35%。2023 年底铂收盘价为 237.32 元/克，全年累计下降 8.2 元，降幅为 3.34%。

2023 年国内钯价持续下行。2023 年国内自由市场钯均价为 348.61 元/克，比上一年度下降 176.63 元，降幅为 33.63%。2023 年底钯收盘价为 299 元/克，全年累计下降 171 元，降幅为 36.38%。

2023 年中国铂、钯月度价格详见表 1。

表 1　2023 年中国铂、钯月度价格表　　　　　　　　（元/克）

月份	上交所铂月均价	国内市场钯月均价
1 月	236.19	441.84
2 月	218.01	395.1
3 月	223.52	367
4 月	239.08	383.95
5 月	242.81	383.7
6 月	232.23	358.85

续表1

月份	上交所铂月均价	国内市场钯月均价
7 月	224.69	335.33
8 月	218.94	335.78
9 月	221.15	330.65
10 月	215.48	307.53
11 月	214.54	282.68
12 月	215.69	284.76

数据来源：上海黄金交易所（SGE），北京安泰科信息股份有限公司。

（二）中国铂族金属供给概况

中国铂族金属需求量约占全球总需求的三分之一，是全球最重要的铂族金属消费市场，但进口依赖度超过 80%。

2022 年，中国铂族金属总供给量为 197.8 吨，较上年同比减少 13.8%，与 2018 年相比，五年间减少 9.3%。其中，矿山产出量 3.3 吨，占总供给量的 1.7%；净进口量 163.5 吨，同比减少 15.8%，与 2018 年相比，五年间减少 16.8%；二次资源回收量为 31.0 吨，同比增长 17.4%，与 2018 年相比，五年间增长 73.8%。为满足中国铂族金属不断增长的需求，二次资源回收产业发展迅猛，回收量连年强劲增长。

价格是影响铂族金属进口量及二次资源回收量的重要因素之一。目前，中国铂族金属回收产业呈现蓬勃发展格局，随着产业政策的调整及区域技术整合发展，铂族金属回收产业的分布和格局已发生深刻变化，不仅国际几大贵金属企业在中国建立大型回收精炼业务，本土铂族金属回收商也发展壮大起来。预计 2023 年中国铂族金属回收量将增长 10% 左右，同时净进口量也将增长，预计总供应量增长超过 10% 左右。

1. 矿山产出供给

中国铂族金属资源分布集中，95% 以上分布于甘肃、云南、四川、黑龙江和河北等省。中国铂族金属矿石品位低、矿床类型多样，但大部分储量集中于共生或伴生矿，国内最大的铂族金属矿床分别是甘肃金川、云南金宝山和四川杨柳坪。甘肃金川铜镍矿是中国目前唯一的铂族金属矿山产出供应来源，每年自有矿山产出量约 3 吨。金川矿石中伴生铂族金属品位在世界同类资源中最低，提取难度最大。

2. 二次资源回收供给

2022 年，中国铂族金属回收量为 31.0 吨，较上年同比增长 17.4%，与 2018 年相比，五年间增长 73.8%，铂族金属价格是推动回收量增长的重要因素。2022 年，中国汽车行业铂族金属回收量 23.4 吨，同比增长 25.8%，占铂族金属总回收量的 75.5%；首饰和电子行业铂族金属回收量分别占 11.0% 和 13.5%。

从市场规模来看，2022 年中国铂族金属回收市场规模为 35.2 亿美元，全球市场规模 131.7 亿美元，中国占全球的 26.7%。中国作为全球三大重要汽车消费和保有市场之一，汽车行业铂族金属回收的潜力巨大，这也是近年来国际贵金属企业争相在中国布局铂族金属回收业务的重要原因。

近几年，随着越来越多的企业看到铂族金属回收业务的价值并参与进来，中国铂族金属二次资源回收产业逐渐在云南、湖南、浙江、江西、重庆、甘肃等地形成一定的集聚效应。

3. 铂族金属进口

2022 年，中国进口铂族金属 166.7 吨，出口 3.2 吨，净进口量为 163.5 吨，较上年同比减少 15.8%。2018 年至 2022 年，净进口量总体减少 16.8%，但进口依存度依然高达 80% 以上。

中国进口铂族金属主要以原材料、催化网及特种制品为主，可以分为六大类：化合物，原料铂（未锻造、板、片、半制造品），原料钯（未锻造、板、片、半制造品），原料铑、铱、钌、锇（未锻造、板、片、半制造品），催化铂网和其他包铂材料。

2022 年，中国进口铂族金属原料 127.7 吨、半制品 2.3 吨、化合物（金属量）14.1 吨、催化铂网 0.3 吨、包铂材料 22.4 吨。铂族金属原料共占铂族金属进口总量的 76.6%，半制品为 1.4%、化合物为 8.5%、催化铂网为 0.2%、包铂材料为 13.4%。与 2021 年相比，国有铂族金属原料及材料进口量均减少。

中国铂族金属出口产品是少量的半制品铂、化合物。根据海关总署公布的数据，2022 年，中国铂半制品出口量 0.1 吨、化合物（金属量）3.1 吨。此外，铂或铂化合物的废碎料出口量为 208.2 吨，按含铂族金属 5% 折算，有 10.4 吨铂族金属资源流失，但相比 2021 年，已减少一半以上。

在受疫情持续和局部反复的影响，以及供应商产能波动影响等因素下，近两年铂族金属价格剧烈波动，整体大幅下跌，中国铂族金属进口量波动幅度较大。所有进口铂族金属中，铂进口量占比最大，钯、铑次之。

（三）中国铂族金属需求概况

中国 2022 年铂族金属总需求量 177.3 吨，同比下降 3.8%。其中，工业、饰品、投资需求占比分别为 91.5%、8.2% 和 0.3%，中国铂族金属市场投资规模较小，处于起步阶段。预计 2023 年中国铂族金属总需求将下降 2%，其中工业、饰品需求分别减少 5% 和 2%，投资需求增长 5%。

从中国工业用铂族金属的需求来看，2022 年，中国铂族金属工业需求量为 162.2 吨，较上年同比下降 0.6%。以五年数据来看，中国铂族金属工业需求增长达到 13.6%。

从市场规模来看，2022 年，中国铂族金属的工业需求市场规模为 149.9 亿美元，较上年下降 6.7%。与 2018 年相比，中国工业用铂族金属市场规模增长 223.5%。

中国是全球重要的贵金属饰品消费市场，特别是金饰品和铂族金属饰品占到全球三分之一左右。2022 年中国铂族金属饰品需求量为 14.6 吨，与上年相比，减少 29.5%；与 2018 年相比，减少 64.4%。近五年，中国铂族金属饰品需求量占全球比例从 54.8% 下降至 32.9%。2023 年，预计中国贵金属饰品需求量将增长 8% 左右，增长动力主要来自金、银饰品。

2022 年，中国铂族金属投资市场规模仍有较大的发展空间。预计 2023 年，中国铂族金属投资需求将增长 5%。

（四）投融资情况

1. 凯大催化在北京证券交易所上市

2023 年 3 月 8 日，杭州凯大催化金属材料股份有限公司在北京证券交易所上市，发行价格为 6.26 元/股，发行市盈率为 16.89 倍。上市首日，该公司盘中一度涨超 40%。凯大催化主要从事贵金属催化材料的研发、生产和销售，同时提供贵金属加工及失效贵金属催化材料回收服务。

2. 英特派拟在上交所主板 IPO 上市

英特派铂业股份有限公司 2023 年 6 月 29 日递交首次公开发行股票并在主板上市招股说明书（申报稿）。此次拟在上交所主板公开发行股票数量不超过 6000 万股，发行股票数量不低于此次发行后公司总股本的 25%。预计投入募资 10.96 亿元，募集资金将用于年产 45 吨贵金属材料装备生产线技改扩能项目（二期）等。该公司主要从事贵金属装备及相关材料的研发、生产、销售和服务，同时提供贵金属贸易服务。

3. 陕西瑞科拟在深交所创业板上市

2023 年 6 月 30 日，陕西瑞科创业板 IPO 获深交所受理，拟募资金额 5.57

亿元，用于贵金属催化剂新材料生产基地项目、稀贵金属资源再生利用项目、先进催化材料研发试验中心建设项目和补充流动资金。陕西瑞科主营贵金属催化剂产品的研发、生产、加工和销售。2014 年 1 月登录新三板，自主开发了三十余种贵金属负载催化剂、五十余种贵金属均相催化剂，2020 年、2021 年和 2022 年净利润分别为 7701.41 万元、6732.61 万元和 1.11 亿元。

4. 贵研催化拟分拆上市

2023 年 7 月 7 日，贵研铂业发布公告称，公司根据总体战略布局，拟分拆控股子公司昆明贵研催化剂有限责任公司至境内证券交易所上市。贵研催化从事机动车尾气催化剂产品研发、生产、销售，属于公司在贵金属新材料制造领域的重要业务布局。推动贵研催化分拆上市，有助于进一步增强公司在贵金属新材料制造领域的市场地位。

5. 赢创扩大在华贵金属粉末催化剂产能

2023 年 9 月 18 日，赢创宣布位于上海的贵金属粉末催化剂工厂将于 2023 年第四季度正式投产，届时赢创在中国的贵金属催化剂产能将翻番。这是赢创全球第五座可提供从催化剂定制、联合开发、生产到贵金属管理及回收精炼的全套服务的工厂。

6. 田中贵金属投资 50 亿日元成立贵金属催化剂回收和生产子公司

2023 年 9 月 13 日，田中贵金属宣布，将在四川成立雅安光明派特贵金属公司，从生产废料和使用过的催化剂中回收贵金属，并生产各种催化剂和电镀用贵金属化合物。该公司投资 50 亿日元，2024 年夏天投入运营。

7. 宇新股份拟投建年产 300 吨贵金属催化剂项目

2023 年 11 月 8 日，宇新股份宣布，拟通过控股子公司惠州博科环保投资建设年产 300 吨贵金属催化剂和年产 1500 吨铜系催化剂项目，计划建设一套 1500 吨/年铜系催化剂装置和一套 300 吨/年贵金属催化剂装置，总投资 1.14 亿元，预计 2024 年 11 月前建成投用。

8. 优美科投资 5.9 亿元在中国建设大型燃料电池催化剂工厂

2023 年 12 月 1 日，优美科位于中国的首个大型燃料电池催化剂工厂在常熟举行奠基仪式。常熟燃料电池催化剂公司是优美科在中国设立的全资子公司，也是该集团在欧洲以外唯一的业务总部，此次落地常熟的燃料电池催化剂项目计划总投资 5.9 亿元，预计 2026 年 1 月正式投产。

9. 凯立新材料向特定对象发行 A 股股票

西安凯立新材料股份有限公司 2023 年 12 月 12 日召开了第三届董事会第

十三次会议、第三届监事会第十二次会议，审议通过了《关于调整公司 2023 年度向特定对象发行 A 股股票方案的议案》《关于公司 2023 年度向特定对象发行 A 股股票预案（修订稿）的议案》等相关议案，向特定对象发行股票募集资金总额不超过人民币 105093.00 万元（含本数），募集资金用于 PVC 绿色合成用金基催化材料生产及循环利用项目、高端功能催化材料产业化项目、先进催化材料与技术创新中心及产业化建设项目、稀贵金属催化材料生产再利用产业化项目及补充流动资金。凯立新材主要从事贵金属催化剂的研发、生产和销售。

（五）中国铂族金属技术动态

铂族金属自其工业属性被开发以来，一直是高精尖领域不可或缺的关键材料。铂族金属化学稳定性特别高，具有很好的抗腐蚀和抗氧化能力，是新兴产业能够快速进入商业化应用的重要材料之一，是新一代信息技术、环保、新能源、健康等新兴产业发展的重要推动要素。

2022 年，铂族金属催化材料、医用材料、能源材料、纳米材料、合金材料等方向的研究进展和发展趋势报道热点如下。

中南大学以生物质水凝胶为结构模板来制备负载有 RuN_x 单原子位点和 Ru 纳米簇的碳气凝胶。以此方法获得的 Ru 催化剂质量活性分别是商业 Pt/C 催化剂的 44 倍、16 倍和 6 倍，且在全解水中表现出较低的过电位和优异的长期稳定性。

重庆大学研究人员将钯纳米颗粒中加入过渡金属紫钨粉末，通过溶剂热法和化学还原法，制备出一种钯/紫钨（$Pd/W_{18}O_{49}$）催化剂。

厦门大学研究团队利用水合氧化钌层对 CO 扩散与吸附的阻碍作用，制备了无定型水合氧化钌包裹的金属钌电催化剂，有效提高了钌催化剂对 CO 的耐受性。

南京大学开发出用于肿瘤尿微流控监测，缺氧反应性铂超级纳米颗粒作为外源性的纳米传感器。该传感器可以在肿瘤特异性缺氧条件下分解成超小型铂纳米团簇（PtNCs），然后通过肾脏作为尿液报告器进行过滤，并通过配套的容量条形图芯片进行量化，以进行早期癌症监测的快速分析。

中国科学技术大学开发出了保护铂催化剂免受无处不在的 CO 污染的方法。研究人员设计了含有 Fe_2O_3 的铂颗粒，可以快速燃烧氢气中的 CO，保护铂催化剂免受无处不在的 CO 污染，还可以选择性地将 CO 转化为无害的 CO_2。

三、2023年中国铂族金属工业经济运行情况分析

（一）政策环境分析

1. 多部委鼓励加大铜、铂族等紧缺战略性矿产勘查开发力度

2023年8月，工信部、国家发改委、财政部、自然资源部、商务部、海关总署、国家粮食和储备局等七部门联合印发《有色金属行业稳增长工作方案》。《方案》指出，加快战略资源开发利用。针对铜、铝、镍、锂、铂族金属等紧缺战略性矿产，加大国内勘查开发力度，制定锂等重点资源开发和产业发展总体方案。鼓励重点地区制定资源产业规划和资源开发项目清单，加强政策支持和要素保障，通过设立绿色通道等方式加快项目核准、能评、环评、安全设施设计审查等审批进程，推动新项目建设、在建项目投产、在产项目扩能，加快形成实物工作量。加快建设战略性矿产资源产业基础数据平台，为企业开发利用境内外矿产资源提供公共服务。

2. 废三元催化器回收利用面临困境

2023年7月以来，全国主要城市展开严厉打击盗窃及非法转移、拆解废三元催化器行动。个体回收商贩及收集企业基本没有危险废物经营许可证，因此废三元催化器无法进行正规的危废转移，令危废流向监管缺失，回收利用业务难以开展。

对此，2023年8月10日中国物资再生协会贵金属工作委员会发布行业通知，在废三元催化器收集与回收利用危废管理政策不明确时，没有完全合规的路径情况下，全行业暂停废三元催化器的收集与回收利用，直至对应的管理政策正式出台。截至2023年底，暂停回收已降低15吨铂族金属供应，占国内需求的10%。

3. 海关总署打击钯等贵金属走私

海关总署缉私局开展"330"专项打击行动。海关总署缉私局在深圳、上海、南京、抚州、台州等地组织开展打击走私贵重金属、走私普通货物、洗钱等专项行动，打掉走私团伙9个，案值474.53亿元，涉案黄金57.57吨、钯47.95吨、其他贵重金属53.63吨。

海关总署缉私局持续开展对钯等贵金属走私行为的打击。对贵金属走私行为的打击，有利于市场环境，规范行业秩序。

（二）经营形势分析

2023年我国铂族金属上市企业共11家，其中大陆10家，台湾地区1家。2023年前三季度，11家上市中营业收入和净利润双增长企业仅2家，营业收

入增长但净利润下降企业 2 家，营业收入和净利润双降低企业 5 家。上述上市企业经营业绩反映出 2023 年前三季度我国铂族金属工业发展形势不容乐观。原因主要有两个方面，一是铂族金属价格大幅下跌；二是经济复苏不及预期，下游市场需求有所减弱。

四、当前中国铂族金属工业发展中需要关注的问题

（一）我国铂族金属资源供应链安全问题十分突出

我国已探明铂族金属储量 80.9 吨，占比不到全球的 0.2%。南非、俄罗斯、津巴布韦的铂族金属储量达到全球的 98% 以上，主要掌握在欧洲、美国和俄罗斯资本控制的五大铂族金属矿产商手中。我国目前铂族金属年需求量约 180 吨，然而国内铂族金属矿开采难度大、产量低，年产出量仅 3 吨左右，巨大的供需缺口只能依赖于进口。当前我国铂族金属进口依赖程度超过 80%，供应链安全风险极高。

（二）我国铂族金属二次资源回收体制机制尚不完善

我国铂族金属二次资源存量丰富且增长稳定，但在回收循环利用方面重视不足，外企在国内纷纷建厂形成围堵之势，造成依赖进口得来的二次铂族金属资源大量流失海外，资源内循环供给功能不畅。同时，我国铂族金属二次资源回收起步较晚，精炼技术水平相对落后，尚未建立完善的二次资源回收体系，铂族金属二次资源存量最大的失效汽车催化剂回收市场基本被国外回收企业控制。目前我国在报废汽车催化剂回收方面仅 20% 被国内回收利用，80% 的失效汽车催化剂由收集者收集后，对铂族金属二次资源废料只能进行初级加工，然后又转精炼技术水平较高的国际几大贵金属企业回收，导致铂族金属二次资源流向国外，高能耗和环境污染留在国内。

（三）我国铂族金属缺乏定价话语权

由于铂族金属资源高度集中且稀缺，市场上流通货量基数小，供求端或基本面的改变极易引起价格大幅震荡，加之大型金融机构配合引发二级市场跟风现象明显，市场不断强化导致铂族金属市场价格波动巨大。欧美国家通过控制交易规则、矿产资源供给、二级市场金融机构配合等方面基本掌握铂族金属定价权，铂族金属定价权的垄断已成为发达国家"割韭菜"的金融工具。国外资本已从源头供应端和二次资源回收端双向控制铂族金属市场，资源垄断日益加剧，我国作为消耗大国和进口大国处境极为被动。

（四）我国铂族金属产业科技创新能力有待进一步提升

我国铂族金属产业从 20 世纪 60 年代起步，经过半个多世纪的发展已经形

成一定规模和聚集效应，产品种类已趋于完善，产业链已形成完整闭环。然而在产品质量、工艺技术、产品开发、基础研究、人才团队等方面依然存在一定差距，高精尖领域用铂族金属材料依然被"卡脖子"，根本原因是支撑产业高质量发展的科技创新支撑能力不足。

五、中国铂族金属工业下一步发展重点

（一）提高我国铂族金属一次资源保障能力

建议加大对我国铂族金属的资源勘探和开采的投入和力度，加大铂族金属矿冶炼提纯技术支持，提高我国铂族金属的资源产出率。鼓励支持本土企业参与开发海外铂族金属一次资源项目，进一步扩大我国铂族金属一次资源保障能力。

（二）完善我国铂族金属二次资源回收体系和政策

强化立法监管，严厉打击相关走私行为，降低国内铂族金属资源"外流"，确保铂族金属战略安全和"内循环"系统稳定。建立统一的铂族金属二次资源回收体系，特别是提高废弃汽车催化剂、化学与石油化工催化剂回收行业整体水平。针对现有危险废物管理办法不能现实解决收集端合规收集问题，建议国家尽快出台相关管理政策，引导废催化剂社会回收部分的合规问题，以畅通国内铂族金属二次资源社会循环，提升供应保障。

（三）建立我国铂族金属战略储备库和储备体系

建议逐步建立我国铂族金属战略资源储备库。建立健全铂族金属战略资源"自主回收—进口补充—战略储备"的动态调控体系，反向干预全球铂族金属供给及需求端，打破欧美对铂族金属的资源控制权和定价话语权，实现铂族金属战略资源的自主可控。支持和鼓励我国贵金属交易商争取或参与国际铂族金属定价话语权。

（四）提升我国铂族金属产业科技自主创新能力

铂族金属产业服务于新一代信息技术、新能源、高端装备、新能源汽车、绿色环保及航空航天、海洋装备等战略性新兴产业，面对当前各类"卡脖子"领域迫切需求和国家战略发展需要，铂族金属产业亟待加强和提升科技创新能力，实现高水平科技自立自强。一是支持铂族金属产业国家级研发平台建设。围绕铂族金属"卡脖子"新材料和资源循环利用技术等重点领域，支持优势龙头企业建设国家级研发平台，集中国家队力量攻关共性技术、关键技术和前沿技术，实现铂族金属新材料基础研究、应用技术研究和产业化的统筹衔接，提升我国铂族金属产业的自主创新能力。二是坚持科技创新和制度创新"双轮

驱动"，以产业产学研用创新联盟建设为载体，整合完善产业创新资源，鼓励和支持铂族金属行业内的重点材料制造企业、高校、研究机构、应用企业和回收企业等产、学、研、用单位，形成覆盖产业链所有环节的创新联盟。三是加大对具有较大规模和发展潜力的铂族金属新材料综合性企业在企业并购、融资平台、利税政策方面的扶持力度，培育具有较强创新能力和国际影响力的龙头企业，打造体系化、高层次基础研究人才培养平台。加大各类人才计划对科研人才支持力度，培养使用铂族金属行业战略科学家，支持青年科技人才挑大梁、担重任，不断壮大科技领军人才队伍和一流创新团队。坚持走基础研究人才自主培养之路，为产业培养高层次领军人才、高级研究人员、技术骨干、创新团队、引进外国专家团队提供政策、资金和项目支持。

撰稿人：张　杨、吴　菲、恭恬洁、
　　　　　戴　华、姬长征
审稿人：熊庆丰、唐武军

统计篇

TONGJI PIAN

2023 年有色金属产品产量汇总表

指标名称	产量/吨			同比/%
	12 月	12 月止累计	同期累计	
一、十种有色金属	6588078	74698145	69723526	7.13
其中：精炼铜（铜）	1169017	12987927	11440287	13.53
原铝（电解铝）	3587252	41594114	40119736	3.67
铅	625406	7564386	6801583	11.22
锌	661297	7152182	6678864	7.09
二、六种精矿含量	591484	6414794	6449515	-0.54
三、氧化铝	6844160	82441212	81277166	1.43
四、有色加工产品				
1. 铜材	1950345	22169674	21124532	4.95
2. 铝材	5946150	63033787	59613871	5.74
五、冶炼厂产金/千克	16917	217907	202030	7.86

注：1. 表中的数据均为初步统计数（快报数）。

2. 计算各项指标同比增长速度所采用的上年数与本年的企业统计范围相一致，和上年公布的数据存在口径差异。

2023年有色金属行业规模以上企业主要财务指标

指标名称	计算单位	2023年1—12月	2022年1—12月	同比/%	备注
企业个数	个	10704			
资产总计	千元	5814685116	5448206865	6.73	
流动资产平均余额	千元	3057881081	2909195475	5.11	
应收账款	千元	559162086	508816821	9.89	
产成品库存	千元	221059925	225908232	-2.15	
负债合计	千元	3464988601	3316529118	4.48	
营业收入	千元	7907661383	7565533262	4.52	
营业成本	千元	7297315854	6987376127	4.44	
营业费用	千元	33248909	34216624	-2.83	
管理费用	千元	107754605	109985291	-2.03	
财务费用	千元	45278086	52016708	-12.95	
利润总额	千元	371614229	301654549	23.19	
亏损企业亏损额	千元	38998550	47931878	-18.64	
亏损企业个数	个	2644	2544	3.93	
资产负债率	%	59.59	60.87	-1.28	百分点
资产利润率	%	6.58	5.79	0.79	百分点
销售收入利润率	%	4.70	3.99	0.71	百分点

注：1. 表中数据为初步统计数（快报数）。

2. 计算各项指标同比增长速度所采用的上年数与本年的企业统计范围一致，和上年公布的数据存在口径差异。